GOLDMANN ESOTERIK

W0467837

Russell Targ/Keith Harary

Jeder hat ein 3. Auge

PSI – Die unheimliche Kraft

GOLDMANN VERLAG

Aus dem Amerikanischen übertragen von
Dr. Diane Doucet-Rosenstein
Titel der Originalausgabe: The Mind Race

Made in Germany · 1/87 · 1. Auflage
Genehmigte Taschenbuchausgabe
© 1984 by Russell Targ and Keith Harary
© der deutschsprachigen Ausgabe 1985 by Diana Verlag AG, Zürich
Umschlaggestaltung: Design Team München
Umschlagillustration: Keith Harary
Druck: Presse-Druck Augsburg
Verlagsnummer: 11783
Lektorat: Michael Görden
Herstellung: Gisela Ernst
ISBN 3-442-11783-6

Für Judy Skutch und Hella Hammid,
deren Inspiration und Intuition
uns gezeigt haben, was möglich ist.

Es gibt keinen Platz für Dogmen in der Wissenschaft. Der Wissenschaftler darf alles fragen, jede Behauptung bezweifeln, Beweise suchen und Fehler korrigieren. Wo Wissenschaften früher zur Stützung eines Dogmas mißbraucht wurden, hat sich gezeigt, daß das Dogma mit dem wissenschaftlichen Fortschritt nicht vereinbar war; und schließlich wich entweder das Dogma oder die Wissenschaft starb zusammen mit der Freiheit.

J. ROBERT OPPENHEIMER
The Open Mind, 1955

INHALT

DANKSAGUNG

Das Institute of Noetic Sciences hat die Veröffentlichung dieses Manuskripts so vielfältig unterstützt, daß wir hier kaum gebührend danken können. An erster Stelle wollen wir Judy Skutch, Bill Wilson, Willis Harman und Henry Dankin danken, die uns vom ersten Gedanken bis zum fertigen Buch ermutigt und standhaft unterstützt haben. Wir möchten auch den Vorstandsmitgliedern des Instituts, Dorothy Lyddon, Henry Rolfs und Paul und Diane Temple, danken, die an uns glaubten und uns großzügig unterstützten. Gedankt sei auch Brendan O'Regan, Forschungsdirektor, für seine wertvollen Beiträge.

Wir sind auch unserem Freund und Partner Anthony R. White für seine zahlreichen Ideen, seine Großzügigkeit und unermüdliches Engagement dankbar; und wir bewundern und schätzen den Mut und die Aufgeschlossenheit unseres Lektors und Verlegers Marc Jaffe.

Wir möchten uns bei Larissa Wilenskaija für ihre Geduld und ihr Verständnis bedanken, die sie uns bei der schwierigen Aufgabe zuteil werden ließ, die sowjetische und amerikanische Perspektive der Psi-Forschung in einem kohärenten Bild zu vereinen.

Wir möchten auch all jenen Freunden danken, die uns mit Anregungen, Ideen und Beiträgen weiterhalfen: George Kokoris, Filippo Liverzani, Marilyn Schlitz, Elisabeth Targ, Gene Roddenbury, Stephen Schwartu, Margaret Singer, George Hansen, Charles Tart, Zev Pressman, Joan Halifax, David Frederickson, Stephen McNabb und D. Scott Rogo.

Unser besonderer Dank geht an Michael Murphy, Gründer des Esalen Instituts, der uns freundschaftlich und großzügig ermöglichte, daß wir in Esalen unsere Gedanken sammelten und mit unseren Kollegen neue Forschungsprojekte planten.

VORWORT

Wir alle konnten schon gelegentlich einen flüchtigen Blick auf die psychischen Kräfte werfen, die in uns schlummern, und die wir allzugern jederzeit einsetzen und meistern würden. Unsere Epoche steht unter dem Zeichen einer Neuentdeckung menschlicher Fähigkeiten, die seit dem Positivismus des 19. Jahrhunderts und der Doktrin des dialektischen Materialismus nicht mehr gesellschaftsfähig waren. Denken wir an den Begriff der *Intuition*, dieser Erkenntnis, die, einer Offenbarung gleich, das Erblickte unmittelbar, ohne Überlegung oder Rückgriff auf Erinnerung und Erfahrung erfaßt. In der Geschichte des Abendlandes hat die Intuition nicht immer so ein kümmerliches Dasein gefristet wie heute. Bei *Platon* galt sie als die höchste Stufe menschlichen Erkennens, wahrlich einem Funken, der den Menschen gottähnlich machte, gleich, weil er ihm das Ewige, nicht Raum und Zeit Unterworfene erschloß. Bei *G. W. Leibniz,* den wir als Vorbereiter der modernen Informatik verehren, gilt die Intuition als die höchste Kraft menschlicher Kreativität. Sie ist es, die das Erkannte in all seine Bestandteile analysiert und durch den synthetischen Akt der Zusammenschau erblicken läßt: Ein Blick, der jedes einzelne Element, jedes Detail mit dem Ganzen in den richtigen Zusammenhang bringt. Das lateinische *intueri*, wovon der Ausdruck Intuition abstammt, bedeutet ja »Anblicken, Schauen«. Doch es ist kein sinnliches Schauen und Sehen gemeint, sondern ein außersinnliches.

Mit der Intuition erklären wir auch meist jene Eingebungen, die wir durch keine Sinneswahrnehmungen erhielten und die uns dennoch Informationen über unsere Außen- und Umwelt lieferten. Gedankenübertragungen, Hellsehen und Zukunftsschau sind psychische Fähigkeiten, die im Zuge der Parapsychologie heute allgemein als »außersinnliche Wahrnehmungen« bekannt sind. Zusammen mit der psychischen Einwirkung auf Dinge und Menschen – Telekinese, Hypnose oder Geistheilen – stellen sie die Forschungsobjekte dieser jungen Wissenschaft dar. Diese Fähigkeiten gehören zu der Grundfunktion der menschlichen Psyche, die *C. G. Jung* das intuitive Denken nannte. Nach *Jung* vermittelt die Intuition fertige Inhalte. Seien sie ideelle Zusammenhänge oder Zusammenhänge in den Dingen oder zwischen den Objekten der Umwelt. Die Intuition ist jene Funktion, die schöpferische Einfälle vermittelt.

Für *Jung, Platon* und *Leibniz* galt gleichermaßen, daß diese Grundfunktion der Seele, dieser göttliche Funke der Vernunft oder diese synthetische Schau, die dem göttlichen Schöpfungsakt gleichkommt, in jedem Menschen angelegt sei. Sei sie auch noch so begraben oder unerkannt, weil der wissenschaftliche Modetrend ihr nicht gewogen ist, sie gehört zu den ureigenen Erfahrungen des Menschen.

Als Joseph Banks Rhine im Jahre 1935 mit der Gründung des ersten amerikanischen Parapsychologischen Instituts in den Vereinigten Staaten die Ära der wissenschaftlichen Erforschung psychischer Phänomene und

Fähigkeiten einleitete, galt es zuerst rein experimentell die Existenz dieser Fähigkeiten abzusichern. Die psychische Kraft, die diesen Fähigkeiten zugrunde liegt, wir nannten sie Intuition, wurde allgemein als Psi bezeichnet. Und so spricht man in den Vereinigten Staaten noch heute von der Psi-Forschung, wenn Parapsychologie gemeint ist. In der nunmehr fünfzigjährigen Geschichte dieses jungen Zweigs der Wissenschaft wurden Tausende und Tausende von Versuchen durchgeführt. Über die Ergebnisse und Methoden drang bis vor kurzem nur selten etwas an die Öffentlichkeit. Man wußte zwar, daß mindestens vier namhafte amerikanische Institute mit Psi experimentieren, erfuhr aber nichts Näheres, bis Mitte der 70er Jahre aufkam, daß der Auftraggeber der US-Geheimdienst sei. Ähnliches sickerte aus der Sowjetunion in den Westen. Von nun an spekulierte die Presse über die Psi-Waffen der Zukunft. Werden »das telepathische Ausforschen geheimer Dokumente und Pläne durch mentales ›Anzapfen‹ hoher Militärs und Politiker, das paranormale ›Knacken‹ gegnerischer Kodes, die hellseherische Erkundung von Raketenabschußbasen, Atomwaffenlagern und Kommandostellen, die psychokinetische Inaktivierung von Waffensystemen, das psychische (hypnotische) Manipulieren ganzer Truppenverbände« die künftige Weltsicherheit prägen, fragt sich Ernst Meckelburg in seinem Artikel »Die Psi-Front« in der September/84-Ausgabe der *Esotera*. Er spricht damit die Befürchtung vieler aus.

Das vorliegende Buch von Russell Targ und Keith Harary, zwei prominenten amerikanischen Parapsychologen, die am berühmten Stanford Research Institute International in Menlo Park, Kalifornien, forschen und lehren, trägt dazu bei, diese Angst zu verflüchtigen.

Ihre klare und deutliche Darstellung der Psi-Forschung der letzten Jahrzehnte in Ost und West legt all jene Versuche offen dar, die zu den wilden Spekulationen geführt haben. Die Aufzeichnungen der einzelnen Experimente, das Versuchsprotokoll, gewähren einen Einblick in die parapsychologische Praxis, die der Materie den Anschein des »Paranormalen«, Geheimnisvollen nehmen.

Es ist das besondere Verdienst der beiden amerikanischen Wissenschaftler, die psychischen Fähigkeiten als normale Erfahrungen des alltäglichen Lebens darzustellen. Daß dies nicht bloße Behauptung bleibt, garantieren die ausführlich eingeleiteten und erläuterten Übungen, die ganz im Stile ihrer Versuchsanordnungen dem einzelnen ermöglichen sollen, seine Psi-Kräfte zu trainieren.

Das Schärfen der Psi- oder intuitiven Fähigkeiten dient keinem Selbstzweck, sondern versteht sich als Mittel zur Entfaltung und Erkenntnis des Selbst. Können erst einmal die reinen Intuitionen, hellseherischen Einsichten und Ideen von Fremdsuggestionen und -einflüssen sowie der allgemeinen Meinung unterschieden werden, hat der Mensch für sich selbst einen Freiraum geschaffen, in dem er sich als selbstmotiviertes Wesen erlebt. *Jung* nannte diesen Teil der Persönlichkeit das SELBST; *Maslow* sah darin die Möglichkeit für den Menschen, sich selbst zu verwirklichen.

Dieser Freiraum des Menschen, der göttliche Funke, der menschliche Anteil an der Ewigkeit, wie man ihn früher nannte, ist weder an Raum noch an Zeit gebunden. Es ist die Befreiung von den starren Gesetzen eines absoluten Raumes und einer linear, nicht rückläufigen, vorwärtsschreitenden Zeit. Was Philosophen wie *Platon, Leibniz* und die großen Meister des fernöstlichen

Zen-Buddhismus erkannten, ist von den modernen Physikern inzwischen aufgegriffen worden. Raum und Zeit sind Modellvorstellungen, die eine sinnvolle, aber nicht zwingende Einordnung unserer Erlebnisse und Erfahrungen in ein Denkmodell gewähren. Spätestens seit *Einstein* ist bekannt, daß Raum und Zeit relative Größen sind, das heißt Größen, die von Beobachter zu Beobachter, je nach dessen Eigengeschwindigkeit, verschieden sein können.

Versucht man psychische Erfahrungen wie Gedankenübertragung und prognostische Träume sowie den Blick in die Zukunft mit dem traditionellen Raum-Zeit-Modell zu klären, wird man sie als nicht erlebbare Erlebnisse abtun müssen. Die Skepsis gewisser Menschen gegenüber prophetischen Aussagen und denen, die daran glauben wollen, ist dem Steckenbleiben in überkommenen Vorstellungen unserer physischen Realität zuzuschreiben. Wir wissen zwar heute noch nicht, wie gewisse psychische Erfahrungen zustande kommen, können im Lichte der modernsten Physik aber sagen, daß sie theoretisch möglich und erklärbar sind. Jedem Fortschritt in der Physik wird ein Fortschritt in der Psi-Forschung entsprechen, denn indem wir unser Verständnis der Welt erweitern, wir neue Perspektiven hinzugewinnen, wächst auch unser Selbstverständnis. Andererseits war und ist gerade die Erfahrung einer Realität, die dem gängigen physikalischen Modell widerspricht, die Veranlassung dafür, daß der Mensch sein Weltverständnis in Frage stellt und neu überdenkt.

Das vorliegende Buch, das ich mit großer Freude gelesen habe, wird das Seinige leisten, um diese neuen Erfahrungen zumindest seinen Lesern zugänglich zu machen. Als *Galilei* allen Repressalien zum Trotz ausrief: Und sie bewegt sich doch! – machten nur wenige seiner Zeitgenossen die Erfahrung, daß sich die Erde um die Sonne bewegt und nicht umgekehrt. Erst als größere Bevölkerungsschichten dank neuer Beweise diese Erfahrung machten, drang das heliozentrische System in das allgemeine Bewußtsein ein. Damit möchte ich sagen, daß die deutliche Anleitung zur Selbsterfahrung der psychischen Wirklichkeit, die von Targ und Harary geboten wird, begrüßenswert ist. Denn die Erfahrung ist der beste Beweis, zumal man sie mit der gebotenen Anleitung im eigenen Heim wissenschaftlich überprüfen kann.

Als ich meine Untersuchung der Parapsychologie in Rußland abschloß, war ich mehr denn je davon überzeugt, daß die Wissenschaft vom Psychischen die entscheidende Zukunftswissenschaft sei. Ich war mir aufgrund der auch in diesem Buch referierten Ergebnisse der sowjetischen Parapsychologie dessen gewiß, daß sie dem Menschen ein ungeahntes Potential an Kreativität erschließt und ihm mit der Beherrschung der psychischen Energien ein unerhörtes Maß an Möglichkeiten eröffnet. Meine Hoffnung wird durch die amerikanischen Forschungsergebnisse gestützt. Und es zeigt sich, daß die Forscher in Ost und West derselben Meinung sind: Psi ist als Potential der Selbstverwirklichung und Kreativität ein Weg zur friedlichen Verständigung. Und so könnte es sein, daß der Einsatz »psychischer Energien« das atomare Wettrüsten verhindert und den Weltfrieden sichert.

DR. FRIEDRICH W. DOUCET

München, im Mai 1985

»Wenn die Ergebnisse gefälscht waren, dann haben unsere gesamten Sicherheitsmaßnahmen versagt. Was diese Personen ›sahen‹, wurde durch Luftfotografien bestätigt. Man hätte das niemals fälschen können... Einige der Geheimdienst-Leute, mit denen ich mich unterhielt, wußten, daß die Fernwahrnehmung funktioniert, obwohl sie ihre weitere Erforschung unter dem Vorwand blockieren, die Fernwahrnehmung sei noch nicht so präzise wie die Satellitenaufnahmen. Mir erschiene es aber als das preiswerteste Radarsystem. Und wenn die Russen es haben und wir nicht, dann können wir uns auf was gefaßt machen.«

Kongreßabgeordneter CHARLES ROSE,

Vorsitzender des Sub-Committee on Intelligence Evaluation and Oversight, während eines Interviews zum Thema der am SRI durchgeführten Experimente mit der Fernwahrnehmung über große Entfernungen.

Omni, Juli 1979

ERSTER TEIL

DIE PSI-FORSCHUNG IN DEN USA UND IN DER UDSSR

1

Einführung: Was tut sich?

Sowohl in den Vereinigten Staaten als auch in Rußland werden psychische Fähigkeiten in staatlich geförderten Forschungsprogrammen entwickelt. Doch trotz jahrzehntelanger Forschungsarbeiten mit zunehmend erfreulicheren Ergebnissen wurde die Öffentlichkeit in dem irrigen Glauben belassen, Psi-Fähigkeiten existierten nicht oder seien zumindest keinem normalen sterblichen Verstand zugänglich.

Kinofilme über Psi, das Fernsehen und die Zeitschriften haben ihr Publikum mit verzerrten und irreführenden Informationen über diesen Bereich gespeist. Sogenannte Materialisten haben Psi-Berichte als betrügerische, unwirkliche oder lächerliche Hirngespinste verschrien. Okkultisten und gutgläubige Phantasten haben der Psi-Forschung die ungebührende Aura ihrer Irrationalität und Abergläubigkeit verliehen.

Währenddessen haben die Regierungen der Vereinigten Staaten und Rußlands in aller Stille Millionen für vorsichtig geplante und erfolgreiche Langzeitstudien ausgegeben, um verwendbare und möglicherweise nützliche psychische Fähigkeiten zu entwickeln. Im folgenden geben wir einen Auszug aus dem Bericht der Kongreßkommission von 1981 wieder:

ÜBERBLICK ÜBER WISSENSCHAFTLICHE UND TECHNISCHE FRAGEN
GEGENWART UND ZUKUNFT
KOMMISSION FÜR WISSENSCHAFT UND TECHNOLOGIE
Abgeordnetenhaus der Vereinigten Staaten
Juni 1981

Neueste Fern-Sicht-Experimente und ähnliche parapsychologische Untersuchungen legen nahe, daß es eine »Verbindung« zwischen dem menschlichen Geist und anderen Menschen sowie mit der Materie gibt... Geist-Geist-Kommunikationsexperimente haben zu ermutigenden Ergebnissen geführt... Diese Experimente erhärten die Annahme, daß der menschliche Geist unabhängig von Zeit und geographischer Lage Informationen empfangen kann... Wegen der möglicherweise bedeutenden und weitreichenden Implikationen, die mit der Kenntnis dieses Bereichs einhergehen, und in Anbetracht der Tatsache, daß bekanntlich in der Sowjetunion derartige Forschungen auf breiter Basis und ganz offiziell staatlich unterstützt werden, wäre der Kongreß eventuell an einer ernsten Einschätzung dieser Forschungen in unserem Lande interessiert.[1]

Wir haben dieses Buch für all jene geschrieben, die sich dafür interessieren, wie die Psi-Forschung in den Vereinigten Staaten und in Rußland aussieht und welche Bedeutung sie für die Regierungen der beiden Großstaaten haben mag. Diesbezügliche Forschungsergebnisse sollten jedem zugänglich sein. Doch war es nicht immer einfach, vertrauenswürdige Informationen aufzutreiben oder selbst von den übertriebenen Behauptungen der Okkultisten, den verwirrenden Beschuldigungen der Kritiker und den verzerrenden Berichten der Massenmedien zu sondern.

Die Psi-Forschung hat ebensosehr unter ihren »treuen Anhängern« wie unter ihren Kritikern gelitten, die behaupteten, kein objektiver Geist könne die wissenschaftlichen Daten dieses Forschungsbereichs ernst nehmen. Und doch ist das psychische Erleben weder eine Ausgeburt unkritischen Glaubens noch ein Produkt blinden Selbstbetrugs. Es handelt sich dabei vielmehr um einen wirklichen Prozeß, der durch persönliche Erfahrung und objektive wissenschaftliche Methoden erforscht werden kann.

Wir wollen Ihnen schlagende Beweise für das Vorhandensein einsetzbarer Psi-Kräfte liefern. Und wir wollen beschreiben, wie nützlich Ihre Psi-Kräfte im Alltag sein können. In den letzten Kapiteln zeigen wir Ihnen Übungen, mit denen Sie Ihre Psi-Kräfte entwikkeln lernen.

Diese Informationen sind für uns alle wichtig. Aus den besten Forschungsberichten geht hervor, daß die meisten, wenn nicht gar alle Menschen die Fähigkeit besitzen, ihre psychischen Kräfte zu fördern. Dies ist das Fazit Hunderter Versuche, deren Teilnehmer oft mit ihren Psi-Kräften noch nie experimentiert hatten.

Wir sind davon überzeugt, daß die psychischen Fähigkeiten eine ganz normale Funktion unserer menschlichen Wahrnehmung darstellen und Sie diese schlummernden Fähigkeiten auf ganz natürliche und vernünftige Weise schulen können. Um etwas über Psi zu erfahren, müssen Sie weder Ihre Beziehung zur Wirklichkeit verändern noch Ihr bisheriges Wertsystem umstürzen.

Es ist jedoch nicht auszuschließen, daß Sie nach einigen körpernahen Erfahrungen mit hochgradigen Psi-Kräften Ihre Weltanschauung überprüfen werden.

Die Regierung der Vereinigten Staaten unterstützt seit einem guten Jahrzehnt ein Psi-Forschungsprogramm, das am SRI International (früher Stanford Research Institute) in Menlo Park, Kalifornien, durchgeführt wird. Dieses Forschungsprojekt, dem bisher mehrere Millionen Dollar zuflossen, widmete sich hauptsächlich der Auffindung von Übungen, welche imstande seien, die als *Fern-Sicht* bekannte menschliche Wahrnehmungsfähigkeit zu verbessern und zu schärfen. Mit der Fernsicht können die Versuchspersonen Orte, Ereignisse und Gegenstände wahrnehmen und beschreiben, die sie sonst aufgrund der Entfernung mit keinem der fünf Sinnesorgane erfassen können.

Beide Autoren waren seit Anfang der 70er Jahre in der Psi-Forschung im Labor am SRI oder anderswo tätig. Es ist deshalb möglich, daß wir uns kritisch mit den Spekulationen über die staatlich geförderten Psi-Forschungen in den USA auseinandersetzen und die sowohl in den Staaten als auch der Sowjetunion erzielten Fortschritte in diesem Bereich darlegen. Dies tun wir in Teil 1.

Die Fernsicht-Forschung entdeckte vor allem, daß die meisten Versuchspersonen schnell lernen, örtlich wie zeitlich entfernte Gebäude, Landschaften, Gegenstände und Tätigkeiten genauestens zu beschreiben. Oft umreißen sie haarscharf Orte, die Tausende von Kilometern entfernt liegen. Viele beschreiben peinlich genau Ereignisse, die erst Stunden oder Tage später eintreten. Wir möchten wiederholen, daß unerfahrene Versuchspersonen diese Fähigkeiten entwickelt haben und diese mit zunehmendem Training verbesserten.

Bislang wurden in den USA und vielen anderen Staaten 46 Experimente zur Erforschung der Fernsicht durchgeführt. In 23 Fällen waren die Ergebnisse erfolgreich und ergaben statistisch bedeutende Daten; nur in drei Fällen wären derartige Resultate wahrscheinlich gewesen.

Diese Forschungsergebnisse legen nahe, daß unser gängiges Verständnis von Raum und Zeit nicht adäquat ist. Diese Vermutung stimmt mit den neuesten Beobachtungen der Physik überein, wo streng durchgeführte Experimente durch weit außerhalb der anscheinenden Raum- und Zeitsphäre des Versuches liegende Ereignisse beeinflußt wurden. Dies legt den Schluß nahe, daß *unser Verständnis des Raum-Zeit-Kontinuums, in dem wir leben, unvollständig ist.*

Die Bedeutung dieser neuen Beobachtungen wurde kürzlich von einem Artikel in *Science* hervorgehoben:

> Der Erfolg der Quantentheorie bei der Beschreibung physikalischer Phänomene im molekularen und atomaren Bereich soll nicht in Frage gestellt werden, doch weiß man spätestens seit 1965, daß anhand dieser Theorie Voraussagen gemacht werden, die allen aufgrund realistischer, lokaler Theorien gemachten Voraussagen widersprechen. Der *Realismus*, die moderne Umschreibung für den gesunden Menschenverstand, argumentiert, es gäbe eine objektive Wirklichkeit, die unabhängig davon existiert, ob sie jemand beobachtet oder nicht. Die *Örtlichkeit* ist ein Begriff der speziellen Relativitätstheorie, der die Annahme zugrunde liegt, daß Kräfte oder Informationen zwischen Körpern nur mit geringeren Geschwindigkeiten als der des Lichts übertragen werden können.

> Kurzum, *es ist unmöglich, daß die Quantenmechanik, die spezielle Relativität und der Realismus gleichzeitig wahr sind.* (Unsere Hervorhebung)[2]

Wir sind davon überzeugt, daß die Ergebnisse der Psi-Forschung in nicht allzu ferner Zukunft mit den Entdeckungen der modernen Physik übereinstimmen werden. Die daraus resultierenden begrifflichen Umwälzungen in allen Wissenschaftsbereichen werden einander so ergänzen, daß sie unser Selbstverständnis sowie das Verständnis unserer Beziehung zum restlichen Universum aufklären werden.

Während man in amerikanischen Forschungslabors um Anerkennung der Daten kämpfte und sich abmühte, deren Implikationen mit der modernen Physik in Einklang zu bringen, machten sich die Wissenschaftler in der UdSSR emsig zu schaffen. In der Sowjetunion wird die Psi-Forschung seit Anfang der 20er Jahre staatlich unterstützt. Die durch den Eisernen Vorhang dringenden Berichte über die russische Psi-Forschung stammten leider meist von Journalisten, die nicht das nötige fachliche Wissen mitbrachten, um die Entwicklungen in diesem Bereich kritisch einzuschätzen. Ihre Artikel informierten die Leser nur mit Ausnahmen exakt darüber, was die Russen erforschten; haben uns jedoch nichtsdestoweniger die Größenordnung und Richtung der sowjetischen Bemühungen vor Augen geführt.

Wie Larissa Wilenskaija später beschreibt, haben sich die sowjetischen Forscher zum Teil Experimenten mit potentiell aggressiven Zielsetzungen zugewandt: Sie bemühten sich hauptsächlich um die Veränderung des Verhaltens und Fühlens bei Mensch und Tier mittels psychischer Kräfte. Diese Zielsetzung setzt die sowjetischen Bemühungen im 19. Jahrhundert fort, Verhalten mittels Hypnose auf Entfernung zu kontrollieren.

Die russische Bevölkerung interessiert sich zwar lebhaft für psychische Heilmethoden, doch die offizielle Psi-Forschung widmet sich hauptsächlich der Entwicklung psychischer Kräfte, mit denen andere Lebewesen kontrolliert und manipuliert werden können. Gleichzeitig ringen die sowjetischen Wissenschaftler, ähnlich den amerikanischen, um ein besseres Verständnis der potentiellen Implikationen der Psi-Forschung für den Menschen.

Larissa Wilenskaija arbeitete persönlich über mehr als zehn Jahre an der sowjetischen Psi-Forschung mit. Sie wurde in Rußland zur Ingenieurin ausgebildet und nahm an zahlreichen Psi-Experimenten teil. Sie versteht nicht nur die Methoden und Zielsetzungen dieser Forschung, sondern kennt auch den politischen Kontext des sowjetischen Parteisystems, in dem diese Arbeiten angesiedelt sind. Wilenskaija kennt viele aus den Ostblockstaaten stammende Psi-Forscher und Versuchspersonen. Sie hat Dutzende von sowjetischen Forschungsberichten und Abhandlungen, von deren Existenz man bisher im Westen nichts wußte, ins Englische übertragen.

Die im folgenden zusammengetragenen Informationen sind die Resultate einer interdisziplinären Bemühung, die Leser mit den wahren Ergebnissen der Psi-Forschung vertraut zu machen. Russell Targ, selbst Experimentalphysiker, war in der Laser-, Mikrowellen- und Plasmaforschung tätig. Zusammen mit Dr. Harold Puthoff gründete er das Psi-Forschungsprogramm am Stanford Research Institute (SRI). Keith Harary ist klinischer Berater und Experimentalpsychologe, der sich auf die Psi-Forschung sowie die Psychologie des Kultes, Krisenintervention und Streß spezialisiert hat. Er gehört zu den häufigst getesteten und erfolgreichsten Medien der Welt.

Ein gut informiertes Publikum, meinen wir, sei die beste Verteidigung gegen absichtliche Fehldarstellungen psychischer Prozesse oder den Versuch, jene, die Psi-Erlebnisse hatten, und jene, die darüber einfach mehr erfahren wollen, fehlzuleiten. Während unserer langjährigen Psi-Forschung gelangten wir zur Erkenntnis, daß zahlreiche Leute psychische Erfahrungen gesammelt hatten; noch mehr hatten wenigstens einmal im Leben ein psychisches Erlebnis gehabt. Diese Erlebnisse reichen von der ziemlich bekannten Vorahnung künftiger Ereignisse, wie etwa dem Gedanken an den Anruf eines langvermißten Freundes kurz bevor das Telefon tatsächlich klingelt, bis zur seltener vorkommenden Wahrnehmung entfernter Ereignisse, wie etwa das Wissen um ein Flugzeugunglück, wenn es stattfindet; sie liegen außerhalb der uns bekannten Sinneswahrnehmungen.

Wie wir in Teil 2 beschreiben, lassen sich Menschen mit medialen Erlebnissen allzuoft von Sekten vereinnahmen, die eine Erklärung parapsychologischer Phänomene versprechen, die aber auf Kosten großer persönlicher, emotioneller und finanzieller Einbußen ihrer Jünger geht. Wir meinen aber, daß die Aufgabe der geistigen Freiheit ein zu hoher Preis für einen psychischen Entwicklungsprozeß ist. Andere Menschen, die gerne mehr über ihre psychischen Fähigkeiten erfahren würden, scheuen aufgrund des von den Massenmedien verbreiteten negativen Bildes der psychischen Eigenschaften, die als abnormal, übernatürlich oder als Produkt von Selbsttäuschung dargestellt werden, davor zurück. Wir wollen helfen, diesem unnötigen Wirrwarr ein Ende zu setzen.

Trotz gegenteiliger Behauptungen von seiten zahlreicher Cliquen und Parteien existiert kein zwingender Beweis für eine besondere Verbindung zwischen psychischen Erlebnissen und einem bestimmten Führer, einer besonderen Lehre oder Lebensweise. Die wissenschaftlichen Ergebnisse weisen vielmehr darauf hin, daß die Fähigkeit medialer Erlebnisse eine allgemein menschliche Fähigkeit ist, die sich durch gezieltes Training verbessern läßt.

Die von uns in Teil 3 beschriebenen Fernsicht-Übungen sind dazu bestimmt, Sie ungezwungen und gefahrlos mit der Möglichkeit einer Entwicklung Ihrer psychischen Fähigkeiten vertraut zu machen. Wir verstehen diese Übungen als »psychische Liegestütze«. Das Erfolgserlebnis bei den Fernsicht-Übungen wird Ihre Bewußtheit mobilisieren, so daß Ihnen allmählich die die psychischen Erlebnisse begleitenden Empfindungen vertrauter werden.

Viele der Versuchspersonen, die bei Fernsicht-Übungen und in anderen Psi-Experimenten richtig antworteten, merkten bald, daß ihnen auch im Alltag sehr nützliche psychische Informationen zur Verfügung standen. Haben Sie gelernt, zwischen echter psychischer Information und andersartigen geistigen Bildern zu unterscheiden, werden Sie bald treffsicherer auf spontane psychische Eindrücke reagieren.

Obwohl wir davon überzeugt sind, daß die psychische Bewußtheit eine natürliche Fähigkeit des Menschen ist, wissen wir, daß dies für viele von Ihnen eine völlig neue Dimension des Erlebens erschließt. Wir werden deswegen praktische Methoden vorschlagen, damit Sie die psychischen Prozesse mühelos in Ihr jetziges Leben integrieren können.

Wir hoffen, daß die Psi-Forschung durch dieses Buch verständlich und weniger geheimnisvoll erscheint und die Lektüre Ihnen dabei behilflich sein wird, aus Psi-Erlebnissen einen nützlichen und brauchbaren Teil Ihres Bewußtseins zu machen. Wir begrüßen dies als erfreuliche Alternative gegenüber der Gefahr, daß irgendwelche Sekten die Psi-Kräfte ausschließlich für sich in Anspruch nehmen oder sie von den Supermächten kooptiert werden.

Psi ist viel zu wichtig, als daß es zum Monopol der Regierungen, sei es der amerikanischen oder russischen, werden darf. Denn ihnen könnte nur daran gelegen sein, es für ihre eigenen Zwecke auszunutzen.

Die Vereinigten Staaten und die Sowjetunion rüsten um die Wette. Noch ist kein Schuß gefallen und doch haben sich beide Mächte emotional, geistig und ökonomisch ausgeblutet. Obschon wir die individuelle Freiheit unterstützen und ermutigen und die traditionellen amerikanischen Ideale hochhalten, wäre es uns zuwider, wenn die psychischen Kräfte in den Strudel militärischen und ideologischen Streites zwischen Ost und West gerieten. Die Bedeutung von Psi als möglicher Kriegswaffe ist gering, verglichen mit der dadurch gewonnenen Möglichkeit, uns selbst und unsere Umwelt besser zu verstehen. Offenheit und Zusammenarbeit haben von jeher den wissenschaftlichen Geist zu den größten und bedeutungsvollsten Entdeckungen und Beiträgen beflügelt.

Verläßliche, öffentlich zugängliche Informationen über die Psi-Forschung können uns alle vor den schädlichen Folgen falscher Berichte schützen. Lernen wir, unsere psychischen Eindrücke gegen von außen auf uns einströmende Suggestionen abzugrenzen, so werden wir uns letztlich auch gegen psychische *Fernlenkung* wehren können. Natürlich gibt es eine ganze Reihe guter Gründe, weswegen Sie mehr über die psychischen Prozesse und die Psi-Forschung wissen sollten. Diese Gründe werden wir eingehend darlegen.

Wenn wir dazu aufrufen, daß Sie Ihre Psi-Kräfte mobilisieren, so nicht, um beim Wettrüsten zwischen den Supermächten mitzumachen. Unser Appell gilt eher der Entfaltung Ihres Bewußtseinsfeldes: eine Fähigkeit, die uns allen gegeben ist. Wir hoffen aufrichtig, daß jeder von uns sich mit den eigenen geistigen Kräften rüsten wird, um somit das Leben auf diesem Planeten lebenswerter zu gestalten.

2

PSI IN DEN VEREINIGTEN STAATEN: BERICHT EINES INSIDERS

WASHINGTON – Wie der CIA-Direktor Stanfield Turner enthüllte, finanzierte die CIA im Jahre 1975 ein Projekt, das der Schöpfung eines neuen Agententyps galt, den man wahrlich einen ESPion nennen müßte.

Der Chef der CIA erklärte, die Agentur habe einen Mann gefunden, der dank seiner psychischen Kräfte alles »sehen« könne, was auf der Welt passiere.

Turner sagte, die Wissenschaftler und Beamten der CIA könnten diesem Mann das Bild eines beliebigen Ortes zeigen und er würde dann genau beschreiben, was dort im Augenblick vorginge.

Der zurückhaltende CIA-Chef wollte nicht verraten, wie erfolgreich der Spion war, ließ jedoch verlauten, die Agentur habe das Projekt im Jahre 1975 fallenlassen.

»Er starb«, sagte Turner, »und wir haben seitdem nichts mehr von ihm gehört.«

CHICAGO TRIBUNE
Samstag, 13. August 1977

Die Erfahrungen, die wir in den letzten zehn Jahren bei unseren Forschungsarbeiten und während Hunderten von Experimenten gesammelt haben, geben uns die Gewißheit, daß wir nunmehr wenigstens einige Teile des Puzzles zusammenfügen können. Wir wissen z. B., daß viele Versuchspersonen bei der Fernwahrnehmung mit geschlossenen Augen ruhig sitzen und gleichzeitig dank ihrer psychischen Fähigkeiten Handlungen, Ereignisse und Orte irgendwo auf diesem Erdball oder jenseits davon beschreiben können.

Personen, die diese Fähigkeiten im Labor entwickelt haben, nennt man *Seher* (nicht *Versuchsperson*, wie die in den meisten psychologischen Experimenten untersuchten Personen bezeichnet werden). Wir wissen, daß die Entfernung zwischen dem Seher und dem Ort, den er zu »besichtigen« vorhat, die Genauigkeit der Ortsbeschreibung nicht beeinträchtigt oder gar erschwert.

Wir fanden sogar heraus, daß entlegenere Orte psychisch oft leichter wahrgenommen werden können als nahe gelegene. Mag sein, daß die Seher die Orte in der Ferne interessanter finden und sie deswegen leichter »sehen« können. Vielleicht befreien sie sich auch eher von analytischen Denkmustern und tatsächlichen psychischen Eindrücken, wenn sie ihnen völlig unbekannte Orte beschreiben müssen.

Wir haben die *Fernsicht* nicht erfunden. Die Fernwahrnehmung ist eine Art psychischen Erlebens oder eine Psi-Fähigkeit, die zum alltäglichen Wahrnehmungsfeld vieler Menschen gehört. Seit Jahrhunderten beschreibt man diese Fähigkeit eher unpräzise als Zweites Gesicht, Hellsehen, Wahrsagen, außersinnliche Wahrnehmung, als das Paranormale schlechthin. Wir haben uns sehr bemüht, diese und ähnliche Begriffe in unserem Buch nicht zu verwenden, weil sie verwirren und die Psi-Erlebnisse als ungewöhnliche und die Sphäre normaler menschlicher Erfahrung transzendierende Erfahrungen beschreiben. Aus demselben Grund vermeiden wir es, unseren Forschungsbereich als *Parapsychologie* zu bezeichnen (außer wenn wir andere Arbeiten zitieren). Wir umschreiben unsere Bemühungen lieber als *Psi-Forschung*.

EIN FRÜHES FERNSICHT-EXPERIMENT

Unseres Wissens beschrieb der Historiograph Herodot (um 500–434 v. Chr.) als erster ein streng durchgeführtes Fernsicht-Experiment. Das Experiment wurde auf Befehl von König Krösus von Lydien arrangiert, der wissen wollte, wie genau die vielen kleineren Orakel wahrsagten, die im Gefolge des erfolgreichen Delphischen Orakels plötzlich in und außerhalb Griechenlands aus dem Boden schossen. Herodot hat uns eine detaillierte Beschreibung der Ereignisse hinterlassen.

Krösus sah sich durch die täglich mächtiger werdenden Perser bedroht. Laut Herodot »beschloß er, die verschiedenen Orakel Griechenlands und eines Lydiens auf die Probe zu stellen... Die Boten, die die Orakel befragen sollten, wies man an, die Tage von ihrem Abschied von Sardes zu zählen und am hundertsten Tage nach ihrer Abreise das Orakel zu fragen, was Krösus, König Lydiens, in jenem Augenblick tue. Sie sollten die Antworten aufschreiben und ihrem König überbringen«.

In Delphi mußte sich der Wahrheitsuchende an die Priester wenden, die seine Fragen der Phytia übermittelten. Die Priesterin des Orakels, die sich durch den Genuß heiliger Lorbeerblätter, das Wasser der Tempelquelle und durch Selbsthypnose in einen tranceartigen Zustand versetzt hatte, teilte den Priestern ihre Eindrücke mit. Die dem Gotte Phytos dienenden Männer interpretierten das »heilige Gestammel« und kleideten es in Verse, die sie dem Fragenden vortrugen. Es war demnach schon vor 2500 Jahren üblich, daß nicht der Seher selbst, sondern eine andere Person die empfangenen Eindrücke analysierte. In modernen Fernsicht-Experimenten teilt der Seher oder die Seherin die intuitiv gewonnenen Eindrücke einem Interviewer mit, der bei der analytischen Auswertung des gelieferten Materials behilflich ist.

Doch zurück zu Krösus. Kaum betrat der Gesandte das delphische Heiligtum, stellte er der Priesterin seine Frage; sie antwortete mit folgenden Versen:

> Ich kann die Sandkörner zählen und den Ozean ausloten,
> Ich hab' Ohren für die Tauben und weiß, was die Stummen sagen;
> Hör! In meine Nase dringt der Geruch einer Schildkröte,
> Die mit einem Lamm in einem Tiegel auf dem Feuer kocht.
> Ein bronzener Topf mit bronzenem Deckel.

Die Lydier schrieben diese Worte auf und machten sich dann auf ihren Rückweg nach Sardes.

»Als die Gesandten mit den Orakelsprüchen zurückkehrten«, fährt Herodot fort, »brach Krösus das Siegel auf und las, was auf jeder Schriftrolle stand. Kaum hatte er die letzte Zeile gelesen, erklärte er Delphi zum einzig wahren Orakel. Schon vor Abreise seiner Boten hatte er sich nämlich etwas ausgedacht, womit man ihn unmöglich in Verbindung setzen würde, und dann bis zum festgelegten Tag gewartet, um es auszuführen. Am vereinbarten Tag hatte er mit eigenen Händen eine

Schildkröte und ein Lamm in Stücke geschnitten und das Fleisch in einem bronzenen Topf mit bronzenem Deckel gekocht.«

Krösus war von der Wahrheit der Aussage sehr beeindruckt. Er murmelte ein Gebet und ließ der delphischen Gottheit zum Dank eine herrliche Opfergabe darbringen, die aus dreitausend Opfertieren bestand. Als das Opfer gebracht war, ließ Krösus Gold schmelzen und in 117 große Barren gießen, die Herodot in Delphi bewunderte. Ein Löwe aus reinem Gold, der allein 250 Kilo wog, bewachte den Turm aus wertvollen Ziegelsteinen. Wir schätzen den Wert dieser Opfergabe, zu der noch viele andere Gegenstände gehörten, auf rund 100 Millionen Dollar (1983).

In seinem Buch *The Delphic Oracle* (Das Delphische Orakel, 1953) schreibt der Historiker H. W. Parke (Oxford): »Die unbeschreibliche Opulenz dieser Gaben läßt uns innehalten. Es besteht kein Anlaß, die detaillierte Beschreibung Herodots anzuzweifeln... Moderne Gelehrte zeigten sich zuweilen skeptisch. Die Existenz dieser Reichtümer in Delphi kann aber kaum in Frage gestellt werden.«

Seit Krösus' Zeit haben sich viele darum bemüht, die Fernsicht richtig einzuschätzen und zu verstehen. Einige der wichtigsten Arbeiten in diesem Bereich erschienen Anfang des 20. Jahrhunderts.

PIONIERE DER PSI-FORSCHUNG

Unserer Arbeit standen vor allem zwei Forscher Pate, die in den ersten Jahrzehnten unseres Jahrhunderts wirkten: der amerikanische Schriftsteller Upton Sinclair und der französische Ingenieur René Warcollier.

Ihnen verdanken wir eine enorme Anzahl von Daten und Ergebnissen in bezug auf die Funktion der Psi-Fähigkeiten. Im Jahre 1930 veröffentlichte Sinclair ein Buch mit dem Titel *Mental Radio* (dt. Radar der Psyche, 1973), in dem er Hunderte von Experimenten psychischer Kommunikation vorstellt, die er oder andere mit seiner Frau Mary Craig durchgeführt hatten.[1] Sowohl die Daten als auch Mary Craigs Beschreibung ihrer geistigen Auffassung visueller Eindrücke stimmen weitgehend mit den Erfahrungen überein, die wir im Labor sammelten.

René Warcolliers Verständnis der psychischen Fähigkeiten kann nicht genug gelobt werden. In seinem 1948 erschienenen Buch *Mind to Mind* (Von Geist zu Geist) beschreibt er minuziös das uns angeborene Talent, verläßliche psychische Fähigkeiten zu erlernen.[2] In jahrzehntelanger Forschung analysierte Warcollier die verschiedensten Ursachen *geistigen Rauschens*, nämlich jener Wahrnehmungen, die die Interpretation intuitiv gewonnener Informationen stören oder verzerren könnten. (Mehr über geistiges Rauschen weiter unten.)

Um Ihnen einen Eindruck des wichtigen Beitrages von Warcollier zu geben, werden wir am Ende dieses Kapitels seine genauen Beobachtungen der Psi-Mechanismen zusammenfassen. Bis dann werden Sie mit den jüngsten Ergebnissen dieses Forschungsbereichs so vertraut sein, daß Sie das Ausmaß prägnanter Kohärenz gebührend würdigen können, das Warcollier vor fast vierzig Jahren der Psi-Forschung verlieh.

1972 prägte das SRI den Begriff der *Fernsicht*. Diesem Begriff hafteten keine Vorurteile über den Ablauf psychischer Erlebnisse an, und er beschrieb unsere Laborbeobachtungen. (Müßten wir heute einen Terminus wählen, so würden wir wohl den Begriff der *Fernwahrnehmung* benutzen, da er weit mehr als nur visuelle Erfahrung umfaßt. Weil wir dann aber die Versuchsteilnehmer demgemäß *Wahrnehmer* nennen müßten, bleiben wir bei unserer früheren Wahl.)

In dem Buch *Mind Reach* (Bereich des Geistes) stellten Targ und Puthoff die Ergebnisse von fünfzig dieser frühen SRI-Experimente vor, in denen *Hellseher* entfernte Gebäude, Parks, Brücken und ähnliches mehr in San Franciscos Hafengebiet genau beschrieben und skizzierten.[3] Zu Beginn einer jeden Fernsicht-Sitzung trafen zwei Forscher den angehenden Seher und erklärten ihm, daß einer von ihnen in Kürze einen noch nicht bestimmten, weit entfernt gelegenen Ort, das *Ziel*, aufsuchen würde.

Kaum hatte der dazu erwählte Versuchsleiter den Sensitiven verlassen, zog er blind eines von sechzig möglichen Zielen, begab sich an die bestimmte Stelle und blieb dort fünfzehn Minuten lang. Inzwischen bat der zweite Versuchsleiter den Seher, seine psychische Aufmerksamkeit auf das Ziel zu richten, den Ort zu beschreiben und das, was der dort befindliche Versuchsleiter tat. Selbstverständlich wußte der zurückgebliebene Forscher genausowenig wie der Sensitive, wohin sich der andere begeben hatte.

Diese frühen Experimente bewiesen, daß viele Menschen unter kontrollierten Versuchsbedingungen durchaus dazu fähig waren, rein psychisch wahrgenommene entfernte Orte exakt zu beschreiben. Und das fiel Personen, die ihre psychischen Fähigkeiten noch nie auf die Probe gestellt hatten, genauso leicht wie geübten Versuchspersonen. Der einzige Unterschied zwischen geübten und unroutinierten Sehern bestand nicht so sehr in einer qualitativ besseren oder schlechteren Beschreibung ihrer Fernsichteindrücke als vielmehr darin, daß beim Profi die Psi-Leistungen von Experiment zu Experiment beständiger wurden.

Seitdem *Mind Reach* erschien, sind am SRI und anderenorts unzählige solcher Fernsicht-Versuche durchgeführt worden. Dabei konzentrierte man sich auf die Wiederholung früherer Forschungsergebnisse und darauf, ein besseres Verständnis für die Arbeitsweise der Fernsicht zu gewinnen. Zudem suchte man nach Wegen, um die Fernsicht allgemein verläßlicher zu machen.

Sehr erfolgreich waren zum Beispiel einige Fernsicht-Versuche mit örtlichen Zielen, die am SRI mit einem technisch vorgebildeten Mann durchgeführt wurden. Dieser verstand sich, obwohl er aus seinem Leben ein oder zwei merkwürdige Ereignisse berichten konnte, keineswegs als Sensitiver. Wir verbrachten viel Zeit miteinander und erzählten ihm ausführlich über frühere Fernsicht-Experimente. Dies taten wir mit der Absicht, sein Einvernehmen für gute Resultate zu gewinnen. Schließlich setzten wir uns zum ersten Versuch gemeinsam ins Labor. Er fühlte sich nunmehr dazu in der Lage, selbst ein sehr weit entferntes Ziel zu beschreiben.

In diesem Fall hatte sich der auswärtige Versuchsleiter zum Art Museum der Stanford University begeben, das einige Kilometer vom SRI entfernt liegt. Wie immer war der Ort zufällig aus der Menge möglicher Ziele gewählt worden. Als ich (Russell Targ) den Mann befragte, teilte er mir viele bruchstückhafte Eindrücke mit, die er hinterher auf ein Blatt Papier kritzelte. Seine Impressionen verdichteten sich zu dem Bild eines Gebäudes, das aus zwei rechteckigen Blöcken – einem niedrigen im Vordergrund und einem etwas entfernter gelegenen Block – bestand. Dann zeichnete er seine Eindrücke detailliert auf. Diese Endfassung können Sie zusammen mit der Aufnahme des Zieles auf Seite 43 betrachten.

Die Methode des Hellsehens ist noch unvollkommen. Die Ziele können von den Sensitiven nicht immer genau beschrieben werden. In den Beschreibungen mischen sich meist korrekte und irrige Eindrücke. Und doch haben wir festgestellt, daß sich die Fähigkeiten von Sehern, mit denen wir mehrere Jahre zusammenarbeiteten, mit der Zeit verbesserten. Uns fiel außerdem auf, daß die Eindrücke der Sensitiven bei unseren Experimenten zuweilen äußerst hellsichtig waren: sie beschrieben weit entfernte Orte und Geschehnisse mit bemerkenswerter Präzision.

Unsere Versuchsreihen zur Fernsicht umfaßten zum Beispiel sechs Ziele und sechs Beschreibungen des Sehers. Dann baten wir einen *Richter*, alle sechs Orte aufzusuchen und die besten dazu passenden Beschreibungen zu wählen. Die Wahl nannten wir dann einen Treffer, wenn der Richter den Versuchsbericht dem dazugehörigen Ziel zuordnen konnte. Ungefähr zwei Drittel aller am SRI durchgeführten Hellsichtexperimente konnten derart von unabhängigen Richtern kombiniert werden. Mit einer Quote von 66 Prozent ist die Zuverlässigkeit der Fernsicht-Experimente statistisch höchst aufschlußreich. Damit die Ergebnisse eines Experiments statistisch signifikant sind, darf die Wahrscheinlichkeit, daß das Ergebnis zufällig zustande kam, 5:100 nicht übersteigen – in unserem Fall übersteigt es selbst 1:100 nicht.

Ähnliche Erfolgsquoten erreichte man in den ver-

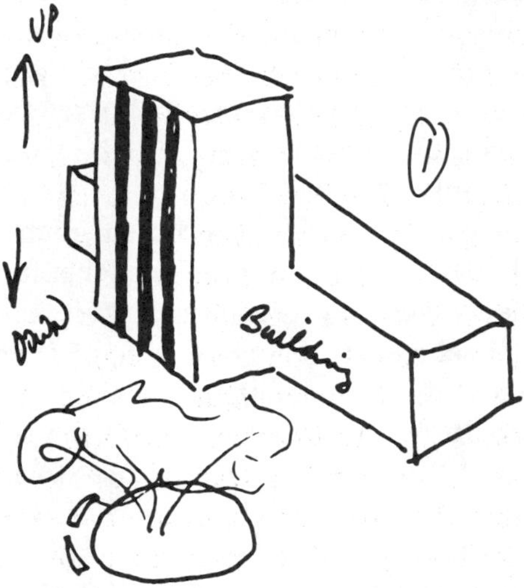

Oben: Stanford Art Museum, Ziel eines Fernwahrnehmungsversuches, an dem auch ein Außenleiter teilnahm.
Unten: Skizze des Zieles

schiedensten Labors der Vereinigten Staaten, die darangingen, die Hellsicht-Experimente des SRI zu wiederholen. An der Princeton-Universität, am Mundelein College in Chicago sowie dem Parapsychologischen Institut in Durham, North Carolina, wurden erfolgreiche Fernsicht-Studien durchgeführt und veröffentlicht. Als Hansen, Schlitz und Tart vom Parapsychologischen Institut 28 Berichte über diese wiederholten Fernwahrnehmungsversuche verglichen, fanden sie, daß mehr als die Hälfte Erfolge verzeichneten. Wir führen diese Experimente in unserer Bibliographie auf.

Hellsehen ist vor allem die Fähigkeit, bildliche, nichtanalytische Informationen zu verarbeiten. Angenommen, ein erfahrener Seher arbeitete mit der Polizei an einem Entführungsfall zusammen, so beschriebe er wohl eher die Stelle oder das Haus, in dem das Opfer festgehalten wird, als daß er die korrekte Adresse lieferte. Denn für einen Sensitiven ist nichts schwerer, als Namen, Zahlen, Buchstaben und ähnliche analytische Informationen mitzuteilen.

Wir sind überzeugt, daß das Problem nicht in der Aufnahme, in der Auffindung psychischer Informationen liegt. Die Ursache dieser Schwierigkeit ist eher im »geistigen Rauschen« zu suchen, das den Seher daran hindert, diese Information zu *verarbeiten*. Unserem besseren Verhältnis zum geistigen Rauschen verdanken wir, daß es uns zunehmend gelingt, die psychischen Fähigkeiten zu zügeln und in ein genaues und verläßliches Instrument zu verwandeln.

Erinnerung und *Vorstellungskraft* sind die Hauptquellen geistigen Rauschens. Fragten wir Sie beispielsweise, uns eine Zahl von 0 bis 9 zu nennen, so hätten Sie

Gelegenheit, sich alle je gesehenen und erinnerten Zahlen vorzustellen. Dasselbe gilt von Buchstaben und ähnlichen bekannten Zielen der Psi-Experimente. Psychische Information gibt sich nicht als solche aus: wir haben keinen Fernsehansager in unserem Gehirn, der uns sagte: »Der Eindruck, den Sie eben wahrnahmen, wurde via PSI übertragen.« Psychische Eindrücke kündigen sich meist viel leiser an.

Würden wir Sie andererseits darum bitten, einen uns wohlbekannten Ort zu beschreiben, den Sie noch nie gesehen haben, so unterschiede sich diese Situation hundertprozentig von dem allzubekannten Kartenratespiel. In diesem Falle wäre Ihr Gehirn zu Beginn des Versuches einer *Tabula rasa* gleich, die durch kein wildes Aufblitzen erinnerter Buchstaben und Zahlen gestört würde. Tauchte in Ihnen dann plötzlich das Bild Ihres Wohnzimmers auf, so könnten Sie es automatisch als Fehltreffer aussondern, da wir vereinbart hätten, daß Sie den von uns vorgestellten Ort zuvor noch nie gesehen hatten.

In der Funktechnik spricht man vom Signal-Störverhältnis, um das Verhältnis zwischen gewünschter Information und falschen Daten einer bestimmten Funksendung auszudrücken. In Anlehnung daran glauben wir, daß die Verläßlichkeit der psychischen Tätigkeit entweder durch eine Verstärkung der psychischen Signale oder eine Schwächung des durch Erinnerung und Vorstellung verursachten geistigen Rauschens verbessert werden kann. Bisher waren wir in erster Linie bemüht, Methoden zu finden, die das geistige Rauschen ausschalteten.

In der Hoffnung, die Ergebnisse der frühen SRI-Fernsichtexperimente zu wiederholen, führte ein Forschungsteam folgendes Experiment durch: Sie wählten und fotografierten ein halbes Dutzend nahe des Labors gelegener Ziele. Dann zeigten sie den Sehern gleichzeitig alle sechs Aufnahmen und baten sie, den Ort herauszufinden, an dem sich der Versuchsleiter während einer bestimmten Sitzung versteckte.

Sie haben es sicherlich schon erraten: Der Versuch schlug fehl.[4] Indem sie den Sehern eine bestimmte Anzahl bekannter Ziele zeigten, verwandelten die Forscher das Fernsicht-Experiment in einen herkömmlichen Kartenversuch. Sie stellten die Seher vor die große Aufgabe, zwischen echten psychischen Eindrücken und der bildlichen Erinnerung an die kurz zuvor gesichteten Aufnahmen unterscheiden zu müssen.

In den traditionellen Psi-Versuchen tauchte oft das Problem auf, daß der Seher eines der zur Wahl stehenden Bilder genauestens beschrieb, nur eben nicht dasjenige Bild, welches für jene Sitzung als Ziel gewählt worden war. In der Psi-Forschung nennt man dieses wohlbekannte Phänomen *Verschiebung*. Wir betrachten die Verschiebung als ein Beispiel geistigen Rauschens.

Wir behaupten dies aufgrund folgender Annahme: Stellt der Versuchsleiter die möglichen, d.h. zur Wahl stehenden Ziele eines Psi-Experimentes zusammen, so bildet er daraus quasi eine »psychische Menge«. So verschieden die Bilder auch sein mögen, zwischen ihnen stellt sich sofort ein innerer Zusammenhang her, wenn sie in die Lostrommel kommen. Der Seher mag sich dann durchaus schwertun, das ganz bestimmte Bild von den anderen zu trennen. Und so kommt es öfter vor, daß er Details mehrerer Bilder zugleich oder mit erstaunlicher Genauigkeit ein Bild beschreibt, das jedoch nicht als Ziel jener Sitzung gewählt worden war.

Bei Fernsicht-Experimenten mit geographischen Zielen geschieht dies fast nie. Kann sein, daß dies darauf zurückzuführen ist, daß man Gebäude, Landschaften oder Brücken kaum »in eine Trommel werfen kann«. Die Ziele werden indes zufällig von einer Liste geographischer Standorte gewählt. Und da sich schriftliche Informationen kaum zur psychischen Perzeption eignen, verursachen sie auch kein geistiges Rauschen wie etwa die bildliche Wiedergabe der eigentlichen Ziele.

Dies führt uns auch zu einem weiteren Grund für erfolgreiches Hellsehen: Für den Sensitiven muß die gestellte Aufgabe von sich aus sinnvoll sein. Damit sich der Seher bei den Versuchen und zur Mitarbeit motiviert fühlt, dürfen die Experimente die psychischen Fähigkeiten nicht trivialisieren. Im Idealfall sollte uns jedes Experiment etwas Nützliches bringen und dem Seher Gelegenheit bieten, seine psychischen Fähigkeiten kennenzulernen und zu verbessern.

Für einen Perzipienten ist es offensichtlich viel interessanter, ein unbekanntes Ziel als Zahlen zu erraten oder unaufhörlich aus einer beschränkten Bilder- oder Symbolgruppe wählen zu müssen. Die dadurch erzeugte Langeweile gehört manchmal zu den gravierendsten Nachteilen der Kartenversuche, die jahrzehntelang in den Psi-Labors durchgeführt wurden. J.B. Rhines erfolgreicher Versuch, die Psi-Forschung durch Einführung quantitativer Methoden in eine Wissenschaft zu verwandeln, bestand zum Teil darin, die Fähigkeit eines Sehers, zugedeckte Karten zu erraten, zu messen. In *Sechzig Jahre Außersinnliche Wahrnehmung* von J.C. Pratt, J.B. Rhine und anderen[5] wird sein epochemachendes Werk brillant dargestellt.

Erzielten einige Personen bei den traditionellen Kartenversuchen hohe Erfolgsquoten, so waren sie doch weitaus weniger erfolgreich als jene Personen, die an Versuchen mit »freier Wahl« teilnahmen, wie etwa beim Hellsehen oder beim Bildmalen nach Sinclair und Warcollier. Wir haben uns längst daran gewöhnt, schon nach einer Versuchsreihe mit nur acht bis zehn Versuchen statistisch aussagefähige Ergebnisse zu erwarten. Dagegen erreichen die Resultate des Kartenratens erst nach Hunderten, ja Tausenden von Versuchen statistische Bedeutung.

Mit anderen Worten: Es ist für einen Seher leichter, einen aus unendlichen Möglichkeiten gewählten, weit entfernten Ort zu beschreiben, als eine Zahl zwischen 0 und 9 zu erraten. Selbst wenn der Versuchsleiter eines Fernsicht-Experimentes das Ziel aus einer begrenzten Anzahl von Möglichkeiten wählt, so gibt es für den Seher, der diese möglichen Ziele nicht kennt, trotzdem unendlich viele Möglichkeiten.

Beim Kartenraten machte man regelmäßig die Erfahrung, daß die Erfolgsquoten der Versuchspersonen nach mehreren Versuchen stark sanken. Dieser sogenannte »Leistungsschwund« ist genau das Gegenteil dessen, was zu erwarten wäre, wenn ein Lernprozeß stattfinden würde. Charles Tart, der viel über die psychischen Fähigkeiten publizierte und selbst rege an der Psi-Forschung teilnahm, kam zu der Auffassung, daß der Mißerfolg der Versuchspersonen bei diesem Experiment ein Produkt der dabei empfundenen Langeweile sei.[6] Es scheint, daß die Kartenversuche ein hochbewährtes Mittel sind, um im Labor einen Lerneffekt zu verhindern oder Psi auszuschalten!

Andererseits führten wir am SRI eine von der NASA geförderte Studie durch, bei der 147 Versuchspersonen aufgefordert wurden, mehrmals nacheinander eine von vier möglichen Karten auszuwählen, die ein elektronischer Zufallsgenerator gemischt hatte. Diese Versuche waren sehr erfolgreich, zumal etliche der Teilnehmer lernten, ihre Trefferquote zu verbessern. Wir sind davon überzeugt, daß dieser Erfolg darauf zurückzuführen ist, daß der Psi-Recorder nach jedem Versuch die korrekte Antwort anzeigte. Die Seher hatten außerdem die Möglichkeit, intuitiv die mit jeder korrekten Karte assoziierten Farbe und Lage zu perzipieren. Diese Aufgabe war an sich interessanter als das alleinige Erraten von Karten. Diese Psi-Trainingsmaschine ließe sich dadurch verbessern, daß sie mit einem Mikrocomputer gekoppelt würde und somit dem Seher bei jedem Versuch völlig verschiedene Ziele in veränderten Farben und Lagen präsentierte. Zusammen mit der Computerfirma ATARI haben wir ein entsprechendes Programm als Videospiel für den Heimcomputer entworfen.

Im Laufe unserer Psi-Forschung konnten wir feststellen, daß jene Personen bei den Versuchen größeren Erfolg hatten, die der Aufgabe freudig erregt, aber nicht gestreßt entgegenblickten. Im medizinischen Labor konnte nachgewiesen werden, daß erhöhter Adrenalinausstoß die Leistungsfähigkeit des Gehirns – z.B. bei der Lösung von Denkaufgaben – steigerte. Man könnte vermuten, daß das Gehirn des Sehers bei Aufgaben, die komplexere psychische Informationen erfordern, mit gesteigerten Funktionen und psychischen Fähigkeiten reagiert. Beim Kartenraten wiederholt sich die Aufgabe und ist daher so langweilig, daß die Seher bei Fortschreiten des Experimentes ein Absinken ihrer Fähigkeit, psychische Informationen zu verarbeiten, erleben.

Im Idealfall sollte ein Seher entspannt, aufmerksam und besonnen, jedoch konzentriert sein. Wir sind ferner davon überzeugt, daß das Ich des Sehers bei dem Experiment nicht aufs Spiel gesetzt werden sollte. Eine Person, die davon überzeugt ist, entweder »psychisch begabt oder sonst ein Nichts« zu sein, wird die psychische Aufgabe kaum meistern können. Das psychische Experiment sollte ein Abenteuer und kein Prüfstein des Selbstwertes sein.

Wir konnten tatsächlich feststellen, daß die innere Haltung aller Versuchsteilnehmer einen direkten Einfluß auf den Erfolg des Experimentes hat. Dagegen scheinen weder Entfernung noch elektromagnetische Abschirmung vom Zielort die Genauigkeit der Fernwahrnehmung zu beeinträchtigen. Die von uns gewählten Zielorte waren zum Teil so groß wie der Hoover-Turm an der Stanford-Universität und so klein wie ein Stecknadelkopf. In beiden Extremfällen waren die Beschreibungen hervorragend.

Bevor wir die neuesten Fernsicht-Experimente beschreiben, die am SRI und in anderen Labors durchgeführt wurden, möchten wir die Methoden darlegen, mit denen das SRI-Team in den letzten Jahrzehnten mit viel Erfolg das Feld der Fernwahrnehmung erschließen konnte. Unser Ansatz verhalf selbst Neulingen zu guten Fernwahrnehmungen. Im folgenden beschreiben wir unsere Erfahrungen und geben im Grunde ein »Fernwahrnehmungs-Rezept« wieder, das wir vielen Psi-Forschern zukommen ließen, die unsere Fernsicht-Experimente wiederholen wollten.[7]

Ein Hauptmerkmal der SRI-Fernsicl
daß Seher und Versuchsleiter als ver
tionssammelteam« fungieren. Der Se
Funktion eines Informationsradar
suchsleiter als analytischer Steuerm

Diese Arbeitsteilung entspricht den
nen der beiden Gehirnhälften. Die eine Seite
niert nicht-analytisch und ist mit der Erken
räumlicher Muster gekoppelt, der wir auch die psychische Erkenntnis zuordnen. Die andere Art geistiger Aktivität spiegelt sich in verbaleren und analytisch kognitiveren Tätigkeiten wider. Nur sehr erfahrene Seher vermögen beide Aufgaben gleichzeitig zu bewältigen und selbst dann nur unter großer Kraftanwendung.

Die möglichen Zielorte für die Fernwahrnehmungs-Experimente werden von Laborangestellten ausgesucht, die weder mit dem Seher noch mit dem Versuchsleiter während des Ablaufes in Verbindung stehen. Das Sammelbecken möglicher Zielorte ist derart angelegt, daß etliche Beispiele der verschiedenen Zielortarten vorkommen: jeweils mehrere Kirchen, Brunnen, Anlegebrücken usw. Dadurch soll verhindert werden, daß der Seher auf den Gedanken kommt, es könne heute kein Springbrunnen sein, weil gestern schon ein Springbrunnen vorkam.

Der Redundanz möglicher Ziele schreiben wir zugute, daß der Seher daran gehindert wird, analytische Strategien auszuknobeln, um die Zielorte herauszufinden, die während des Versuches noch nicht vorkamen. Auf diese Art und Weise ist jedes Ziel von den vorangehenden, die der Sensitive wahrgenommen hat, unabhängig. In der Sprache der Psi-Karten entspräche dies einem »unaufgedeckten Stock«. Wie wir schon früher

…en, scheint es dem Seher leichter zu fallen, das …enau zu beschreiben, wenn ihm die möglichen …rte unbekannt sind, als im umgekehrten Fall.

Während sich ein Versuchsleiter zu dem willkürlich …wählten Zielort begibt, entspannen sich der Seher und der andere Versuchsleiter und besprechen den bevorstehenden Versuch. Der Interviewer versucht dem Sensitiven bei diesem Gespräch das Gefühl zu vermitteln, daß es völlig »normal« ist, sich seiner psychischen Fähigkeiten bewußt zu werden. Er wird das Hellsehen eher als natürliche denn abnormale Fähigkeit darstellen und erwähnen, daß schon viele zuvor mit großem Erfolg unter ähnlichen Bedingungen an Fernsichtversuchen teilgenommen haben.

Dem Seher wird ausdrücklich erklärt, inwieweit Erinnerung und Vorstellung ein Rauschen im Psi-Kanal erzeugen, und nahegelegt, daß er, soweit möglich, das Rohmaterial der Bilder beschreiben soll, ohne sie durch freie Assoziationen zu erweitern; denn das würde sie nur entstellen. Der Seher wird darin bestärkt, die Bilder spontan zu beschreiben und sie nicht zu analysieren, da die ersten Eindrücke meist korrekter sind als die Analysen.

Hellsehen ist schwierig, und es bedarf dazu von seiten des Sehers größter Aufmerksamkeit und Konzentration. Die Umgebung und der Ablauf des Versuchs werden deswegen so natürlich und bequem wie nur möglich gewählt.

Was die Aufmerksamkeit des Sehers von seiner Aufgabe ablenken könnte, wird soweit möglich ausgeschaltet. Hypnose, Strobe-Lichter oder sinnliche Deprivation werden vermieden. Diese neuartigen Methoden würden u.E. die erwünschte Aufmerksamkeit des Sehers nur ablenken und es ihm somit nur schwerer machen, geistiges Rauschen von psychischen Eindrükken zu unterscheiden.

Trotzdem wurden viele erfolgreiche Spontan-Antwort-Experimente im sogenannten *Ganzfeld* durchgeführt. Dadurch wird versucht, durch weitestmögliche Ausschaltung von Wahrnehmungen die psychischen Fähigkeiten auszuloten: Dem Seher (oder in diesem Falle der Versuchsperson) werden Pingpong-Ballhälften über die Augen gestülpt, man taucht ihn in rotes Licht und berieselt ihn durch Kopfhörer mit einer statischen oder weißen Geräuschkulisse. Zu Hause war das bestimmt anders.

Obwohl durch die Ganzfeldmethode, die William Brand und Charles Honorton entwickelten, in ihren und vielen anderen Labors statistisch maßgebende Ergebnisse[8] erzielt werden konnten, trägt sie wohl kaum dazu bei, jemanden von der Normalität oder Alltäglichkeit psychischer Fähigkeiten zu überzeugen. Die Ganzfeldtechnik vermittelt ein verzerrtes Bild der psychischen Fähigkeiten, die sie außerdem nur einem veränderten Bewußtseinszustand zuzuschreiben scheint. Unsere Forschungs- und Versuchsergebnisse widerlegen diese Annahmen. Die Erkenntnis, daß verändertes Bewußtsein keineswegs zu den Voraussetzungen hervorragender psychischer Leistungen gehört, ist äußerst wichtig. Wie eine Person psychische Informationen mitteilen kann, scheint von dem Bewußtseinszustand abzuhängen, doch dieser kann nicht *bestimmen*, ob Informationen vorhanden sind oder nicht. Die Ganzfeldmethode scheint die Versuchsperson noch eher als den Seher dazu zu verleiten, frei zu assoziieren, so daß sie psychische Eindrücke mit größeren Mengen undifferenzierten geistigen Rauschens vermischt. Im 8. Kapitel besprechen wir die Ganzfeldmethode ausführlicher.

Bis zum Zeitpunkt, an dem vereinbarungsgemäß der Fernwahrnehmungsversuch beginnen soll, hat der Versuchsleiter aller Wahrscheinlichkeit nach den Zielort erreicht: Er sollte pünktlich am Zielort ankommen und diesen gerade in diesem Augenblick wahrnehmen, in dem auch der Seher seine ersten Eindrücke beschreibt. Der Versuchsleiter wird gebeten, nichts weiter zu tun, als den Zielort aufmerksam zu beobachten. (Er wird nicht als »Sender« bezeichnet, da er zuweilen Details gar nicht bemerkt hat, die der Seher beschreibt.)

In diesem Stadium sagt der Interviewer zum Seher: »Schließ die Augen und beschreibe das geistige Bild, das in dir aufkommt, wenn du deine Aufmerksamkeit auf den Ort richtest, den unser Partner aufgesucht hat.« Der Interviewer drängt den Seher nicht, andauernd mit ihm zu sprechen. Wäre dies der Fall, könnte es durchaus geschehen, daß der Seher seine Ausdrücke zu sehr ausschmückte, um das Wohlgefallen des Interviewers zu wecken.

Klingt der Bericht des Sehers über seine psychischen Eindrücke eher wie eine analytische Interpretation, etwa: »Ich sehe einen Ziegelsteinbau mit Rundbögen. Das muß das Kaufhaus Macy sein«, dann wird der Interviewer ganz sacht den Seher von derartigen möglichen Quellen geistigen Rauschens wegführen. Er könnte dann sagen: »Du brauchst mir nicht sagen, was es ist, nur was du siehst. Was empfindest du, wenn du dich am Zielort umschaust?« Spricht der Sensitive von Gerüchen, Klängen oder Tastsinnwahrnehmungen, so ist dies ein ziemlich gutes Zeichen dafür, daß der Seher den Zielort psychisch erreicht hat.

Das *psychische Steuern* ist die wichtigste, aber auch die schwierigste Aufgabe des Interviewers. Sie scheint besonders unerfahrenen Sehern zugute zu kommen.

Doch dabei ist höchste Vorsicht geboten. In einem Bericht, der am Ende dieses Kapitels wiedergegeben wird, bittet ein erfahrener Seher den übereifrigen Interviewer um etwas mehr Ruhe, damit er seine Gedanken sammeln könne.

Zuweilen kann es sehr hilfreich für den Versuch sein, wenn der Interviewer den Seher mit der Bitte überrascht, den psychischen Standpunkt zu wechseln. »Warum erhebst du dich nicht über den Zielort und erzählst mir, was du von dort oben siehst?« Nach einer derartigen Frage verändert sich die Perspektive des Sehers meist augenblicklich, und er ist meistens in der Lage, seinen Bericht ohne Schwierigkeit um eine Beschreibung aus diesem Blickwinkel zu ergänzen.

Der Interviewer muß den Worten des Sehers sehr aufmerksam folgen, damit er sofort Informationen heraushören kann, die später entscheidend sein könnten bei der Unterscheidung eines bestimmten Zielortes von anderen möglichen Zielorten. Der Versuchsleiter muß sich bewußt sein, daß ein Richter später kaum aufgrund einer hübschen Ringelblume, die den Seher fasziniert, fähig sein wird, die richtige Wahl zwischen verschiedenen Zielorten zu treffen. Der Interviewer trägt die Verantwortung dafür, daß der Versuchsbericht relevante Informationen beinhaltet. Der Seher hat nur die Aufgabe, seine Fernsicht-Fähigkeiten einzusetzen und seine Psi-Wahrnehmungen mitzuteilen.

Nachdem der Versuchsleiter ins Labor zurückgekehrt ist, begeben sich am Ende der Sitzung Seher, Interviewer und zweiter Versuchsleiter an den Zielort. Dies gibt dem Sensitiven die Gelegenheit, nochmals das zu empfinden, was ihn während der Sitzung bewegte, als er den Zielort ganz genau beschrieb. Abgesehen von der wichtigen Lernfunktion rundet das Feedback das Experiment ab, so daß der Seher sich während der nächsten Sitzung nicht mehr mit der Frage beschäftigt, wie der Zielort der letzten Sitzung wirklich ausgesehen hat.

Wie wichtig ist Feedback? Diese Frage gehört zu den wichtigsten in der Psi-Forschung. Eine Antwort darauf könnte den Schlüssel zum wahren Verständnis der psychischen Mechanismen liefern, die den Psi-Prozessen zugrunde liegen.

Jedenfalls erhielten die Seher der meisten SRI-Fernwahrnehmungsexperimente ein unmittelbares Feedback. Im Prinzip könnten die Seher zu ihren psychischen Informationen durch einen Blick in die Zukunft kommen und das später erhaltene Feedback beschreiben.

Dr. Gerald Feinberg, Professor für Physik an der Columbia-Universität in New York, nannte diese Fähigkeit, die eigenen künftigen Erfahrungen zu beschreiben, »Erinnerung an die Zukunft«[9]. Er ist der Meinung, daß der Versuchsleiter am Zielort einfach als psychische Stütze fungiert, so daß der Seher glauben könnte, er sei auf Entfernung mit jemandem telepathisch verbunden.

Die Auffassung, daß Fernsicht nicht unbedingt telepathisch sein muß, wird durch die Forschung von Brenda Dunne und John Bisaha am Mundelein College unterstützt. Sie erzielten hohe Erfolgsquoten mit Fernsicht-Experimenten, bei denen das Ziel nicht ausgewählt worden war und der Versuchsleiter den Zielort erst aufsuchte, als ihn der Seher beschrieben hatte.[10] Während dieser Versuche erhielt der Seher seine psychischen Informationen durch den Blick in die Zukunft.

Diese präkognitive Aufgabe war für die Sensitiven angeblich genauso schwierig wie die früher beschriebenen, an der Gegenwart orientierten Versuche.

Während eines anderen von Dunne und Bisaha durchgeführten Präkognitions-Experimentes erhielt der Sensitive erst Wochen nach der Sitzung Feedback über den Zielort, da der Versuchsleiter durch Rußland reiste[11]. Der Seher mußte auf die Rückkehr des Versuchsleiters warten, der dann erst berichtete, wo er sich während der Sitzungstage aufgehalten hatte. Erst dann erhielt der Seher (in diesem Fall eine Frau) Feedback. Diese Verschiebung hatte keinen negativen Einfluß auf den Erfolg des Versuches.

Bei den von Marilyn Schlitz am Institut für Parapsychologie durchgeführten Versuchen erhielt der Seher erst Monate nach den Sitzungen Feedback.[12] Der Seher (eine Frau) befand sich in Detroit, Michigan, und der Versuchsleiter in Rom. Das Feedback erreichte sie erst durch einen deutschen Mittelsmann, nachdem die Beurteilung durchgeführt worden war. Dieses Experiment war sehr erfolgreich.

Aus dem Gesagten mag man schließen, daß während der Fernwahrnehmung gleichzeitig etliche Kommunikationskanäle aufnahmebereit sind. Befindet sich während des Versuches ein Versuchsleiter am Zielort, so ist nicht auszuschließen, daß die Eindrücke des Sehers teilweise auch telepathisch übermittelt werden. Die Ergebnisse von Schlitz' Versuch legen nahe, daß sie entweder durch telepathischen Kontakt mit dem über 8000 Kilometer entfernt weilenden Versuchsleiter, durch Fernwahrnehmung des Zielortes selbst oder durch Präkognition des Monate später erhaltenen Feedbacks oder durch alle drei gleichzeitig herbeigeführt wurden.

In den Versuchen von Dunne und Bisaha spielte zumindest gegenwärtige Fernsicht keine Rolle, da die Zielorte zur Zeit des Versuches noch nicht ausgewählt worden waren. Diese Experimente mußten demnach präkognitiven Charakter tragen. In den SRI-Experimenten waren alle möglichen Kanäle – Telepathie, Hellsehen und Präkognition – offen.

Die außerhalb des SRI durchgeführten Versuche legen die Schlußfolgerung nahe, daß ein unmittelbares Feedback für eine erfolgreiche Fernwahrnehmung nicht unbedingt nötig ist. Wir glauben dennoch, daß Feedback hilft, zumal am SRI durchgeführte Experimente, nach denen es kein Feedback gab, weniger erfolgreich waren.

Jule Eisenbud, ein Psychiater und Psi-Forscher aus Denver, behandelt die Frage des Feedbacks in seinem Buch »Paranormal Foreknowledge« (Paranormales Vorauswissen)[13]. Er geht für die psychischen Prozesse von einem Komplementaritätsprinzip aus, d. h. verschiedene Erklärungen der psychischen Kräfte können alle zugleich Gültigkeit haben. In der Physik geht es ähnlich zu – in manchen physikalischen Versuchen verhält sich das beobachtete Licht wie eine Welle und in anderen wie ein Teilchen. Eisenbud geht davon aus, daß die psychischen Prozesse auch zwei Erscheinungsweisen haben, die wechselweise je nach experimentellem Kontext zutage treten. Vielleicht ist es zuviel verlangt, von der Psi-Forschung zu erwarten, daß sie eine einheitliche Theorie formuliert, wo selbst die gewöhnliche Physik noch nicht dazu in der Lage ist, um anscheinend widersprüchliche Phänomene zu erklären.

FERNWAHRNEHMUNG VON ÖRTLICHEN ZIELEN: EIN LABOR MIT SEEBLICK

Im Jahre 1978 führten wir am SRI eine ganze Reihe von Fernwahrnehmungsversuchen mit Hella Hammid durch, einer talentierten freiberuflichen Photographin, die beinahe seit Beginn unseres Forschungsprojektes an den Versuchen teilnahm. Das SRI-Team hatte gerade eine Untersuchung über die Bedeutung des Feedbacks für den Seher abgeschlossen. In sechs Fernwahrnehmungsversuchen stellte sich heraus, daß Hella die ersten drei Zielorte in Sitzungen, nach denen sie sofort zum Ort geführt wurde, klar beschrieb. Die letzten drei Versuche, die kein Feedback vorsahen, liefen erfolglos ab. Obwohl eine kontrollierte Versuchsreihe immer eine feste und vorbestimmte Anzahl von Versuchen vorsieht, war Hella nicht gewillt, nach drei Fehltreffern hintereinander wieder nach Los Angeles zurückzukehren. Sie hungerte gewissermaßen nach Feedback – nach der Zufriedenheit, die man bei Besichtigung des Ortes empfindet, den man kurz zuvor so genau im Labor beschrieben hatte.

Obwohl die Feedback-Studie abgeschlossen war und drei Versuche Hellas erfolgreich gewesen waren, erklärte sich das Forscherteam bereit, nochmals zufällig einen der sechzig Zielorte um San Francisco Bay auszusuchen und für Hella eine weitere Fernwahrnehmungssitzung durchzuführen. Man sandte zwei Versuchsleiter zu dem neuen »Versteck« und ließ Hella zum eigenen Vergnügen nach ihnen suchen.

Wir führen diese Extrasitzung an, um das im Labor gebräuchliche Protokoll zu illustrieren. Die vorangegangenen Sitzungen waren zweimal täglich an drei Tagen durchgeführt worden. Am folgenden Tag, einem

Hella Hammid,
Foto von Judy
Angelo Cowen

Donnerstag, hielten wir frühmorgens Hellas Sitzung ab, bevor sie nach Los Angeles zurückfuhr.

Hella und ich (R. T.) saßen in dem bequemen, fensterlosen Labor im dritten Stock des auf Seite 61 gezeigten Radio-Physik-Gebäudes des Stanford Research Institute. Während wir unseren Morgenkaffee schlürften und besprachen, was wir tun wollten, begaben sich zwei Versuchsleiter zum zweiten Stock des Gebäudes und betätigten einen Zufallsgenerator, um die den Zielort bestimmende Zahl zu erhalten.

Die beiden Versuchsleiter brachten die Zahl unserer Sekretärin, die aus einem Safe eine Metallschatulle mit einer Liste aller für die Wahrnehmungsexperimente in Frage kommenden Zielorte nahm. Sie sah die sechzig geschlossenen Umschläge durch, bis sie den mit der vom Zufallsgenerator gewählten Zahl hervorzog. Die

Der Raum, in dem die Fernwahrnehmungssitzungen stattfanden.

beiden Versuchsleiter nahmen den Umschlag, liefen zum Parkplatz des Instituts, stiegen in ihren Wagen, ließen den Motor an und öffneten erst dann das Kuvert. Da die Zahlen auf den Umschlägen ganz zufällig gewählt worden waren, war es unmöglich, daß jemand im Gebäude gewußt haben könnte, wo sie hinfuhren.

Auf der Karte im Umschlag stand: »FLUGHAFENTURM – Überquere die Cross Bayshore Freeway an der Embarcadero Road. Auf der Linken befindet sich der Palo-Alto-Flughafen. Fahre die Flughafenstraße entlang bis zum Ende – das wird dich zum Turm führen. Schau dir den Betonsockel und den fünfeckigen Glasüberbau an. Gehe um den Turm herum, schaue hoch und blicke dann auf die Flugzeuge und die umstehenden Bäume.« Der Flughafenturm wurde erstmals als Zielort benutzt. Weder Hella noch ich, der Interviewer, hatten ihn zuvor gesehen, waren also beide völlig unvorbereitet auf diesen Zielort.

Eine Person, die auf dem Flughafen steht und zum Kontrollturm aufblickt, würde ihn als einen quadratischen, etwa 15 Meter hohen Steinturm mit einem etwas breiteren fünfeckigen Glasüberbau beschreiben. Auf dem Dach des Turmes ragen unzählige Radar- und Radioantennen gen Himmel. Etliche Montereytannen säumen den Sockel des Turmes nahe des Eingangs. Der Turm steht östlich der Hauptrollbahn, die wiederum ganz nahe der San Francisco Bay liegt. Auf Seite 63 ist der Turm zusammen mit Hellas endgültiger Zeichnung des Zielortes, wie sie ihn während des Fernwahrnehmungsexperimentes wahrnahm, abgebildet.

Im folgenden geben wir eine wörtliche Niederschrift der Bandaufnahme der Donnerstagssitzung wieder:

FLUGHAFEN-PROTOKOLL
HELLA HAMMID UND RUSSELL TARG

HH: Es sieht aus wie ein großer Kohlkopf mit untereinander verbundenen Blättern, der den Sockel eines turmähnlichen Gebäudes säumt. Ich möchte es zeichnen.

RT: Sag mir mehr darüber.

HH: Nein. Ich muß nochmals nachdenken. Es ist nur ein Eindruck, und ich bin mir nicht sicher, ob es das wirklich ist.

RT: Kannst du mir mehr über das turmähnliche Gebäude sagen?

HH: Ich will das nicht forcieren. Ich will sehen, ob es nochmals auftaucht. Vielleicht war das nur ein falscher Einfall. Aber vergiß ihn nicht. (Lange

Oben: Der Paolo-Alto-Flughafentower
Unten: Skizze des obigen Zieles, die Hella Hammid während eines Fernwahrnehmungsversuchs anfertigte. Sie beschrieb den Ort als »viereckigen Turm… mit technischen Installationen«.

Pause) Es scheint sich tatsächlich um einen Turm zu handeln, der aus einem blattförmigen organischen Gewächs emporragt: es könnten Büsche oder ornamental angelegte Blumenbeete sein. Der Turm blickt auf der einen Seite, rechts, ich vermute östlich, auf eine Wasserrinne, einen Fluß oder einen Strom.

RT: Kannst du mir mehr über die Form des Turmes sagen?

HH: Er scheint viereckig zu sein; es ist kein runder, sondern ein viereckiger Turm mit leicht gewölbten Flächen. Doch, Ecken, vier Ecken. Und er scheint eine breitere Turmspitze zu haben.

RT: Kannst du das später für mich zeichnen?

HH: Ich habe schon damit begonnen. Es ist so, als stünde der Turm in einer leichten Mulde und sei von etwas über die Oberfläche reichenden Erdhügeln umgeben oder als wüchse blattartiges Gewächs um den Turm, der wie aus Blütenblättern emporschießt. Der Turm ist nicht hoch. Es scheint sich um einen kleinen Komplex zu handeln.

RT: Warum steigst du dann nicht auf den Turm und schaust, wie es rundherum aussieht? Schau mal, ob irgendwas in der Nähe liegt.

HH: Von oben sieht es eher so aus, als habe der Turm an beiden Seiten flügelartige Gebilde. Das, was wie Blätter aussah, umgibt das Gebäude nicht, sondern wächst nur auf einer Seite.

RT: Befindet sich das auf dem Boden?

HH: Ja. V-förmig, zumindest aus der Vogelperspektive. Obendrauf scheint etwas Rundes zu sitzen.

RT: Du sagtest, die Spitze sei im Vergleich zum Sockel weiter?

HH: Ganz leicht, ja. Es scheint noch ein Teil darumgelegt. Ich sehe eine Art Kreuzgitter. Mir kommt es wie etwas Mechanisches vor, das vom Himmel aus sichtbar sein soll und die Richtung weist. Wie ein Sichtzeichen.

RT: Wo befindet sich das von dir beschriebene Kreuzgitter? Ist es auf dem Turm oder vielmehr auf dem Boden?

HH: Es ragt aus dem Turm empor. Und der Turm könnte mehr als vier Seiten haben, ist aber nicht rund. Er hat flache Oberflächen, senkrechte Profile und Leisten. Er könnte mehrseitig sein. Der Turm ist aus Stein. Doch diese Dinger auf dem Boden sind nicht aus Stein. Könnten sie aus Metall sein? Die Dinge haben etwas Metallenes an sich. Und etwas bewegt sich. Etwas Metallisches, das sich im Kreis bewegt, wie eine Wetterfahne.

RT: Wo befindet sich das bewegliche Ding? Ist es mit deinem Turm verbunden?

HH: Es scheint Bestandteil des Turmes zu sein... Ich kann nichts sehen...

RT: Was tun deine Freunde?

HH: Ich sehe sie etwas abseits des Turmes stehen. Ich habe den Eindruck, daß sie nicht näher an den Turm herankönnen. Das Gebäude ist nicht bewohnt. Darin wohnt man nicht. Ich gewinne zunehmend den Eindruck, daß es eine Installierung, eine technische Einrichtung ist. Wie eine Wetterstation, ein Flughafenturm oder ein Radar- oder Funkturm... Nein, es ist kein Funkturm. Es ist weder hoch genug noch aus Metall. Es besteht aus einer Mischung von Stein und Metall. Es gibt viel, sehr viel Metall rundherum. Und da ist ein deutlicher Erdeinschnitt. Es sitzt nicht direkt auf der Erde, sondern etwas niedriger und ragt über die Oberfläche hinaus.

RT: Hast du eine Ahnung, wo das Gebäude stehen könnte?

HH: Ja. Es steht an einem ziemlich isolierten, mit Maschendraht abgeschirmten Ort. Das läßt mich vermuten, daß es sich um eine technische Einrichtung an einem entlegenen Ort handelt. Es ist jedenfalls draußen, natürlich. Befindet sich eher auf einem Hügel, als in einem Tal. Es befindet sich an einem offenen Platz; es ist kein geschützter, gemütlicher Ort.

RT: Unsere Zeit ist beinahe abgelaufen. Soll ich das Licht wieder einschalten, damit du deine detaillierte Skizze zeichnen kannst?

HH: Ja.

ENDE DES PROTOKOLLS

Dies ist ein hervorragendes Beispiel dafür, wie etwas in einem Fernwahrnehmungsversuch falsch oder richtig gesehen werden kann. Hella gelang es schließlich, das Ziel als Flughafenturm zu identifizieren – was wir bemerkenswert finden. Ihre Unsicherheit bezüglich der Dinge am Fuße des Turms, die sie »flügelartige Gebilde« genannt hatte, konnte sie nicht aufschlüsseln. Sie merkte nicht, daß sowohl Bäume als auch Flugzeuge neben dem Turm standen und die Vorsprünge nicht Teil der Bäume waren. Dieses Protokoll beinhaltet gute Beispiele für nicht-analytische Aussagen – »Es sieht aus wie ein Kohlkopf« –, aber auch eine ungewöhnlich exakte Analyse am Ende der Sitzung, wenn Hella behauptet, es könne kein Funkturm sein, da er nicht allein aus Metall bestünde und nicht hoch genug sei.

Protokolle von so hoher Qualität waren für uns keine Seltenheit. Es ist durchaus vorgekommen, daß Seher nach ein, zwei Versuchen ein so hohes Niveau wie Hella beim Hellsehen erreichten. Hella Hammid ist jedoch nicht nur für die Genauigkeit ihrer Wahrnehmungen, sondern auch für die Verläßlichkeit ihrer Leistungen bekannt. In den letzten zehn Jahren waren Hella Hammids psychische Fähigkeiten während der Sitzungen jedesmal stark genug, um den Forschern über die Schwierigkeiten bei ihren Versuchsanordnungen hinwegzuhelfen und ihnen Ergebnisse zu liefern, die dem psychischen Puzzle ein neues Beweisstück hinzufügten.

Die Feedbackfrage ist noch lange nicht gelöst. Wenn Sie sich selbst im Hellsehen üben, werden Sie selbst entscheiden müssen, ob eine unmittelbare Prüfung Ihres Erfolges durch ein Feedback bei einer psychischen Aufgabe für Sie wichtig ist. Wenn sie z.B. einer Freundin sagen können, wo das Armband liegt, das sie verloren glaubte, weil Sie es deutlich »sehen« können, wird es Ihnen vielleicht genügen, zu erfahren, daß sie es wiedergefunden hat. Das Bedürfnis nach Feedback kann von Mensch zu Mensch verschieden stark sein.

HELLSEHEN ENTFERNTER ZIELE: AN EINEM SONNIGEN TAG KÖNNEN SIE DREITAUSEND KILOMETER WEIT SEHEN

Nachdem das SRI-Team mehr als fünfzig Fernwahrnehmungsversuche durchgeführt hatte, bei denen die Seher allein Lokalziele beschreiben mußten, wollte es herausfinden, ob die Wahrnehmung weit entfernter Zielorte schwieriger sei. Die Russen hatten etliche Untersuchungen veröffentlicht, in denen die Hypothese

Susan Harris, Foto von Hella Hammid

aufgestellt wurde, psychische Informationen würden durch elektromagnetische Kurzwellen übertragen. Im Westen vertraten auch einige Forscher diese Ansicht.[14] Angenommen, elektromagnetische Kurzwellen dienten als Informationsträger in psychischen Prozessen, dann müßte die Genauigkeit der Fernwahrnehmung mit wachsender Entfernung geringer werden. Wir konnten bisher aber nicht feststellen, daß größere Entfernungen die Präzision der Fernsicht beeinträchtigten.

Seit Beginn des Forschungsprojektes hat das SRI-Team unzählige Hellsehexperimente mit weit entfernten Zielorten durchgeführt. Seher blickten psychisch von Kalifornien nach New York City; von New Orleans nach Kalifornien; sie sahen San Andreas, Columbia, von Menlo Park, Kalifornien, usw. Die meisten Versuche waren sehr erfolgreich. Im Sommer 1976 wurde eine Reihe von fünf Experimenten durchgeführt. Alle fünf Versuche zeigten befriedigende Resultate.[15] Zwei davon wollen wir beschreiben.

Die Seherin der Versuche, Dr. Susan Harris, studierte damals noch Medizin an der Tulane University in New Orleans. Sie absolviert heute ihre Assistenzzeit an der Psychiatrischen Klinik in Harvard. Ich (R. T.) bat Susan, sich unserem Team anzuschließen, nachdem ich bei einer Party zufällig gehört hatte, wie sie einem Gast erzählte, sie habe letzte Nacht im Traum ein deutsches Gedicht gelesen! Zumal ich ständig auf der Suche nach hochtalentierten potentiellen Sehern war, fragte ich Susan, ob sie die Sommerferien in Kalifornien verbringen wolle. Mir schien, daß eine Person, die in ihrem Traum lesen und sich an das Gelesene erinnern konnte, ein Ohr für ihre verborgenen geistigen Prozesse haben mußte. Es ist äußerst selten, daß jemand im Traum lesen kann.

In einem der ersten Experimente mit Susan, das wir noch in New Orleans durchführten, beschrieb sie, was zwei Versuchsleiter an einem zufällig gewählten Zielort im 3000 Kilometer entfernten Kalifornien taten. Dieser Versuch war einer der wenigen, bei dem ein Sensitiver die am Zielort stattfindende Bewegung so genau beschrieb, daß allein diese Beschreibung den Beweis für die Gleichzeitigkeit von psychischer Wahrnehmung und stattfindendem Ereignis lieferte. Susan beschrieb recht genau das Gebäude, neben dem unsere Versuchsleiter standen. Bemerkenswert für Susan selbst war jedoch, daß sie deutlich wahrnehmen konnte, wie die beiden Versuchsleiter etwas hin und her warfen.

Susan zeichnete daraufhin Strichmännchen, die sich einen Frisbeeteller zuwarfen. Zu dieser Zeit hatten die beiden Versuchsleiter, die sich am Zielort – einem Bankgebäude – langweilten, ein Flugblatt vom Boden aufgelesen, es zum Flieger gefaltet und ließen es nunmehr hin und her flattern. Sie empfanden diese Tätigkeit ebenfalls als wichtigen Bestandteil ihrer Erfahrung am Zielort und photographierten das Papierflugzeug hoch in der Luft.

Während der nächsten beiden Versuche befand sich Susan als Seherin am SRI – ich (R.T.) weilte in New York City. Susan tippte ihre Eindrücke dabei direkt in einen Computer ein, der sie automatisch mit der exakten Zeit versah. Das Terminal war an das Netzwerk der Advanced Research Projects Agency (ARPA) angeschlossen.

Obwohl Susan ihre eigenen Eindrücke selbst eintippte, arbeitete sie mit einem Interviewer zusammen, dem Ingenieur und versierten Psi-Forscher David Hurt. Er stellte ihr von Zeit zu Zeit Fragen. Wie gewöhnlich hatte er keine Ahnung, wo ich mich in New York zur Zeit des Experiments aufhalten sollte. Ich erfuhr es erst eine halbe Stunde vor der jeweiligen Sitzung.

Wir starteten dieses Experiment in New York, weil ich am 200jährigen Unabhängigkeitstag der Vereinigten Staaten meinem Sohn Nicholas von einem Boot aus die Hochseedampfer im Hafen zeigen wollte. Susans erstes Protokoll hält fest, daß sie Nicholas an meiner Seite sah.

Ich wählte beide Zielorte auf dieselbe Weise: erst schrieb ich sechs interessante Stellen in New York City auf, die man alle von Manhattan aus in einer halben Stunde erreichen konnte, und warf dann vor einem Zeugen einen Würfel auf den Bürgersteig, um mich gleich zum so gewählten Ort zu begeben.

Erstes Ziel war Grants Mausoleum im Riverside Park an der oberen West Side in New York City. Das weiße Gebäude mit kuppelförmigem Dach sieht wie ein griechischer Tempel aus. Der Platz vor der Grabstätte, von der man auf den Hudson River sehen kann, ist mit Steinen gepflastert. General Ulysses S. Grant und seine Gattin Julia haben hier ihre letzte Ruhestätte gefunden. Außerdem findet man Erinnerungen und Andenken an den Bürgerkrieg, einschließlich Büchern und Postkarten.

Während ich vor Grants Grabmal in New York City stand, tippte Susan in Kalifornien folgendes in den Computer ein:

Datum: 2. Juli 1976 1126–PDT
Gegenstand: Susans Bericht
An: Targ

Russell – Ich dachte an eine Anhöhe mit Blick. Ich sah einen Baum zu deiner Linken auf einem gepflasterten Platz stehen. Du schienst vor einem Gebäude zu stehen, das du betreten wolltest. (Soweit ist alles korrekt.) Es war, als ob du auf einen Aufzug warten würdest. Du hast etwas an der Wand gelesen. Dann tratest du aus dem Aufzug, und auf der Linken war ein Raum mit Panoramablick. Ich konnte das Geschehen nicht deutlich erkennen. Ein Restaurant. Ein Museum. Ein Buchladen. Du schautest etwas an, eine Schnitzerei, ein Menü, den Wegweiser an einem Pfosten, bevor du eintratest. Von dem Raum aus konnte man auf einen Hafen oder ein Gewässer blicken. Dann schien mir, als würdest du Münzen in deiner Hand betrachten und vielleicht Nicky welche geben (Ja; er kaufte damit die auf Seite 73 abgebildete Postkarte), die er dann in einen Schlitz – Jukebox? Kickerautomat? – steckte. (Dann versuchte Susan vergeblich, Worte und Buchstaben zu lesen, die sie im Raum sah.)

Während sich Susan auf unser Ziel konzentrierte, bemühte sich ein zweiter Seher am SRI, denselben Ort zu beschreiben. Es handelte sich dabei um einen Physiker, der zu jener Zeit als Programmierer am SRI beschäftigt war. Hier, was er auf Band sprach:

Draußen – großer, offener Platz, etwas steht darauf, und da ist Asphalt (rauhes Material), etwas zu dunkel für einen Weg. Ein weißes Gebäude, wie ein Fahrkartenschalter. Holzgebäude, weiß, mit Säulen. Neben Russ steht ein schattenspendender Baum.

Dann zeichnete er das Bild auf Seite 73.

Das zweite Ziel, das zwei Tage später willkürlich gewählt wurde, war der Brunnen im Washington Square Park. Ein breiter Rand ummauert diesen großen, kreisförmigen, in den Boden eingelassenen Brunnen, zu dessen Innerem Stufen führen. Im Zentrum des Bassins steht eine Fontäne.

Susan arbeitete abermals im SRI mit einem Interviewer zusammen, während sie ihre Eindrücke in ein Computerterminal tippte.

Datum: 6. Juli 1976 1354 PDT
Gegenstand: Susans Bericht, zweiter Teil
An: Targ

Im ersten Augenblick sah ich das Bild eines zementierten Schachtes – wie ein trockener Brunnen – mit einem Betonpfosten in der Mitte oder im Innern. Mir schien, als flögen Tauben auf der rechten Seite aus der Mulde über die Fläche. (Stimmt genau.) Dann sah ich in der Ferne einen Sportplatz, mit Rasen in der Mitte und vielleicht Scheinwerfer.

Dann sah ich Häuser, einen Lattenzaun und einige

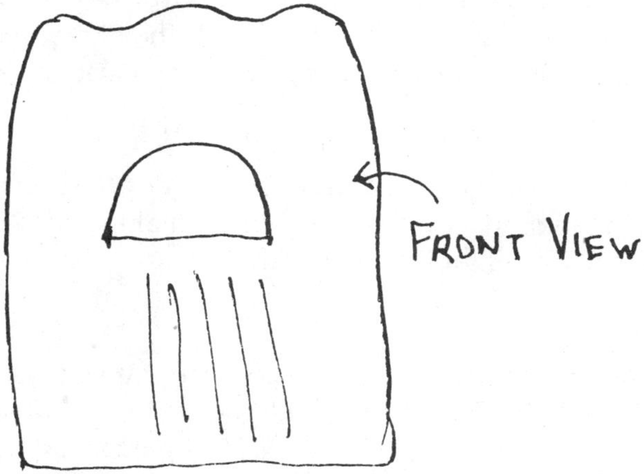

Oben: General Grants Mausoleum
Unten: Vorderansicht des Zieles, die ein Seher während eines transkontinentalen Fernwahrnehmungsversuches skizzierte. Der Seher beschrieb das Ziel als »außen, weite Fläche... weißes Gebäude... mit Bogengang...«

hohe Gebäude mit gezackten Dächern, später eine verjüngte, senkrechte Säule. Ich konnte nicht erkennen, wozu sie gehörte. Und wieder sah ich dich in dem eingefaßten Bassin stehen. Die Seiten des Brunnenrandes waren nicht gerade – eher S-förmig.

Ich nahm auch einen schweren abgewetzten Eisenpfosten wahr, der auf einem typischen New-York-City-Zaun lag. Innen sah ich nichts Besonderes. Einfach eine Trennung zwischen zwei ähnlichen Flächen. Plötzlich hatte ich den Eindruck, du machtest eine Cellophantüte auf. (Ja, bei 40 Grad im Schatten hatte ich mir ein Eis gekauft.) Und dann sah ich dich Tauben mit Popcorn füttern.

Ich sah einen rechteckigen Holzrahmen, einen Fensterrahmen, war mir aber nicht sicher, ob er zu einem Haus oder einem andersartigen Gebäude gehörte. Im großen und ganzen hatte ich den Eindruck, du befändest dich im Riverside Park in der Nähe eines Weges und eines Spielplatzes (Es folgten einige Parkszenen.)

Auf Seite 75 zeigen wir Susans Skizze des Bassins mit dem Pfosten in der Mitte und eine Aufnahme des Zielortes im Washington Square Park.

Um ein Fernwahrnehmungsexperiment zu beurteilen, wird der Richter meist den Zielort besichtigen. Aufnahmen, wie die hier gezeigte, werden fast immer erst nach vollendetem Versuch und dann einzig als bildliche Erläuterung des Berichtes gemacht.

Susans Protokoll enthält ohne Zweifel viele genaue Beschreibungen, aber auch viele Fehlaussagen. Da wir Susans Genauigkeit quantitativ erfassen wollten, lie-

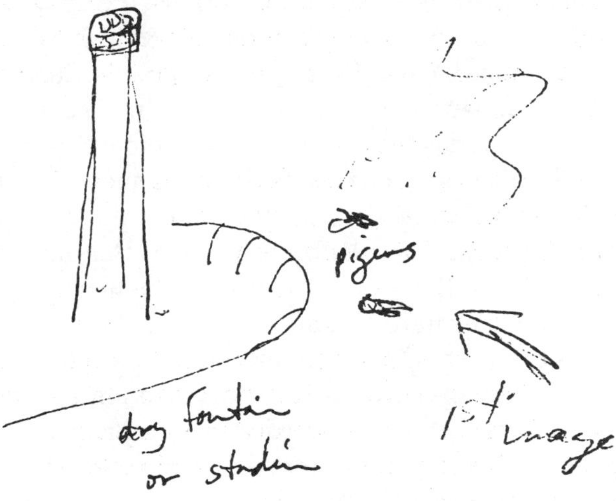

Oben: Washington Square. Foto von Rose Wallach, 1984
Unten: Susan Harris' Eindruck des Zieles, den sie während eines transkontinentalen Fernwahrnehmungsversuchs skizzierte.

ßen wir das Protokoll statistisch auswerten, um den Anteil wahrer und falscher Aussagen herauszufinden.

Susan hatte im Washington-Square-Protokoll zwar den Brunnen ganz richtig beschrieben, doch dann fuhr sie fort, in einer gewissen Entfernung läge vielleicht ein Sportplatz, was nicht stimmte. Kaum hatte sich der Brunnen in ihrem Geist in ein Stadion verwandelt, konnte sie sich auch Sportplatzscheinwerfer vorstellen. Funktioniert der psychische Radar nicht einwandfrei, so sind den Ausschmückungen der Eindrücke mit Gedächtnisfetzen und vorgestellten Visionen keine Grenzen gesetzt. Ein guter Interviewer kann diese Störung dämpfen, so daß sie nicht das gesamte psychische Bild verzerren.

Um Susans Protokoll auszuwerten, listeten zwei Mitarbeiter alle Begriffe auf, die sie benutzt hatte. In diesem Zusammenhang bedeutet »Begriff« einen Satz, der sich auf eine Idee bezieht. Beispiele für diese Begriffe wären Aussagen wie: »Eine Anhöhe, ein gepflasterter Platz, ein Gebäude, das du betratest, ein Zementbassin« und »ein trockener Brunnen«. Auf einer Skala von 0 bis 10 für zutreffende Aussagen bekämen all diese Begriffe zehn Punkte.

Behauptungen wie »Münzen in einen Schlitz stekken« erhielten 0 Punkte, da nichts dergleichen am Zielort stattfand. Weitere Beispiele für 0-Punkt-Aussagen wären Begriffe wie »Stadion« mit den »Scheinwerfern« und dem »Aufzug« von Grants Grabstätte. »Stark abgewetztes Eisen« erhielte 7 Punkte, da im Brunnen tatsächliche einige dicke Kupferstangen standen.

Die Auswerter fanden 21 derartige Begriffe im Grant-Mausoleum-Protokoll mit einem mittleren Genauigkeitsmaß von 6,4. Das Washington-Square-Protokoll enthielt 16 Begriffe mit einer Genauigkeit von

6,8. Man könnte auch sagen, daß zwei Drittel der Aussagen über den Zielort stimmten.

Es wurde danach noch geprüft, ob sich die jeweiligen Begriffe genausogut auf einen anderen Zielort beziehen könnten. Die Washington-Square-Liste wurde mit der von Grants Mausoleum verglichen und umgekehrt. Und dabei stellte sich heraus, daß die Begriffe nur sehr schlecht zu dem falschen Zielort paßten. Die Begriffe zu Grants Mausoleum erhielten die karge Punktzahl von 3,1, bezog man sie auf Washington Square und die dazugehörende Liste, erzielte man nur 3,8, versuchte man damit Grants Grabmal zu beschreiben. Daraus schließen wir, daß nur ein Drittel der Aussagen austauschbar sind und somit eine allgemeine Gültigkeit besitzen. Diese Ergebnisse konnten durch ähnliche statistische Auswertungen vieler anderer Fernwahrnehmungsprotokolle bestätigt werden.

Wir prüften die Gültigkeit dieser Ergebnisse, indem wir die 37 Begriffe der beiden Versuche numerisch mit den intendierten und den Vergleichszielen in zwei statistischen Standardtests verglichen – der t-Tafel und dem Mann-Whitney-U-Test. Wir unterwarfen sie dieser Überprüfung, um festzustellen, ob der Unterschied der Aussagekraft der verglichenen Begriffe dem Zufall zuzuschreiben ist.

Die statistische Überprüfung ergab, daß dieser Unterschied im Mittelwert – ⅔ gegen ⅓ für 37 Begriffe – nur einmal in hundert Versuchen vorkäme, wenn der bloße Zufall am Spiele wäre. Die Ergebnisse sind also statistisch aussagekräftig und liefern den Beweis, daß Susan tatsächlich den intendierten Zielort beschrieb.

Das letzte Experiment dieser Versuchsreihe wurde mit einem Seher in Menlo Park, Kalifornien, durchgeführt. Wir hatten vereinbart, daß sich der Versuchsleiter (R.T.) um zwölf Uhr mittags an einem willkürlich gewählten Zielort in New Orleans befände. Seher war derselbe SRI-Physiker, der den oben gezeigten Umriß von Grants Mausoleum skizzierte. Dr. Elizabeth Rauscher, Physikerin an der University of California in Berkeley, fungierte in dieser Sitzung als Interviewerin.

Um den Zielort zu wählen, ließen wir willkürlich eine Spielkarte zwischen die Seiten eines Führers von New Orleans gleiten. Die Wahl fiel auf den Louisiana Superdome. Vor dem Gebäude stehend, sprach ich auf Band: »Es ist sonnig. Ich stehe vor einem riesigen Metallgebäude mit gleißendem Kuppeldach. Das Gebäude ist zylinderförmig. Es sieht wie eine Fliegende Untertasse aus. Das Ziel ist nämlich der 80000 Platz große Louisiana-Sportpalast.«

Der Seher in Menlo Park beschrieb das Ziel als »großes, zylindrisches Gebäude mit Kuppeldach«. Der Sensitive äußerte Zweifel über seine Eindrücke, denn es schien ihm unmöglich, daß es »eine Fliegende Untertasse mitten in der Stadt« gäbe. Die Abbildungen aus dem Stadtführer, die auf Seite 79 neben seinen Skizzen gezeigt werden, lassen keinen Zweifel daran, warum er diesen Eindruck hatte.

TRANSATLANTISCHE FERNSICHT

Im Jahre 1979 führten Marilyn Schlitz und Elmar Gruber die schon oben erwähnten Fernwahrnehmungsversuche durch. Es gelang ihnen nicht nur, transatlantisch zu experimentieren, sondern sie sammelten Resultate mit einer bis dahin unerreichten statistischen Bedeutung.

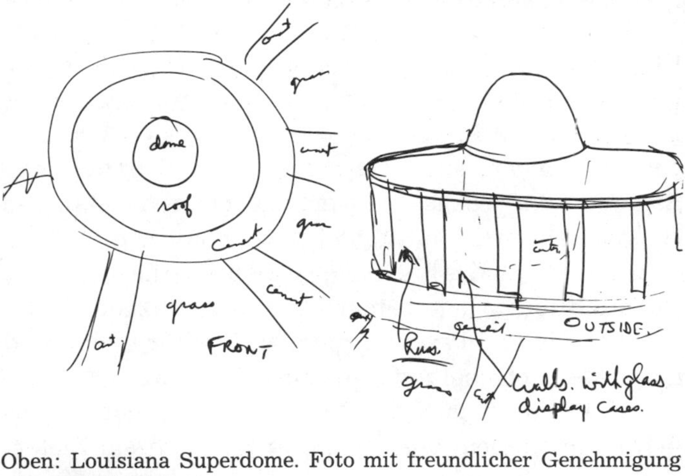

Oben: Louisiana Superdome. Foto mit freundlicher Genehmigung von Grant L. Robertson
Unten: Skizzen des Zieles, die einem Experiment mit Fernwahrnehmung über große Entfernungen hinweg entstammen. Der Seher beschrieb das Ziel »als großes rundes Gebäude mit einer weißen Kuppel«.

Marilyn Schlitz

Marilyn war die Seherin in diesen Versuchen. Sie blieb in Detroit, wo sie damals wohnte. Marilyn hat Philosophie studiert und promoviert nun in Anthropologie über transkulturelle Ansätze innerhalb der Psi-Forschung. Jüngst erforschte sie an der Mind Science Foundation in San Antonio, Texas, die verschiedenen Aspekte des Geistheilens und die Rituale, die sowohl innerhalb als auch außerhalb des Labors Psi-Erlebnisse hervorrufen. Elmar Gruber arbeitet am Institut für Grenzgebiete der Psychologie und Psychohygiene in Freiburg. Während dieser Versuche befand sich Elmar in Rom.

Durch ihre Versuche wollten die beiden hauptsächlich herausfinden, wie ein Seher mit dem am Zielort stehenden Versuchsleiter Kontakt aufnimmt. Wichtiger als der alleinige Beweis psychischer Prozesse war ihnen die direkte Erfahrung dessen, was ein Seher während der Fernwahrnehmungssitzungen empfindet.

In sechs von zehn Versuchen beschrieb Marilyn die Zielorte so genau, daß fünf verschiedene Richter dem entsprechenden Bericht die höchste Punktequote erteilten. In diesen Experimenten wurden die Richter nicht nur darum gebeten, das Protokoll, welches am besten zum Tagesziel paßte, auszuwählen, sondern auch das zweit-, dritt- und viertbeste. (Neben den sechs Erstplazierungen rangierten mehrere andere Protokolle auf dem zweiten Platz.) Die Wahrscheinlichkeit, daß diese Ergebnisse rein zufällig zustande kämen, stehen 1 : 100 000!

Vor Beginn des Versuchs hatten Elmar und ein italienischer Kollege auf langen Spaziergängen durch Rom vierzig Zielorte ausgewählt. Wie sie in ihrem Artikel im *Journal of Parapsychology*[16] beschrieben, befanden sich unter ihren Zielorten jeweils mehrere Beispiele derselben Art. Ihr Experiment war also ähnlich den am SRI durchgeführten.

Elmar traf bei jedem Versuch um 17 Uhr römischer Zeit (11 Uhr vormittags in Detroit) am Zielort ein und blieb genau 15 Minuten dort. Es stand ihm frei, in diesen 15 Minuten am Zielort spazierenzugehen, sich hinzusetzen, den Zielort zu beobachten oder anderswie wahrzunehmen. In diesen 15 Minuten sprach Elmar seine Eindrücke auf Band.

In Detroit saß Marilyn zur selben Zeit an elf nacheinanderfolgenden Tagen in einem halbdunklen Raum und versuchte, Elmars Standort auszumachen. Marilyn war sehr ruhig und benutzte während der Fernsichtsitzungen keine Entspannungstechniken. Sie konzentrierte sich nur anhaltend auf den Zielort und auf Elmar. Sie gab sich Mühe, ihren Geist von weiteren Gedanken freizuhalten. Sie sprach ihre Ideen und Eindrücke auf Band und skizzierte außerdem die wahrgenommenen Bilder.

Mit diesen Fernwahrnehmungsexperimenten hatten sich Marilyn und Elmar vor allem das Ziel gesteckt, die Reaktionen des Sehers beim Hellsehen mit jenen von Versuchspersonen bei Tests, die spontane Antworten erlauben, sowie bei Vorgängen mit beschränkter Antwortwahl zu vergleichen. In ihrem Artikel beschreibt Marilyn ihre Gedankenprozesse, während sie die Handlungen ihres fernen Freundes beschreiben und wahrnehmen wollte:

> Erwähnenswert ist, daß 11 Uhr morgens für E_1 (Marilyn) sehr ungelegen war, so daß sie sich beinahe jeden Morgen in letzter Minute hinsetzte und kaum Zeit hatte, sich methodisch zu entspannen. Um ihre Aufmerksamkeit zu sammeln, benutzte sie zu Beginn der Sitzung eine Aufnahme von Elmar. Dann fragte sie sich mehrmals nach alter Spielstrategie: »Wo ist er?« Die Eindrücke entwickelten sich unterschiedlich. Oft... erschienen zarte Linien, denen bald ein komplettes Bild folgte. Mehrmals riefen die Eindrücke deutliche Erinnerungen wach, die dann mitgeteilt wurden. In diesen Fällen war es schwer, der Versuchung zu widerstehen, die Eindrücke, die viel zu vollkommen erschienen, nicht durch analytische Antworten zu ersetzen. Dies stimmt mit Targ und Puthoff überein... die vor einer Analyse der Information mehrmals warnten. Als Beispiel dafür geben wir einen Auszug aus dem Protokoll vom 8. November 1979 wieder:
>
> Landebahn? Rote Lichter. Starke Feldtiefe. El-

mar ist distanziert, kalt. Ein Loch im Boden – ein kerzenförmiger Gegenstand. Blume, vielleicht unecht. Vielleicht gemalt. Draußen. Ich sehe dunklen Himmel. Windig, kalt. Etwas schießt nach oben.

Nach der fünfzehnminütigen Sitzung erweiterte Marilyn ihre Eindrücke:

> Aus irgendeinem Grund fällt mir ein Boot ein. Es schien mir, als stünde Elmar im Freien neben einem öffentlichen Gebäude. Es war kein Wohnhaus, eher eine öffentliche Einrichtung. Er stand in einiger Entfernung von dem Hauptgebäude, das er jedoch sehen konnte. Vielleicht stand er auf dem Parkplatz oder einem Feld, das zu dem Gebäude gehörte. Am liebsten würde ich »Flughafen« sagen, doch das ist wohl zu spezifisch. Es herrschte reges Hin und Her und es waren viele Menschen da, doch nicht in unmittelbarer Nähe Elmars.

Das Ziel dieser Sitzung war der römische Flughafen Fiumicino. Elmar stand im Freien auf einem Hügel etwas abseits des Flughafenempfangsgebäudes. Neben dem Hügel gähnten Löcher, die Freizeitarchäologen auf der Suche nach römischen Münzen freigeschaufelt hatten. Das Protokoll zeigt eine überraschende Übereinstimmung zwischen Marilyns Eindrücken und Elmars Standort. In den anderen Berichten zu dieser Versuchsreihe gibt es nicht minder überraschend exakte Übereinstimmungen. Sonst wäre es ja wohl kaum möglich gewesen, daß die Richter derart eindeutige Bild-Eindruck-Paare mit dieser ungewöhnlich großen statistischen Signifikanz gebildet hätten.

Es lohnt sich hier zu bemerken, daß Marilyn durchaus noch fähig war, den Zielort zu beschreiben, nachdem Elmar ihn längst verlassen hatte. Er fungierte hauptsächlich als Signal, das ihr die Anpeilung des Sichtobjektes erleichterte. Hatte sie erst den Punkt geortet, konnte sie ihn unabhängig davon beschreiben, ob der Versuchsleiter zugegen war oder nicht. Vielleicht hätte sie sogar vermocht, den Zielort zu einem späteren Zeitpunkt nochmals wahrzunehmen.

Die Ergebnisse dieser Versuche, deren Bedeutsamkeit bei einem p-Wert von 0,000001 lagen, ließen keinen Zweifel daran übrig, daß größere Entfernungen die psychischen Fähigkeiten nicht beeinträchtigen. Wir erwähnten schon früher, daß Marilyn erst Monate, nachdem die Versuche ausgewertet worden waren, ein Feedback erhielt. Dies liefert einen weiteren Beweis dafür, daß unmittelbares Feedback für den Erfolg des Hellsehens nicht maßgebend sein kann.

In jüngster Zeit wurden die Schlitz-Gruber-Experimente erneut ausgewertet: Diesmal legte man Elmars Notizen, die er vor Ort aufgezeichnet hatte, nicht den Richtern vor, denn man nahm an, daß politische Tagesereignisse in die Notizen eingeflossen waren. Enthielten Marilyns Niederschriften ebenfalls Bemerkungen über die neuesten Nachrichten, dann hätten die Richter (selbst unabsichtlich) aufgrund nichtpsychischer Informationen Marilyns Protokolle mit Elmars Notizen zusammengebracht – eine Möglichkeit, die mir an den Haaren herbeigezogen erscheint. Doch die neuen Richter paarten abermals höchst eindeutig die Protokolle mit den dazugehörigen Zielorten.

Die hier vorgestellten Fernwahrnehmungsexperimente, die zunehmend größere Entfernungen zwischen Seher und Signal miteinbeschlossen, legen nahe, daß die Distanz die Qualität der Ergebnisse nicht beeinflußt. Wenn ein Turm als Turm beschrieben, ein Brunnen als Brunnen identifiziert und ein Flughafen Flughafen genannt wird, ist die Behauptung hinfällig, die erfolgreiche Zusammenführung von Protokoll und Zielort sei auf einen Trick in den Notizen zurückzuführen. Die von uns beschriebenen Ergebnisse sind beispielhaft für Hunderte von Experimenten, die in den verschiedensten Labors in ganz Nordamerika durchgeführt wurden. Dazu zählen zwei Versuchsreihen mit jeweils neun Sitzungen, die am SRI mit Hella Hammid und Pat Price veranstaltet und in *Mind Reach* (Reichweite des Geistes) beschrieben wurden. In Prices Versuchsreihen kamen sieben Ergebnispaare auf den ersten Platz.

DER BLICK DURCHS WASSER: FERNWAHRNEHMUNG IM U-BOOT

Der sowjetische Wissenschaftler Leonid L. Wassiliew (1891–1966) interessierte sich sehr für die Wirkung elektromagnetischer Abschirmung auf die Bio-Kommunikation. In seinem Werk *Experimentelle Untersuchungen zur Mentalsuggestion*[17] begrüßt er, daß im Auftrag der amerikanischen Regierung im Sommer 1959 auf dem U-Boot *Nautilus* Telepathie-Versuche durchgeführt wurden. Wassiliew bemerkt dazu:

> Dieses Experiment zeigte – und darin lag seine Bedeutung –, daß die Gedankenübertragung nicht nur unvermindert durch die Dichte des

> Meereswassers, sondern selbst durch Metallwände des Unterseebootes, d.h. also durch Stoffe, die die Radiokommunikation sehr beeinträchtigen, gelang.

Das einzige Problem an der oft zitierten Bemerkung Wassiliews ist die Tatsache, daß sein Wissen aus zwei französischen Zeitungsartikeln stammte, die wir für Zeitungsenten halten[18]. In all den Jahren intensiver Mitarbeit an staatlich oder nichtstaatlich unterstützten Psi-Projekten konnten wir keine Beweise für einen tatsächlichen Vorfall finden, der dieser Geschichte zugrunde lag. Stephen Schwartz, den dasselbe Problem beschäftigte, beschloß das kolportierte Experiment einfach durchzuführen und der Suche nach dem echten Ereignis somit ein Ende zu setzen.[19] Schwartz, damals Adjutant des Admirals, versuchte vergeblich, die Marine für das Experiment zu gewinnen. Dem SRI-Team mißlang es ebenfalls, die Seestreitkräfte für den U-Boot-Versuch zu interessieren. Die fehlende Zutat – das U-Boot – wurde schließlich von zwei Freunden Schwartz' zur Verfügung gestellt, Don Keach und Don Walsh, die nach ihrem Abschied von der Marine das Institute for Marine and Coastal Studies an der University of Southern California leiteten.

Schwartz beantragte die Benutzung des Unterwasserbootes durch seine Möbius-Gruppe in Los Angeles, die ihrerseits die Psi-Fähigkeiten erforschte. Sein Versuch, den er *Deep Quest* oder *Tiefensuche* taufte, wurde auf einem Fünf-Personen-U-Boot, der *Taurus*, durchgeführt, die aus der Werft der International Hydrodynamics Company (HYCO) stammte.

Im Juli 1977 wurden zwei Probetests mit der Fernwahrnehmung von einem untergetauchten U-Boot durchgeführt. Dieses Experiment fand im Pazifischen Ozean vor Santa Catalina in Zusammenarbeit mit den SRI-Forschern statt. Die Seher befanden sich einige hundert Meter unter dem Meeresspiegel, 850 Kilometer von den Versuchsleitern entfernt, deren Handlungen beschrieben werden sollten.

Dieser Versuch sollte klären, ob größere Wassermengen die psychischen Signale abschirmten. Jahrelang waren am SRI und in den verschiedensten Labors sehr erfolgreich Versuche in elektrisch abgeschirmten Räumen durchgeführt worden. Konnten in diese Räume praktisch keine Hochfrequenz-Radiowellen dringen (tausend Umdrehungen in der Sekunde), so sind sie für Radiowellen beinahe uneingeschränkt durchlässig.

Da psychische Information selbst über größere Entfernungen möglich ist, herrschte unter vielen Forschern die Vorstellung (diese Meinung vertraten vor allem der Russe Kogan und der Kanadier Persinger[20]), psychische Informationen müßten, falls sie wirklich elektromagnetisch ausgestrahlt würden, mittels sehr niederfrequenter und langer Wellen übermittelt werden. Meereswasser kann bekanntlich nieder- und hochfrequente Radiosignale am besten abschirmen. Wen wundert's also, daß die Streitkräfte der Großmächte eifrig nach neuen Kommunikationskanälen für ihre U-Boote suchen.

Schwartz berichtete uns über die Bemühungen der amerikanischen Marine:

...eine riesige niederfrequente Unterwassersendeanlage zu errichten. Bei der Planung des Systems SANGUINE lernte man im Marineministerium einiges über die abschirmende Wirkung des Meereswassers auf niederfrequente Radiowellen und hauptsächlich darüber, wie viele Daten innerhalb einer gewissen Zeitspanne gesendet werden können. Im Laufe dieser Forschung gewann man die Erkenntnis, daß die niederfrequenten Wellen, die weiter als alle anderen Wellen unter Wasser gesendet werden konnten, dabei wegen ihrer äußerst niedrigen Frequenz so großer Verstärkung bedurften, daß man in einer gewissen Zeitspanne nur wenige Informationen senden konnte.

Man fand sich im Marineministerium mit diesen Einschränkungen ab und erhoffte nunmehr selbst mit der unerhört leistungsfähigen Sendeanlage, die zur Verfügung stand, nichts weiter als ein paar Zahlen senden zu können. Diese Zahlen sollten als eine Art Code dienen und im U-Boot entschlüsselt werden. So hätte z.B. 37 – Feuer bedeuten können. Diese Forschungsergebnisse konnten auf das Projekt »Tiefensuche« übertragen werden, während wir gleichzeitig die Beziehung Langwellen–Psi prüfen wollten.

Die von der Marine konzipierte Versuchsanordnung ließ sich hervorragend auf die Erforschung psychischer Kommunikation übertragen. Da es erfahrungsgemäß sehr schwer ist, Worte und Zahlen psychisch zu senden und zu empfangen, verschlüsselte man die Botschaften, die gesandt werden sollten, indem man ihnen willkürlich Zielorte zuordnete. Man hatte dabei nur solche

Orte gewählt, die denen ähnlich waren, die bereits in den Hellsehexperimenten der letzten fünf Jahre die höchsten Trefferquoten erzielt hatten. So assoziierte man zum Beispiel Nachricht 1 mit dem Hoover-Turm, Nachricht 2 mit einer hohen Eiche usw. Wählten die Seher während des Fernsichtversuchs also die korrekten Zielorte, so erhielten sie die richtige Information.

In diesem Versuch fungierten Hella Hammid und Ingo Swann als Sensitive. An zwei aufeinanderfolgenden Tagen fuhr man aufs offene Meer hinaus, bevor das U-Boot untertauchte. Das versetzte sie in die Lage, obwohl sie seekrank waren, ihre psychischen Fähigkeiten unter Wasser zu versuchen.

Das Experiment fand an beiden Tagen zu einer im voraus festgelegten Zeit statt. Die Seher wußten, daß sich die Versuchsleiter fünfzehn Minuten lang an einem Zielort in der Gegend um die San Francisco Bay aufhalten würden. In dieser Zeit sollten die Seher ihre Eindrücke auf Band sprechen.

Nachdem sie ihre Fernwahrnehmungen beschrieben hatten, wurden ihnen versiegelte Umschläge mit jeweils 6 Karten ausgehändigt. Auf der einen Seite jeder der sechs Karten stand Name und Beschreibung eines der sechs möglichen Zielorte und eine der möglichen Nachrichten auf der anderen Seite. Diese Karten waren selbstverständlich niemandem an Bord des U-Bootes vor Ende des Versuches gezeigt worden. Die Seher mußten daraufhin jene Karte auswählen, die dem während des Fernsichtexperimentes beschriebenen Zielort am ehesten entsprach.

In beiden Sitzungen wählten die Seher die richtigen Karten und erhielten somit auch die richtige Nachricht. Diese Art und Weise, analytische Daten auf psychischem

Wege zu erhalten, nennt man allgemein *assoziative Fernwahrnehmung* (associative remote viewing – ARV). Die Beschreibung der während des U-Boot-Versuches fernwahrgenommenen Ziele war überdurchschnittlich gut, was nochmals beweist, daß der »Ernstfall« zu hervorragenden Ergebnissen führt. Im Versuch mit Hella war das Ziel eine große Eiche, die auf einem Felsen mit Blick über Stanford University und San Francisco Bay wächst. Die Versuchsleiter am Zielort kletterten während des Experimentes auf den Baum. Hellas erste Worte waren:

> Ein großer schattenhafter Gegenstand. Ein riesengroßer Baum und dahinter endlose Weite. Beinahe so, als befände sich dahinter ein Abhang oder eine steile Klippe.

Hella bemerkte außerdem, die Versuchsleiter vor Ort benähmen sich »sehr unwissenschaftlich«.

Swanns Zielort war ein überdachtes Einkaufszentrum mit einem dekorativen Wasserbecken. Er skizzierte das Gebäude und schrieb darunter: »Flacher Steinboden, Wände, kleines Wasserbecken, rötliche Gehwege, breite Türen, geschlossener Raum zum Herumlaufen.« All diese Eindrücke stimmten, so daß er mühelos das richtige Ziel und somit die richtige Nachricht aus einem neuen Satz zufällig gewählter Ziele auswählen konnte. Swann bemerkte außerdem, es könne sich um das »Rathaus« handeln, was nicht stimmte. Aus Erfahrung wußte er dennoch sofort, daß derartige Analysen selten ins Schwarze trafen.

Die Ergebnisse dieser beiden erfolgreichen *assoziativen Fernwahrnehmungssitzungen* im U-Boot, deren Wahrscheinlichkeit 1 zu 6 betrug, legen nahe, daß Meereswasser, das selbst sehr niederfrequente Wellen um ein Hundertfaches vermindert, die psychische Kommunikation nicht beeinträchtigt. Dies liefert einen weiteren Beweis dafür, daß psychische Informationen nicht durch niederfrequente Wellen übermittelt werden. Die hundertfache Verminderung der Radioübertragung wird für Radiowellen mit 10 Perioden pro Sekunde oder 10 Hertz (die den Gehirnwellen-Frequenzen entsprechen) berechnet. Diese Wellen gehören zu den niedrigsten, die derzeit von Forschern untersucht werden. Gewöhnliche Radiowellen mit viel höheren Frequenzen werden vom Meerwasser noch viel effizienter abgeschirmt.

Diese Forschungsergebnisse weisen darauf hin, daß Fernwahrnehmung weder durch größere Entfernungen noch elektromagnetische Schirme – oder durch Seekrankheit beeinträchtigt wird.

Die Eindrücke der verschiedenen Seher haben eine sehr persönliche Note. Selbst die Stimme des Sehers, wenn er mit dem Zielort deutlich in Verbindung steht, nimmt einen besonderen Klang an, der bei jedem Sensitiven verschieden ist.

Dies ist schon deswegen von großer Bedeutung, weil ein erfahrener Interviewer zusätzliche Fragen zu einigen Aspekten stellen kann, die ihm zu der dem Seher eigenen Art psychischer Erfahrung einfallen. Obwohl der Interviewer den Zielort nicht – und wohl auch nicht das Zielortpool – kennt, kann er dem Seher dabei behilflich sein, die psychischen Signale von anderen Eindrücken zu sondern, welche die psychische Perzeption des Zieles trüben.

Im folgenden Abschnitt wollen wir noch einige weitere Einsichten wiedergeben, die Warcollier über die für das

Hellsehen typischen Psi-Signale und die geistige Verzerrung (Rauschen) gewann.

RENÉ WARCOLLIER: DER ALS ERSTER DAS MUSTER ERKANNTE

Wir haben im folgenden die Fragen formuliert, die häufig gestellt werden, und die Antworten Warcolliers Buch *Mind to Mind* von 1948 entnommen. Die Reihenfolge ist die unsere.

F: Welcher Art ist das geistige Rauschen, das eine genaue und verläßliche Psi-Kommunikation verhindert?

RW: »Es findet eine *zweite Ausarbeitung* statt, die oft eine große Anzahl von Assoziationen hervorruft, die sich an die Eindrücke knüpfen. Der Eindruck des latenten Bildes regt die Vorstellung und Erinnerung des Rezipienten an. Bewußte Vorstellungen wirken der telepathischen Kommunikation entgegen.«

Wir fordern unsere Seher unermüdlich auf, ihre Eindrücke nicht zu analysieren, sich nicht vorzustellen, *was* das Ziel ist. Sie werden gebeten, uns ihre Gefühle und Wahrnehmungen mitzuteilen.

F: Wie sind psychische Eindrücke beschaffen?

RW: »Ich glaube, daß einfache, unmittelbare und intuitive Perzeptionen telepathisch empfangene, globale und undifferenzierte Eindrücke des Zieles sind. Es besteht allem Anschein nach eine Ähnlichkeit zwischen den paranormalen Wahrnehmungen einer Zeichnung und dem normalen Sinneseindruck einer Zeichnung, die ein Tachistoskop nur für wenige Sekunden einblendet.«

Er weist darauf hin, daß man oft nur die »globale Form«, die Gestalt des Gegenstandes bewußt wahrnimmt.

F: Welche Detailtreue kann man von psychischen Daten erwarten?

RW: »Entfernung scheint die Ergebnisse nicht zu verändern. Das Bild ist zerstückelt, in kleine Bildteilchen zerpflückt. Sonst statische Darstellungen werden durch Bewegung belebt. Oft werden die am Zielort befindlichen Gegenstände auf einige wenige wiederholt wahrgenommene Formen oder Gestalten reduziert.«

Diese typische Reduktion macht es beinahe unmöglich, daß man die am Zielort vorhandenen oder auf einer Aufnahme sichtbaren Gegenstände zählen kann.

F: Welche psychologischen Kräfte steuern psychische Prozesse?

RW: »Sprache erschwert zweifelsohne den Empfang telepathischer (oder Fernsichts-)Eindrücke, da nicht die Sprache (sondern das Bild) telepathisches Ausdrucksmedium ist. Als unlogisch oder irrational empfundene Eindrücke zeichnen öfter einen Treffer aus, als wenn sich der Perzipierende auf gewisse Personen, Orte und Gegenstände beschränkt. Um Erfolg zu haben, muß der Sensitive aus dem Reichtum seiner strukturierten Gedanken- und Gefühlsmuster jene wählen, die den Inhalten aus dem Unbewußten Bedeutung verleihen (primärer Wahrnehmungsprozeß).«

Diese letzte Bemerkung erklärt, warum die Zeichnung eines Sehers öfter genauer ausfällt als seine sprachlichen Bemerkungen über den Zielort.

Von Krösus' bis zu Sinclairs und Warcolliers Zeiten, seit der Gründung des SRI und anderer bedeutender Psi-Labors hat es sich tausendmal bewährt, daß die Fernsicht jede auch noch so große Entfernung überblickt, ihr der Raum keine Grenzen zu setzen vermochte. Es blieb noch zu beweisen, daß die Fernwahrnehmung auch die Zeit überwinden kann.

3

Zukunftsschau in Ost und West: Es wird Zeit

Für uns gläubige Physiker ist die Unterscheidung in Vergangenheit, Gegenwart und Zukunft eine Illusion, und zwar eine sehr hartnäckige.

ALBERT EINSTEIN
21. März 1955

Die Psi-Forschung hat es sich zu eigen gemacht, die psychischen Wahrnehmungen in drei Modalitäten zu unterteilen. Sie unterscheidet zwischen *Telepathie* oder rein geistiger Kommunikation; *Hellsehen* oder der Wahrnehmung gegenwärtiger Ereignisse, Gegenstände oder Personen, die nicht mit den bekannten fünf Sinnen perzipiert werden können, und der *Präkognition* oder Kenntnis künftiger Ereignisse, die durch keine der bekannten Sinne erlangt werden kann.

Die Psi-Forscher sind sich dessen völlig bewußt, daß sich diese heuristischen Unterscheidungen zum Teil überschneiden und auch Kombinationen dieser Kategorien existieren. Dennoch haben sie sich in den letzten Jahrzehnten als brauchbares Modell erwiesen. Für viele gehört die Zukunftschau zu den unglaubwürdigsten psychischen Fähigkeiten. Diese Skepsis ist meist das

Produkt eines falschen Verständnisses von Ursache und Wirkung.

Es wird allgemein angenommen, daß ein Ereignis nur dann Ursache eines anderen sein kann, wenn es diesem zeitlich vorgeschaltet ist. Träumt man von einem Geschehnis, so wird man vernünftigerweise behaupten, man habe dieses Ereignis erst erfahren, bevor man davon träumte, nicht umgekehrt.

Die Ergebnisse der Psi-Forschung scheinen diese Annahme nicht zu stützen. Man wird dies auch von vielen modernen philosophischen Kausalitätstheorien nicht erwarten können. Ereignisse sind eng mit ihrer Ursache verbunden, so daß das eine nicht ohne das andere sein kann. Ereignisse können auch akausal miteinander eng verquickt sein. So wenn A und B immer gemeinsam eintreten, aber durch einen dritten augenscheinlichen oder versteckten Faktor C hervorgerufen werden. Synchronistische Vorfälle sind wahrscheinlich Beispiele akausal miteinander verbundener Geschehnisse. Und trotzdem müssen die Ursachen nicht den Wirkungen vorausgehen. Wir wollen die Fülle von Beweisen erläutern, die diese seltsam anmutende Behauptung unterstützen.

Die Lieblingsfrage all jener, die an Vorauswissen denken, lautet: Was passiert, wenn man die »Zukunft« voraussieht und sie einem nicht gefällt? Muß man diese Zukunft trotzdem akzeptieren? Anscheinend nicht. Ein Artikel von W. E. Cox über Zugunglücke legt nahe, daß eine Feinfühligkeit den psychischen Informationen gegenüber es ermöglicht, diese sinnvoll ins Alltagsleben zu integrieren.

Cox' wissenschaftliche Untersuchung von 28 Zugunglücken, die zwischen 1950 und 1955 passierten, zeigte, daß ganz offensichtlich weniger Personen am Unglückstage mit dem Zug fuhren als an allen anderen Tagen der dem Unheil vorangehenden Wochen oder Monate. Man könnte dies als Zeichen dafür werten, daß ein bevorstehender Unfall die gewöhnlichen Fahrgäste davon abgehalten hätte, den Zug zur gewohnten Zeit zu besteigen.

Es ist unwahrscheinlich, daß schlechtes Wetter dafür verantwortlich ist, denn bei Regen, Schnee oder Sturm fahren eher mehr Leute mit dem Zug als gewöhnlich. Aus Cox' Unterlagen ist ersichtlich, daß Hunderte von Pendlern am Tag des Zugunglücks zur gewohnten Stunde aufstanden und dann aus einem ihnen oft unerklärlichen Grund den Zug nicht bestiegen, mit dem sie sonst jeden Tag fuhren, der aber an diesem Tag in ein Unglück verwickelt wurde.

Dr. Stanley Krippner und andere führten am Maimonides Medical Center in Brooklyn eine ähnliche Untersuchung durch.[2] Versuchsperson dieses ungemein erfolgreichen Experimentes war der englische Sensitive Malcolm Bessent, den man bat, nachts von einem Ereignis zu träumen, das ihm am nächsten Morgen widerfahren sollte. Man führte eine Serie von insgesamt sechzehn derartigen Versuchen durch.

In den Nächten während des Versuchs wurde Bessent jedesmal aufgeweckt, wenn Hirnwellen und schnelle Augenbewegungen (REM = rapid eye movement) darauf hinwiesen, daß er träumte. Die Forscher nahmen seine Traumberichte auf Band und ließen ihn daraufhin weiterschlafen. Bis zum nächsten Morgen hatten die Gelehrten einige miteinander verwandte Träume festgehalten.

Morgens kam dann ein Versuchsleiter in das Maimonides-Labor, der mit den die Träume aufnehmenden Forschern keinen Kontakt gehabt hatte. Ihm war aufgetragen, rein zufällig ein Wörterbuch der Traumsymbole aufzuschlagen und danach zu entscheiden, wie er Malcolm wecken sollte. So weckte man Bessent zum Beispiel eines Morgens mit Eiswürfeln, nachdem er kurz zuvor von Eiswürfeln geträumt hatte. In seinem Traum hatte er gefroren und in einem weißgestrichenen Raum gelegen – was durchaus der Realität des »kühlen« Morgens in der Krankenhausatmosphäre entsprach. Wollte man diesen Ablauf erklären, so könnte man durchaus behaupten, der vorangegangene Eiswürfeltraum sei von dem späteren morgendlichen Erlebnis bedingt worden.

Diese Ansicht läuft nicht den gegenwärtigen Kausalitätstheorien zuwider. Zukünftige Ereignisse können die Vergangenheit *beeinflussen*, sie können sie *nicht verändern*. Ein schon eingetretenes Ereignis kann nicht in ein noch nicht eingetretenes Ereignis verwandelt werden. Die beiden Studien von Cox und Krippner sind beispielhaft für all jene Untersuchungen, in denen sich die Zukunft in der Vergangenheit preisgab.

Eine weitere Fundgrube für diesbezügliche Nachweise ist das Werk des englischen Ingenieurs J. W. Dunne *An Experiment with Time* (Experimentieren mit der Zeit)[3]. Dieses zuerst 1909 erschienene Buch beschreibt die jahrelang währenden Bemühungen des Autors, seine Zukunftsträume zu untersuchen und zu verstehen. Er verrät dem Leser außerdem einige Techniken, die die Häufigkeit und Klarheit solcher Träume vergrößern helfen.

Bemerkenswert ist vor allem Dunnes Entdeckung, daß in seinen Träumen eher die Zeitungsreportage über ein gewisses Ereignis als das Ereignis selbst auftaucht.

So berichtet er von einem Traum, in dem viertausend Menschen unter der Lava eines ausbrechenden Vulkans das Leben verloren: eine Falschnachricht, die er am nächsten Tag bei der Lektüre der Morgenzeitung bestätigt fand. Erst Jahre später, als er den Artikel für sein neues Buch kopierte, fand er heraus, daß die Reportage von 40 000 Opfern sprach. Die korrekte Anzahl der Toten hatte er schon Wochen nach der Katastrophe erfahren:

> Als die nächsten Zeitungsberichte eintrafen, wurden exaktere Verlustzahlen genannt, die nichts mit der von mir geträumten und in der ersten Berichterstattung gefundenen Zahl zu tun hatten. Und dann erwies sich die wichtigste Traumbotschaft meiner bewunderungswürdigen »Prophetie« als falsch! Doch es war mir bald klar, daß dieser Irrtum einen ebenso wichtigen Beweis lieferte. Denn woher hatte ich im Traum diese Zahl von 4000 her? Sie konnte mir nur aufgrund des *Zeitungsartikels* eingefallen sein

EXPERIMENTE MIT DEM BLICK IN DIE ZUKUNFT

Die Psi-Forscher haben sich des Vorauswissens künftiger Ereignisse nicht freiwillig angenommen. Der Blick in die Zukunft drängte sich ihnen eher auf. Als wir in 1974 am SRI die ersten Versuchsreihen mit der Fernsicht starteten[4], war Pat Price, früherer Polizeikommissar aus Burbank, Kalifornien, unser Seher.

Pat hatte sich freiwillig als Versuchsperson beim SRI gemeldet, da er annahm, schon sein Leben lang hellseherische Fähigkeiten benutzt zu haben. Er erklärte uns, daß ihm seine psychischen Kräfte schon bei seiner Arbeit als Polizist auf die Spur von manchen Tätern gebracht hätten. Pats Behauptung schien deswegen plausibel, weil von ihm die Testserie mit neun Sitzungen und sieben Volltreffern stammt. Die Wahrscheinlichkeit, daß diese Ergebnisse einem Zufall zuzuschreiben sind, ist weniger als 1:100000. In den ersten Sitzungen mit Pat Price spielten gegenwartsbezogene Fernwahrnehmungen, wie die früher beschriebenen, eine Rolle.

Bei der vierten Sitzung dieser ersten Versuchsreihe zeigte uns Pat, daß Fernwahrnehmung mehr leisten konnte als erwartet. In den ersten drei Sitzungen hatte Pat die Zielorte sehr genau beschrieben und einen davon sogar beim Namen genannt. Da wir mit diesem Experiment am SRI wissenschaftliches Neuland betraten, beobachtete die Institutsleitung die Versuche noch mit einigem Vorbehalt. Dem gesamten Projekt wurde damals eine glückliche Mischung aus wissenschaftlicher Neugierde und gesundem Mißtrauen zuteil.

Während des vierten Versuchs befanden wir – Pat Price und ich (R. T.) – uns in einem elektromagnetisch abgeschirmten Raum im zweiten Stock des Gebäudes für Elektrotechnik. Dr. Hugh Crane, wissenschaftlicher Mitarbeiter am SRI, fungierte als Beisitzer. Harold Puthoff und Bonnar Cox, Direktor des Labors, spielten in diesem Versuch das auswärtige Team. Dr. Cox wollte persönlich an den Fernwahrnehmungsversuchen teilnehmen, um besser über diese Forschung berichten zu können.

Nachdem Cox und Puthoff das Institut verlassen hatten, schlug Cox vor, daß sie den Zielort nicht mit einem Zufallsgenerator und Zielortkarten auswählten. Sie sollten viel eher den Fahrweg dem Zufall überlassen, indem sie in den nächsten 30 Minuten bei jeder hinderlichen Verkehrssituation links oder rechts abbogen. So wechselten sie beispielsweise die Richtung, als ihnen ein vorbeirasender Güterzug den Weg versperrte. Als Cox und Puthoff in ihr Auto stiegen, wußte niemand auf der Welt, zu welchem Zielort sie fuhren – glaubten sie zumindest.

Als das auswärtige Team SRI um 15 Uhr verlassen hatte, wartete ich fünf Minuten und ließ dann das Tonband im abgeschirmten Raum laufen. Ich sprach ein paar einführende Worte, beschrieb, wo wir uns aufhielten und was wir gerade taten, und erklärte, daß die beiden Versuchsleiter »im Außendienst« um 15.30 Uhr am Zielort ankommen würden. Pat unterbrach mich und verkündete: »Wir brauchen nicht so lange zu warten, ich kann jetzt schon sagen, wo sie hinfahren.« Daraufhin fuhr er fort:

> Ich sehe eine kleine Anlegestelle oder ein Pier in der Bucht. Ungefähr in dieser Richtung. (Er deutete auf die korrekte Richtung.) Ja. Ich sehe kleine Boote, ein paar Motorboote und kleine Segelschiffe, mit zusammengerollten Segeln, einige mit abgesetzten, andere mit aufgestellten Masten. Es ist ein kleiner Hafendamm oder ein Dock. (Dann fährt er fort): Komisch – das blendet sich gerade ein –, es sieht aus wie eine chinesische oder japanische Pagode. Es scheint, als befände sich da tatsächlich ein orientalisches Gebäude, wo die beiden stehen.

Dann beschrieb er noch ganz korrekt die lose verlegten Granitplatten, die zum Meer führten.

Und so hatte Pat bei der vierten Sitzung um 15.10 Uhr schon den Zielort ziemlich vollständig be-

Pat Price,
Foto von Hella
Hammid

schrieben. Um 15.30 Uhr trafen die beiden Versuchsleiter am Zielort ein, wo sie sich vereinbarungsgemäß 15 Minuten aufhielten. Kurz nach 16 Uhr kehrten sie ins SRI zurück. wo ihnen Pat einiges zu erzählen hatte. Es stellte sich heraus, daß wir uns alle viel zu erzählen hatten, da der durch ein Los gezogene Zielort Redwood City Marina hieß.

Redwood City Marina ist ein ungefähr 6 Kilometer vom SRI entfernt gelegener Hafen, in dem vor allem kleinere und mittlere Segel- und Motorboote anlegen und in dem auch der SRI-Ruderclub beheimatet ist. Neben dem Dock steht ein Rotholz- und Glashaus im orientalischen Stil.

Pat Price, der 1975 starb, hatte seine psychischen Fähigkeiten vollkommen in sein Alltagsleben integriert. Er sagte uns täglich die Ereignisse voraus, die Schlagzeilen machten – Tag und Stunde des Waffenstillstandes beim israelisch-arabischen Yom-Kippur-Krieg, den Ausgang einer aufsehenerregenden Entführung, den durch einen Terroristenanschlag verursachten Abbruch eines OPEC-Treffens. Pat brachte uns beinahe jeden Tag Nachrichten aus der Zukunft, die wir dann Tage, bevor das Ereignis eintraf, beim Mittagessen diskutierten.

Im Jahre nach den ersten Fernwahrnehmungsexperimenten mit Pat führte das SRI-Team eine Serie präkognitiver Versuche mit Hella Hammid durch. In diesen Sitzungen baten wir Hella, uns einen Zielort zu beschreiben, der erst eine halbe Stunde danach mit Los gezogen und von einem Versuchsleiter aufgesucht wurde.[5]

Hella und mich muteten diese Experimente wie reinste Science-fiction an. Jeden Morgen um 10 Uhr nahm ich ihre Eindrücke von einem Ort auf, der um 10.30 Uhr rein zufällig ausgewählt wurde. So weit, so gut. Außergewöhnlich wurden unsere Erlebnisse jedoch jeden Tag um 12 Uhr mittags, wenn wir den Zielort aufsuchten, um die Eindrücke zu prüfen. Vor Ort ließen wir das von Hella früher am Tage besprochene Band abspielen.

In einer Sitzung war der Zielort der Innenhof des Stanford-Hospitals. Als Hellas Stimme uns durch einen Säulengang dirigierte, entsprach dies genau dem, was wir taten. Das Band sagte uns dann, wir würden aus dem Schatten in gleißenden Sonnenschein und in eine »französische Gartenanlage mit Ziersträuchern und Kegelbäumen« treten. Wir taten nichts anderes, und es kam uns wie ein im voraus aufgezeichnetes Déjà-vu-Erlebnis vor. Es bestand für uns kein Zweifel, daß Hella durch keine gewöhnliche Sinneswahrnehmung hätte erfahren können, wohin uns der Zufallsgenerator schicken würde, zumal die Entscheidung weit von ihr entfernt in einem Auto und dann, erst *nachdem* sie den Zielort beschrieben hatte, gefällt wurde.

Es kommt hinzu, daß alle vier präkognitiven Beschreibungen Hellas von drei verschiedenen Richtern dem korrekten Zielort zugeordnet werden konnten.

Abgesehen von der statistischen Signifikanz dieser Versuchsreihe legen Erfahrungen wie jene mit Pat und Hella nahe, daß unser jetziges Raum-Zeit-Modell nicht die gesamte Wirklichkeit zu fassen vermag, die wir erleben.

Man beeinflußt uns mit der Metapher des Zeitflusses, läßt uns glauben, daß uns dieser Strom im Sekundentakt unerbittlich von der Wiege schnurstracks ins Grab mitreiße. Und dann merken wir, daß dieses Denkmuster nicht zuläßt, Informationen über die Zukunft zu erhalten. Da unerschütterliche Beweise aus dem Psi-Labor das Gegenteil bestätigen, muß unser heutiges Zeitverständnis anachronistisch sein.

Viele Labors führten Versuche durch, bei denen die Seher gebeten wurden, 35-mm-Dias zu beschreiben, die in einem entfernt gelegenen Raum an die Wand projiziert wurden. Experimente dieser Art trugen zum Erfolg der von Dr. Montague Ullman im Traumlabor am Maimonides-Hospital initiierten Forschung bei.[6] Das SRI-Team wollte herausfinden, was ein Seher beschreiben würde, wenn er ein *Dia* der San Francisco Bay anstelle des Zielortes selbst und des dort befindlichen Versuchsleiters sähe.

Diese Versuchsreihe stellte einem erfahrenen Seher die Aufgabe, Dias zu beschreiben, die sich ein anderer Forscher gerade anschaute.

Die Beschreibungen vom Zielort-Dia oder dem eigentlichen Zielort unterschieden sich qualitätsmäßig nicht voneinander. Ungewiß blieb jedoch, ob der Sensitive das Dia oder den Zielort »gesehen« hatte.

Während eines späteren Versuchs konnte diese Frage weitgehend beantwortet werden. Der Seher dieses Experimentes hatte bis zu jenem Zeitpunkt bei Fernwahrnehmungsversuchen kein Glück gehabt. Er schien fortwährend die Zielorte des nächsten Tages zu beschreiben und nicht jene, die er im jeweiligen Versuch anpeilen sollte. Da dies nicht seine Aufgabe war, blieben seine Ergebnisse statistisch nicht aussagefähig. Das brachte uns auf den Gedanken, ein auf diesen Seher zugeschnittenes Experiment zu konzipieren, in dem das Ziel noch in den Sternen stand. Diese Versuche waren erwartungsgemäß äußerst erfolgreich.

Die Versuchsanordnung sah vor, daß unser Seher während des Experimentes ganz allein mit Block und Bleistift im Labor saß. Charles Tart, Professor für Psychologie an der University of California, Davis und ich (R. T.) hielten uns hinter dem Gebäude in einem Bürowohnwagen auf. Der Seher sollte das Dia beschreiben, das wir nach vollendeter Sitzung zufällig auswählen würden.

In einer Sitzung beschrieb der Seher ein Gebäude mit spitzem Dach, das er mit einem großen Stern versah. Er zählte vorsichtig die Ecken des Sterns und sagte: »Ich sehe ein, zwei, drei, vier, fünf Ecken wie an einem Sheriffstern.«

Nach beendeter Beschreibung informierte er uns mit dem Summton einer Sprechanlage, daß er fertig war.

Ich drückte auf den Knopf eines Zufallsgenerators, der die Zahl 27 anzeigte. Charley und ich stellten den Projektor an und drehten das Karussell bis zum Dia Nummer 27. Dann holten wir unseren Seher, um ihm zu zeigen, was wir hatten.

Es stellte sich heraus, daß das Ziel die Ausstellungsräume eines Automobilhändlers waren. Auf Seite 107 ist das Gebäude neben der Skizze abgebildet, die der Seher während der Sitzung aufs Papier brachte. Uns sprangen sofort die fünfeckigen Sterne ins Auge, die auf den Schaufenstern prangten. Kein anderes Ziel unserer Auswahl hätte so gut auf die Beschreibung gepaßt.

Uns schien dies plötzlich die beste Gelegenheit, um nachzuprüfen, ob der Seher das Dia oder den Zielort selbst psychisch wahrnahm, der auf dem Dia abgebildet war. Da die Sterne im Zuge einer Werbekampagne die Schaufenster geziert hatten, war es durchaus möglich, daß sie jetzt, einige Monate nach der Aufnahme, nicht mehr im Fenster hingen.

Wir fuhren sofort zum Automobilsalon und stellten zu unserem Entzücken fest, daß die Sterne aus den Schaufenstern entfernt worden waren. Dies lieferte einen beinahe unerschütterlichen Beweis dafür, daß ein Seher, der in die Zukunft schaut, tatsächlich ein Bild beschreiben kann, welches ihm nach Ende des Experiments gezeigt wird, und nicht den Zielort selbst »sieht«.

Wir sahen uns nunmehr zur Annahme veranlaßt, prophetisches Hellsehen könne geschult werden, damit es uns über die Zukunft berichte und Gelegenheit gebe, auf diese Zukunft einzuwirken. So könnte zum Beispiel das Ergebnis eines Pferderennens die »zufällige« Zahl liefern, die der Aufnahme eines Zieles entspräche, die dem Seher nach beendigtem Versuch gezeigt würde. Hätten wir nur sieben Dias (die sieben Pferden entsprächen)

Dia des Chevrolet-Autosalons (unten) und Skizze des Sehers (oben), die er 15 Minuten vor der zufälligen Auswahl des Zieles anfertigte.

und gäbe uns der Seher von einer dieser Aufnahme eine akkurate Beschreibung, so könnten wir vielleicht vor dem Rennen wissen, welches Pferd gewinnen würde. Diese gelungene Koalition von Vorauswissen und assoziativer Fernwahrnehmung werden wir später noch eingehender beschreiben, wenn es um die möglichen Anwendungen psychischer Kommunikation geht.

IN CHICAGO WERDEN PROPHETISCHE FÄHIGKEITEN GETESTET

Harold Putthoff und ich (R. T.) trugen anläßlich der Konferenz der Parapsychological Association in Santa Barbara, Kalifornien, im Jahre 1975 ein Papier über unsere Fernwahrnehmungsuntersuchungen und damit verbundene präkognitive Experimente vor.[7] Diesem Treffen wohnte auch John Bisaha, Professor für Psychologie am Mundelein College in Chicago, bei.

John leitete zu jener Zeit einen Kurs über experimentalpsychologische Methoden am Mundelein College. Er war sofort davon überzeugt, daß das strenge Versuchsprotokoll der Fernwahrnehmungsexperimente von seinen Studenten mit Begeisterung aufgenommen würde. Und ihm lag sehr daran, herauszufinden, ob seine Studenten diese Anweisungen befolgen und die »Prophetie« im Labor beobachten könnten.

John und seine Mitarbeiterin, Brenda Dunne, die sich damals auf ihr Diplom in Psychologie an der Universität von Chicago vorbereitete, arbeiteten zusammen ein Fernwahrnehmungsexperiment mit 8 Sitzungen aus, das verschiedene Zielorte in und um Chicago vorsah. Als Seher wählten sie zwei Versuchspersonen, die sich freiwillig gemeldet und zuvor keine Erfahrung mit ihren Psi-Fähigkeiten gemacht hatten.

Ganz wie es das SRI-Protokoll vorschrieb, entfernte sich Brenda jeden Tag, bevor die Seherin den Zielort beschrieb, vom Institut. Kaum waren die fünfzehn Minuten vergangen, die der Seherin zur Verfügung standen, zog die Versuchsleiterin im Außendienst zufällig eines der zehn Lose aus einem Umschlag und folgte daraufhin den Weisungen, die der gezogenen Zahl entsprachen. Die beiden Studentinnen im Labor mußten also eine halbe Stunde in die Zukunft vorausblicken, um zu erfahren, wo sich Brenda später befinden würde. (Eine dieser sehr erfolgreichen Fernwahrnehmungssitzungen wurde 1977 live von der CBS-Television aufgezeichnet.)

Zur Überraschung aller waren diese freiwilligen Versuchspersonen sehr erfolgreich. Die Versuche waren –

mit einer Wahrscheinlichkeit von 1:100 und besser – ebenfalls erfolgreich. Vier Versuche erlangten Erstplazierungen bei der Gegenüberstellung der Ziele und Zielbeschreibungen und hoben sich dabei durch die überraschende Übereinstimmung zwischen Eindrükken des Sehers und Eindrücken vor Ort hervor.

Im folgenden wollen wir Auszüge aus zwei Hellseher-Protokollen wiedergeben, die Dunne und Bisaha 1976 in ihrem Forschungsbericht Research in Parapsychology (Parapsychologische Forschung)[8] veröffentlichten. Die beiden Protokolle sind deswegen so interessant, weil sie über Ziele berichten, die viel gemeinsam hatten. Und dennoch wurde jedes Protokoll mit dem eigenen Ziel kombiniert.

> *5. Versuch, der eine Erstplazierung erzielte:*
> Das Ziel war Lincoln Park Conservatory in Chicago. Es handelt sich dabei um ein weites Areal mit Springbrunnen, etlichen hohen Bäumen, einer beidseitig in eine Steinmauer mündende Steinbrücke und – zur Zeit des Versuchs – mit unbepflanzten Blumenbeeten inmitten größerer Rasenflächen. Das sind die Eindrücke der Perzipierenden: »Ein kleiner Teich... inmitten einer Wiese... Etwas wie ein Sandfang oder ähnliches auf einem Golfplatz... Rundherum viel leuchtendgrünes Gras. Auch Bäume... Das Gefühl unbegrenzter Weite. Weite Fläche... Vielleicht gibt es da eine Steinmauer... Es könnte ein Park sein.«

> *8. Versuch, der sich auch erstplazierte:*
> Das letzte Ziel war ein Blumenladen, der beim sogenannten *Schutzengelwaisenhaus* in Chicago liegt. Der Laden befindet sich in einem kleinen

quadratischen Gebäude mit spitzem Dach, das vier unverkennbare blaue Mosaiksäulen vor durchgehender Glasfront schmücken. Hinter den Schaufenstern wetteiferte die farbige Blütenpracht miteinander. Die Beschreibung zeichnete sich in dieser Versuchsreihe als die akkurateste von allen aus. Die Teilnehmerin sah: »Viele Farben, kleine Farbkleckse. Viel Rot, Gelb, Grün und Rosa. Wahrscheinlich Blumen. Sie scheinen alle in Sträuße gebunden... ausgestellt... Da ist ein Gebäude... Fenster, Rohre, Glas... Sie läuft auf Zementplatten. Einige aufgestellte runde Dinge... Der Eindruck von Blau.«

Den größten Gefallen, den ein Wissenschaftler einem Kollegen tun kann, ist, seinen Versuch zu wiederholen. Dunne und Bisahas Bericht war die erste Wiederholung der SRI-Fernwahrnehmungsstudie. Er bewies, daß man auch außerhalb der kalifornischen Labors beste Fernsicht genoß. Derartige Wiederholungen verleihen den Forschungsergebnissen ungeahnte Glaubwürdigkeit. Sie beantworten außerdem die häufige Frage anderer Forscher, ob die veröffentlichten Ergebnisse vielleicht nur auf bestimmte seltsame Vorkommnisse in einem weitentlegenen Labor zurückzuführen seien.

Das Chicago-Team war nicht minder zufrieden mit diesen Resultaten. Im darauffolgenden Jahr führten sie vierzehn weitere präkognitive Hellsehversuche durch. In diesen neuen Experimenten benutzten sie eine ganze Gruppe neuer Sensitiver, die genau wie die Sensitiven der ersten Versuchsreiche sehr erfolgreich waren.[9]

HELLSEHERISCHE BLICKE DURCH DEN EISERNEN VORHANG

Im Sommer des Jahres 1976 reiste Bisaha durch Rußland und die Tschechoslowakei. Ihm erschien dies als hervorragende Gelegenheit, um die Fernsicht über größere Entfernungen zu testen. Weil John und Brenda sehr erfolgreich gewesen waren, wählten sie deren Versuchsprotokoll als Richtlinie. Sie beschlossen, drei Fernwahrnehmungen Moskaus und zwei Preßburgs, das heißt von mehr als 8000 Kilometer entlegenen Zielen, zu wagen. Die fünf Sitzungen wurden an fünf nacheinanderfolgenden Tagen abgehalten.

Wegen des großen Zeitunterschiedes zwischen Rußland und den Vereinigten Staaten mußte der Seher Szenen und Handlungen beschreiben, die erst vierundzwanzigeinhalb Stunden später stattfanden. Der Seher im Mittelwesten beschrieb um 8 Uhr 30 Chicagoer Zeit eine Szene, die Bisaha um 15 Uhr – Moskauer Zeit – des folgenden Tages photographieren würde.

Auch diese Fernwahrnehmungsexperimente erhielten von drei verschiedenen Richtern sehr hohe Erfolgsquoten. Wir wollen die Beschreibung der ersten Sitzung zitieren. Bisaha stand an der Donau in Preßburg, Tschechoslowakei, und der Seher saß in Wisconsin, USA.

> Ziel war ein ufoförmiges Restaurant, ein runder Gebäudekorpus auf dicken Säulen, der sich über einer Brücke neben dem Donauufer erhob. Der Perzipierende sah den Versuchsleiter neben »Wasser... einer großen Wasserfläche... Booten« stehen. »Senkrechte Linien wie Pfähle... Eine runde Form wie ein Karussell oder eine Garten-

laube... Es scheint erhoben zu sein, vielleicht ein Pfahlbau... Ein dunkler Zaun säumt den Gehweg... zu dem eine Treppe führt... Eine Promenade, die ein Zaun säumt.«[10]

Bisaha und Dunne beendeten die Beschreibung dieses Experimentes in ihrem Kapitel in *Mind at Large (Wanderungen des Geistes)* mit folgenden Worten:

> Die Ergebnisse dieser beiden Experimente erhärten den Beweis für die weitverbreitete Existenz sinnlicher Kommunikationskanäle, die nicht den Beschreibungen der Raum-Zeit-Gesetze unterliegen und dann aktiv werden, wenn andere Sinneswahrnehmungen und Kommunikationsmittel scheitern. Und es scheint ferner, daß selbst Personen ohne vorherige außersinnliche Erfahrungen diese Wellenlänge einstellen können.

DIE UMKEHR DER ZEITRICHTUNG: DIE ZEIT »FLIESST« NICHT

Wir stimmen mit Olivier Costa de Beauregard vom Poincaré-Institut in Paris überein, wenn er behauptet, die Irreversibilität der Zeit sei eher »faktisch« als »gesetzlich« bestimmt. Damit wollen wir sagen, daß unser Zeitverständnis eher auf bestimmten persönlichen Beobachtungen beruht denn auf einem Naturgesetz, das die Zeit nur in eine Richtung fließen ließe.[11]

Raum und Zeit sind Maßeinheiten, die nur in Verbindung mit den gemessenen Größen – nämlich mit den Eigenschaften der Materie und Ereignisse – wirklich werden. Raum kann nicht ohne Masse und Zeit, nicht ohne Hinweis auf gewisse Ereignisse beschrieben werden.

Wir beanstanden nicht etwa die Existenz gewisser nicht umkehrbarer Prozesse wie chemischer Reaktionen, Wärmeleitung oder -verbreitung, die allesamt die Irreversibilität von Ereignisfolgen belegen. Doch es gibt auch umkehrbare physikalische Prozesse wie etwa die elektromagnetische Fortpflanzung und die dynamische Gleichung, die dem Gravitationsgesetz unterworfene Körper beherrscht.

Die Irreversibilität scheint demnach eher von dem beobachteten Ereignis abzuhängen. Wir scheuen also davor zurück, die Irreversibilität der Zeit und nicht der wahrscheinlichen Natur gewisser Ereignisse zuzuschreiben. Wie Prigogine bemerkte: »Die Struktur der Bewegung, die auf mikroskopischer Ebene noch Zufälligkeiten aufweist, zeigt sich auf der makroskopischen Ebene als Irreversibilität.«[12]

Trotz hervorragender Beweise dafür, daß fundiertes Vorauswissen existiert, sehen wir uns dadurch nicht zu einer fatalistischen Weltanschauung genötigt, die behauptet, unsere Zukunft sei vorausbestimmt und erlaube keine Veränderung mehr. Präkognition bedeutet nicht, daß es keinen freien Willen gibt. Wir möchten vorschlagen, dieses Vorauswissen als einen *Entwurf* und nicht als Prophetie zu verstehen. Ein Entwurf ist nur eine Möglichkeit, die verworfen werden kann.

Sagt Ihnen Ihr Arzt beispielsweise voraus, daß »Ihr Blinddarm in Kürze platzen und Sie sicherlich daran sterben« werden, so mag dies korrekt sein. Wollen Sie sich jedoch dem sicheren Zugriff Ihres Schicksals entziehen, so werden Sie sich dank dieser Voraussage in ein

Krankenhaus einliefern lassen. Wir sind fest davon überzeugt, daß das sogenannte »Abwendungs«-Paradox zu den sogenannten »Irrtümern zirkulären Denkens« gehört, die Whitehead und Russel in den *Principia Mathematica* beschrieben.[13]

Der durch eine Prognose vorausgesagte Zustand kann für alle Dinge und Ereignisse zutreffen, außer für die Voraussage selbst. Die Voraussage müßte in diesem Falle einer höheren logischen Ordnung zugeschrieben werden als die Ereignisse. Schließt man die Voraussage in die Klasse der vorausgesagten Dinge ein, entsteht dadurch nicht nur ein Paradox, sondern es wird auch die prognostische Aussage in einen Widerspruch verwickelt. Wir werden demzufolge zwischen *wahren* und *notwendig wahren* (d. h. irgendwann notwendig eintretenden) Aussagen unterscheiden müssen.

Angenommen, Sie sagen einem Freund voraus, was er zu einem späteren Zeitpunkt tun wird, obwohl er selbst keine Ahnung hat, was er tun will. Daß derartige Voraussagen korrekt und zutreffend sein können, haben Bisahas und Dunnes Untersuchungen zur Genüge bewiesen. Teilen Sie dennoch einer Person mit, was Sie in der Zukunft geschaut haben, so wird sie vielleicht Ihre Voraussage absichtlich falsifizieren, um nicht »Spielball Ihrer Phantasien« zu werden. Die perfekte Vorhersage, die nicht widerlegt werden könnte, müßte demnach von einem vollkommenen, gottähnlichen Wesen mit unbeschränkten psychokinetischen (PK) Fähigkeiten stammen.

Einen echten Vorfall rückwirkender Verursachung weiß zum Beispiel der Philosoph Bob Brier zu berichten:

Stellen Sie sich vor, Sie befänden sich eines Samstagabends auf einer Party, und ein Mitarbeiter Ihres guten Freundes Müller erzählte Ihnen, er habe gestern, Freitag, jemanden dabei beobachtet, wie er in Müllers Schreibtischschublade eine Bombe legte. Die Zündung war so gelegt, daß die Bombe in einer Stunde explodieren würde. Dann erzählt er Ihnen weiter, man habe ihn ganz dringend aus dem Büro angerufen und er habe deswegen völlig vergessen, Müller zu warnen. Ja, er habe den ganzen Vorfall bis zu diesem Moment vergessen und wisse auch nicht, was mit Müller geschehen sei. Könnten Sie irgend etwas für Ihren Freund tun? Allem Anschein nach nicht. Entweder die Bombe war explodiert und hatte ihn in tausend Stücke zerrissen oder aber sie war von jemandem entdeckt worden (oder die Zündung hatte nicht funktioniert etc.) und dann wäre er noch am Leben. In beiden Fällen könnten Sie nichts daran ändern. Gibt es *aber* rückwirkende Verursachung, dann können Sie etwas tun, um Ihren Freund zu retten. Auf der Party würden Sie ausrufen: »Müller, ich bin's, der dich aus der Zukunft warnt. In deinem Schreibtisch liegt eine Bombe. Schmeiß das Ding weg!« Soweit wäre dies nicht unmöglich, lediglich etwas seltsam. Stellen wir uns jedoch vor, Sie träfen Müller am nächsten Tag auf der Straße und er erzählte Ihnen von einem außergewöhnlichen Erlebnis, das er am Freitag hatte. Er saß an seinem Schreibtisch und sah Sie plötzlich auf einem Fest, wo Sie sagten: »Müller, ich bin's, der dich aus der Zukunft warnt. In deinem Schreibtisch liegt eine Bombe. Schmeiß das Ding weg!« Und er habe die Bombe gefunden und rechtzeitig entschärft.[14]

Wie würden wir einen derartigen Vorfall einstufen, sollte er tatsächlich eintreten? Wir können von einem Fall rückwirkender Verursachung sprechen. Etwas, was Sie am Samstag taten (die Warnung, die Sie auf der Party ausriefen), würde einen Vorfall am Freitag verursachen (Müllers präkognitives Erlebnis, das ihm das Leben rettet). Wie Sie sehen, behaupten wir nicht, Sie hätten die *Vergangenheit* verändert. Hätte die Bombe Müller getötet, wäre Ihr Versuch, ihn zu retten, den sie trotzdem unternommen hätten, lediglich erfolglos gewesen.

Über die Zukunft kann man auf dreierlei Weise etwas erfahren.

Erstens kann die Nachricht aus der Zukunft an Sie gelangen und somit ein Beispiel echten Vorherwissens liefern. In diesem Fall würde ein künftiges Ereignis bei Ihnen die Voraussicht dieser Zukunft hervorrufen.

Zweitens könnte eine Vorhersage durch eine übersinnliche Einschätzung der gegenwärtigen Ereignisse und daranknüpfender logischer Schlußfolgerungen gewonnen werden. Diesem Wissen spräche man präkognitive Qualität zu, weil dem Hellseher sonst keinem anderen zugängliche Informationen zur Verfügung stünden.

Die Voraussage von Katastrophen wäre dafür beispielhaft. Im Falle der Aberfan-Katastrophe in Wales, als ein ganzer Schlackenberg das Schulhaus begrub und dabei hundert Kinder tötete, waren in der Nacht zuvor viele Vorahnungen des Unglücks gemeldet worden.[15] Man könnte annehmen, daß die Lawine schon am Tage zuvor ins Rollen geraten und deswegen für die psychische Sicht von Mikroereignissen am Tage vor der Katastrophe sichtbar gewesen wäre.

Die dritte Variante präkognitiver Daten, die vor allem

in der psychischen Forschung gesammelt werden, rühren von der vermeintlichen psychokinetischen Beeinflussung des Zufallsgenerators her, der die Ziele der Versuche auswählt. Es wird mitunter nahegelegt, daß Sie nicht etwa die Zukunft voraussagen, sondern psychisch den Zufallsgenerator unter ihre Kontrolle bringen, der das Ziel auswählen soll.

Stephen Braude, Professor für Philosophie an der Universität Maryland, behandelt dieses Problem in seinem Buch *ESP and Psychokinesis (Außergewöhnliche Wahrnehmung und Psychokinese)*[16]. Er weist ausdrücklich darauf hin, daß die geläufige Definition der Präkognition nicht zwischen Vorauswissen und möglicher Psychokinese, d.h. psychischer Beeinflussung des Zufallsgenerators, unterscheidet.

Um die Präkognition auszuschließen, untersuchten wir die Möglichkeit, daß die Wahl des Zufallsgenerators psychokinetisch beeinträchtigt wird. Es gelang uns aber nicht, im Labor mit PK-Versuchen Erfolgsquoten zu verzeichnen, die auch nur im weitesten Sinne mit jenen der Traumforschung am Maimonides-Institut oder jenen unserer Fernwahrnehmungsexperimente verglichen werden könnten. Die psychokinetische Beeinflussung erweist sich somit praktisch als unzureichende, wenn auch theoretisch plausible Erklärung.

In der Studie von Bisaha und Dunne konnten 50–60% der Beschreibungen von jeweils sechs Versuchen bei der Beurteilung Platz eins belegen. Um an dieses Ergebnis heranzukommen, müßte in einem PK-Experiment in 50 von 100 Fällen die gewollte Würfelseite mit der intendierten Augenzahl geworfen werden. In den meisten Würfelexperimenten und psychokinetischen Versuchen mit dem Zufallsgenerator übersteigen die erzielten Resultate aber nur geringfügig (1–2%), die dem Zufall zugeschriebenen Ergebnisse.[17] Wie könnte man dieser geringen Wirkung die überragende statistische Aussagekraft zuschreiben, welche die Versuche mit der Zukunftsschau auszeichneten. Und dies erst recht, wenn man bedenkt, daß diese hohen Ergebnisse aus Versuchsreihen mit nur sechs Proben stammten.

Die Beweise dafür, daß ein erfolgreicher, prophetisch begabter Seher seine Ergebnisse durch eine psychokinetische Beeinflussung des Zufallsgenerators erlangt, sind demnach zu schwach, als daß diese Hypothese aufrechterhalten bleiben könnte. Uns erscheinen die erste und zweite Erklärung der Psi-Vorausschau, d.h. sie als Nachricht aus der Zukunft oder logisch gewonnene Schlußfolgerung aus einer psychischen Gesamtschau aktueller Ereignisse zu bestimmen, oder einer Kombination aus beiden, viel angebrachter.

Professor Robert Jahn, Dekan der School of Engineering, Brenda Dunne und R. D. Nelson von Princeton haben kürzlich eine 178 Seiten lange Auswertung von 227 Versuchen mit der Schau in die Zukunft veröffentlicht: *Precognitive Remote Perception (Präkognitive Fernwahrnehmung)*. Für ihre Daten konnten sie mit den verschiedensten Methoden eine Signifikanz von »weniger als 10^{-11} (1:1 000 000 000) berechnen«. »Wir kommen deswegen zu dem Schluß«, sagen sie, »daß dank heute noch unerklärlicher und unbegreiflicher psychischer Kanäle über zeitlich und räumlich entfernte Ziele statistisch signifikante Informationen eingeholt werden können.«

Daraus ziehen wir den Schluß, daß es nicht abwegig ist anzunehmen, daß die Zukunft gelegentlich die Vergangenheit »verursacht« und sie deswegen auch bislang erahnt werden kann, bevor sie eintrifft. Nur wenige mögen mit dem Blick in die Zukunft begabt sein. Diese

Erfahrungen weisen dennoch darauf hin, daß unser lineares Verständnis der Zeit unangemessen ist: Das Bild eines schrittweise vorwärts übertragenen Informationsflusses reicht nicht aus, um unsere Welt hinlänglich zu erklären.

4

Mittagessen mit den Russen: Von Mesmer bis Salyut

Seine Visitenkarte sagte:

Witali Sewastyanow
Zweimaliger Held der Sowjetunion
Kosmonaut der UdSSR
Cand. rer. nat. (Technologie)
Moskau, Raumfahrtstation

Herrlich, wenn die Regierung persönliche Leistung so offen zu würdigen weiß!

Am 18. Oktober 1976 besuchte Witali das SRI, um von angeblichen psychischen Erfahrungen, die er während seiner Raumflüge und seiner Astronautenausbildung machte, zu berichten. Professor Lew Lupitschew, Direktor des Instituts für Kontrollprobleme, Moskau, sowie Oleg Sidorenko, sowjetischer Vizekonsul aus San Francisco, begleiteten ihn. Wir trafen uns zum ausgedehnten Mittagessen im komfortablen Speisesaal des SRI.

Sechs Monate vor dieser Zusammenkunft hatte das SRI-Team einen wichtigen wissenschaftlichen Beitrag in der technischen Zeitschrift *Proceedings of the Electrical and Electronics Engineers* (IEEE) veröffentlicht.[1]

Der 24 Seiten lange Bericht, der die Fernwahrnehmungsstudie der vorangegangenen sechs Jahre beschrieb, war sofort von Larissa Wilenskaija (die damals noch in der Sowjetunion lebte) ins Russische übersetzt worden. Obwohl unser Bericht nur einige Tage vor unserem Treffen mit den russischen Wissenschaftlern in dem sowjetischen IEEE erschienen war, hatten sie es eingehend gelesen und sich viele Fragen aufgezeichnet.

Über einer üppigen Eisbombe mit Schokoladenüberguß unterhielten sich drei amerikanische Psi-Forscher gelassen mit drei russischen Wissenschaftlern über die menschlichen, gesellschaftlichen und politischen Auswirkungen der Psi-Kräfte. Das Thema psychischer Spionage oder ESPionage wurde zwar nie angeschnitten, doch wir unterhielten uns ausführlich über mögliche Anwendungen psychischer Kräfte, über die Abschirmung von Informationen gegen außersinnliche Wahrnehmung und über die Qualität perzipierter Details (Auflösung), die in den Psi-Versuchen erreicht worden war. Beide Parteien stellten ihre Fragen so unauffällig wie nur möglich, waren jedoch ungemein begierig herauszufinden, was die andere eigentlich vorhatte.

Wir lauschten gebannt, als Sewastyanow beschrieb, wie er anscheinend telepathische Verbindung zu dem mitfliegenden Kosmonauten in der Raumfähre aufnahm. Sewastyanow erzählte uns, er habe im Raumschiff entdeckt, daß er nur an ein Werkzeug denken mußte, damit sein Kamerad es ihm aushändigte. Zu seiner Verwunderung erstreckte sich diese Kommunikation bis auf einzelne Details komplizierter Pläne, die er verinnerlicht und dann zerstört hatte und von denen sein Kopilot nichts wissen konnte.

Noch beeindruckender war für Sewastyanow jedoch

ein Erlebnis gewesen, das ihm bei der Ausbildung sowjetischer Piloten im Raumfahrtprogramm widerfuhr. Als Teil der Schulung »flog« Sewastyanow mit jedem Anwärter in einer Zentrifugalkapsel, die den Flug des Raumschiffes simulierte, und in der programmierte zufällig auftretende Pannen den angehenden Astronauten auf die Probe stellen sollten. Sewastyanow erzählte uns, daß er bei diesen Testflügen oft die richtigen Hilfsmotoren eingestellt hatte, bevor die Panne eintrat.

Von den drei Besuchern war Lew Lupitschew, Mitarbeiter des sowjetischen Instituts für Kontrollprobleme, mit der am SRI betriebenen Psi-Forschung am vertrautesten. Er fragte uns, wie wir so äußerst begabte Versuchspersonen fänden. Und da erklärten wir ihm, daß wir für unsere Versuche niemals Personen auswählen mußten, deren psychische Fähigkeiten anerkannt waren. Unsere zahlreichen Experimente mit den Psi-Kräften hatten uns im Gegenteil davon überzeugt, daß psychische Wahrnehmungen zu den normalen, wenn auch in unserer Gesellschaft unterdrückten, Fähigkeiten gehörten; daß wir davon überzeugt sind, daß diese psychischen Fähigkeiten in den meisten Menschen latent schlummern und mit einem Mindestmaß an Übung zu überraschender Fertigkeit geschult werden können.

Lupitschew erkundigte sich, ob wir unseren freiwilligen Versuchspersonen Drogen gäben, sie hypnotisierten oder dank eines anderen »Mittels« ihre psychischen Fähigkeiten entwickelten. Ich (R. T.) versuchte Lupitschew sehr taktvoll beizubringen, daß es für eine Versuchsperson vielleicht leichter sei, in einem kalifornischen als im Labor des sowjetischen Instituts für Kontrollprobleme psychisch zu funktionieren. Lupitschews Frage machte uns darauf aufmerksam, daß man in Rußland alle drei Methoden zur Steigerung der psychischen Fähigkeiten der Versuchspersonen verwandt hatte.

Unsere Besucher waren begeistert über die veröffentlichten Ergebnisse, die eindeutig darauf hinwiesen, daß so viele Menschen, selbst die unerfahrensten Besucher unseres Labors, lernen konnten, ihre psychischen Fähigkeiten zu entwickeln. Lupitschew wollte wissen, ob er nicht auf der Stelle an einem derartigen Versuch teilnehmen könne. Und da erklärten wir ihm, daß ein überfüllter Speisesaal selbst für einen hochmotivierten Menschen wie unserem Gast nicht der geeignete Raum für eine erste Fernwahrnehmungssitzung sei.

Wir schlugen ihm dagegen vor, daß das SRI und das sowjetische Team einige transatlantische Fernsichtversuche durchführen könnten. Wir hätten anhand des Fernwahrnehmungsprotokolls abwechselnd in die Institute des anderen Teams Einblick gewinnen können. Lupitschew schien von dem Vorschlag sehr angetan, wir haben von ihm aber bis zum heutigen Tage nichts mehr gehört.

Es erschien uns eindeutig, daß sich unsere russischen Gäste nicht nur beiläufig für unsere Forschung im Bereich der Fernwahrnehmung interessierten. Noch ließen ihre Fragen einen Zweifel daran aufkommen, daß sie an die Existenz der Psi-Fähigkeiten glaubten. Im Gegenteil. Wir gewannen den Eindruck, daß sie sehr begierig darauf waren, daß wir ihre wissenschaftlichen Fragen zu unserer Arbeit fundiert beantworteten.

Die Fragestellungen unserer sowjetischen Besucher erinnerte uns jedoch an jene Fragen, die verschiedene russische Forscher anläßlich der 1973 in Prag abgehaltenen Internationalen Konferenz zur Psychotronik-Forschung einem Mitarbeiter des SRI stellten. Damals hatten die sowjetischen Wissenschaftler erfahren wollen, wie wir unsere Versuchspersonen davor schützten, während der Experimente zusammenzubrechen oder »durchzudrehen«. Fragen wie diese machten uns sehr neugierig auf die Behandlung, die russische Versuchspersonen im Psi-Labor erfuhren.

Unsere Antwort auf derartige Fragen lautet natürlich immer, daß wir überhaupt *nichts* mit unseren Sehern anstellen und sie auch nicht verrückt werden. All jene, die bei uns im Labor ihre psychischen Fähigkeiten unter Beweis gestellt haben, empfinden dies viel eher als Schlüsselerlebnis, das ihre Wahrnehmung bereichert und das sie auch weiterhin im Alltag benutzen wollen.

Um die Triebfeder hinter den russischen Fragen besser verstehen zu können, muß man zumindest einen Einblick in die Psi-Forschung in Rußland gewinnen und wissen, inwieweit sich der sowjetische Forschungsansatz von dem in anderen Ländern unterscheidet.

In den letzten Jahrzehnten hat sich die Fernwahrnehmungs- sowie die allgemeine Psi-Forschung in den Vereinigten Staaten auf die Entwicklung geistiger Techniken konzentriert, die eine psychische *Wahrnehmung* und *Erfahrung* sonst der gewöhnlichen Wahrnehmung verschlossener Wirklichkeiten ermöglichen sollen. Als einzige Ausnahme könnte man die sporadischen Versuche einer Beeinflussung des Zufallscomputers oder -generators ansehen.

Die hauptsächlich staatlich kontrollierte Psi-Forschung in der UdSSR beschränkt sich nicht allein auf das Sammeln von Fernwahrnehmungsdaten. Außerdem vermögen die Russen aus der amerikanischen Presse, dem Gespräch mit amerikanischen Wissenschaftlern und unbekannteren oder geheimeren Methoden, über die man nur spekulieren kann, wertvolle Informationen zu schöpfen.

Das Sammeln von Informationen wurde natürlich nicht ganz übergangen. Ein Jahr nach unserem Mittagessen mit den Russen las man in der Ausgabe der *Chicago Tribune* vom 13. August 1977 über ein Frühstückstreffen des damaligen CIA-Direktors Stanfield Turner, der vor versammelten Reportern berichtete, es gäbe »bestätigte Beweise dafür, daß die Russen Personen untersuchten, die angeblich Gedanken lesen und sich psychisch an entlegene Orte und in die Zukunft projizieren könnten.« Turner bestätigte, daß amerikanische Agenten entdeckt hatten, daß Rußland Zeit und Geld in die Erforschung einer möglichen militärischen Anwendung okkulter und psychischer Methoden investiere.

Der sowjetischen Psi-Forschung ist hauptsächlich daran gelegen herauszufinden, wie psychische Kräfte *menschliches Verhalten beeinflussen* können. Obwohl sich die Sowjetbürger vornehmlich für das *Geistheilen*, das Heilen durch Psi-Kräfte, interessieren, haben sich die russischen Forscher vor allem der Entwicklung gesicherter psychischer Methoden zur Fernsteuerung menschlichen Verhaltens verschrieben.

MESMER IN »MÜTTERCHEN RUSSLAND«

In Rußland experimentiert man seit langem mit Telepathie und Fernhypnose. In diesen Experimenten versuchten erfahrene Hypnotiseure die Gefühle und das

Verhalten von Personen zu beeinflussen, von denen sie große Entfernungen trennten und die meist nicht wußten, daß sie als Versuchspersonen benutzt wurden.

Schon 1778 hatte der deutsche Arzt Franz Anton Mesmer (1734–1815) entdeckt, daß er viele seiner Patienten allein schon dadurch kurieren konnte, daß er mit dem Zeigefinger auf sie deutete. Zu seinen Heilmethoden gehörte »magnetisiertes« Wasser, magische streichende Handbewegungen über den Körper des Kranken und Trancetechniken, die Vorläufer der modernen Hypnotherapie waren.

Ein Großteil der Mesmerschen Entdeckungen gehörte schon seit Jahrhunderten zum Allgemeingut der Schamanen und Medizinmänner aus den verschiedensten Ländern. Doch für die Europäer des Zeitalters der Aufklärung hatte der Gedanke, ein Mensch könne einen anderen in Trance versetzen, große Anziehungskraft.

Mesmers Lehre schreckte ab und faszinierte zugleich. Abschreckend wirkte sie verständlicherweise auf eine Gesellschaft, die sich eben von den letzten Überresten des Hexen- und Aberglaubens befreite. Der letzte Scheiterhaufen, auf dem eine englische Hexe verbrannt wurde, war einige Jahre vor Mesmers Geburt, nämlich 1730, erloschen[2]. Das erneute Aufflackern magischer Rituale, oder was man dafür hielt, drohte die gewichtige Arbeit der Enzyklopädisten zu zerstören, die vorausgesagt hatten, der Glaube an okkulte Kräfte würde noch vor den ersten spürbaren Erfolgen der Industriellen Revolution verschwinden. Im 19. Jahrhundert erhob der gefeierte englische Arzt John Tyndall den Materialismus zur Religion und verkündete, daß die Erforschung des Spiritualismus nichts als »intellektuelle Prostitution« sei[3].

Hypnose und animalischer Magnetismus waren den

Rationalisten ein Dorn im Auge. Und doch faszinierten beide so manchen Arzt. Der Grund dafür ist einsichtig. Im 18. Jahrhundert waren die Mediziner alles andere als erfolgsverwöhnt. Selbst ein hervorragender Arzt konnte seinem Patienten meist nur Namen und möglichen Verlauf der ihn plagenden Krankheit beschreiben. Und da gelang es Mesmer wiederholt vor aller Augen, eine ganze Reihe von Schwerkranken wie durch ein »Wunder« und nicht mit den üblichen Blutegeln und Aderlässen zu heilen. Derartige Erfolge – die angewandten Mittel mögen da noch so unorthodox sein – riefen Neid und eifriges Herumexperimentieren hervor.

Die Geschichte Mesmers und des animalischen Magnetismus ist in der monumentalen biographisch-historischen Mesmer- bzw. Mesmerismus-Literatur nachzulesen[4]. Uns interessiert daran hauptsächlich, daß die Mesmersche Lehre in ganz Europa eine Hypnosewelle auslöste, die viele Ärzte veranlaßte, ihre medizinischen Anwendungen zu untersuchen. Dank dieser Forschung konnte nicht nur der Beweis erbracht werden, daß eine Person eine andere in Trance versetzen, sondern dies auch über größere Entfernungen vollbringen konnte!

Im Jahre 1818 ließ sich der russische Arzt und Chirurg D. Welinski, der an der Kaiserlichen Akademie in St. Petersburg Physiologie lehrte, in seinem Buch *Schiwotny Magnetism (Tierischer Magnetismus)* ausführlich über dieses Thema aus. Er zählte die Entdeckung des animalischen Magnetismus zu den wichtigsten der letzten Jahrhunderte.

Welinski gehörte zu den ersten, die über die Fernhypnose schrieben. Er schildert eine große Anzahl der damals benutzten Methoden, mittels derer man Versuchspersonen in Trance versetzte, und bemerkt, daß »geistiges Einwirken allein diesen magnetischen Schlaf hervorzurufen vermag, zumal es experimentell bewiesen wurde, daß der Magnetiseur auch auf Distanz durch alleinige Konzentration auf seinen Patienten einwirken konnte«[5]. Welinski wähnte diese Anwendung des Magnetismus jedoch als äußerst gefährlich und drängte die Kollegen, davon nur »zur Heilung der Kranken Gebrauch zu machen«. Es stellt sich uns die Frage, an welche weiteren Anwendungsmöglichkeiten Welinski wohl gedacht haben mag.

In der Zeit nach Erscheinen von Mesmers *Mémoire sur la découverte du magnetisme animal* (Genf, 1779) währte das Interesse für hypnotische Behandlung unter den Ärzten Europas ungebrochen fort. In Rußland forschten hauptsächlich Ärzte in diesem Bereich, weil das Gesetz nur Angehörigen der Heilberufe die Ausübung des »Magnetismus« erlaubte.

In dem von Eric Dingwall herausgegebenen Werk *Abnormal Hypnotic Phenomena (Paranormale Hypnotische Phänomene)* wird über das Schicksal eines erfahrenen russischen Magnetiseurs, Andreij Iwanowitsch, berichtet, der wegen seiner Leidenschaft für diese Materie einen Großteil seines Lebens im Kerker verbrachte. Das Buch schildert die von Paschkow 1845 vollzogene Behandlung einer russischen Aristokratin, der Schwester des Grafen Korsikow. Die Frau litt an einer fortgeschrittenen rheumatisch-arthritischen Kondition, die ihr seit Jahrzehnten schwer zu schaffen machte. Schon der erste von Paschkow eingeleitete magnetische Schlaf schien den Zustand der Frau zu lindern. Dies wußten die Brüder zu berichten, die bei der Sitzung zugegen waren. Es wird überliefert, daß die Frau völlig geheilt wurde und auch später noch mit Paschkow in magnetischer Beziehung stand. »Obwohl er 500 Kilometer weit entfernt wohnte, konnte sie auf sein Geheiß in einen schlafähnlichen Zustand verfallen«, heißt es[6].

Schon vier Jahrzehnte später wurde in verschiedenen russischen Labors die Hypnose wissenschaftlich erforscht. Dingwall beschreibt eines der Experimente jener Zeit, das noch heute in den Ostblockstaaten zuweilen wiederholt wird. Dr. M. B. Pogorelski experimentierte mit Fernhypnose: »Während des hypnotischen Zustandes sagte man einer seiner Versuchspersonen, dem Studenten L. F., seine Empfindsamkeit befinde sich in einem Glas Wasser, das er nicht sehen konnte. Doch jedesmal wenn man die Wasseroberfläche mit einem Messer berührte, fuhr er zusammen, als habe ihn etwas gestochen.«[7]

Eine der leichtesten und im 19. Jahrhundert beliebtesten Anwendungen des Magnetismus vor staunenden Zuschauern war die sensationelle Herbeiführung des schlafähnlichen Zustandes durch beinahe unmerkliche Signale des Hypnotiseurs. Folglich stellten sich die Forscher im Labor die Frage, wie gering die Suggestion sein könne, um eine Versuchsperson vom wachen in den schlafähnlichen Zustand zu versetzen. Man ging dieser Frage nicht nur in Rußland, sondern auch in Frankreich und England nach. Die Gründung der englischen Society for Psychical Research (Gesellschaft für Psychische Forschung) im Jahre 1882 spiegelte das Interesse wider, das außer einer damals weitverbreiteten Liebe für spiritistische Sitzungen auch den mit der Hypnose oftmals beobachteten angeblich paranormalen Ereignissen entgegengebracht wurde.

Während des 19. Jahrhunderts entdeckten europäische Forscher die medizinischen Anwendungsmöglichkeiten der Hypnose, und sie begannen psychische Phänomene als von der Hypnose unabhängige Ereignisse systematisch im Labor zu untersuchen. Russische Forscher zogen weiterhin keine Trennlinie zwischen den beiden Bereichen. Dies mag erklären, wieso ein sowjetischer Wissenschaftler beim Besuch eines amerikanischen Labors auch heute noch wissen möchte, mit welchen Mitteln die Versuchsleiter ihre Versuchspersonen auf psychische Hochform bringen. Mag sein, daß diesen Parapsychologen noch nicht aufgefallen ist, daß psychische Fähigkeiten nicht unbedingt Ergebnis einer hypnotischen Einwirkung sein müssen.

Auf weite Entfernungen hypnotisch induzierte Schmerzempfindungen und Verhaltensveränderungen sind das Hauptmerkmal aller seit den 20er Jahren in der Sowjetunion durchgeführten offiziellen Psi-Experimente. Zu jener Zeit trat Dr. L. L. Wassiliew in das Leningrader Institut für Gehirnforschung (jetzt Bechterew-Institut) ein, das von dem berühmten Gelehrten W. M. Bechterew geleitet wurde. Die in den folgenden vierzig Jahren geleistete Arbeit dokumentiert er in seinem umfassenden Werk *Experimentelle Untersuchungen zur Mentalsuggestion* (1962, dt. 1965).[8]

Wassiliew berichtet, daß die erste öffentliche Vorführung eines durch »Mentalsuggestion herbeigeführten Einschlafens und Aufwachens« in der UdSSR 1924 anläßlich des Panrussischen Kongresses für Psychoneurologen, Psychologen und Lehrer stattfand. Die Leningrader Demonstration wurde von Professor K. I. Platanow im Hörsaal abgehalten. Platanow, der ebenfalls mit Bechterew am Leningrader Institut für Gehirnforschung arbeitete, beschrieb 1962 in einem Brief an Wassiliew seine Vorführung wie folgt:

> Die Versuchsperson M. saß am Tisch des Vorsitzenden und unterhielt sich mit Professor A. W. Gerwer. Sie war den Zuhörern und dem Professor seitlich zugewandt, während er den Zuhörern frontal gegenübersaß. Sechs Meter hinter ihrem Rücken, senkrecht zum Auditorium stand eine Tafel, hinter der ich stand. Den Zusehenden völlig sichtbar, der Versuchsperson jedoch nicht. Bevor M. in den Saal geführt worden war, hatte ich mit dem Publikum vereinbart, daß ich mein Gesicht mit den Händen bedecken würde, um ihm anzuzeigen, daß ich begonnen hatte, ihr geistig den Schlaf zu suggerieren. Als ich mein Gesicht bedeckt hatte, stellte ich mir bildhaft vor, die Versuchsperson M. fiele während ihrer Unterhaltung mit Professor G. plötzlich in tiefsten Schlaf. Ich konzentrierte mich unaufhörlich für ungefähr eine Minute auf dieses Bild. Das Ergebnis ließ nicht zu wünschen übrig: M. schlief nach wenigen Sekunden ein. Ich weckte sie auf ähnliche Weise wieder auf. Der Vorgang wurde mehrmals wiederholt.

Diese Anordnung, die nicht ausschließt, daß die Versuchsperson aus dem Zuschauerraum durch Winken hätte beeinflußt werden können, machte das Experiment im Prinzip hinfällig. Es zeigt demnach, daß man in Rußland schon vor sechzig Jahren fest an eine Beeinflussung menschlichen Verhaltens durch Suggestion über Entfernungen hinweg glaubte.

In einem ähnlichen Brief aus derselben Zeit erinnert sich Dr. K. D. Kotkow ebenfalls an die im Jahre 1924 durchgeführten Versuche zur Mentalsuggestion. Wie die meisten Versuchspersonen sowjetischer Experimente wurden auch diese Teilnehmer nicht über die Natur des Versuchs aufgeklärt. In vielen Fällen teilte man Krankenhauspatienten dafür ein. In der von Kotkow beschriebenen Versuchsreihe übernahm eine kerngesunde, aber depressive Studentin die Rolle der Versuchsperson: »Sie war eine perfekte Schlafwandlerin.« Laut Bericht schlief sie unter dem Einfluß mentaler Suggestion auf der Stelle ein und erinnerte sich »später an nichts«. Der Hypnotiseur saß derweil in einem bequemen Sessel und murmelte stumm »schlaf, schlaf, schlaf«. Um die Studentin für die Sitzungen zu gewinnen, benutzte man die verschiedensten Vorwände, die sie niemals über den wahren Grund aufgeklärt hatten. Während des eigentlichen Versuchs wurde die Aufmerksamkeit des Mädchens durch was immer sie auch interessieren mochte, gefesselt. Man ließ nicht zu, daß sie sich auf einen selbstgewählten Gegenstand konzentrierte. Bei den ersten Versuchen befanden sich Hypnotiseur und Hypnotisierte im selben Gebäude – nur einige Räume voneinander getrennt. Später ging man jedoch zu größeren Entfernungen – an den entgegengesetzten Enden derselben Stadt – über: Mit demselben Erfolg – so Kotkow.

Am Institut für Gehirnforschung führte Wassiliew in seinem Labor Hunderte ähnlicher Experimente durch. Die Krönung seiner Forschung stellten mehrere Versuche dar, in denen er sich in einer gegen elektromagnetische Wellen abgeschirmten Kammer befand, während das Subjekt, das durch telepathisch übermittelte Mentalsuggestionen in Tiefschlaf sinken sollte, einige Räume weiter weg saß. Wassiliew beschäftigte die in Rußland noch immer aktuelle Frage, ob psychische Kommunikation mittels elektromagnetischer Strahlen gesendet würde.

Um die elektromagnetische Hypothese zu prüfen, ließ Wassiliew in den 30er Jahren einen Käfig aus Stahlplatten anfertigen. Ein an der Decke befestigter Kran konnte den Deckel heben. Ein Hypnotiseur kletterte in die offene Stahlschachtel und ließ den Deckel herunter, der in eine mit Quecksilber gefüllte Rille paßte, die den elektrischen Kontakt herstellte. Der Käfig war licht- und druckdicht und besaß keine elektrische Buchse. (Unter diesen Bedingungen verwunderlich, daß Wassiliew nicht erstickte oder an Quecksilbervergiftung starb.)

Dem Medium, das im angrenzenden Zimmer saß, gab man einen Gummiballon in die Hand, den es rhythmisch drücken sollte. Dies bewegte eine Nadel, die auf einem stetig fortlaufenden Blatt die Ereignisse des Experiments aufzeichnete. Zu einer vorgegebenen Zeit drückte der Hypnotiseur in dem Käfig auf einen Schalter, was abermals auf demselben Blatt den Moment festhielt, indem er sich bemühte, die Versuchsperson in den schlafähnlichen Zustand zu versetzen.

Der Erfolg ließ sich an einem Ausbleiben des rhythmischen Pressens des Ballons ablesen. Daraufhin ließ der Hypnotiseur eine im voraus zufällig bestimmte Zeit verstreichen, um die Versuchsperson wieder aufzuwekken. Diese drückte erneut auf den Gummiball, als sei nichts geschehen, berichtet Wassiliew. Die Versuchspersonen dieser Experimente wurden sich anscheinend niemals bewußt, daß sie eingeschlafen waren. Den von Wassiliew veröffentlichten Ergebnissen zufolge bedurfte es ungefähr einer zwei- bis dreiminütigen Konzentration, um die Medien einzuschläfern oder aufzuwecken.

Den spektakulärsten Coup landete Wassiliew mit einer Reihe von Fernhypnoseversuchen zwischen Leningrad und Sewastopol, also über eine Distanz von 1700 Kilometern. Zuerst waren zwei Experimente vorgesehen. Beim ersten Termin übermittelte der Hypnotiseur, der plötzlich schwer erkrankt war, dem Medium keine Befehle. Die Versuchsperson zeigte keine Anzeichen von Müdigkeit. Zwei Tage später, berichtet Wassiliew, konnte das Experiment termingerecht durchgeführt werden: die Versuchsperson schlief ein und wachte auf – zu Zeiten, die der Hypnotiseur für die Mentalsuggestion notiert hatte.

Wassiliews Experimente lieferten schon sehr früh den Beweis dafür, daß weder elektromagnetische Abschirmung noch größere Entfernung die Genauigkeit und Verläßlichkeit psychischer Kommunikation beeinträchtigen. Experimente im U-Boot – wie die oben angeführten – sind dazu bestimmt, diese Beweise zu erhärten.

Durch Larissa Wilenskaija erfuhren wir von einem weiteren Paradeexperiment der russischen Psi-Forschung. Dem Sender eines Telepathie-Experimentes wurden leichte elektrische Schläge verabreicht, oder es wurde ihm angetragen, den Empfänger, mit dem er meist befreundet war, im Geiste zu erwürgen oder zu prügeln. Bei dem an einen Monitor angeschlossenen Empfänger hoffte man einen physiologischen Widerstand gegen die psychische Mißhandlung zu beobachten. Man versuchte auch mehrmals durch psychische Einwirkung auf den Armen von Freiwilligen Brandstellen zu erzeugen.

Anläßlich der Konferenz für Psychotronik-Forschung von 1979 in Sao Paulo, Brasilien, berichtete

Zdenek Rejdak über ein von ihm durchgeführtes Messer-im-Wasser-Experiment. Rejdak ist der bekannteste tschechische Parapsychologe und Organisator der Psychotronik-Konferenz. In seinem Experiment bat er eine hypnotisierte Versuchsperson um eine außerkörperliche Wahrnehmung und darum, sich auf ein im nächsten Raum stehendes Glas Wasser zu konzentrieren.

Bei dieser modernen Ausgabe des altbekannten Experimentes war die Versuchsperson an einen Elektromyographen (EMG) angeschlossen, der die muskuläre Aktivität des gesamten Körpers während des Versuches maß. Kaum hatte die Versuchsperson über die Sprechanlage angekündigt, daß sie sich nunmehr psychisch in dem Glas Wasser befände, stach der Versuchsleiter mit einem Eispickel ins Wasser. Man beobachtete mit großem Interesse, daß die Versuchsperson genau in dem Moment am ganzen Körper zusammenzuckte, als der Eispickel in das entfernte Wahrnehmungszentrum eindrang.

Der Hypnotiseur Wladimir Raikow führte in den späten 60er Jahren in Moskau ein ähnliches Experiment durch. Dr. Raikow hypnotisierte ein Medium und suggerierte ihm, daß sich seine Empfindsamkeit nunmehr im nächsten Raum in einem Glas Wasser befände. Zu einem zuvor durch Los gewählten Zeitpunkt stach ein Assistent von Raikow mit einer Nadel ins Wasser. Dabei schrie die Versuchsperson angeblich vor Schmerz auf. Als man die Nadel in die Hand der Versuchsperson stach, zuckte sie anscheinend noch nicht einmal zusammen.

Wir glauben nicht, daß Rejdak und Raikow ihren Versuchspersonen Leid zufügen wollten. Noch glauben wir, daß die sowjetischen Parapsychologen böswillig handelten, wenn sie ihre freiwilligen Versuchspersonen mit elektrischen Schlägen malträtierten, um zu beobachten, wie dies über weite Entfernungen hinweg auf eine äußerst sensible Person wirke. Diese Experimentierweise ist schlicht das Resultat der Pawlowschen Lehre menschlichen Verhaltens, das, auf ein Reiz-Reaktionsschema reduziert, noch heute für die sowjetische Forschung richtungweisend ist.

Beispiele davon finden sich auch in den Vereinigten Staaten, so etwa der Fall des Heilers Dean Kraft. 1957 nahm Kraft an einem Experiment teil, das in San Francisco am Institut für medizinische Forschung durchgeführt wurde. Er hatte die Aufgabe, durch psychische Einwirkung die Herzfrequenz einer im Plexiglaskäfig sitzenden Ratte zu drosseln. Leider gab man Kraft kein Feedback über den Verlauf des Versuchs. Die Beobachter konnten jedoch zwanzig Minuten lang verfolgen, wie die Herzfrequenz der Ratte stetig abnahm, um schließlich bei Null zu landen. Zu diesem Zeitpunkt teilte der Forscher Kraft mit, er habe die Ratte getötet. Kraft machte zwar keinen Hehl aus seiner Abneigung für diese Tiere, ließ aber wissen, daß er – bei Kenntnis des Verlaufs – die Ratte am Leben gelassen hätte.[9]

WER GLAUBT, DEM WIRD GEGEBEN

Die Existenz psychischer Kräfte ist nunmehr bewiesen. Es bedarf also nur eines kleinen Gedankensprungs, um sich vorzustellen, daß eine telepathisch begabte Person ihre Gedanken Ihrem Bewußtsein aufdrängen könnte. Sollten Sie noch nicht gelernt haben, zwischen Ihren eigenen Gedanken und psychisch hervorgerufenen Informationen zu unterscheiden, so meinen wir, daß Sie durchaus telepathisch übermittelten Befehlen gehorchen könnten, als hätten Sie sie sich selbst erteilt.

Ihre Reaktion auf diese Fremdeinwirkung würde bestimmt Spuren in Ihrem Gefühlsleben und Verhalten hinterlassen. Deswegen werden wir in Kapitel 10 Übungen vorstellen, die Ihnen dabei helfen sollen, zwischen Gefühlen, Gedanken, Erinnerungen, Vorstellungen und wirklichen psychischen Eindrücken zu differenzieren. Diese Fähigkeit, die Sie erlernen können, ist nicht nur für erfolgreiche Fernwahrnehmungen unerläßlich, sondern auch eine Art von psychischer Selbstverteidigung.

Professor Yuri Guljaew, Direktor des sowjetischen Instituts für Radiotechnik und Radiokommunikation, gehört zu den größten Kennern der aktuellsten Fortschritte innerhalb der Psi-Forschung. Er ist ein charmanter, fröhlicher russischer Gentleman, mit dem wir einen reizenden Nachmittag im November 1978 verbrachten.

Professor Guljaew besuchte uns im SRI, um mit uns seine neuesten Gedanken über die Psi-Forschung oder Psychotronik, wie sie in der Sowjetunion genannt wird, zu diskutieren. Die Stunden mit diesem hochgeschätzten Physiker verflogen beim Gespräch über die modernsten Theorien in der Physik und die letzten Ergebnisse der experimentellen Psi-Forschung.

Das SRI hatte zwar zu jener Zeit gerade einen Bericht über das erfolgreiche U-Boot-Experiment veröffentlicht. Aber Guljaew lehnte es ab, sich den Film über dieses spannende Experiment anzusehen. Er sei mit unserer Forschung vertraut und habe uns vor allem deswegen im SRI aufgesucht, um uns und nicht spezifische Versuche kennenzulernen.

Guljaew, der hauptsächlich Elektrotechnikern für seine Beiträge zur Akustik und Kristallographie ein Begriff ist, hat zusammen mit dem Kodirektor seines Instituts, Yuri Kobserew, selbst Mitglied der sowjetischen Akademie der Wissenschaften, und der berühmten, psychokinetisch begabten Nina Kulagina mehrere Experimente durchgeführt. In einem der interessantesten Versuche bat Guljaew die Kulagina, den Verlauf einer akustischen Oberflächenwelle, die sich längs einer akustischen Verzögerungslinie bewegte, zu beeinträchtigen.

In diesem Experiment trat ein Schall an einem Ende einer Kristallanordnung ein, breitete sich über deren Oberfläche aus und trat am anderen Ende aus. Ein Oszillograph zeichnete die Ausbreitung der Welle auf. Der Widerstand befand sich unter einem Glasbehälter. Guljaew erzählte uns mit glänzenden Augen, er habe auf dem Oszillographenschirm jedesmal eine Phasenverschiebung des Signals beobachtet, wenn sich Kulagina auf die Kristalle unter dem Glasbehälter konzentrierte.

Guljaew beschrieb diese Experimente mit derselben Genauigkeit und Detailtreue wie jene, in denen Kulagina sehr skeptischen Wissenschaftlern als Beweis ihrer psychokinetischen Fähigkeiten Brandstellen auf Arme und Beine zauberte. Dabei benutzte sie dieselbe Konzentrationstechnik wie bei der Verschiebung der akustischen Wellen. Guljaew schilderte ferner Experimente mit Individuen, die Gegenstände schweben ließen, ohne sie zu berühren. Er zeigte uns Aufnahmen von schwebenden Linealen und Bällen, die von den sowjetischen Sensitiven Elvira Schewtschik und dem bekannten Boris Ermolaew in seiner Gegenwart bewegt wurden.

Kurz nach seinem Besuch im SRI wurde Professor Guljaew zum Mitglied der russischen Akademie der Wissenschaften und zum Direktor seines Institutes ernannt. Die Untersuchung psychokinetischer Einwirkungen auf Lebewesen erfreut sich in der Sowjetunion anscheinend an höchster Stelle erneuter Anerkennung.

Die Russen verehren viele ihrer Mitbürger wegen ihrer psychischen Heilkräfte. Hoffentlich wird die breite Anerkennung eines so wichtigen Anwendungsgebietes der sowjetischen Psi-Forschung eine humanere Ausrichtung verleihen: weg vom Herzversagen bei Fröschen, verhungerten Mäusen und den Brandwunden auf der Haut skeptischer Besucher sowie ähnlichen aggressiven Vorführungen psychischer Kräfte.

Vor seinem Abschied bestand Guljaew darauf, vor dem Laborgebäude ein Gruppenfoto der Parapsychologen mit der attraktiven Sekretärin des SRI – und vor allem ihr – zu schießen.

DIE PSYCHOTRONIK-KONFERENZ IN PRESSBURG

Im Juni 1983 hatte ich (R. T.) beim Besuch der Fünften Internationalen Konferenz für Psychotronik-Forschung in Preßburg, Tschechoslowakei, Gelegenheit, mich abermals mit östlichen Forschern über den letzten Stand der Versuche und Forschung zu unterhalten.

Die Internationale Gesellschaft für Psychotronik-Forschung verfolgt interdisziplinäre Interessen: Interaktion der Psychotronik mit der Physik (Physik des Bewußtseins und Mechanismus psychischer Kräfte), mit der Medizin (Wunderheilen und Dermooptik oder »Hautsehen«) sowie mit der Geologie (Auffinden von

Wasser-, Erzadern, Öllagern und geeigneten Bauplätzen für Häuser und Ställe mit der Wünschelrute).

Die nunmehr zehn Jahre alte Gesellschaft hat schon fünf Internationale Kongresse mit reger internationaler Teilnahme veranstaltet. Die Konferenzen fanden in Prag (1973), Monaco (1975), Tokio (1977), Sao Paulo (1979) und in Preßburg (1983) statt. Dr. Zdenek Rejdak aus der Tschechoslowakei ist Präsident und Gründer der Internationalen Gesellschaft für Psychotronik-Forschung. Dr. Heinrich Huber aus Österreich und ich (R. T.) fungieren als Vizepräsidenten. Wissenschaftliche Direktoren sind Dr. Shiuji Inomata aus Japan, Dr. Erik Ingenbergs aus der DDR und Prof. Fedor Romatschow aus der UdSSR.

Im Juni 1983 besuchten ungefähr 300 Teilnehmer drei gleichzeitig stattfindende Arbeitskreise während drei von fünf Sitzungstagen. Diese Arbeitskreise teilten sich wie folgt auf in: 1. Psychotronik und Medizin; 2. Psychotronik, Psychologie, Pädagogik und Kreativitätsforschung und 3. Psychotronik, Physik und Methodenlehre. Es wurden ungefähr 75 Vorträge über diese Themen gehalten.

Während der Tagung hatte ich Gelegenheit, den Zielort zu besichtigen, den John Bisaha und Brenda Dunne in ihrem Fernwahrnehmungsversuch von 1976 benutzt hatten. Anläßlich ihrer Fernsicht-Experimente über größere Distanzen hinweg war Bisaha durch die UdSSR und die Tschechoslowakei gereist. Es war für mich hochinteressant, das Café Bystrica, dieses exotische Gebäude in einem Brückenturm über der Donau in Preßburg, zu besichtigen. Die Seherin im weit entfernten Wisconsin-Staate Amerikas hatte es mit Worten beschrieben, deren Genauigkeit sich mir beim Anblick des Zielortes erneut aufdrängten: »neben ... Wasser ...

einer großen Wasserfläche... Booten... senkrechte Linien wie Pfähle... Eine runde Form wie ein Karussell oder eine Gartenlaube... Es scheint erhoben zu sein, vielleicht ein Pfahlbau.«

Auf der Tagung erfuhr ich von zwei sowjetischen Forschern, Dr. Andrej Berezin, einem Biochemiker, und Dr. Konstantine Goubarew, einem theoretischen Physiker, Hochinteressantes über neue Projekte. Am gelungensten erschien mir ein Experiment mit Telepathie, dessen Versuchsobjekte zwei Gruppen von Ratten waren, die in voneinander kilometerweit entfernten Käfigen hausten. Die Ratten hatten durch Konditionierung gelernt, auf die linke Seite des Käfigs zu flüchten, wenn ein rotes Licht aufblitzte, das vor einem Elektroschock warnte. Kaum hatten sich beide Gruppen den konditionierten Reflex verläßlich genug angeeignet, führte man mit den einzelnen Individuen aus beiden Gruppen ein computergesteuertes Experiment durch. Dabei machten die Forscher eine bemerkenswerte Entdeckung: Erhielt eine Ratte zu einem zufällig gewählten Zeitpunkt das Signal (auslösender Reiz) und den elektrischen Schlag, so bewegte sich auch sein früherer Gruppenkamerad im weitentfernten Käfig auf die linke Seite (konditionierter Reflex). Der zeitliche Abstand der Signale sowie die Ratte, die den elektrischen Schlag erhalten sollte, wählte das Computerprogramm, das den Käfigwärtern die Befehle telefonisch übermittelte. Nicht weniger erfolgreich verlief ein wenige Jahre früher von Leutin in der UdSSR durchgeführter Versuch, an dem mit elektrischen Schlägen konditionierte Personen teilnahmen. Wilenskaija wird dieses Experiment, das streng wissenschaftlich konzipiert und durchgeführt erscheint, später beschreiben.

An einem Krankenhaus, an dem seit geraumer Zeit

die Auswirkung elektromagnetischer Strahlen auf das Bewußtsein erforscht wird, konnte man folgendes beobachten: als man Patienten das Output eines Generators an den Kopf hielt, dessen 18-Hz-Oszillator mit verschiedenen stochastischen (zufällig abfolgenden) Geräuschen moduliert worden war, hatten sie »mystische und religiöse Erlebnisse«. In einem weiteren Versuch mit elektromagnetischen Generatoren entdeckte man, daß bei anfälligen Ratten Herzinfarkte hervorgerufen und bei solchen, die an Sauerstoffmangel litten, eine Linderung herbeigeführt werden konnte.

Bei der Konferenz erfuhren wir von dem englischen Wissenschaftler Guy Playfair Näheres über eine Lida-4 genannte Erfindung. Dies soll ein Generator sein, der in einem 40-MHz-Träger eine 100-Hz-Modulation erzeugt. Schenkt man Dr. Ross Adeys Worten Glauben, so kann dieser Apparat einen ganzen Saal innerhalb von fünfzehn Minuten in Tiefschlaf versetzen.

In seiner Ansprache anläßlich der ersten Sitzung äußerte Dr. Zdenek Rejdak den Wunsch, eine psychische Entsprechung für die Wünschelrute zu finden. Er beschrieb mehrere Strategien zur Lösung des Problems. Das Auffinden von Öllagern und Bodenschätzen durch Psi-Kräfte war ein wiederkehrendes Thema dieser Konferenz. Zweifellos stellen der Rutengang vor Ort oder nur mit Landkarte sowie der rein geistige Rutengang verschiedene Aspekte einer Fähigkeit dar, denen ähnliche Erfolge beschieden sein können. Die amerikanische Psychiaterin Dr. Edith Jurka konnte berichten, daß sie auf physiologischer Ebene bei allen Wünschelrutengängern eine andauernde, stabile und symmetrische niedere Frequenz (Delta) am EEG beobachten und messen konnte. Rejdak stellte in Aussicht, daß jeder zum Rutengänger ausgebildet werden könne, warnte jedoch vor Okkultisten und Geheimgesellschaften, die vorgeben, den Schlüssel zu allen Geheimnissen zu besitzen. Es war auch von der Auffindung geistiger Bilder durch die Wünschelrute die Rede. In dem diesbezüglichen Versuch stellte sich der Forscher eine Wand an einer bestimmten Stelle in seinem Büro vor. Daraufhin rief ihn der mit ihm zusammenarbeitende Rutengänger an und beschrieb die genaue Lage der phantasierten Wand: seine Wünschelrute hatte an der Stelle auf einem Plan des Büros des Forschers ausgeschlagen.

Auf dieser Tagung brachten mehrere Redner den Wunsch der Internationalen Gesellschaft für Psychotronik-Forschung zur Sprache, die Natur verstehen zu lernen, anstatt sie zu demütigen, die Grenzen zwischen innerem und äußerem Selbst zu studieren sowie weiterhin einen offenen Austausch unter den Forschern aller Nationen zu propagieren, der einer militärischen Ausbeutung der psychischen Kräfte entgegenwirke. Wir hätten es nicht besser sagen können.

RENDEZVOUS MIT ALTEN FREUNDEN

Im September 1983 lud uns die Sowjetische Akademie der Wissenschaften nach Rußland ein. Das gab uns Gelegenheit, mit den Mitgliedern unsere Fernwahrnehmungsexperimente zu diskutieren und uns über den neuesten Stand der sowjetischen Forschung zu informieren. Unser Gastgeber war Dr. Andrej Berezine, der an einer Moskauer Universitätsklinik als Biophysiker arbeitet.

Elisabeth Targ (Tochter von R. T.), Diplomübersetzerin für Russisch und Medizinstudentin an der Stanford-Universität, begleitete uns auf dieser Reise. Ihre exzellenten Sprachkenntnisse halfen uns so manches Mal über die Sprachbarriere hinweg, vor allem, wenn die Gesprächsrunde lebhafter wurde.

In Moskau unterhielten wir uns mit Physikern, Psychologen und Medizinern. Während sich die Physiker hauptsächlich für unsere Versuche mit dem Vorauswissen interessierten, tauschten wir uns mit Psychologen und Medizinern über die gesamte Skala psychischer Fähigkeiten und deren Auswirkungen auf ihre Arbeitsbereiche aus. In beiden Fällen waren die Gespräche sehr anregend.

Im Ersten Moskauer Medizinischen Institut trafen wir bei Kaffee und Kuchen Professor Andriankijn, Direktor der Theoretischen Abteilung der Sowjetischen Akademie der Wissenschaften. Ihm verdankten wir, daß man uns zu diesem Aufenthalt eingeladen hatte. Andriankijns Hauptinteresse gilt der Behandlung psychisch Kranker ohne Pharmazeutika. Eines seiner wichtigsten Forschungsprojekte gilt der experimentellen Anwendung niederfrequenter elektrischer und magnetischer Felder.

Am selben Institut unterhielten wir uns auch mit Dr. Igor Smirnoff und zwei weiteren Gelehrten, die kurz zuvor das oben beschriebene »Telepathie-Experiment mit Ratten« abgeschlossen hatten. Sie setzten sich mit uns und einigen Mitarbeitern der Klinik in ihr mit wissenschaftlichen Instrumenten und Apparaten vollgestopftes Labor im Keller des Instituts zusammen und legten uns ihr Experiment dar. Bei einer Anwendung des Versuchs auf eine Gruppe von Ratten, hatten sie entdeckt, blieb der Erfolg aus, da die Ratten in dieser Streßsituation untereinander kämpften.

Wir trafen auch Konstantine Goubarew, der ebenfalls als Physiker an diesem Ratten-Experiment teilgenommen hatte. Sein Hauptinteresse gilt jedoch der Entwicklung eines Computerprogramms, das die physiologischen Daten einer Person analysiert und bestimmen kann, ob und wann eine Veränderung im Bewußtseinszustand dieser Person – wie etwa der Übergang von einem wachen in einen hypnotisierten Zustand – stattfindet. Er demonstrierte uns das Programm anhand von Bändern mit typischen Daten. Durch Beobachtung der mathematischen Umwandlung der Daten und der Phasenverschiebung anstelle der Schwingungsveränderung glaubte er eine Änderung des menschlichen Bewußtseinszustandes beweisen zu können. Dies wäre insofern ein aufsehenerregendes Forschungsergebnis, als man im Westen noch nicht übereingekommen ist, ob der hypnotische Zustand überhaupt einer definierbaren Bewußtseinsveränderung gleichkäme.

Wir freuten uns besonders über ein Wiedersehen mit Dr. Yuri Guljaew in seinem Institut für Radiotechnik und Radiokommunikation. Wir machten es uns in den roten Ledersesseln in seinem geräumigen Büro bequem, während er uns bei bestem armenischen Branntwein seine neuesten Studien erläuterte. Er zeigte uns auch ein Exemplar des neuesten Werkes von I.M. Kogan, *Angewandte Informatik*. Kogan vertritt darin die Ansicht, psychische Phänomene könnten nur durch das Prinzip niederfrequenter elektromagnetischer Wellen verstanden werden. Von Guljaew erfuhren wir, daß James Clark Maxwell als erster im 19. Jahrhundert den Gedanken äußerte, Psi werde mittels elektromagnetischer Wellen übertragen. Eine Idee, die letzthin von einem Beitrag über die Messung biomagnetischer Felder im Fachorgan der Sowjetischen Akademie der Wissenschaften aufgegriffen wurde.

Die Verpflichtungen eines Institutsdirektors lassen

Guljaew dennoch genügend Zeit, um seinem Interesse für das Studium angewandter Psi-Phänomene, das allgemein als Psychotronik bezeichnet wird, zu folgen. Mit seinem Kollegen Dr. Eduard Godik untersuchte er die elektromagnetischen und sichtbaren Strahlen, die vom menschlichen Körper ausgehen. Ein Spektrometer, das die Wellenlänge ausgestrahlten Lichts mißt, half ihnen bei einem Zähl-Versuch mit empfindlichen Photonen. In den Ergebnissen sahen die beiden Forscher mitunter den Beweis für die Existenz einer menschlichen Aura, die von vielen Sensitiven seit Jahrhunderten angenommen und wahrgenommen wurde.

Professor Guljaew erzählte uns, es sei ihm gelegentlich noch gelungen, mit der berühmten Kulagina zu experimentieren. Unter anderem versuchten beide herauszufinden, ob sie dank ihrer psychischen Fähigkeiten auch Buchstaben »lesen« könne. Zu diesem Zweck wählte er zufällig ein Buch aus dem Regal seines Büros und bat die Kulagina, ihm die Buchstaben am Anfang der verschiedenen Abschnitte einer gewissen Seite zu nennen. Kulagina bestand die Aufgabe mit großem Erfolg. Guljaew fügte jedoch hinzu, daß Kulaginas Erfolg nicht besser als die Zufallsquote war, wenn er sie bat, den Raum zu verlassen, bevor er das Buch aufschlug, sie also kein Feedback erhielt.

Am Ende unseres Aufenthalts in der Sowjetunion ließ man uns nach Eriwan fahren. Eine Reise, die für uns um so spannender war, als man am Institut für Betriebspsychologie in Eriwan mit großem Erfolg Fernwahrnehmungsversuche durchgeführt hatte. Eriwan, das südöstlich von Istanbul und nördlich von Bagdad liegt, empfing uns mit warmem Sonnenschein. Einen Umstand, den wir nach den Schneeböen in Moskau besonders willkommen hießen. Die Atmosphäre erschien uns hier im allgemeinen entspannter, und wir freuten uns nach den nächtlichen menschenleeren Straßen über die promenierende Bevölkerung, die wir abends auf dem Platz vor einer hellerleuchteten Fontäne antrafen, um mit ihnen einem nächtlichen Konzert zu lauschen.

Am ersten Tag in Eriwan besuchten wir die Universität und unterhielten uns mit einigen Mitgliedern der Armenischen Akademie der Wissenschaften. Später trafen wir Prof. Rubin Aguzumtsian – Leiter eines wissenschaftlichen Programms zur Erforschung der Fernwahrnehmung – in seinem Labor, das mit den unzähligen Videospielen zum Testen der Koordinierung zwischen Hand und Auge wahrlich einem modernen Spielsalon glich. In seiner Fernsicht-Studie wählte ein Architekt die Zielorte aus – eine Entscheidung, die uns in einer Stadt mit unzähligen Bauten selbst aus römischen Zeiten besonders einleuchtete. Wir hatten noch Gelegenheit, eine Gehard-Kirche zu bewundern, die im dritten Jahrhundert nach Christus aus einem Bergfels gehauen worden war.

Studenten eines Psychologieseminars hatten sich freiwillig für das Experiment gemeldet. Bei jedem Versuch begab sich der Außenleiter mit zwei Kontrollpersonen (aus demselben Seminar) an einen entfernten Ort, wo er den Briefumschlag aufriß, der die Zielortbeschreibung enthielt, um sich dann ans Ziel zu begeben. Gleichzeitig ermunterte ein Interviewer den/die Seherin im Labor, seine/ihre Eindrücke des Zielortes zu beschreiben. Professor Aguzumtsian beschloß, diese Versuchsreihe durchzuführen, nachdem ihm unser nunmehr ins Russische übertragene Papier über die SRI-Forschung von 1976, das wir am IEEE (Institute of Electrical and Electronic Engineers) lasen, bekannt geworden war. Sein Experiment bestätigte die früheren Ergebnisse. Der russische Forscher war nicht minder verblüfft als wir, als er die Erfahrung machte, daß der Seher ein Ziel beschrieb, bevor das Team das Haus verlassen oder gar den versiegelten Umschlag mit der Zielbeschreibung geöffnet hätte. Wie in unseren Versuchen stellte die Vorausschau auch hier eine unerwartete Komplikation dar. Mag sein, daß wir in nicht allzu entfernter Zukunft mit diesem Institut die Fernwahrnehmung über 15 000 Kilometer Entfernung hinweg testen werden. In dieser Versuchsreihe würden wir natürlich mit einem Seher arbeiten wollen, der Eriwan noch nicht einmal von Postkarten her kennt.

Auf unserer Reise von Moskau nach Leningrad und Eriwan trafen wir mit unzähligen Gelehrten zusammen, die allesamt den Wunsch äußerten, der wissenschaftliche Austausch möge auch in Zukunft so offen bleiben wie jetzt. Allen gemeinsam war auch die Überzeugung, daß die Wichtigkeit der Psi-Kräfte in einer Entwicklung des menschlichen Potentials und nicht in der militärischen Anwendung zu finden sei. Doch deuteten alle unterschwellig auf jene Projekte hin, die uns nicht gezeigt wurden. Wir wußten beispielsweise, daß das von Prof. Spirikin geleitete Labor der Popow-Gesellschaft vor einigen Jahren geschlossen worden war. Auf dieser Reise erfuhren wir, daß es nunmehr unter der Leitung von Dr. Alexander Tschernetzkij wieder eröffnet worden sei. Wir erfuhren sogar, daß man es jetzt Fourmany-Street-Labor nenne, man verschwieg uns jedoch, welche Forschung dort zur Zeit betrieben würde.

Abschließend möchten wir nochmals unterstreichen, wie wichtig wir es finden, auch in Zukunft kooperative Treffen mit sowjetischen Forschern zu organisieren.

PSI-FORSCHUNG IN DER SOWJETUNION: SIND UNS DIE RUSSEN ÜBERLEGEN?

Von Larissa Wilenskaija

»Sind uns die Russen in der Psi-Forschung überlegen?« Ich mußte diese Frage hundertmal beantworten. Nach meiner Auswanderung in die Vereinigten Staaten stellte man die Frage so oder so bei jedem Vortrag, den ich hielt, bei jedem Workshop, den ich leitete. »Sie sind eben aus Rußland ausgewandert und hatten dort über ein Jahrzehnt an der Psi-Forschung mitgewirkt. Können Sie uns sagen, was man dort erforscht? Benutzt man Psi in Rußland mehr als hier?« hörte ich immer wieder.

Wie hätte ich diese Frage erschöpfend beantworten können? Um dies zu tun, hätte ich jeden Fachbericht, jede neue These und jedes Experiment kennen müssen, die letzthin in beiden Staaten geschrieben, aufgestellt und durchgeführt wurden. Doch ich kenne sicherlich nicht *alles*, was in diesem Bereich in der Sowjetunion geleistet wurde, und zähle mich auch nicht zu den besten Kennern der Psi-Forschung im Westen. Ich werde dennoch versuchen, soweit es mir möglich ist, diese wichtige Frage zu beantworten. Ich werde mein Bestes tun, hier die sowjetische Forschung darzustellen, und hoffe, daß Sie nach Lektüre dieses spannenden Buches selbst eine befriedigende Antwort gefunden haben.

Ich hatte nicht das Glück, Leonid Leonidowitsch Wassiliew, den Vater der sowjetischen Psi-Forschung, persönlich kennenzulernen. Wassiliew, der an der Leningrader Universität Physiologie lehrte, starb 1966, als ich noch ein Teenager war. Sein Werk über *Experi-*

mentelle Untersuchungen zur Mentalsuggestion[10] war mein erstes Lehrbuch der Parapsychologie.

Ich war fasziniert von seinem Bericht über die Fernhypnose, dem ich entnahm, daß es Wassiliew und einem Kollegen gelang, eine Person über Hunderte von Kilometern telepathisch einzuschläfern und wieder aufzuwecken. Zur Untermauerung seiner Ergebnisse führte er die früheren Studien zur Mentalsuggestion und Fernhypnose von K.D. Kotkow und L.O. Normark an und zitierte:

> Im Jahre 1924 machten A. W. Schelichowsky, Professor für Physik an der Universität Charkow, und der Chemiker Dr. L.P. Normark einen kleinen, aber bedeutenden Fortschritt in der Erforschung der Gedankenübertragung über eine Entfernung hinweg. Die Versuchsperson, eine achtzehn- oder neunzehnjährige Studentin, war kerngesund. Gewöhnlich schlief sie augenblicklich ein, wenn man gedanklich auf sie einwirkte, und wachte ebenso rasch wieder auf, wenn man es befahl. Sie erinnerte sich an nichts. Es wurde nur eine begrenzte Anzahl von Versuchen durchgeführt – maximal dreißig. Fehlschläge blieben aus. Wir versetzten sie nicht nur in einen schlafähnlichen Zustand, aus dem wir sie ebenso wieder aufweckten, sondern befahlen ihr auch rein suggestiv, zu uns zu kommen. So bestellte ich sie etwa aus meiner Wohnung in Normarks Labor. Traf ich schließlich selbst im Labor ein, so war sie meist schon zugegen oder kam kurz nach mir zur Tür herein. Fragten wir sie, warum sie gekommen sei, erwiderte sie meist recht verwirrt: »Ich weiß nicht... Ich hatte einfach Lust... Ich wollte hierherkommen.«[11]

Diese Anwendung psychischer Kräfte als Mittel zur Einwirkung auf das Verhalten über kleinere oder größere Distanz hinweg gehört zu den typischen Beispielen der Parapsychologie sowjetischer Prägung. Anfang der 70er Jahre lernte ich den sowjetischen Psychiater Dimitri Mirza kennen, der damals seit einigen Jahren für ein staatlich gefördertes Psi-Programm arbeitete. Das Labor, das zuerst dem Forschungsinstitut für Übertragungsprobleme angegliedert war, wurde später in das Labor für Psychophysiologie mit Sitz in der Bolshaja-Kommunisticheskaja-Straße im Zentrum Moskaus verwandelt. Zur Zeit unseres Treffens hatte Mirza schon dieses Geheimlabor verlassen und seine eigene Arztpraxis eröffnet. Die Ergebnisse einiger Experimente wurden späterhin freigegeben und 1968 veröffentlicht. Die russische Ausgabe erschien im Band 55 der *Sitzungsberichte des Forschungsinstituts für Psychiatrie* – mit einer Gesamtauflage von 1500 Exemplaren.[12] Ich glaube nicht, daß sie im Westen bemerkt wurde.

Ein Beitrag von Mirza und Kollegen aus dieser Sammlung behandelte ihre jahrelang durchgeführten Fernhypnoseversuche.[13] Ohne jemals Worte wie Telepathie oder ähnliche Begriffe zu nennen, beschreibt der Beitrag die physiologischen Funktionen einer nichtsahnenden Versuchsperson, die wortlos in Trance versetzt worden war. Sowjetische Forscher gaben allemal größere Stücke auf Meßdaten ihrer experimentellen Apparaturen als auf die subjektiven Berichte ihrer Versuchspersonen. In der ersten Untersuchung weilten Hypnotiseur und Medium im selben Raum; in späteren Versuchen befanden sich beide in verschiedenen Zimmern. Konzentrierte sich der Hypnotiseur im anderen Raum darauf, daß die Versuchsperson aufwachen solle, so wachte sie auf. Die physiologischen Daten bewiesen es.

Natürlich fragte ich Mirza, ob er und seine Kollegen auch mit telepathischer Hypnose über eine größere Entfernung hinweg unter Bedingungen experimentiert hätten, die eine Sinneswahrnehmung so weit wie möglich ausschlossen. Mirza schwieg eine Weile, blickte mißtrauisch aufs Telefon (viele Sowjetbürger befürchten, daß sie durch Telefonwanzen überwacht werden) und nickte dann zustimmend. Sein Kopfnicken bestätigte nur die Vermutung, die ich nach Lektüre eines der anderen Beiträge hegte. Der Beitrag stammte von Leutin, einem Leningrader Forscher, der zuerst mit Leonid Wassiliew gearbeitet hatte.[14] Später schrieb er an einer Dissertation mit dem vagen Thema: Interaktion zwischen Personen unter Ausschluß der Sinneswahrnehmung. Die Studie verdient, erläutert zu werden. Sie befaßt sich mit den Gehirnwellenveränderungen, die bei einer Person gemessen wurden, die sich in einem entfernt gelegenen Raum aufhielt, während man einer anderen Person elektrische Schläge verabreichte. Der Bericht lautete:

> Gegenwärtig konzentriert man sich auf die Untersuchung des Kommunikationsaustausches zwischen biologischen Systemen unter Ausschaltung sinnlicher Wahrnehmungen. Um das Experiment mit Versuchs*personen* durchführen zu können, entwickelte man folgende Anordnung:
>
>> Zwei Personen nahmen an dem Experiment teil – der Agent oder Induktor und der Perzipierende oder Sensitive. Wir überwachten die physiologischen Funktionen des Perzipieren-

den in der Hoffnung, an den Funktionsveränderungen ablesen zu können, ob er der Ferneinwirkung seitens des Induktors unterworfen wurde. Die beiden Subjekte wurden in schalldichte Räume gesetzt. Im Laufe des Versuchs leuchtete eine 60-Watt-Glühbirne unmittelbar vor dem Agenten auf, und seine rechte Hand wurde 10 Sekunden lang elektrisch stimuliert... Der elektrische Schlag wurde mittels Rechteckwellen verabreicht; *die Intensität wurde der individuellen Schmerzschwelle angepaßt*. (Unsere Hervorhebung.)

Während des Experiments wurden die Gehirnwellen des Perzipierenden mittels eines Elektroenzephalogramms – EEGs – aufgezeichnet... Schwankungen im EEG des *Sensitiven* korrelierten eindeutig mit der elektrischen Stimulierung des *Induktors*. In den Kontrollversuchen, die ohne Induktor durchgeführt wurden, konnten hingegen am integrierten EEG des Perzipierenden keine relevanten Veränderungen abgelesen werden, nachdem die Instrumente in der Induktorzelle automatisch eingestellt worden waren. Da sich die zweite Versuchsreihe von der ersten nur dadurch unterschied, daß die elektrische Stimulierung des Induktors fehlte, muß angenommen werden, daß diese Stimulierung das EEG des Perzipierenden aktivierte.

Noch während ich diesen Bericht las, konnte ich mich eines unangenehmen Gedankens nicht erwehren: Hier hatte jemand die Kommunikation zwischen Versuchspersonen bewiesen, die von der Umwelt und allen Sinneswahrnehmungen abgeschirmt waren – d.h. den Beweis für die Existenz der Telepathie geliefert, hatte eine Dissertation darüber geschrieben und nicht einmal daran gedacht, den anonymen Versuchspersonen, die unter den elektrischen Schlägen zu leiden hatten, einen kleinen Dank auszusprechen.

In all den Jahren, in denen ich in der Sowjetunion an der Psychotronik-Forschung teilnahm, fragte ich mich immer wieder: »Warum tun wir das? Wofür? Wissenschaftliche Wißbegierde? Doch kann man diese Neugierde nicht anders stillen?«

Diese Fragen drängten sich mir auf, als ich Anfang der 70er Jahre mit dem Biophysiker Juri Kamenskij über dessen Telepathieuntersuchungen sprach. In diesen Versuchen, über die das Buch der amerikanischen Autoren Ostrander und Schroeder, *Psychic Discoveries Behind the Iron Curtain*, 1970 (dt. *Psi. Die Geheimformel des Ostblocks für die wissenschaftliche Erforschung und praktische Nutzung übersinnlicher Kräfte des Geistes und der Seele*, Scherz-Verlag, Bern-München, 1970)[15] ausführlich berichtet, übermittelte Kamenskij telepathisch seinem Partner Karl Nikolajew Emotionen und Vorstellungen. In diesem Versuch stellte sich Kamenskij vor, er erwürge seinen Freund – und Nikolajew rang nach Atem. Nikolajews Hirnstrommuster zeigte solche Schwankungen, daß die anwesenden Ärzte, die um Nikolajews Leben und Gesundheit bangten, den Versuch abbrechen wollten. Als Kamenskij in Gedanken seinen Freund schlug, empfand dieser solch starke Schmerzen, daß er beinahe vom Stuhl fiel. Die Gedankensignale wurden über eine Entfernung von rund 800 Kilometern hinweg, von Moskau nach Leningrad, übermittelt. In früheren Telepathie-Experimenten hatte Kamenskij seinem Freund Nikolajew bildhafte Vorstellungen »mitgeteilt«, niemals aber Gefühle und Emotionen. Nikolajew war also nicht darauf vorbereitet, daß sich dieser neue Versuch von früheren unterscheiden würde. Es wäre ihm jedenfalls auf normalem Wege nicht möglich gewesen, zu erfahren, was Kamenskij für die einzelnen Versuche plante.

War das Experiment erfolgreich? Natürlich! Es fragt sich nur, warum Kamenskij das Gefühl körperlicher Züchtigung und den Eindruck, erwürgt zu werden, übermitteln wollte. Der Gelehrte erklärte mir daraufhin mehrmals, daß negative Emotionen leichter übermittelt würden als positive. Ich bemerkte zu meiner Überraschung, daß er sich nicht bewußt war, wie sehr der Erfolg telepathischer Übermittlungen von der Einstellung der Teilnehmer dazu bestimmt wird. Glaubte Kamenskij unerschütterlich daran, daß er mit negativen Emotionen bessere Resultate erzielen könne, so würde er Ergebnisse erzeugen, die ihm recht gäben!

Ich hatte mehrmals Gelegenheit zu beobachten, wie stark eine psychisch begabte oder geschulte Person andere Menschen oder Bio-Systeme beeinflussen kann. Nina Kulagina zählt zu diesen Menschen. Sie wurde wegen ihrer psychokinetischen Fähigkeiten (PK) berühmt und wurde oft von sowjetischen und westlichen Wissenschaftlern getestet.[16] Kulagina gelang es unter strengen wissenschaftlichen Bedingungen, Gegenstände aus den unterschiedlichsten Stoffen (aus Metall oder anderen Stoffen, magnetischen oder nicht-magnetischen) bis zu einem Gewicht von 380 Gramm psychokinetisch zu bewegen (»schwebende« Gegenstände wogen mindestens 12 Gramm) sowie Film hinter Glas, Mattpapier, Blei und Ebonitplatten zu »belichten«. Freundlicherweise führte sie mir zwischen 1971 und 1976 mehrere PK-Kunststücke vor.

Während eines Treffens mit Professor Gennadij Sergejew, der ausgiebige Versuche mit der Kulagina durchgeführt hatte, erzählte er mir, es sei ihr mühelos gelungen, ein isoliertes Froschherz aus einer Entfernung von anderthalb Meter aussetzen zu lassen. Das Froschherz war in eine physiologische Lösung getaucht und an Elektroden befestigt, die den Herzschlag maßen. Unter diesen Bedingungen schlägt ein Froschherz meist noch dreißig bis vierzig Minuten (manchmal auch noch einundeinhalb Stunden). Setzt das Herz aus, kann man es mit Elektrostimulation wieder aktivieren. Sergejew erklärte mir nachdrücklich, das Froschherz habe vierzig Sekunden, nachdem sich Kulagina darauf konzentrierte, aufgehört zu schlagen, und man habe es nicht mehr reaktivieren können. »Als wir es untersuchten«, erklärte Sergejew, »sahen wir, daß es zerfetzt war, als sei es mit mikroskopischen Lichtstrahlen bombardiert worden. Der Energiefluß kann so stark sein!«[17]

Sergejew und seine Leningrader Kollegen untersuchten ferner Kulaginas Einfluß auf *menschliche Herzen*. Er schrieb:

> Wir führten auch einige der Arhythmie-Studien mit Versuchspersonen durch. Dabei entdeckten wir, daß die emotionalen Reaktionen einer Person (des Induktors) meist die Herzfrequenz einer anderen Person (des Perzipierenden) beeinflußten. In diesen Versuchen wurden gleichzeitig die Elektrodiagramme beider Personen aufgezeichnet. Die Computerauswertung der EKG-Daten ergab... daß der Puls des Perzipierenden fünf Minuten lang völlig von den Herzreaktionen des zwei Meter von ihm entfernt sitzenden Induktors abhängig war. *Diese Reaktionen waren bei Herz-*

kranken bedeutend größer. (Unsere Hervorhebung.)[18]

Nina Kulagina führte mir ihr Paradestück vor: kleine Brandwunden, die sie psychokinetisch auf der Haut der Besucher hervorrief. Als sie sich auf meinen Arm konzentrierte, spürte ich, wie es zuerst warm, dann heiß und zuletzt brennendheiß wurde. Daraufhin erschien eine Brandstelle auf meiner Haut, die noch vier oder fünf Tage sichtbar blieb. Während dieser Vorführung experimentierte sie auch mit sich selbst. Auf ihrer Hand erschien eine rote Stelle, die dann nach fünf oder zehn Minuten vor meinen Augen verschwand, als Kulagina sie gedanklich heilte. Ich will mich hier nicht mit Details aufhalten, die andernorts ausführlich geschildert wurden[19], möchte aber folgendes hervorheben:

In einigen Versuchen rief Kulagina durch eine Bleiplatte hindurch Brandwunden auf der Haut einer anderen Person hervor. Juri Guljaew, Direktor des Forschungsinstituts für Radiotechnik und Radiokommunikation der Sowjetischen Akademie der Wissenschaften, führte mit Kulagina ein anderes Experiment durch, da er glaubte, ihre Beeinflussung als eine Ausstrahlung ultravioletter Wellen erklären zu können. Dies ist beispielhaft für die sowjetische Tendenz, die beobachteten Phänomene extrem zu simplifizieren. In Guljaews Experiment vermochte Kulagina anscheinend dieselbe Einwirkung durch Quarz, nicht aber durch normales Glas auszuüben, denn Quarz ist für ultraviolette Strahlen durchlässig, Glas aber nicht. In früheren Versuchen war es ihr jedoch gelungen, durch Metallplatten hindurch psychokinetisch zu wirken – Metallplatten sind aber keineswegs UV-durchlässig.

Dies legt nahe, daß die Überzeugung des Versuchsleiters die psychischen Fähigkeiten einer Person ganz entschieden beeinflussen kann. Das mag auch als Erklärung dafür dienen, daß Skeptiker in Psi-Tests selten gut abschneiden.

»Nina Kulagina wirkte auch auf weiße Mäuse ein, deren Lebensfunktionen sie zum Stillstand brachte«, bemerkte Sergejew.[20] »Sie brauchte mit ihrer Hand nur einige Sekunden über sie zu streichen, und schon lagen sie regungslos, wie tot, da. Kaum nahm sie ihre Hand weg, sprangen sie auf und bewegten sich wie zuvor.« Muß man die Lebensfunktionen, und sei es auch nur einer Maus, zum Stillstand bringen, frage ich mich nochmals? Ich habe bis zum heutigen Tage keine befriedigende Antwort darauf gefunden.

Mit Mäusen führte auch Dr. Sergej Speranskij in Nowosibirsk ein äußerst fragwürdiges Experiment durch. Unter strengen Bedingungen gelang es Speranskij, eine »außerordentliche Kommunikation« zwischen »Sozialgruppen« innerhalb der Mäusebevölkerung herauszuarbeiten.[21] Nach einer Woche im gemeinsamen Käfig entfernte man einen Teil der Mäuse und ließ sie in einem anderen Raum ohne Fressen und Wasser dahindauern. Ihre früheren Käfigkameraden (»Kameraden hungernder Tiere«), die normal gefüttert wurden, spürten anscheinend, daß ihre früheren Freunde des Hungers starben, und fraßen signifikant mehr als »die Kameraden genährter« Mäuse und nahmen folglich auch an Gewicht zu. Diese Wirkung konnte trotz verläßlicher Isolation der Untergruppen voneinander – die Mäuse konnten sich nicht sehen, hören oder riechen – beobachtet werden.

Speranskij war fest davon überzeugt, daß diese Versuchsbedingungen eine natürliche Situation widerspiegelten. Ein Teil der Tierbevölkerung nimmt vielleicht wahr, daß ein anderer Teil an Hunger leidet, und wird dadurch zu intensiverem Freßverhalten angeregt. In anderen von Speranskij durchgeführten Versuchen wurde ein Teil der Mäuse einer Sozialgruppe im Namen der »biologischen Nützlichkeit« umgebracht. Die zurückgebliebenen Mäuse pflanzten sich viel schneller fort als die Mäuse der Kontrollgruppe.[22] Die »außerordentliche Kommunikation« zwischen den Mäusen war demnach bemerkenswert gut!

Und wieder fragte ich mich: Ginge es nicht auch ohne diese grausamen Methoden? Müssen Tiere verhungern oder getötet werden, um die Existenz oder Nicht-Existenz der Ferneinwirkung zu beweisen? In der Geschichte der Wissenschaften sind diese Versuche sicherlich nichts Neues, doch sind sie nötig?

Interessanterweise kann man dasselbe Forschungsmuster der sowjetischen Wissenschaften auch in Versuchen mit niedrigsten Lebewesen nachverfolgen – nämlich auf der Ebene der Gewebekultur.

Am 31. Oktober 1972 nahm das sowjetische Büro für Erfindungen und Entdeckungen ein neues biologisches Phänomen in seine Rolle auf, das man »interzelluläre Ferninteraktion zwischen Gewebekulturen« nannte. Dr. Wlail Kasnatschejew, Semjen Schurin und Ludmilla Michajlowa hatten das Phänomen während ihrer Forschungen entdeckt, die sie am Medizinischen Institut in Nowosibirsk und am Institut für Automatisierung und Elektrometrie der Sibirischen Abteilung der Sowjetischen Akademie der Wissenschaften durchführten.[23] In den letzten fünfzehn Jahren hat Dr. Kasnatschejew, Direktor des Instituts für Klinische und Experimentelle Medizin der Sibirischen Abteilung der Sowjetischen Akademie für Medizin in Nowosibirsk, Experimente durchgeführt wie diese:

> Man legte zwei verschlossene Behälter mit Glas- oder Quarzboden, in denen sich Gewebekulturen befanden, Boden an Boden nebeneinander, um den »Sichtkontakt« herzustellen. Dann injizierte man in eine der Kulturen einen »virulenten« Agenten (verschiedene Virusarten, Gift usw.), die die Zellen »krankmachten« und töteten. Zwölf Stunden nachdem das »Krankheitsbild« bei den angesteckten oder vergifteten Zellen in Erscheinung trat, konnten wir dieselben Symptome in der nicht infizierten und dicht abgeschlossenen Kultur beobachten. Diese zweite Kultur verendete an derselben »Krankheit«, obwohl sie weder mit einem Virus noch mit dem Gift in Kontakt gekommen und eine zufällige Ansteckung ausgeschlossen war. Darüber hinaus konnte man beobachten, daß eine nicht infizierte Kultur, die achtzehn bis vierundzwanzig Stunden lang mit einer infizierten (vergifteten) Kultur Sichtkontakt hatte und dann in Sichtweite mit einer dritten nicht infizierten Kultur zusammengebracht wurde, die Symptome an diese weitergab.[24]

Dieser Beweis einer umfassenden Verbindung der lebendigen Natur untereinander hat nicht unbedingt etwas mit psychischen Fähigkeiten zu tun. Kasnatschejew glaubt, daß die Gewebekulturen mittels ultravioletter Strahlen kommunizierten, da der Test bei »Blickkontakt« durch Quarz-, nicht aber durch Pyrexglas, das ultraviolette Strahlen abschirmt, erfolgreich war.

Er durchleuchtete sogar mit einem ultravioletten Laser eine infizierte Kultur, um herauszufinden, ob es besondere »Ansteckungs-Wellenlängen« gäbe, die optisch eine Krankheit einem entfernten Ziele übermittelten.[25]

Es fragt sich erneut, warum die sowjetischen Gelehrten so sehr an der Übertragung von Krankheiten und nicht an der Übermittlung von »Gesundheit« oder gesunden Einflüssen interessiert sind. Die Bevölkerung in Rußland interessiert sich doch hauptsächlich für psychische Heilkräfte! Andere sowjetische Forscher führten doch Versuche mit ionenstrahlengeschädigten Pflanzen durch und entdeckten dabei, daß nicht beschädigte Pflanzen auf Entfernung die Schäden der bestrahlten Pflanzen linderten.[26] Diese Entdeckung wurde nur am Rande in einem Büchlein mit Kleinstauflage und provinziellem Vertrieb erwähnt, während Kasnatschejews Studie in den wichtigsten russischen Wissenschaftsblättern und in einem kürzlich erschienenen Buch abgedruckt wurde.[27] Da alle Veröffentlichungen in Rußland der staatlichen Zensur unterliegen, wird deutlich, welche Forschung diese öffentlichen Stellen unterstützen.

Es gibt noch deutlichere Beispiele dafür. Zwischen 1968 und 1975 forschte ich am Labor für Bio-Kommunikation der Wissenschaftlichen und Technischen A. S. Popow-Gesellschaft für Radiotechnik und -kommunikation in Moskau, das von Professor Ippolit Kogan geleitet wurde. Ich stand einer Forschungs- und Lehrgruppe vor, die die »Dermooptik«, d. h. das Erkennen von Farben und Bildern mit dem Finger, erforschte. Eine meiner Kolleginnen, deren Kenntnisse und Erfahrungen im Bereich des »Wunderheilens« wir alle bewunderten, erzählte mir, ein Staatsbeamter habe sie beauftragt, Experimente zur Ferneinwirkung auf menschliches Verhalten durchzuführen. Später wagte sie es, dies unerkannterweise mit einem Reporter der NBC zu besprechen:

> Eine Person, die in unserem Labor verkehrte, trug mir auf, rein experimentell – wie er sagte – zu versuchen, wichtige ausländische Politiker, die am Radio eine Ansprache hielten, dazu zu bewegen, ihre Meinung zu ändern... auf sie einzuwirken, damit sie etwas ganz anderes sagten. Ich lehnte ab. Und sagte, daß ich mir die Hände nicht schmutzig machen wolle.[28]

Vielleicht wird man anderen sowjetischen Gelehrten denselben Vorschlag gemacht haben. Und vielleicht war meine Freundin nicht die einzige, die eine Teilnahme ablehnte. Sicher ist, daß das Labor für Bio-Kommunikation im Jahre 1975 geschlossen wurde. Barbara Iwanowa, die die Gruppe für psychisches Heilen leitete, sowie viele andere sowjetische Forscher sahen sich somit der Möglichkeit beraubt, ihre Forschung weiter zu betreiben. Die Gruppe trifft sich nunmehr inoffiziell, um über diese Themen zu diskutieren. Sie nennen sich »Park-Akademie«, weil sie sich im Park in der Nähe ihres alten Labors treffen. Die Gruppe ist apolitisch und beschränkt sich in der Unterhaltung auf aktuelle Themen der Psi-Forschung.

Im Jahre 1978 gründete man in Moskau ein neues Labor für Bioelektronik, das Alexander Spirkin leitet, ein berühmter sowjetischer Philosoph und Mitglied der Akademie der Wissenschaften der UdSSR. Er führte eine Forschungsgruppe zusammen, an der viele Ärzte teilnahmen und die sich hauptsächlich den Fragen des »Wunderheilens« widmet. Der Vorstand des Instituts forderte von seinen Angestellten jedoch so strenge Einschränkungen, daß Wissenschaftler wie Barbara Iwanowa nicht an eine Teilnahme dachten.

Manchen mag dies wie eine Science-fiction-Erzählung vorkommen, und sie werden bezweifeln, daß es eine Ferneinwirkung auf menschliches Verhalten geben könne, wir uns also unnötig fürchteten. Wir würden uns dem gerne anschließen, gäbe es da nicht fundierte Beweise für das Gegenteil. So beispielsweise die von Dr. Alexander Romen, einem Psychiater von Alma-Ata, durchgeführten Experimente. (Dr. Romen arbeitet noch immer an diesem Bericht; zusammen mit Dr. Victor Injuschin von der Staatlichen Universität Kazach leitet er eine Abteilung der Bioholographie der Akademie der Wissenschaften der UdSSR.)

Romen war der erste, der Elemente fernöstlicher Philosophie – vor allem Yoga – in die sowjetische Forschung einführte. Er entwickelte eine eigene Lehre des autogenen und selbstregulierenden Trainings. Ende der 60er Jahre untersuchte er die Auswirkung verschiedener Faktoren auf die Intensität der Elektrobiolumineszenz – d. h. die Ausstrahlung biologischer Systeme (z. B. der menschlichen Haut), die in einem hochfrequenten elektrischen Feld beobachtet werden können. Er bewies, daß Personen, die ihre nichtwillkürlichen Körperprozesse hochgradig beeinflussen können (so z. B. autosuggestiv Wärmegefühle hervorrufen), spezifische Veränderungen in der Struktur und Intensität der Hautausstrahlung aufweisen. Derartige Veränderungen konnten bei Personen ohne Autosuggestionstraining nicht beobachtet werden. Die Veränderungen machten sich jedoch auch bei nicht geschulten Personen bemerkbar, sowie eine trainierte Person ihre Hand einige Zentimeter über der Schulter des Novizen hielt und ihm das Gefühl der Wärme suggerierte. Während dieser Versuche blieben die nicht trainierten Versuchspersonen im dunkeln über die Suggestion, der sie unterlagen.[29]

Ich selbst war Zeugin einer viel dramatischeren Sichtbarmachung der Ferneinwirkung, als ich einem von Professor Weniamin Puschkin am Forschungsinstitut für Allgemeine und Pädagogische Psychologie der Sowjetischen Akademie für Pädagogik durchgeführten Experiment beiwohnte. In diesem Versuch bat man einen Heiler, über eine gewisse Entfernung hinweg auf eine Versuchsperson einzuwirken, die in einem anderen Raum an ein Rheogramm, das die Blutzirkulation im Kopf mißt, angeschlossen war. Das Rheogramm wies anscheinend nur dann Änderungen der Zirkulation auf, wenn der Heiler versuchte, auf gewisse Gehirnzentren der Versuchsperson einzuwirken. Während dieser Sitzung ging von dem Heiler eine viel stärkere Wirkung aus, als die während der Heilungsprozesse übliche. Es blieb nicht aus, daß der Versuchsperson (die zwar von dem Rheogramm wußte, nicht aber von der Einwirkung des Heilers) so schwindlig wurde, daß sie nach der Sitzung kaum aufrecht stehen konnte. Sie erholte sich zwar bald, doch als der Heiler davon erfuhr, lehnte er es ab, weiterhin an derartigen Experimenten teilzunehmen.

Meines Wissens werden noch an einer ganzen Reihe von sowjetischen Instituten psychische Forschungen betrieben. Im Jahre 1978 führte das Akademiemitglied Juri Kobsarew folgende Institute auf:[30]

- Die Baumann-TH in Moskau (Labor von Dr. Wagner)
- Moskauer Institut für Energetik (Labor von Dr. Sokolow)

- Forschungsinstitut für Allgemeine und Pädagogische Psychologie der Sowjetischen Akademie für Pädagogik, Moskau
- Die Abteilung für Kybernetik des Forschungsinstitutes für Biophysik, Sowjetische Akademie der Wissenschaften in Puschtschino
- Staatliche Universität Leningrad (das Labor für Aurametrie von Prof. Pawel Guljaew)
- Die Abteilung für Kybernetik am Leningrader Polytechnikum
- Die Wissenschaftlich-Industrielle Einheit, »Quantum«, in Krasnodar
- Die Staatliche Universität von Tbilisi in Georgien
- Die Staatliche Universität von Kasachstan in Alma-Ata (Labor von Dr. Victor Injuschin)
- Das Ukrainische Institut für Kybernetik in Kiew

Dieser Liste kann ich noch folgende Institute hinzufügen: Das Institut für Radiokommunikationsprobleme, das Institut für Kontrollprobleme, das Institut für Molekulargenetik und das Institut für Radiotechnik und Radiokommunikation in Moskau (alle gehören zur Sowjetischen Akademie der Wissenschaften); die Abteilung für Kybernetik am Moskauer Physikinstitut für Ingenieure; das Forschungsinstitut für Neurologie und Psychatrie in Charkow und weit über ein Dutzend Bioelektronikabteilungen in den verschiedensten sowjetischen Städten – darunter Moskau, Leningrad, Minsk, Alma-Ata und Taganrog.[31] Ich kann jedoch nicht behaupten, daß ich alle Einzelheiten der sowjetischen Psi-Forschung kenne. 1975 fragte ich Dr. Injuschin, ob ich das Forschungslabor in Alma-Ata besuchen dürfe. Er antwortete, daß es dafür einer offiziellen

Erlaubnis bedürfe, da einige Untersuchungen mit dem *Top Secret* belegt seien.

Westliche Beobachter und Wissenschaftler heben beim Gespräch über die Psi-Forschung in der Sowjetunion nachdrücklich hervor, daß einige Untersuchungen militärischen Zwecken zu dienen scheinen.[32] Erfahrungsgemäß kann ich bestätigen, daß den staatlich eingesetzten sowjetischen Wissenschaftlern im Gegensatz zu ihren Kollegen im Westen hauptsächlich daran gelegen ist, die Psi-Kräfte als Mittel zur *geistigen Beeinflussung über größere Entfernungen hinweg* zu entwikkeln.

Daß dies selbst in russischen Kreisen nicht ganz unbekannt sein dürfte, entnimmt man der wiederholten und nachdrücklichen Hervorhebung der ethischen Frage[33] von seiten sowjetischer Wissenschaftler, die es wegen ihrer unabhängigen Gesinnung nicht verantworten könnten, für den sowjetischen Staat zu forschen. Die Psi-Forschung hat eine so umfassende Verbundenheit unter den Bewohnern dieser Erde aufgedeckt, daß wir alle unabhängig von unseren Meinungen, Ansichten, unserer Sprache und unserer Staatsangehörigkeit für den Gebrauch und Mißbrauch der Psi-Kräfte verantwortlich sind.

Es betrübt mich sehr, daß der augenscheinliche Verwendungszweck vieler staatlich unterstützter Psi-Untersuchungen in der Sowjetunion so negativ ausfällt. Als ich mich noch im Lande selbst aufhielt, sah ich für mich keine Möglichkeit, diesen Zustand abzuwenden oder zu verändern. Ich wollte nicht an diesen unmenschlichen Versuchen teilnehmen, die ich beschrieben habe. Und dies ist auch einer der Gründe, weswegen ich aus Rußland auswanderte. Ich bin dennoch fest davon überzeugt, daß den meisten Menschen eine angeborene Fähigkeit mitgegeben ist, zwischen Gut und Böse zu unterscheiden.

Und so steht zu hoffen, daß unsere sowjetischen Kollegen eine positivere Anwendung und Verwendung für ihre Begabung finden werden.

5

DAS SEHEN KLEINER GEGENSTÄNDE: WIR LERNEN, UNSERE PSI-KRÄFTE ZU ZÜGELN

WIE FINDET DER SEHER SEIN ZIEL?

Seit dem letzten Besuch sowjetischer Psi-Forscher am SRI haben wir einige Fortschritte in unserem Bereich gemacht.

Wir haben einiges über die Art der Informationen gelernt, deren die Seher bedürfen, um psychisch auf ein entferntes Ziel einblenden zu können. Wir entdeckten, daß viele Menschen dank ihrer psychischen Fähigkeiten nicht nur entfernt gelegene Orte, sondern auch versteckte Gegenstände beschreiben können. Vielleicht haben wir damit den Schlüssel dafür gefunden, wie man psychische Kräfte zügeln kann, um sie gezielt für viele alltägliche Probleme einzusetzen.

Zu Anfang baten wir die Seher in den früher beschriebenen Fernwahrnehmungsversuchen, entfernte Orte innerhalb der Gegend um die San Francisco Bay und in verschiedenen Erdteilen zu beschreiben. Dies geschah mit der Absicht, mehr über die Natur und Reichweite psychischer Fähigkeiten zu erfahren.

In diesen Fällen »lenkten« wir die Seher psychisch auf die Ziele, indem wir Versuchsleiter aussandten, die am Zielort als Signale für den Seher im Labor fungierten. In anderen Fällen nannten wir dem Seher die geographischen Koordinaten (Längen- und Breitengrade) eines Zielortes auf dem Erdball. In vielen Versuchen erwiesen sich beide Anpeilungsmethoden als gleichwertig.

Doch bald fragten sich die Forscher, ob die Versuchsleiter, indem sie die geographischen Koordinaten angaben, nicht ein abergläubisches – d. h. unnützes – Verhalten an den Tag legten. Denn die Koordinaten sind zwar ein sehr nützliches, von den Geographen aber völlig willkürlich gewähltes Bezugssystem. Vermochte ein Seher einen Ort genau zu beschreiben, von dem er nur die Koordinaten kannte, so spiegelte dies vielleicht eine viel allgemeinere Fähigkeit wider: Nämlich die Fähigkeit, psychische Informationen über Ziele einzuholen, die willkürlich identifiziert werden. Es wurde auch klar, daß es keinen Sinn haben würde, wenn der Versuchsleiter schon vorher wußte, welches Ziel den Koordinaten entspräche. In einem solchen Fall könnte er nämlich unterschwellig Beschreibungen bevorzugen und unterstützen, die akkurat wären. Ein Seher, der die geographischen Koordinaten gut kannte, hätte sich außerdem nicht davor schützen können, daß sie zur Quelle nicht-psychischer Informationen über den Zielort würden. Wir erkannten demnach, wie wichtig es ist, daß weder der Seher noch der Interviewer vor der Sitzung wissen, wo sich der Zielort befindet.

Am SRI führten wir einige Versuchsreihen durch, mit denen wir herausfinden wollten, inwieweit eine willkürliche Bezeichnung des Zielortes, die nichts mit den bekannten Koordinatensystemen gemeinsam hatte, die Fernwahrnehmung beeinflußte. Und so benutzte man erstmals am SRI willkürliche Koordinaten zur Bezeichnung der Zielorte sowie kleine Gegenstände anstelle der geographischen Orte. Es war wichtig, die Versuchsreihe mit einem Seher durchzuführen, der sich bei früheren Fernwahrnehmungsexperimenten durch Genauigkeit und Verläßlichkeit ausgezeichnet hatte.

In der Rolle des Zielbestimmers wählte ich (R. T.) die Gegenstände von einer Zielliste aus, die ich zusammen mit zwei Mitarbeitern des SRI erstellt hatte. Da ich Hella Hammid schon Jahre vor unseren ersten gemeinsamen Versuchen am SRI kannte, schien ich für die Auswahl von Gegenständen am geeignetsten, die Hella gefallen und interessieren würden.

Da ich Hella als sensible und künstlerisch begabte Person kenne, die eine starke Abneigung gegen Waffen und jegliche Art von Brutalität hegt, wäre es unklug gewesen, ein Gewehr als Ziel auszusuchen. Hella würde es wahrscheinlich ablehnen, ein derartiges Ziel direkt oder indirekt wahrzunehmen.

Ich schaute mich in mehreren Spielzeuggeschäften und Eisenwarenläden um und suchte sechzehn Gegenstände für den Zielpool aus. Genau wie bei den geographischen Experimenten war es wichtig, daß sich die Gegenstände deutlich voneinander unterschieden, jedoch nicht zu andersartig waren. Hella sollte nicht annehmen, daß das Ziel, weil es in einer Sitzung eine Uhr gewesen war, später kein runder Gegenstand mehr sein könne. Alle Gegenstände sind auf Seite 175 abgebildet. Nach Zusammenstellung des Zielpools war meine Teilnahme an diesem Versuch beendet.

Obwohl wir gewöhnlich nicht gerne mit Zielpools arbeiten (weiter oben beschrieben wir die Gründe dafür), legten wir die Gegenstände in eine in sechzehn 30 x 30 cm große Kästen unterteilte quadratische Holzschachtel. Diese Schachtel ist ebenfalls auf Seite 175 zu sehen. Die Kolumnen und Zeilen bezeichneten wir mit A, B, C, D, und 1, 2, 3, 4. In jeder Fernwahrnehmungssitzung bat man Hella beispielsweise, das Objekt mit der durch Los bestimmten Zelle A 3 oder B 4 zu beschreiben.

Vor Beginn der Versuchsreihe waren alle Gegenstände einer Frau übergeben worden, die sonst nicht mit der SRI-Psi-Forschung in Verbindung stand. Diese Frau behielt die Gegenstände in ihrem Labor in einem abgelegenen Flügel des SRI-Radiotechnik-Gebäudes unter Verschluß. Sie war auch dafür verantwortlich, daß die Gegenstände in die für sie willkürlich bestimmten Zellen gelegt wurden. Zu Beginn des Experimentes war sie also die einzige Person, die davon Kenntnis hatte, welche Gegenstände in welchen Kästen lagen.

Der Interviewer, Hal Puthoff, der jeden Tag mit Hella zusammenarbeitete, kannte weder die Art der Gegenstände noch ihre Verteilung in den verschiedenen Zellen. Zu Beginn einer jeden Sitzung bestimmte er mittels Zufallsgenerators die beiden Koordinaten des Zieles – wie B und 3. Dann bat er Hella, den Gegenstand in dieser bestimmten Zelle zu beschreiben. Die Versuchsreihe umfaßte sechs Versuche. Die sechs zufällig gewählten Ziele befanden sich in den Zellen D 2 (Brille), A 1 (Kompaß), B 3 (Buch), B 2 (Pflanze), D 3 (Puppe) und D 1 (Trompete).

Hella sprach ihre Eindrücke wie gewohnt auf Band, und man ermunterte sie, die Einfälle zu skizzieren. Nach einer zehnminütigen Hellsehphase ließ der Interviewer die Person rufen, die die Gegenstände verwahrte, damit sie das Tagesziel in den Versuchsraum brächte. Daraufhin nahm die Person den Gegenstand aus der Schachtel und trug ihn zum Labor, wo Hella und ihr Interviewer auf das Feedback warteten.

Wir ließen die Bänder der sechs Sitzungen abschreiben und überreichten die Texte einer unabhängigen

Richterin mit der Bitte, jeweils von 1 bis 6 zu benoten, wie gut oder schlecht die Texte zu den einzelnen Gegenständen paßten. Mit dieser Bewertungsmethode erzielte die Richterin vier korrekte Erstplazierungen, d. h. sie gab viermal der richtigen Kombination von Beschreibung und dazugehörigem Gegenstand die höchste Punktzahl. Dieses Ergebnis weicht deutlich von jenem ab, das man von einer rein zufälligen Übereinstimmung von Text und Objekt erwarten könnte. Denn die Chancen, daß der Zufall dies hervorgebracht hätte, stehen 1:100.

Als Beispiel für Hellas erfolgreiche Beschreibung der Gegenstände in diesem Versuch möchten wir ihre Eindrücke zu den vier Erstplazierungen wiedergeben. In der ersten Sitzung beschrieb und skizzierte Hella, was sie mit folgenden Worten zusammenfaßte: »Wie eine Brille. Zwei runde Dinge, die miteinander verbunden sind.« Ziel war die Brille.

Den zweiten, korrekt kombinierten Gegenstand beschrieb sie als »flachen Umriß; wie miteinander verbundene Metallplatten«. Ihre Skizze sah auch wie die eines aufgeschlagenen Buches aus.

Als die Stoffpuppe Ziel war, sah sie etwas »Samtenes, ... wie ein Schwamm, weich, elastisch, (es hat) eine Stiefelette an... biegsam und schlaff, (mit) Stoffknoten. Übereinanderliegende Schichten...« Sie zeichnete den Puppenstiefel mit den Ringelsocken ganz getreu nach »Vorlage«.

Die vierte korrekte Ziel-Text-Kombination beschrieb Hella folgendermaßen: »Ein goldener, glockenförmiger Gegenstand, Bronze.« Die beiden weiteren Gegenstände, die die Richterin nicht mit dem richtigen Text paarte, waren ein Kompaß und eine Pflanze.

Dieses Experiment liefert einen hinreichenden Beweis dafür, daß ein Seher psychisch Ziele beschreiben kann, deren Lage ihm mittels eines willkürlich gewählten Koordinatensystems angegeben wird. Es ist jedoch nicht auszuschließen, daß das Feedback am Ende jeder Sitzung diesen Erfolg mitbestimmte. Denn ein Blick in die unmittelbare Zukunft könnte der Seherin zeigen, welcher Gegenstand ihr später ausgehändigt wird. Wie immer dem auch sei, dieses Experiment zeigt zumindest, daß den Längen- und Breitengraden nichts Mythisches anhaftet; daß sie nichts weiter als ein brauchbares Bezugssystem sind.

Das Experiment legt außerdem nahe, daß *jede* eindeutige Bezeichnung eines Zieles eine adäquate Fernwahrnehmung hervorrufen kann. Unlängst hat der Interviewer zu Beginn einer experimentellen Sitzung dem Seher nur noch gesagt: »Ich habe ein Ziel, das beschrieben werden sollte.« Trotz der kryptischen Kürze dieser Anweisung beschreiben viele Seher die Zielorte und -gegenstände nicht weniger hervorragend. 1980 hielten wir unsere ersten, mit Kürzel angedeuteten geographischen Fernwahrnehmungssitzungen ab. Der Seher (Keith Harary) beschrieb und skizzierte erstaunlich genau sechs verschiedene Zielorte aus aller Welt. Darunter befanden sich zwei Strände, einer mit »grobem gelbem Sand« und einer mit »feinem weißem Sand« (beides stimmte), sowie ein Fischerdorf an einem zugefrorenen Fjord, eine Säulenreihe im Yemen, eine Wüste und Canyonlands im Nationalpark. Und dabei hatte er nicht mehr erfahren, als daß es ein Ziel sei, das beschrieben werden sollte! Als sein Interviewer wußte ich auch nicht, welche Ziele sich in dem Pool befanden.

Unsere beinahe zwanghafte Befolgung eines ausgetüftelten Ablaufs, um die Seher auf das Ziel zu lenken – die Benutzung von Versuchsleitern, die als Signale fungierten, den Koordinatenangaben des Zieles in Viertelsekunden usw. – entlarvten sich als abergläubisches Ritual. Dann wäre es aber nichts anderes als die Ganzfeldmethode oder eine ausgefeilte progressive Entspannungsmethode, die psychische Fähigkeiten fördert. In unserem Falle mag das Ritual sowohl dem Sensitiven als auch dem Interviewer zugute gekommen sein.

All diese Strategien führen zum Ziel, sind unseres Erachtens jedoch unnütz. Wir werden auch künftig versuchen, all jene rituellen Elemente auszuschalten, die nur als leeres Beiwerk mit unserer Verfahrensweise verknüpft sind. Wir werden uns weiterhin bemühen, jene Elemente herauszukristallisieren und zu studieren, die gute Fernwahrnehmungsresultate garantieren.

FERNWAHRNEHMUNG KLEINER GEGENSTÄNDE IN FILMDOSEN

Welche Farbe hat ein unbelichteter Film? Um die Farbe eines Films zu erkennen, müßte etwas Licht darauf fallen, dann ist er aber belichtet! Gleichermaßen könnte man fragen, wie es möglich ist, daß ein Seher die Farbe eines Gegenstandes korrekt beschreiben kann, der sich in einer verschlossenen 35-mm-Filmdose befindet. Diese Frage stellten wir uns während der zweiten Versuchsreihe mit kleinen Gegenständen. Diese Versuche sollten ferner klären, ob die Größe des Gegenstandes die Qualität der Fernwahrnehmungsbeschreibung beeinträchtigt.

Diesmal steckten wir die kleinen Gegenstände in zehn metallene Filmrollen. Eine Person, die nicht im weitesten mit dem SRI-Fernwahrnehmungsexperiment in Verbindung stand, wählte die Gegenstände aus

Anordnung der Gegenstände im Versuch mit willkürlichen Koordinaten.

und schloß sie in die Dosen ein. Dann lieferte sie die versiegelten Metalldosen im SRI ab, wo man sie numerierte. So wußte zu Beginn des Experimentes also niemand, was sich unter einer bestimmten Nummer verbarg.

Vor jeder Sitzung begab sich der Versuchsleiter mit

Außendienst – genau wie bei den Fernwahrnehmungsexperimenten mit geographischen Zielen – an den Zufallsgenerator, um die Zielnummer abzufragen. Mit dieser Nummer ging er zu der Laborsekretärin und ließ sich von ihr die Filmdose mit der entsprechenden Nummer aushändigen. Ohne zu wissen, was das Metallgehäuse verbarg, steckte er es in die Tasche und ging in einen 10 Kilometer weit entfernten Park, wo er sich zehn Minuten lang aufhielt. In der Zwischenzeit versuchte Hella Hammid im Labor, den Inhalt der Filmbüchse zu beschreiben.

Die rituell anmutenden Gebärden in diesem Versuch möchten wir folgendermaßen rechtfertigen: Hätte man die Filmdose zu Beginn jeder Sitzung einfach auf den Tisch vor die Seherin gestellt, wäre sie mit einer nicht zu bewältigenden Aufgabe konfrontiert worden: Sie hätte durch eine Metalldose blicken müssen. Hella wäre dadurch in die Rolle des Supergirls gedrängt worden, deren Röntgenblick selbst Metall »durchschaut«. Dies wäre kaum die ideale Atmosphäre für eine entspannte psychische Sitzung gewesen.

Statt dessen sollte sie etwas tun, womit sie schon viele Erfolge geerntet hatte: mit der Fernwahrnehmung entlegener Ziele. Diesmal handelte es dabei einfach um den Inhalt einer 35-mm-Filmdose.

Da ich (R.T.) die Gegenstände des Zielpools nie gesehen hatte, konnte ich Hella mit gezielten Fragen bei der Beschreibung helfen. Wir nahmen alles wie gewohnt auf Band auf, ließen es abschreiben und übergaben es dann später zusammen mit Hellas Skizzen der Beurteilung. Nach abgeschlossener Sitzung kehrte der Versuchsleiter aus dem Park mit verschlossener Filmdose ins Labor zurück. Erst dann öffneten wir die Dose, damit Hella sehen könne, was sie beschrieben hatte.

Wir beschlossen, die Versuchsreihe in zwei Gruppen von jeweils fünf Sitzungen zu teilen, da man es keinem Richter zumuten kann, mehr als ein halbes Dutzend Protokolle zu bewerten. Im Falle des Filmdosen-Experimentes baten wir den Richter, die Abschrift jeder Sitzung mit jedem Gegenstand zu vergleichen und die Übereinstimmung von »überhaupt nicht übereinstimmend« bis »identisch« mit den Plätzen 6 bis 1 zu versehen. Auf diese Weise hatte der Richter Gelegenheit, jene Abschrift auszuwählen, die er als beste Beschreibung eines gewissen Objektes einstufte.

Die erste Gruppe erhielt vier Erst- und eine Zweitplazierung. Die Chancen standen 1 : 50, daß dieses Ergebnis zufällig zustande käme, was einer hohen Signifikanz entspricht. Die zweite Gruppe schnitt schlechter ab. Nahm man beide zusammen, konnte jedoch noch ein aussagefähiges Ergebnis erzielt werden – 1 : 20 gegen den Zufall.

Um die Qualität der Beschreibung zu illustrieren, zeigen wir die Ergebnisse der ersten fünf Sitzungen auf Seite 178. Die Legenden zu den Skizzen zitieren Hellas Eindrücke. Für eine Fadenrolle und Nadel haben wir »Etwas Langes und Dünnes... mit einem Nadelkopf am Ende... silbern.« Für ein leicht eingerolltes Blatt: »Nautilusförmig mit einem Schwanz.« Für einen Schlüsselbund aus Leder mit Gürtelschnalle: »Das prägnanteste Bild sieht wie ein Gürtel aus.« Für eine mit Sand gefüllte Dose: »Wie ein Miniaturturm... zinnenförmiger Boden... hellbeige.« Und für die grauweiße Feder: »Wie ein Pinguin... grau, schwarz-weiß... organisch, war lebendig... oben spitzig oder leicht abgerundet... unten offen oder spitz.«

Die Ergebnisse des Filmdosen-Experimentes zeigen, daß eine Seherin auf eine Entfernung von 10 Kilome-

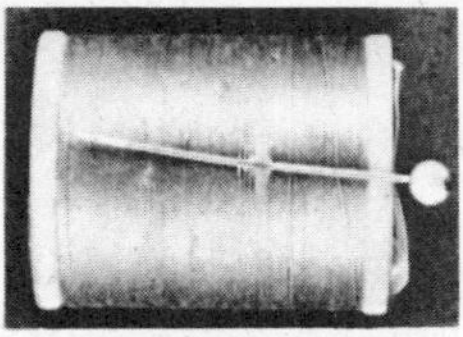 Fadenrolle und Nadel	 »Etwas Langes und Dünnes... mit einem Nadelkopf am Ende... silbern«
 Eingerolltes Blatt	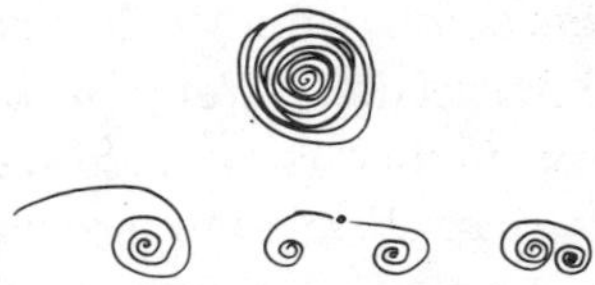 »Nautilusförmig mit einem Schwanz«
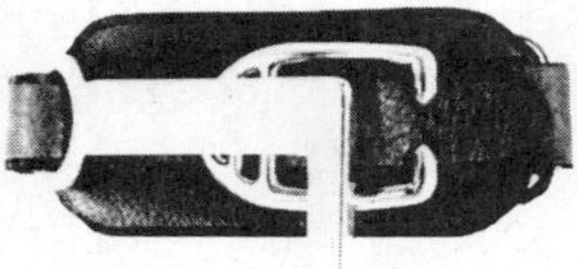 Schlüsselbund aus Leder mit Gürtelschnalle	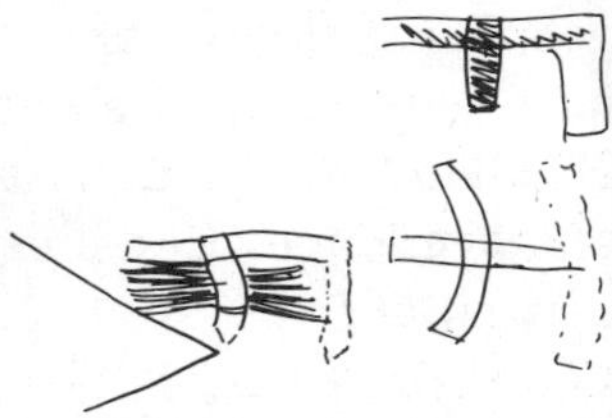 »Das prägnanteste Bild sieht wie ein Gürtel aus«
 Mit Sand gefüllte Dose	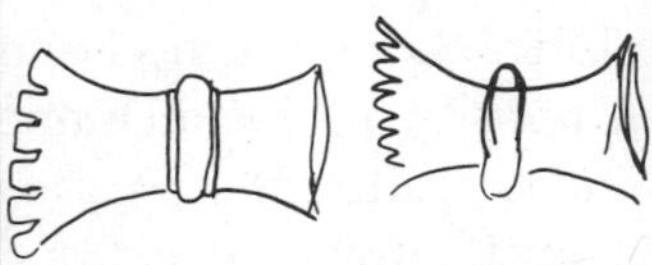 »Wie ein Miniaturturm... zinnenförmiger Boden... hellbeige«
 Grauweiße Feder	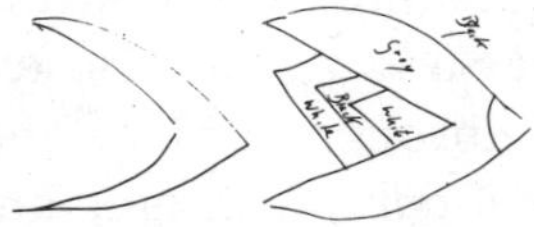 »Wie ein Pinguin... grau, schwarzweiß... organisch, war lebendig... oben spitz oder leicht abgerundet... unten offen oder spitz.«

Zielobjekte in der Metalldose (links). Die Legenden unter den Skizzen (rechts) zitieren aus den ersten Absätzen der Sitzungsprotokolle.

tern Gegenstände in der Größe einer Stecknadel in einer absolut lichtgeschützten Dose wahrnehmen kann. Sie nannte sogar die Farbe einiger Gegenstände.

Als wir die Ergebnisse dieser Versuche veröffentlichten, nahm man noch an, daß die Vorkenntnis des Feedbacks als Hauptkanal für die Fernwahrnehmung diene. Jüngst haben wir hervorragende Ergebnisse bei Versuchen erzielt, in denen der Seher niemals Feedback erhielt und selbst der Interviewer niemals vor oder nach dem Experiment die Gegenstände zu Gesicht bekam. Folglich können wir nicht ausschließen, daß das Hellsehen gegenwärtiger Situationen und Ereignisse bei der Fernwahrnehmung beteiligt ist.

FERNWAHRNEHMUNG MIKROSKOPISCHER OBJEKTE

Die dritte Versuchsreihe, die wir mit Hella im SRI durchführten, sollte zeigen, ob die Größe des Zieles die Qualität der Fernwahrnehmung verändert. Neben den Zielen dieser Versuche muteten uns die Stecknadelköpfe des früheren Experimentes wie Fußbälle an.

Einige Poster in einer Lithographieranstalt bildeten das Ausgangsmaterial für die Ziele dieses Experimentes. Wir ließen alle zwölf Poster photographieren und auf einen ein Quadratmillimeter großen Punkt auf einem Dia verkleinern. Diese Mikropunkte gehören gewöhnlich zum Instrumentarium internationaler Spione, die ihn einfach als Satzpunkt in einen Brief kleben und somit auf beinahe unfehlbare Weise große Informationsmengen übersenden können.

Bei diesem Experiment lag uns daran herauszufinden, ob eine erfahrene Seherin die Bildinformation eines Mikropunktes in einem matten, doppelt verschlossenen Umschlag »entschlüsseln« könne. Mit bloßem Auge kann man einen Mikropunkt nicht entziffern. Projiziert man ihn mit einem Dia-Projektor auf eine Leinwand, wird man nichts als einen schwarzen Punkt sehen. Es bedurfte demnach eines Mikroskops, um der Seherin nach jeder Sitzung ihr Feedback zu geben.

Der Ablauf war dem des eben beschriebenen Filmdosen-Experimentes gleich. Nachdem der Versuchsleiter aus dem Park eintraf, legten wir das Mikropunkt-Ziel unter ein Mikroskop. Erst dann sahen die Sensitive, der Interviewer und der Versuchsleiter im Außendienst das Bild des Zieles.

Nach Beendigung der sechs Versuche des Experimentes übergaben wir die Abschriften der Bandaufnahmen und die Skizzen einem Richter, damit er sie auswerte. Diesmal benutzte der Richter eine Skala von 1 bis 100, um die Übereinstimmung einer jeden Beschreibung mit allen Postern in Originalgröße zu bewerten. Wie üblich wußte der Richter nicht, welche Beschreibung zu welchem Ziel gehörte.

Der Richter verlieh vier von sechs richtigen Bild-Text-Paaren die höchste Punktzahl. Das Ergebnis war somit wieder signifikant. Hier Ausschnitte aus zwei Sitzungsprotokollen mit Punktzahl 100: »Wie eine große weiße Fläche... Autobahnen, die um einen Berg oder einen schneebedeckten Hügel laufen... Weiße Berge mit natürlichen Linien... die aber von einer Maschine benutzt oder hergestellt wurden«, sagte Hella über ein Skigebiet in den Schweizer Alpen. Die überdimensionale Photographie einer offenen Hand beschrieb sie als »viele Erdfarben. Braun. Eine fünfzackige Grundlage, an die etwas Rundes angebunden ist. Es hat fünf Beine... Fünf Zacken.«[2]

Interessanterweise beschrieb Hella die Hand ganz richtig als braun- und erdfarben, obwohl das Ziel, auf das sie ihren Blick richtete, der Mikropunkt eines Schwarzweißabzuges war. Es ist nämlich ziemlich schwierig, von einem Farbfilm einen Mikropunkt mit hoher Auflösung herzustellen.

Wir können nicht mit Gewißheit sagen, ob die eigentliche Quelle psychischer Information der Mikropunkt oder das Originalposter war. Rätselhaft ist außerdem, ob Hella das Poster »sah« oder ihr Feedback »voraussah«.

Man kann deswegen nicht eindeutig festlegen, ob eine Person während einer Fernwahrnehmungssitzung ein Mikromillimeter großes Ziel entziffert. Wir können jedoch behaupten, daß die Verkleinerung des Zieles auf Mikromaße die Qualität der Fernsicht nicht verringert.

Korrekterweise müßte man hier noch hinzufügen, daß ich (R. T.), der ich die Ziele ausgesucht hatte, auch als Hellas Interviewer fungierte. Ich kannte also die zwölf Poster, die sich im Zielpool befanden, wußte aber nicht, welches jeweils als Ziel gewählt worden war. Nachdem Hella fünf Ziele beschrieben hatte, stieg die Wahrscheinlichkeit, daß ich das Ziel vom folgenden Tage erraten könnte, von 1 : 12 zu 1 : 6. Es besteht kein Grund zur Annahme, daß ich Hella zu besseren Ergebnissen verhalf, zumal ihre Erfolgsquote mit fortschreitendem Experiment eher absackte.

ANGEWANDTE PSI-KRÄFTE
ASSOZIATIVE FERNWAHRNEHMUNG

Im 2. Kapitel beschrieben wir die assoziative Fernwahrnehmung, als wir die Antwort eines Sehers im untergetauchten U-Boot auf die kodierten Mitteilungen eines Versuchsleiters an Land umschrieben. In einer assoziativen Fernwahrnehmungssitzung wird der Seher nicht darum gebeten, die gewünschte Information beizubringen, sondern einen Gegenstand zu beschreiben, der anläßlich dieser einen Sitzung mit der gewünschten Information in *Verbindung* gebracht wurde. Nachdem der Gegenstand beschrieben und die korrekte Antwort bekannt ist, wird dem Seher der eigentliche Gegenstand gezeigt oder ihm gesagt, was es war.

Durch diese Anordnung des Versuchs mußte der Seher niemals die eigentliche Information einholen. Bei einem Ölbohrungsprojekt wird der Anleger beispielsweise wissen wollen, an welcher Bohrstelle angefangen werden sollte, weil darunter das reichste Lager liegt. Begreiflicherweise kann es nur eine »beste« Bohrung geben, mit der alle gerne beginnen würden.

Fragten wir einen Seher, welches das beste Bohrloch sei, könnte er sagen: »Und woher soll ich das wissen?« Seine psychischen Eindrücke gingen womöglich unter im Meer seiner Vorstellungen, wie eine reiche Ölquelle auszusehen habe, und würden außerdem von den Hoffnungen und Urteilen der anderen überschattet. Der Seher empfinge vor lauter geistigem Rauschen, das seine Analyse der Lage erzeugte, keine Kommunikation mehr. Es käme noch das geistige Rauschen hinzu, das die telepathischen Fehlinformationen all jener herstellte, die mit dem Ölbohrungsprojekt zu tun hätten.

Um diese Hindernisse zu überwinden, kann man dem Seher eine grundverschiedene Aufgabe stellen, die dennoch die gewünschten Informationen einholt. Wir können dem Seher sagen, daß wir mit jeder Bohrlage einen kleinen Gegenstand assoziiert haben und eventuell an allen sechs Stellen nach Öl gebohrt werde. Nach Abschluß der Bohrungen erführen wir, welches die beste Lage sei –, und könnten ihm das damit verbundene Objekt zeigen. Jetzt läge uns daran, daß er den Gegenstand beschriebe, den wir ihm zu jenem Zeitpunkt zeigen würden.

Wir haben viele Testproben mit dieser Methode durchgeführt und gelangten zu äußerst ermunternden Resultaten.

Im Herbst 1980 hielten wir zwei Sitzungen mit dieser Methode ab. Marilyn Schlitz, damals noch Mitarbeiterin des Institute for Parapsychology, war die Seherin. Für den ersten Versuch legte die Sekretärin des SRI eine Packung Munition in eine von fünf Schubladen in ihrem Safe.

Marilyn hatte die Aufgabe, auf Entfernung wahrzunehmen, in welcher Schublade sich die Munition befände. Der Versuch stellte den Modellfall einer Terroristenfahndung dar, bei der man uns bäte, psychisch etliche Gebäude, Koffer und Personen nach einer versteckten Bombe abzusuchen.

Wie wir schon früher erklärten, käme die Frage, in welcher der von 1 bis 5 numerierten Schubladen sich die Munition befände, einem Zahlenraten gleich. In der Geschichte der Psi-Forschung gehört aber gerade das Zahlenraten zu den weniger erfolgreichen Psi-Tätigkeiten. Zahlen sehen sich alle mehr oder weniger ähnlich und unterscheiden sich kaum von denen, die Sie letzthin gesehen hatten. Wir erwähnten dieses analytische Problem schon früher, weil es zu den größten Hindernissen gehört, über die selbst der erfahrenste und zielstrebigste Seher stolpert.

In diesem Experiment numerierten wir fünf kleine Holzschachteln, die den Safeschubladen entsprachen, von 1 bis 5. Dann wählten wir fünf extrem voneinander verschiedene Gegenstände – einen roten Plastikwürfel, eine Pfeife, eine Brille, eine goldene Tutenchamun-Statuette und einen Apfel – aus.

Die Seherin kannte den Zielpool nicht; dem Interviewer war die Nummer der richtigen Schublade unbekannt. Die Seherin wurde gebeten, einfach den Gegenstand zu nennen, der zur richtigen Schublade führte. Das ganze Experiment fand am Telefon statt: Marilyn sprach aus Nord-Karolina mit dem Versuchsleiter in Kalifornien, wo sich auch die Munition befand.

Marilyn sah »einen Gegenstand, der wie ein Vorhängeschloß aus Metall... wie eine Adlermedaille... wie ein Pilzhut, aus dem ein Stengel wächst, aussieht«. Ein Richter, der die korrekte Antwort nicht kannte, beschloß, daß Marilyns Beschreibung am ehesten auf die Tutenchamun-Statuette paßte, die einen pilzförmigen Hut trug. Es war der einzige Metallgegenstand im Pool. König Tut befand sich in der Schachtel Nr. 3, der Nummer der Schublade, in der die Munition versteckt war.

In einem zweiten Versuch dieser Art baten wir eine Frau, sich in einem von fünf Laborräumen zu verstekken. Die Seherin sollte die Frau finden. Damit simulierten wir eine Entführungssituation. Die Räume erhielten die Nummern 1 bis 5, und wir sammelten nochmals fünf verschiedene Objekte – eine Margerite, ein Weinglas, eine Schere, eine Krieg-der-Sterne-Puppe und einen Holzdominostein.

Marilyn erklärten wir, sie solle sich diese Inszenierung wie das bekannte Kinderspiel »Dame und Tiger« vorstellen, in dem hinter einer Tür eine Dame steht und hinter den anderen vier Tiger lauern. Dann baten wir Marilyn, uns den Gegenstand zu beschreiben, der uns zu der Dame führen könne.

Am Telefon beschrieb uns Marilyn folgende Fernwahrnehmung: »Propeller... Deckenventilator... und silberne Schnittlinien.« Der Richter, der Marilyns Eindrücke und ihre Skizzen erhielt, meinte, die Schere entspräche noch am ehesten ihrer Beschreibung. Dies lieferte den richtigen Schlüssel zur Tür, hinter der die Dame stand.

Ähnliche Experimente waren sehr erfolgreich. Von unseren Mißerfolgen haben wir gelernt, daß der Seher die Gegenstände im Zielpool lieber nicht kennen sollte. In einigen Fällen erlebten wir, daß ein Seher hervorragende Beschreibungen lieferte – jedoch nicht von einen, sondern gleich von mehreren Gegenständen des Zielpools.

Eine weitere Quelle größter Verwirrung ist die Gepflogenheit unter Psi-Forschern, ihre Seher selbst als Richter auftreten zu lassen. In diesem Falle kann es wie neulich passieren, daß die Seherin eine beinahe photographische Beschreibung eines Gegenstandes des Zielpools auf Band spricht, den sie später bei der Beurteilung des Protokolls ihrer Sitzung ungemein attraktiv findet, der dann aber nicht der richtige Gegenstand jener Sitzung ist!

Es ist durchaus üblich, daß ein Psi-Forscher den Sensitiven darum bittet, ein sich weit entfernt befindendes Objekt oder Bild zu beschreiben und später den Gegenstand aus einer Sammlung möglicher Objekte auszuwählen, den er beschrieben zu haben meint. Zumal weder der Versuchsleiter noch der Seher die korrekte Antwort kennen, ist dieses Vorgehen wissenschaftlich zulässig.

Komplikationen treten meist deshalb auf, weil die Sensitiven oft anstelle des eigentlichen Zieles Gegenstände beschreiben, die ihnen persönlich besser gefallen.

Obwohl Experimente, in denen die Seher ihre eigenen Protokolle beurteilen dürfen, häufig positiv abschließen, enthalten diese Abschriften zuweilen gute bis exzellente Beschreibungen mehrerer Gegenstände aus jenem besonderen Pool. Deswegen raten wir immer wieder davon ab, den Seher seine eigenen Beschreibungen mit allen möglichen Zielen eines Pools vergleichen zu lassen.

ASSOZIATIVE FERNWAHRNEHMUNG KÜNFTIGER EREIGNISSE

Ihnen ist sicherlich aufgefallen, daß man diese assoziative Methode auch auf die Voraussage künftiger Ereignisse anwenden kann. Die Annahme scheint sich zu bewahrheiten.

Es gelang uns, mit viel Erfolg die Gold- und Silberpreise sowie den Kurs der Börsenaktien nach *Dow Jones Industrial Average* vorauszusagen. Die Versuche, die wir jetzt beschreiben wollen, benutzten die Präsidentenwahl und ein Pferderennen als Zufallsgeneratoren für die Auswahl der Zielobjekte der Fernwahrnehmungssitzungen.

Die beiden Experimente wurden mit Elisabeth Targ durchgeführt, die an der Stanford University Medizin studiert. Sie hat selbst viele Psi-Versuche geleitet und ist eine erfahrene Hellseherin. Im Jahre 1970 nahm Elisabeth an einem erfolgreichen, veröffentlichten Experiment mit einer Psi-Lernmaschine teil, das dem SRI den ersten NASA-Vertrag einbrachte.[3] Elisabeth, die einen Collegeabschluß in Biologie und Russisch hat, verfolgt gegenwärtig neben ihrem Medizinstudium intensive Privatforschung im Bereich angewandter Psi-Kräfte.

Den ersten Versuch hielten wir im September 1980, kurz vor den Präsidentenwahlen, ab. Elisabeth wollte im voraus wissen, wer die Wahl gewinnen würde. Dabei benutzten wir das eben beschriebene Protokoll assoziativer Fernwahrnehmung.

Elisabeth fungierte als Seherin, und ihre Freundin, Janice Boughton, die inzwischen an der Johns-Hopkins-Universität Medizin studiert, suchte vier Gegenstände aus, die den vier möglichen Ergebnissen am Wahlabend entsprächen: Carter, Reagan oder Anderson werden zum Präsidenten gewählt oder keins davon trifft ein. (Die Interviewerin sollte die Seherin fragen: »Welchen Gegenstand werde ich dir um Mitternacht am Wahltag zeigen?« Deswegen mußten alle Möglichkeiten, selbst die, daß das Ergebnis noch nicht feststand, berücksichtigt werden.)

Der Versuchsleiter klebte die Schildchen *Carter, Reagan, Anderson* und *Keiner davon* auf die Gegenstände und legte sie in kleine Holzschachteln. Die Gegenstände standen in keinem Zusammenhang mit dem Wahlergebnis, das sie vertraten: man hatte also nicht eine Erdnuß für Carter, eine Mittelstreckenrakete für Reagan und ein dunkles Pferd für Anderson ausgesucht.

Elisabeth wußte natürlich nichts von den Gegenständen im Zielpool. Ihre Aufgabe bestand darin herauszufinden, welchen Gegenstand man ihr in der Wahlnacht zeigen würde. Sie hatte den Eindruck eines weißen, hohlen, konischen Gegenstandes. Das Material erinnerte sie an eine Muschel, und sie sagte, am oberen Ende des Gegenstandes sei eine Schnur befestigt.

Mit diesem Bild vor Augen tat sich Janice leicht, als sie den beschriebenen Gegenstand herausfinden sollte, denn im Pool lag eine füllhornförmige Trillerpfeife aus

Horn, die an einer Schnur hing. Der Gegenstand befand sich in der Reagan-Schachtel. Es dauerte sechs Wochen, bis sich die psychische Voraussage bewahrheitete, doch in dieser Zeit schloß so mancher eine gute Wette ab.

Der krönende Abschluß dieser Ereignisabfolge fand in der Wahlnacht statt, als man Elisabeth den richtigen Gegenstand zeigte. Da die Seherin in diesem Experiment ausdrücklich gebeten worden war, den Gegenstand zu beschreiben, den sie zu Ende des Versuchs in der Hand halten würde, mußte dies geschehen, um dem Ganzen einen Sinn zu verleihen.

Die dahinterstehende Logik mag nicht jedem einsichtig sein, da es sich hier nicht um einen uns gewohnten Kausalnexus handelt. Doch ist auch dies ein Zusammenhang von Ursache und Wirkung.

Wir wollen das Pferderennen-Experiment ganz ähnlich schildern. Gewählt wurde das sechste Rennen in Bay Meadows, bei dem sechs Pferde starteten.

In diesem Versuch beauftragte Janice einen anderen Versuchsleiter mit der Wahl der möglichen Zielobjekte für Elisabeths Fernwahrnehmung. Janice entschloß sich zu diesem Schritt, da sie als Interviewerin befürchtete, Elisabeth telepathisch oder suggestiv dazu zu verleiten, das eine oder andere Objekt in dem ihr bekannten Pool zu beschreiben.

Die Fernsicht-Sitzung fand am Vorabend des Rennens statt. Die Gegenstände erhielten Nummern, die den sechs Rennpferden entsprachen, die am nächsten Tag starteten. Elisabeth erfuhr, daß man ihr zu Ende des Rennens den Gegenstand in die Hand geben würde, der die Gewinnerzahl trug.

Zu Beginn der Sitzung sah Elisabeth »etwas Hartes und Kugelförmiges«. Es erinnerte sie an einen Apfel.

Dann fuhr sie fort: »Doch wenn ich es gegen das Licht halte, kann ich durchsehen.« Da einer der Gegenstände eine kugelförmige Apfelsaftflasche war, beglückwünschten wir uns zu diesem Erfolg. Zu diesem Zeitpunkt war der Startschuß noch nicht gefallen, geschweige denn das Rennen gelaufen, so daß wir eigentlich nur wußten, daß dies eine gute Beschreibung eines der Objekte im Zielpool war.

Eine der Vorzüge der assoziativen Fernwahrnehmung bei Zukunftsprognosen ist die unmittelbare Information darüber, ob überhaupt psychische Kommunikation vorliegt. Hätte Elisabeth zum Beispiel ganz deutlich einen Elch vor ihrem geistigen Auge gesehen, es unter den Gegenständen im Zielpool aber nichts gegeben, was einem Elch auch im entferntesten ähnelte, hätten der Richter und die anderen am Experiment Beteiligten schließen können, daß keine Evidenz für psychische Einsicht vorläge und sie lieber nicht wetteten. Hätte die Aufgabe andererseits nur darin bestanden, die Zahl des gewinnenden Pferdes vorauszusehen, und hätte Elisabeth gesagt, »Ich sehe eine 6«, so hätte der Versuchsleiter daran nicht ablesen können, ob eine psychische Wahrnehmung stattgefunden hätte oder nicht. Der Vorzug der assoziativen Fernwahrnehmung liegt gerade darin, daß sie ein Mittelergebnis liefert, dem zu entnehmen ist, ob psychische Information vorliegt, bevor das vorausgesagte Ereignis eintrifft.

Da Elisabeth ganz klar und deutlich einen der Zielgegenstände beschrieben hatte, setzten beim sechsten Rennen von Bay Meadows ihre Kommilitonen aus dem Studentenheim guten Gewissens auf das Pferd Nummer 6 namens Shamgo. Am nächsten Tag gewann Shamgo, und Elisabeth *sah* als Belohnung für die exzellente psychische Einsicht *ihre* Apfelsaftflasche *wieder*.

Besonders hervorzuheben wäre, daß im Assoziationsexperiment der wahrgenommene Gegenstand *symbolisch* die Aussage vertritt, selbst aber nicht Nachricht ist. Man kann zwar auf diesem Wege analytische Informationen einholen, bedarf dazu aber eines nicht analytischen, d. h. eines eidetischen oder bildhaften (das Protokoll) Mittlers.

FERNWAHRNEHMUNG AM ESALEN-INSTITUT

Im Mai 1982 bat man Elisabeth Targ und mich (R. T.), im Rahmen eines vierwöchigen Programms mit dem Psychiater und Pionier der Erforschung psychedelischer und veränderter Bewußtseinszustände, Stanislaw Grof, am Esalen-Institut einen Workshop abzuhalten. Grof stellte den 25 teilnehmenden Freiberuflern die Ergebnisse seiner jüngsten Forschung vor, die Methoden zur Erlangung veränderter Bewußtseinszustände ohne halluzinogene Drogen untersuchte. Mit unseren Dias unterm Arm stürzten wir uns in dieses drogenfreie bewußtseineskalierende Abenteuer und hofften, in zwei Tagen den Teilnehmern einen greifbaren Beweis für die Existenz psychischer Fähigkeiten liefern zu können.

Viele Menschen haben den Eindruck, daß sie in einem veränderten Bewußtseinszustand psychisch wahrnehmen können. Kehren sie aber in den Alltag zurück, so zweifeln sie meist an der Wirklichkeit dieser Erfahrungen. Es lag uns deswegen daran, den Teilnehmern an diesem Workshop einen Beweis für psychische Kommunikation zu liefern, der ihnen auch außerhalb der märchenhaft-paradiesischen Atmosphäre der Esalen-Anlage, die bei Big Sur den Pazifik überblickt, noch tragfähig erschiene.

Die ausführliche Einleitung in das Gebiet psychischer Fähigkeiten erwies sich vor dieser Gruppe psychologischer Entdecker als besonders wichtig. Nach dem ersten halbstündigen Vortrag fragte ich, ob jemand freiwillig seinen Eindruck eines Zielortes preisgeben möge. Wir waren überrascht ob der regen und enthusiastischen Meldung, die wir von keiner unerfahrenen Gruppe gewohnt waren. Die Eindrücke entpuppten sich aber allesamt als Nieten. Es stellte sich heraus, daß sich die Gruppe den psychischen Fähigkeiten verschworen hatte: Im Grunde mühten sie sich nur zu sehr ab.

In den nächsten vier Stunden hörten die Teilnehmer von Hunderten von »Wundern«, die wir als »Daten« apostrophierten. Ich erklärte ihnen auch ausdrücklich, daß sie nicht zum Status des Göttlichen erhoben würden, falls sie psychisch funktionierten. Als die Nacht hereinbrach, war ihnen allen bewußt, daß wir fest davon überzeugt waren, sie könnten erfolgreich fernwahrnehmen oder zumindest durch Übung ihre Fähigkeiten schulen. Ab dem Zeitpunkt bis zum Ende des Workshops waren die psychischen Leistungen der Gruppe hervorragend.

In den ersten Stunden mit dieser Gruppe von Geschäftsleuten, Ärzten, Psychiatern und Börsenmaklern beschrieben wir unsere bisherige Fernwahrnehmungsforschung an dem SRI und auch Elisabeths Versuche in Stanford. Am Abend, als die Gruppe von den vielen Dias und den endlosen Geschichten über psychische Erlebnisse ziemlich ermüdet war, baten wir jeden, in sein Zimmer zu gehen, einen interessanten Gegenstand auszuwählen und ihn in ein Körbchen zu legen, das wir ihnen in die Hand drückten.

Als sich alle Teilnehmer mit ihren Schätzen wieder

einfanden, teilten wir die Gruppe in Paare auf und baten jeden, den Gegenstand zu beschreiben, den sein/ihr Partner/in mitgebracht hatte. Der Erfolg war durchschlagend. Einige Teilnehmer nannten sogar den Gegenstand, den ihr Partner mitgebracht hatte, beim Namen. Ein Mann sagte: »Ich sehe einen schlangenförmigen Ring.« Sein Partner hatte einen Schlangenring mitgebracht. Ein anderer sagte: »Es sieht aus wie eine Krawattennadel«, und das war genau das, was sein Partner versteckt hatte.

Am nächsten Tag glaubten wir nunmehr ein unverfänglicheres Experiment als diesen Partyversuch durchführen zu können. Der erste Versuch war sozusagen zum Aufwärmen gedacht, löste die anfängliche Spannung und gehört zu den Experimenten, bei denen meist alle große Erfolge ernten. Zumal jeder Interviewer wußte, was sich in seinem Körbchen verbarg, konnte man den Test kaum zu den wissenschaftlich gültigen Beweisen zählen.

Als nächstes hatten wir für die Gruppe eine gestellte Entführung geplant. Das Kind war eine große Stoffpuppe, die schon am Vortag mitten in der Gruppe gesessen hatte. Als sich die Gruppe am nächsten Tag nach dem Mittagessen wieder versammelte, verkündeten wir ihnen, die Puppe sei geheimnisvoll verschwunden und wir müßten sie so schnell wie möglich auffinden. Alle wußten natürlich, daß Elisabeth die Puppe einige Stunden zuvor auf dem Esalen-Gelände versteckt hatte. Die »Entführung« fand statt, als sich unsere Gruppe beim Essen in einer stillen Ecke des 15 Hektar großen Parks befand.

Wir unterteilten die Gruppe in vier Teams mit je sechs Teilnehmern. In jedem Team waren zwei Fernwahrnehmungspaare von je einem Seher und einem

Interviewer vorgesehen. Die Paare sollten den Versuch unabhängig von Elisabeth und mir durchführen. Dabei sollte ein Paar assoziative Fernwahrnehmung benutzen, um den Quadranten des Esalen-Geländes herauszufinden, auf dem sich die Puppe aufhielt; das andere Paar dafür von der geographischen Fernwahrnehmung Gebrauch machen.

Daraufhin verließen die Teams unseren Vorlesungssaal, um ihrer Aufgabe nachzukommen. Wir hatten vereinbart, daß sie nicht das Esalen-Gelände abgrasen und jeden Stein umwälzen, sondern eher in demselben Gebäude bleiben sollten, bis sie sich auf das Ziel geeinigt hatten. Zur Unterstützung der Aufgabe erhielt jedes Team eine Karte von Esalen, auf der die 25 verschiedenen Bauten, die Hälfte davon unbezeichnet, sichtbar waren. Die Puppe war in einem der verzeichneten, aber namenlosen Gebäude versteckt.

Die Fernwahrnehmungspaare machten sich sofort an die Arbeit. Für die Assoziationsexperimente unterteilten wir die Esalen-Karte in vier Quadranten und stellten vier Holzschachteln bereit, in die Elisabeth jeweils einen kleinen Gegenstand als Symbol des Quadranten legte. Daraufhin numerierte ich die Schachteln von 1 bis 4, was ihre Verbindung zu den Quadranten herstellte. Auf diese Weise ignorierten sowohl Elisabeth als auch ich bis zum Schluß, welcher Gegenstand dem korrekten Quadranten zugeordnet war.

Die Seher der Assoziationspaare wurden gebeten, den Gegenstand zu beschreiben, den man ihnen nach der »Befreiung« der Puppe zeigen würde. Dieser Gegenstand, sagte man ihnen, entspräche dem korrekten Quadranten. Nachdem die Seher jedes Assoziationsteams einen Gegenstand beschrieben hatten, gingen die Interviewer in den Raum, wo die Schachteln standen, schauten sich die Gegenstände an und wählten jenen aus, auf den ihres Erachtens die Beschreibung am ehesten zutraf. Hierauf zeigte man ihnen die Quadrantennummer, die mit diesem Gegenstand assoziiert war.

Zwei Teams hatten mit dieser Methode großen Erfolg. Einer ihrer Seher beschrieb den Gegenstand als einen »silbernen Zylinder, der irgendwie kleiner und größer wird«. Eines der Ziele war ein antiker silberner Reisebecher aus drei zusammenschiebbaren zylindrischen Ringen. Der Gegenstand führte zu dem richtigen Quadranten.

Das zweite Team wartete mit einer Beschreibung auf, die die Form des Gegenstandes hinreichend zylindrisch darstellte, so daß das korrekte Objekt gewählt werden konnte. Den beiden übrigen Teams war es überhaupt nicht gelungen, den Gegenstand auch nur annähernd zu beschreiben – Grund dafür war vielleicht derselbe tödliche Fehler. Die Teams hatten ihren Sehern erlaubt, alle Gegenstände vor der Sitzung zu betrachten. Dies bedeutete, daß die Seher alle Gegenstände in ihrer unmittelbaren Zukunft präsent hatten, was es ihnen ungemein erschwerte, den richtigen, mit dem Puppenversteck assoziierten Gegenstand herauszufinden.

Die Teams, denen keine Erfolge im Assoziationstest beschieden waren, schnitten um so besser in den geographischen Fernsichtversuchen ab. Kurz nach Ende der Sitzungsanalyse liefen alle vier Teams zum richtigen Ziel oder Quadranten. Worauf sie alle das Gebäude sahen, das ihren Fernwahrnehmungsskizzen genügend ähnelte, so daß sie es erkennen konnten.

Alle vier Teams konnten also die »entführte« Puppe retten. Drei Seher zeichneten das Zielgebäude, das sich als großer Wigwam herausstellte. Wir zeigen zwei der Skizzen auf Seite 195. Die beiden anderen zeichneten

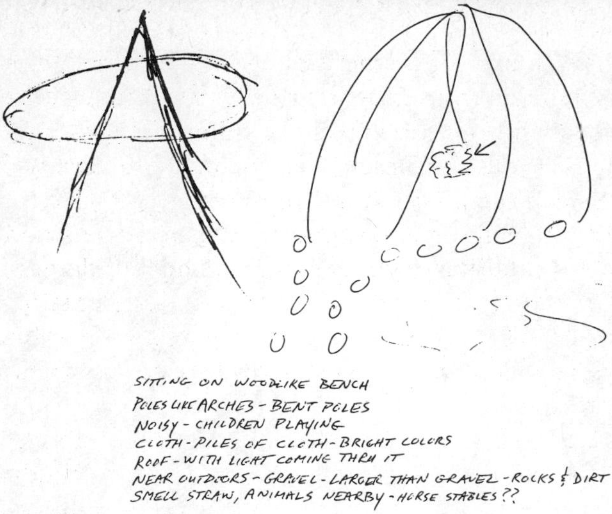

Fernwahrnehmungsversuch am Esalen-Institut: Skizzen zweier Seher und Beschreibung des Verstecks (Foto S. 196) der »entführten« Stoffpuppe.

entfernt an ein Zelt erinnernde Gebilde. Das Team mit der Skizze auf der linken Seite fand die Puppe zuerst, weil der Interviewer aufgrund der Zeichnung den Ort erkannte. Er schlug vor, daß das Team die Puppe sofort holen solle, was es auch tat.

> Der Seher schrieb unter seine Skizze noch die gesamten Eindrücke. Alle Details, die er erwähnte, waren korrekt: Sitzt auf einer Holzbank. (Es handelte sich um einen hölzernen Schaukelstuhl.) Stangen wie Bögen, gebogene Stangen. (Das Ziel war ein großes Indianerzelt, das mit zusammengebundenen Stangen aufgebaut worden war. Siehe Foto.) Lärmende, spielende Kinder. (Der Wigwam stand in der Nähe des Kinderspielplatzes.) Stoff – Stoffschichten – bunte Farben. (Der

Wigwam war mit weißem Stoff bedeckt, auf den gelbe Tiere genäht waren.) Dach, in das Licht strömt. (Richtig.) Außerhalb – Kieselsteine – größere Steine – Felsen und Erde. (Die Aufnahme wurde erst einen Monat nach dem Experiment gemacht. Zur Zeit des Versuchs lagen Kieselsteine auf dem Boden des Indianerzeltes, das inmitten von großen Felsbrocken stand.) Ich rieche Stroh, Tiere – Pferdeställe? (Ja, der Wigwam stand hinter den Pferdeställen.)

An dieser psychischen Schatzsuche beeindruckte die Teilnehmer hauptsächlich, daß sie in Gruppen eingeteilt waren und eine psychische Aufgabe zu bewältigen hatten, deren Mißlingen sofort augenscheinlich würde. In diesem Experiment gab es keinen Platz für Deutelei und Selbstbetrug. Entweder es war ihnen gelungen, psychisch das Versteck oder den Wegweiser zum Versteck der Puppe zu finden, oder nicht. Niemand wanderte auf der Suche nach der Puppe zu Esalens berühmten Dampfbädern, dem Ozean, den Gärten oder einem Dutzend anderer hochinteressanter Plätze. Jedes Team lieferte das approximative Bild eines Zeltes, so daß es den Zielort identifizieren konnte.

WAHRSCHEINLICHE ZUKUNFT?

Die Ereignisse vieler Experimente haben bewiesen, daß man psychisch in die Zukunft schauen kann. Und so stellt sich die Frage: Kann man, hat man ein künftiges Ereignis wahrgenommen, an dieser Zukunft noch etwas *ändern*? Kann man das Ereignis verhindern? Damit ist folgende Frage verbunden: Inwieweit existieren die Ereignisse, bevor sie eintreten?

Nehmen wir an, Sie haben einen Traum, der Ihnen wegen seiner Klarheit und seines ungewöhnlichen Charakters präkognitive Züge zu tragen scheint. In diesem Traum sehen Sie sich eine Straße entlanglaufen. An der Straßenecke angekommen, sehen sie ein grelles orangefarbenes Haus. Sie blicken auf die Kreuzung und sehen einen großen blauen Laster auf Sie zufahren. Sie treten auf die Fahrbahn und werden von dem Lastwagen zu Boden geschleudert. Ende des Traums.

Nehmen wir weiter an, daß Sie sich am nächsten Morgen an den Traum erinnern. Was würde passieren, wenn Sie später eine Ihnen völlig unbekannte Straße entlangliefen und plötzlich das orangene Haus Ihrer Traumvision erkennen würden, die Kreuzung hinunterblicken und einen blauen Laster auf Sie zusteuern sähen? Hätten Sie in dem Moment die freie Wahl, sich an die nächste Laterne festzuklammern und gebannt auf den Laster zu starren, während er an Ihnen vorbeibrauste, anstatt sich von dem Traumschicksal einholen zu lassen?

Bevor wir auf diese Fragen antworten, wollen wir einige damit verbundene Probleme anschneiden. Flüchten Sie noch rechtzeitig vor Ihrem Traumgeschick und werden nie von dem Laster überfahren, war der Traum dann *prospektiv* oder nicht? Ein Verfechter prophetischer Visionen würde sagen: »Zumindest ein Teil des Traumes war präkognitiv.« Wäre dies der Fall und hätten Sie tatsächlich keinen Unfall in Ihrer Zukunft, gäbe es dann überhaupt einen Grund dafür, von dem Lastwagen zu träumen? In diesem Paradebeispiel hatten Sie einen Traum, der präkognitive Inhalte, die sich bewahrheiteten, und einige weitere Informationen enthielt, die sich in der von Ihnen erlebten Zukunft nicht verwirklichen.

Kein Ereignis wird mit hundertprozentiger Wahrscheinlichkeit eintreten, bis es nicht eingetreten ist! Man könnte deswegen annehmen, daß es bis zum eigentlichen Geschehnis alternative Zukunftsereignisse gibt, die neben dem später aktuellen Ereignis eine gleichberechtigte potentielle Existenz führen.

Wäre dem so, unterschieden sich die möglichen Ereignisse untereinander durch die höhere oder niedrigere Wahrscheinlichkeit ihres Eintretens. Ihre psychische Perzeption eines Ereignisses könnte demnach von seiner Wahrscheinlichkeit abhängen und nicht davon, ob es tatsächlich eintritt. Unter diesem Aspekt wäre der Unfall in unserem Traumskript ein höchstwahrscheinliches Zukunftsereignis, das sich nie aktualisiert.

Man könnte aber auch annehmen, daß eine mögliche Zukunft, die sich letztlich ereignet, noch eine weitere entscheidende Eigenschaft besitzt. Dies träfe beispielsweise zu, wenn man einen Seher bäte, aus einer Gruppe möglicher Gegenstände, die mit gleicher Wahrscheinlichkeit ausgelost werden könnten, jenes zu wählen, das ihm oder ihr später gezeigt würde. Das korrekte Objekt wäre »besonders«, weil der Sensitive es zu sehen bekäme.

Mit dieser Vorgehensweise könnte man den unschlagbaren Beweis für die Existenz des Vorauswissens liefern. Präkognitive Fernwahrnehmungsexperimente wären möglicherweise nicht so erfolgreich, wenn sich die Gegenstände in dem Zielpool psychisch durch nichts anderes unterschieden, als die *A-priori*-Wahrscheinlichkeit ihres Auftretens (Wahrscheinlichkeit, die wohl für alle gleich groß ist).

Elisabeth Targ konzipierte kürzlich ein Experiment, das diese Fragen unter Verwendung der Fernwahrnehmung im Labor klären soll. Das »Ereignis« ist in ihrem Experiment das Zeigen des Gegenstandes.

In diesem Versuch bittet Elisabeth ihre Seher, in eine ihnen völlig unbekannte Zukunft zu schauen. Trotzdem werden sie mit hoher Wahrscheinlichkeit gewisse Dinge erfahren, während es ziemlich unwahrscheinlich ist, daß sie andere erleben. Mit diesem Experiment soll bestimmt werden, ob Seher Informationen über ein hochwahrscheinliches Ereignis wahrnehmen, selbst wenn man ihnen danach einen Gegenstand zeigt, der kaum eine Chance hatte, als Ziel gezogen zu werden.

Diese Versuchsordnung berücksichtigt folgende Fragen: (1) Kann eine Person ein Ereignis psychisch wahrnehmen, das niemals eintreten wird? (2) Wird ein Seher vorzugsweise ein Ereignis mit höherer Wahrscheinlichkeit wahrnehmen? (3) Kann ein Seher die Tatsache psychisch wahrnehmen, daß ein Ereignis trotz niedrigerer

Wahrscheinlichkeit seines Eintretens gegenüber anderen Ereignissen letztlich eintritt?

Vor jedem Versuch wurden für den Pool möglicher Ziele sechs Gegenstände ausgewählt. Zu Beginn der Sitzung erhielt einer der Gegenstände ganz willkürlich eine 50%ige (sehr hohe) Wahrscheinlichkeit, wogegen sich die anderen Objekte jeweils nur einer (niedrigen) 10%igen Wahrscheinlichkeit erfreuten. Der Seher wurde daraufhin gebeten, jenen Gegenstand zu beschreiben, den er kurz nach der Sitzung in Händen halten würde.

Die Seher wurden von Interviewern betreut, die keinen der Gegenstände im Zielpool kannten. Kaum hatte der Seher das Objekt der Sitzung beschrieben, loste man mit einem Computerprogramm, das die unterschiedliche Wahrscheinlichkeit der Gegenstände berücksichtigte, eines der Dinge aus. Wir müssen nunmehr zwei Fälle berücksichtigen:

1. Fall: Der Gegenstand mit der 50%igen Wahrscheinlichkeit wird tatsächlich ausgelost. Dieser Fall dient als Kontrolle. Denn es handelt sich um den Normalfall, in dem die Wahrscheinlichkeit, daß der Seher das Ziel vor den anderen Gegenständen wahrnimmt, größer oder gleich ist. Dieser Fall liefert außerdem die Normalquote des Auftretens psychischer »Einsichten« in diesem Experiment.

2. Fall: Der Gegenstand mit einer 50%igen Wahrscheinlichkeit ist nicht das Ziel. Sollte der Seher in diesem Fall das Objekt mit der höheren Wahrscheinlichkeit beschrieben haben, würden wir daraus schließen, daß wir Informationen über eine Zukunft erhalten können, die niemals eintreten wird. Wir würden ferner davon ableiten, daß die *A-priori*-Wahrscheinlichkeit eines Ereignisses (eher als sein tatsächliches künftiges

Eintreten) hauptsächlich bestimmt, ob es einem in die Zukunft schauenden Seher zugänglich ist oder nicht.

Dieses Resultat würde gegen die Theorie der Vorbestimmung argumentieren. Es würde sich die Erklärung anbieten, daß eine Person ein höchstwahrscheinliches, aber unangenehmes Ereignis voraussehen und dann ungeschehen machen oder sogar durch ein anderes, erfreulicheres Ereignis ersetzen kann.

Beschriebe der Seher einen Zielgegenstand, der nur mit 10%iger Wahrscheinlichkeit als Ziel ausgelost würde, müßten wir daraus schließen, daß sich der psychischen Perzeption eher das *endgültig eintretende Ereignis* als eine Serie gleichberechtigt wahrscheinlicher Gegenstände anbietet.

Wir führten insgesamt zwölf Sitzungen durch – sechs mit Hella Hammid und sechs mit Keith Harary als Seher. Da der reine Zufall das endgültige Ziel bestimmte, war die Anzahl der beiden oben erwähnten Fälle nicht gleichmäßig verteilt: sieben Sitzungen erhielten einen höchstwahrscheinlichen, fünf einen ziemlich unwahrscheinlichen Gegenstand als Ziel.

Janice Boughton hatte auch diesmal die Gegenstände heimlich ausgesucht und zusammengestellt. Zu Beginn jeder Sitzung baten wir die Seher, uns dasjenige Objekt zu beschreiben, das ihr oder ihm zu Ende der Sitzung gezeigt würde. Wir verdeutlichten ausdrücklich, daß der Gegenstand erst nach abgeschlossener psychischer Beschreibung ausgewählt würde. Vor der Sitzung legten wir einen Würfel in einen geschlossenen Karteikasten, schüttelten ihn und stellten ihn ungeöffnet auf den Tisch. Die gewürfelte Zahl entsprach der Zahl des Gegenstandes, der nunmehr eine 50%ige Wahrscheinlichkeit besaß, als Ziel gewählt zu werden.

Darauf beschrieb der/die Seher/in den unmittelbar

in der Zukunft liegenden Gegenstand. Dann öffneten wir den Karteikasten und lasen am Würfel ab, welcher Gegenstand die höchste Wahrscheinlichkeit besaß. Ein Zufallsgenerator, der die unterschiedlichen Wahrscheinlichkeitswerte berücksichtigte, wählte hinterher den Gegenstand, der dem/der Seher/in gezeigt wurde.

Zwei Richter bewerteten später unabhängig voneinander von 1 bis 100 die Versuchsprotokolle im Vergleich mit den jeweils sechs Gegenständen des Pools. Dann nahmen wir die sieben höchstwahrscheinlichen und die fünf unwahrscheinlichen Objekte heraus. In den fünf Versuchen, deren Ziele eine niedrige Wahrscheinlichkeit hatten, erhielten drei Beschreibungen Höchstpunktezahl und zwei den zweiten Platz. Werden Experimente wie diese tatsächlich zweimal von völlig außenstehenden Personen beurteilt, so sind drei Erst- und zwei Zweitplazierungen ein äußerst signifikantes Ereignis. Abgesehen von all den komplizierten Aspekten dieses Versuchs bieten diese Ereignisse einen deutlichen Beweis für die Existenz psychischer Kommunikation.

Auf Seite 203 zeigen wir Keiths Zeichnung eines »unwahrscheinlichen« Gegenstandes, der Ziel jener Sitzung war. Begreiflicherweise erteilten beide Richter dieser Skizze einen Genauigkeitswert von 100. Keiths Skizze beweist außerdem, daß seine psychische Wahrnehmung nicht trübte, daß das Ziel erst nach abgeschlossener Beschreibung gewählt wurde und sich mit ihm im Pool noch fünf andere Gegenstände befanden, von denen eines eine fünfmal größere Chance besaß, als Ziel ausgelost zu werden. Er skizzierte nicht nur die kleinen Löcher in den Ecken des Münzhalters, sondern auch die Münzen, die sich darin befanden. Den Deckel beschrieb er als »Spiegel«, wohl weil darin

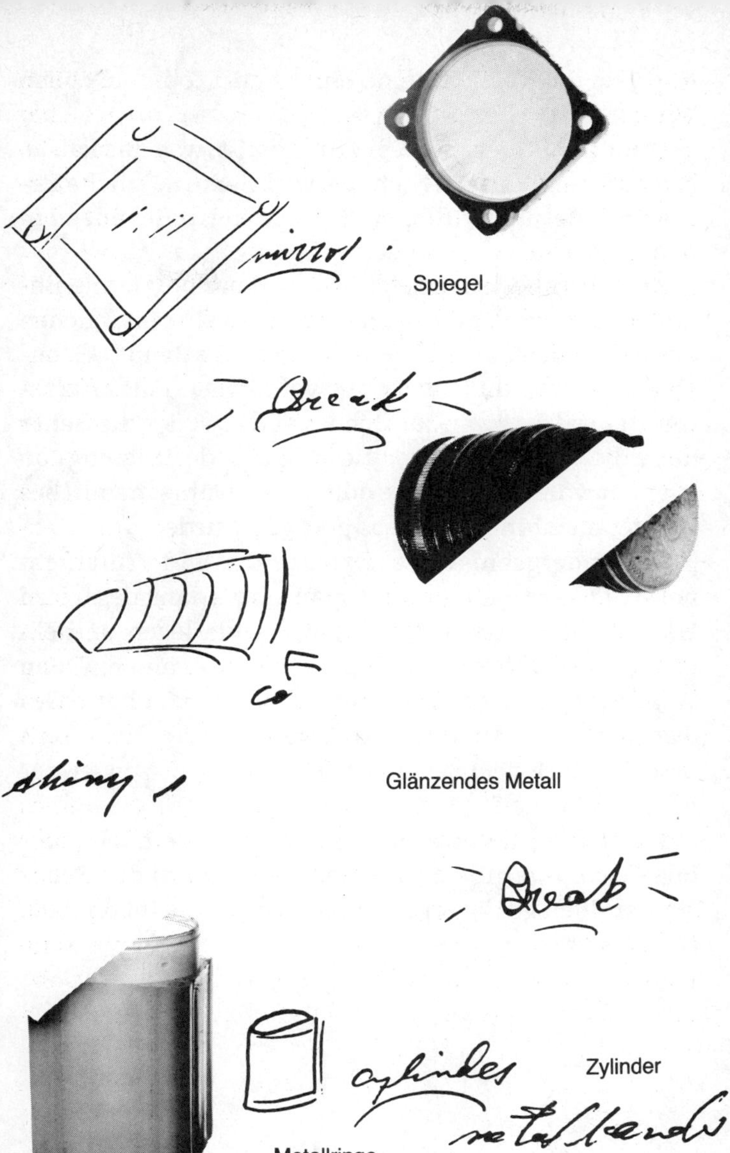

Ansichten des Münzhalters und des Inhalts, die in einem Fernwahrnehmungsexperiment als Ziel dienten, sowie Keith Hararys Skizzen.

während des Versuchs eine Münze mit Kopf nach oben lag.

Fazit des Experimentes: »Du kriegst, was du siehst.« Mit anderen Worten: Nicht verwirklichte mögliche Ereignisse berühren den in die Zukunft Schauenden kaum.

Aus uns unerklärlichen Gründen erzielte keine Beschreibung von den sieben höchstwahrscheinlichen Gegenständen eine gute Plazierung. Es scheint, als habe sich niemand für diesen gewöhnlichen Fall interessiert. Dies traf zwar zu. Doch wußten weder die Seher noch die Interviewer vor Beendigung der Sitzung, ob ein hochwahrscheinliches oder ein unwahrscheinliches Ziel im nachhinein mit Los gezogen wurde.

Das Endergebnis dieses Experiments widerruft nicht unsere frühere Behauptung, man könne dank des freien Willens die Zukunftsvoraussagen widerlegen und ein anderes Geschick als das prophezeite wählen. Denn keiner der Teilnehmer an diesem Experiment hatte Gelegenheit, dies zu tun. Der Versuchsleiter hatte sich bereit erklärt, dem Seher den Gegenstand zu zeigen, der tatsächlich gewählt würde.

Wir lernten aus diesem Versuch, daß es keine zu komplizierte Frage gibt: Wenn Sie Ihre Frage an den Seher verständlich genug formulieren, wird er sie Ihnen richtig beantworten.

ZWEITER TEIL

PSI-TRAINING: WER DENKT IHRE GEDANKEN?

Warum haben sich so wenige in psychischer Kommunikation und Wahrnehmung geübt, obwohl es doch eindeutig gelungen ist, die Existenz hervorragender psychischer Fähigkeiten im Labor nachzuweisen? Immerhin machte die von uns vorgestellte Psi-Forschung meist von unerfahrenen Sensitiven Gebrauch. Das legt doch nahe, daß viele Menschen, die sich kaum ihrer psychischen Fähigkeiten bewußt sind, ähnliche oder dieselben Erfahrungen sammeln könnten.

Die Gründe, weswegen nicht mehr Menschen ihre psychischen Kräfte aktiv erkunden, liegen unseres Erachtens auf der Hand. Wo immer wir auch hinsehen, starren uns verzerrte, verwirrende, einschüchternde, irreführende und schreckliche Bilder des Psychischen entgegen. Das Publikum wird mit negativen Informationen überhäuft, angefangen von den alten Horrorfilmen, in denen psychische Fähigkeiten, als unheilvolle Nachricht des Totenreiches an Kultadepten dargestellt, nicht weniger gefährlich und seltsam erscheinen. Währenddessen verdammen erhitzte Psi-Kritiker, die von der effektiven Psi-Forschung meist nicht mehr als den Namen kennen, aus Furcht vor den philosophischen oder weltanschaulichen Implikationen die wissenschaftlichen Bemühungen in diesem Bereich.

Bevor Sie Ihre eigenen psychischen Fähigkeiten erforschen, sollten Sie einige der »Mythen« über die psychischen Kräfte und Fähigkeiten kennenlernen, die vielleicht noch in Ihrem Unbewußten herumspuken. Tief in unserer Psyche schwelen noch die letzten Scheiterhaufen, auf denen die Kirche unzählige Scharen von Frauen und Männern als Hexen und Zauberer bis weit ins 18. Jahrhundert hinein verbrannte. Und viele Menschen assoziieren fälschlicherweise noch immer die psychischen Kräfte, die sie »übersinnlich« nennen, mit dem »Übersinnlichen«, dem »Übernatürlichen« schlechthin. Jeder Mythos, jeder Irrtum und jedes Vorurteil gegenüber psychischen Fähigkeiten ist tief im menschlichen Aberglauben verwurzelt. Einem Aberglauben, aus dem einige wenige auf Kosten einer großen Mehrheit Kapital schlagen.

6

PSI ALS SEKTENPRIVILEG: DAS GOLDENE VLIES

Die Gepflogenheit, das Publikum über die psychischen Fähigkeiten irrezuführen, ist ein millionenschweres Geschäft für die viele Sekten, zählen ihre Anhänger nun eine Handvoll oder Hunderttausende von Seelen. Diese Gruppen und ihre Führer profitieren von der Gutgläubigkeit der unablässig zuströmenden Novizen, die sich von der versprochenen Erleuchtung oder der nur Mitgliedern zugänglichen Macht über andere Geschöpfe magisch anziehen lassen. Die Macht und Herrschaft über andere entspringt angeblich einem besonderen Wissen über die innere, geheime Struktur der Wirklichkeit und des menschlichen Geistes: Ein Wissen, das dem Neuling nur von der jeweiligen Sekte vermittelt werden kann. Allein in den Vereinigten Staaten gibt es zur Zeit dreitausend solcher Sekten, mit grob gerechnet 8 Millionen Mitgliedern, die diese Ansprüche heiligen und das Heil versprechen.

SEKTEN UND SEKTIERER

Unter dem Stichwort »Sekten« werden Sie diese Gruppen in den Gelben Seiten kaum finden. Aus steuerlichen und werbeträchtigen Gründen nennen sie sich

»Kirchen«. Doch diese neuen Sekten unterscheiden sich ganz gewaltig von den traditionellen Religionen. Als »Sekten« bezeichnen wir hauptsächlich jene Strömungen, deren Mitglieder sich einem charismatischen Führer mit Leib und Seele verschreiben und die mit Hirnwäsche traktiert werden. Die Mitglieder werden meist finanziell ausgebeutet, eingeschüchtert, bewußt irregeführt, ihnen werden der Schlaf und die Nahrung entzogen[1], und doch wollen sie es meist nicht anders haben, weil ihnen innerhalb der Gruppe das Gefühl vermittelt wird, sie seien besonders, einzigartig und allen Nichtmitgliedern überlegen.

Wie Sie vielleicht wissen, bieten diese Gruppen jenen psychologische Hilfe, Liebe und ein Zugehörigkeitsgefühl, die in unserer oft schwierigen und lieblosen Gesellschaft das Dasein der Außenseiter und der Entfremdeten fristen. Diese menschlichen Bedürfnisse nach Liebe und Geborgenheit befriedigten früher die traditionellen Religionen. Heute meinen jedoch viele, daß ihnen die institutionalisierte Kirche für den Alltag keinen Rat mehr geben kann. Die neuen Kulte scheinen ihnen recht oder schlecht mit einfachen Antworten auf ihre täglichen Probleme beizustehen. Leider beschränken sich die meisten Sekten nicht darauf, sondern greifen allmächtig in das Leben ihrer Mitglieder ein.

Ihnen ist vielleicht noch nicht aufgefallen, daß diese Sekten die psychischen Fähigkeiten mißdeuten und damit dann erfolgreich ihre Anhänger manipulieren. Die meisten größeren und beinahe alle kleineren Sekten rühmen sich eines charismatischen Führers, der übernatürliche Kräfte besitzt. Mit diesem Anspruch stärken sie die Behauptung, der Führer sei mit einer speziellen Beziehung zu Gott und dem Zugang zu »höherem Wissen« gesegnet. Sie versprechen ihren Rekruten, daß sie am Busen der Sekte ihre psychischen Kräfte kennen und benutzen lernen oder daß sie bei Eintritt in die Sekte unter den »psychischen Schutz« des Führers gestellt werden.

Zumal die Führer dieser Sekten meist gegen die Gesellschaft opponieren, wird den Mitgliedern alsbald die Rolle des Außenseiters zugedacht. Dies hinwiederum führt dazu, daß Nichtmitglieder die psychischen Fähigkeiten mit dem Abnormalen oder mit politischen sowie persönlichen Werten assoziieren, die zur Ausübung dieser Kräfte keineswegs erforderlich sind.

Diese kultische Einstufung der psychischen Fähigkeiten unter die sogenannten »abnormalen« oder die »paranormalen« Phänomene wirkt sich natürlich auch auf die Adepten nachteilig aus. Bei Nichtmitgliedern vermag es eine negative Einstellung gegenüber dem gesamten menschlichen Potential hervorrufen. Diesen Sekten verdanken wir, daß unter Nichtmitgliedern und dem allgemeinen Publikum die Meinung vorherrscht, psychische Fähigkeiten seien das Spielzeug von Okkultisten, Sektierern und ähnlichen Sonderlingen, und daß man sie nicht als ganz normale, weitverbreitete und leicht benutzbare geistige Fähigkeiten des Menschen betrachtet, die sie sind.

In unserer Gesellschaft wird sich jemand, der erstmals seine psychischen Fähigkeiten erlebt hat oder sich dafür interessiert, schwertun, jemanden zu finden, an den er sich ratsuchend wenden könnte. Jeder, den ein rein wissenschaftliches Interesse für die Psi-Forschung beflügelt, kann an die verschiedenen Institute schreiben oder in der Fachliteratur schmökern. Die dort erhaltene Information wird sich jedoch kaum für den persönlichen Gebrauch eignen. Der Ratsuchende wird wohl eher Statistiken und experimentelle Daten finden als Ratschläge, wie er sein psychisches Bewußtsein benutzen und ins alltägliche Leben integrieren könne.

Menschen, die vermuten, psychische Erfahrungen gehabt zu haben, oder die einfach mehr über die psychischen Fähigkeiten wissen möchten, haben keine große Wahl. Entweder sie gestehen ihr Interesse unter der Gefahr ein, als »Ausgeflippte« gebrandmarkt zu werden, oder sie verdrängen ihr Interesse für psychische Phänomene und entfremden sich damit von einem wichtigen Aspekt ihres Lebens und Erlebens.

Dieses Dilemma treibt viele in die Arme der Sekten. Indem diese Kulte die psychischen Erlebnisse in einer Gesellschaft akzeptieren und ausbeuten, die sich dieser Erfahrungsdimension verweigert, haben sie sich das Monopol auf die Psi-Kräfte gesichert. Diese Sekten haben viele ausgenutzt, die sich für diesen Bereich interessierten, und viele andere davor abgeschreckt, eine Entwicklung ihres psychischen Potentials in Erwägung zu ziehen.[2]

Kritisiert man die Methoden dieser Gruppen und ihr vermeintlich besonderes Verständnis der Wirklichkeit, werden sich die Mitglieder den Vorbehalten des Zweifelnden sogar anschließen und ihm erklären, dies treffe auf *alle außer* auf ihre Sekte zu. Die eigene Gruppe unterliegt niemals einem Irrtum und liefert immer die überzeugendsten Antworten auf die Fragen und Geheimnisse menschlichen Daseins. Als Beweis dafür zitieren sie oft Beispiele der vermeintlichen übernatürlichen oder psychischen Fähigkeiten ihres Führers.

Der Sektierer wird dann vorschlagen, daß der Außenseiter nur nach absolviertem Einführungsprogramm die speziellen Einsichten der Gruppe zu würdigen wissen wird. Abgesehen davon, daß diese Initiationstrainings einer Gehirnwäsche gleichkommen, schädigen sie meist auch emotional und finanziell ihre Opfer. Die hohe Schule des kultischen Wissens erfordert eine gehörige Portion an psychischem Streß und Manipulation, die sich über Hunderte bis Tausende von Indoktrinationsstunden erstrecken mag. Viele, die sich dieser Einweihung unterziehen, haben später Schwierigkeiten, mit ihren Sektenerlebnissen oder ihrem Leben fertig zu werden.

Nur wenige werden sich eingestehen wollen, daß eine Institution, der sie sich verschrieben hatten, für sie schädlich war und ihre persönliche Entwicklung behinderte. Viele Sektenanhänger werden deswegen selbst die Möglichkeit einer derart beunruhigenden Einsicht verdrängen und ihr Kulttraining in das bestmögliche Licht rücken. Einem Rekruten wird es ja allein schon deswegen nicht gelingen, objektiv zu sein, weil ihm die programmatische Einweisung in die Lebensanschauung der Sekte den Blick verstellt und er ihn auf die Sicht des Kultführers ausgerichtet haben wird.

Die von vielen Sekten ihren Rekruten vorgegaukelte »höhere« Wirklichkeit reduziert sich auf mystifizierte Informationen über psychische Prozesse. Nicht wenige Gruppen berufen sich darauf, daß ihre Initiierten alle Nichteingeweihten psychisch unterjochen werden. Derartige Versprechungen wirken auf all jene magnetisch, die Sicherheit und Macht suchen, oder auch auf jene, die psychische Erlebnisse hatten oder sich für psychische Fähigkeiten interessieren und Unterstützung suchen.

Es liegt demnach zweifellos im Interesse der Sekten, die psychischen Prozesse ins Mysteriöse zu hüllen und diese Fähigkeiten gleichzeitig als äußerst begehrenswerte, wenn auch nur schwer gewonnene Gabe darzustellen. Mit Psi lassen sich also gute Geschäfte machen, vor allem wenn der Sektenführer diese Fähigkeiten für sich selbst in Anspruch nehmen kann und vorgibt, über sogenannte Kenntnisse und Methoden zu verfügen, dank deren andere diese Anlagen entwickeln können.

DER »PEOPLES TEMPLE« VON JIM JONES

Als Direktor des Human Freedom Center in Berkeley, Kalifornien, interviewte ich (K. H.) 1979 unzählige frühere Sektenanhänger. Dabei erfuhr ich, daß viele aufgrund eigener oder beobachteter psychischer Erfahrungen zu den Sekten stießen. Die Begegnung mit zwei früheren Sektenanhängern war für mich von besonderer Bedeutung.

Als wir im Mai 1979 das verlassene Hauptquartier des »Peoples Temple« in San Francisco besichtigten, erklärte mir das frühere Kirchenmitglied Jeannie Mills, man hätte Jones persönlich kennen müssen, um seinen Einfluß auf die Anhänger zu verstehen. Mir war glücklicherweise diese Erfahrung erspart geblieben, nicht aber Jeannie und ihrem Ehegatten Al sowie deren Familie. Jeannie und Al hatten sechs Jahre lang mit Jim Jones gearbeitet und waren Mitglieder der elitären Planungskommission gewesen, die den »Peoples Temple« leitete. Sie hatten die Augen geöffnet und die Gruppe verlassen, als Jones begann, die Mitglieder seiner Sekte eher wie Insassen eines Konzentrationslagers denn als Kongregationsmitglieder zu behandeln.

Da sie um Leben und Sicherheit von beinahe tausend Mitgliedern des »Peoples Temple« fürchteten, die mit

Jones in seinem Dschungellager Jonestown in Guyana lebten, riefen Jeannie und Al eine Rettungsaktion ins Leben. Den Todesdrohungen von seiten treuer Anhänger des »Peoples Temple« zum Trotz gründeten sie das »Human Freedom Center« in Berkeley und setzten sich mit dem Kongreßabgeordneten Leo Ryan in Verbindung.

Jeannie und Al wollten das Zentrum als Zuflucht für all jene Anhänger der Sekte benutzen, die aus Jonestown fliehen konnten und in den Vereinigten Staaten eine neue Existenz aufbauen wollten. Und so war das Wohnzimmer des Human Freedom Center auch der Ort, wo Ryans katastrophale Mission geplant wurde. Als die delikate Mission im November 1978 für Ryan und 900 Menschen in Jonestown mit einem gewaltsamen Tod endete, machten es sich die Mills zur Aufgabe, auf eigene Kosten das Zentrum als Beratungsstelle und zeitweilige Unterkunft für die wenigen überlebenden Anhänger des »Peoples Temple« sowie alle ehemaligen Sektenmitglieder zu erhalten, die auf ihrem Wege zurück in die Gesellschaft die Hilfe des Zentrums suchten.

Ich stieß im März 1979, also vier Monate nach dem Mord-Selbstmord in Jonestown, zu der Belegschaft des »Human Freedom Center«. Aufgrund meiner damals neunjährigen Laborerfahrung und Beratertätigkeit mit Menschen, die sich von psychischen Erlebnissen verunsichert fühlten, hatte ich mich um die Stelle beworben. Damals vermutete ich schon längst, daß es eine starke Beziehung zwischen dem steigenden Zulauf zu den Sekten und der zwiespältigen Haltung des normalen Bürgers gegenüber psychischen Kräften gab. Während wir durch die verödeten Räume des »Peoples Temple« in der Geary Street liefen, bestätigte Jeannie Mills meine Vermutungen.

Indem sie mir zeigte, wo Jim Jones bewaffnete Wächter auf dem Gelände um den »Peoples Temple« aufstellen ließ, um ihn vor imaginären Mördern zu retten, beschrieb Jeannie, wie Jim Jones sich dadurch viele Anhänger schuf, daß er den Leuten versprach, sie vor »Armut und Unterdrückung« zu bewahren, und vorgab, außerordentliche psychische Kräfte zu besitzen. Er nannte nicht nur hochentwickelte Fähigkeiten wie Telepathie, Hellsehen und Zukunftsschau sein eigen, sondern gab sich als Wunderheiler und Medium aus, das durch reine Willenskraft Menschen auf der Stelle tot umfallen oder wieder zum Leben auferstehen lassen konnte. Jones unterzog sein Gefolge langwierigen Zeremonien, um seine Behauptungen zu beweisen. Er bediente sich oft williger Handlanger innerhalb der Kongregation des »Peoples Temple«, die in dem Glauben handelten, es sei der guten Sache dienlich.

Jeannie erzählte, wie eine ältere Anhängerin des »Peoples Temple« einst zwei Eindringlinge in ihrer Wohnung in San Francisco überraschte. Die Diebe schlugen sie nieder und flüchteten. Wenig später eilten zwei vermeintliche Polizisten herbei, die beim Rundgang durch das Revier auf die Unruhe aufmerksam geworden sein wollten. Es wurde schnell ein Krankenwagen gerufen. Die Sanitäter erklärten der Frau, ihr Arm sei gebrochen, legten einen Gips an, versicherten ihr, er werde bald heilen, und forderten sie auf, einen Arzt aufzusuchen.

Am nächsten Morgen schrak Jim Jones mitten in einer überlaufenen Versammlung im »Peoples Temple« hoch, als habe ihm just ein körperloses Wesen etwas zugeflüstert. Ob unter ihnen eine ältere Dame weile, deren Arm am Vorabend von zwei Halunken gebrochen worden wäre, fragte er sofort seine Kongregation. Die verblüffte Frau meldete sich prompt aus der letzten Reihe.

Jones schrieb sein Wissen einer psychischen Eingebung zu und ließ die ältere Frau zu sich in die Mitte des Saales treten. Dann verkündete er, den Arm geheilt zu haben, und bat die Frau, den Gips zu entfernen. Sie tat wie geheißen und stellte zu ihrer und der Verwunderung aller fest, daß ihr Arm gesund war.

Jeannie erklärte mir, der ganze Vorfall sei gestellt gewesen. Die Diebe, Polizisten und Sanitäter waren allesamt Gefolgsmänner von Jim Jones. Der Arm der älteren Dame war niemals gebrochen. Jim Jones ging gerne das Risiko der Inszenierung derartiger Schwindel ein, denn diese Art von Hokuspokus vergrößerte seinen Einfluß auf die Anhänger und zog Scharen von neuen Rekruten an.

Ein anderer beliebter Trick von Jim Jones, den Jeannie Mills in ihrem Buch *Six Years with God* (Sechs Jahre mit Gott)[3] beschreibt, war die Ankündigung vor der versammelten Kongregation, einer in ihrer Mitte leide an Magen- oder Darmkrebs. Woraufhin man den Auserkorenen mit einer Krankenschwester in die Ambulanz schickte, damit ihn Jim Jones dort auf Entfernung heilen könne. Wenn der »Patient« wegblickte, holte die Schwester schnell eine blutige Tierleber hervor. Dem Opfer wurde diese Leber nun als Tumor dargestellt, den er schmerzlos mit seinem Stuhl ausgeschieden hatte. Dann präsentierte man in gebührender Entfernung der Kongregation die Leber als Beweis für hellseherische und mediale Fähigkeiten des Wunderheilers Jones.

Jim Jones ließ seine Helfershelfer zuweilen die Abfalleimer von Mitgliedern des »Peoples Temple«

durchstöbern oder in deren Häuser einbrechen und Schubläden oder Arzneischränke durchsuchen, um Persönliches über sie zu erfahren. Nach solchen Razzien verkündete er der Kongregation die schwindlerisch eingeholte Information, als habe sich ihm das Privatleben gewisser Personen psychisch offenbart. Zuweilen wurden Bänder über versteckte Lautsprecher abgespielt, damit sich seine Anhänger von seiner Kommunikation mit den Geistern überzeugten. Auch wurden auf seinen Befehl etliche Leute mit Rauschmitteln betäubt, damit er sie angeblich kraft seines Willens leblos zusammensacken lassen und dann wiederbeleben konnte.

Als Jim Jones seine Kongregation in Guyana dazu überredete, vergiftete Limonade zu trinken, oder falls ihnen dazu der Mut fehlte, sich erschießen oder vergiften zu lassen – erzählten mir frühere Mitglieder des Peoples Temple –, hatte er die meisten seiner Anhänger davon überzeugt, daß er der *reinkarnierte Gott* sei. Die meisten waren also verständlicherweise bereit, Jim Jones *aufs Wort zu folgen.*

Wie gewann Jim Jones diesen Einfluß, wenn seine Ansprüche auf höhere psychische Fähigkeit von Demonstrationen begleitet wurden, die die meisten von uns als Schwindel aufdecken würden? Weil er leichte Antworten lieferte. All die unbeantworteten Fragen unserer Zeit wurden von Jim Jones, wie von so vielen Führern populärer Sekten, auf seine Weise gelöst. Jones hätte kaum so viele Menschen irreführen und eine derart allmächtige Autorität über seine Gefolgschaft gewinnen können, wenn über die wahre Natur der psychischen Fähigkeiten nicht so verwirrende Mißdeutungen existierten.

DREI MUSTER PSYCHISCHEN SCHWINDELS: ERSTENS: DER FÜHRER IST ALLWISSEND

Menschen, die um die Möglichkeit und Grenzen der psychischen Fähigkeiten wüßten, würden die hochgespielten psychischen Wundertaten eines Sektenführers nicht für bare Münze nehmen. Sie würden wahrscheinlich erkennen, daß diese betrügerischen Behauptungen weit über ihre eigenen Erfahrungen normaler psychischer Fähigkeiten hinausgingen. Und würden deswegen augenblicklich diesen Ansprüchen mißtrauen und sich kaum dadurch zum Glauben genötigt fühlen, dieser Führer sei ein selbstverwirklichtes Superwesen, dessen Wort man blind befolgen sollte.

Menschen, die psychische Kräfte schlechthin verneinen, werden in ihrer positivistischen Grundfestung um so mehr erschüttert, je überzeugender das angebliche psychische Ereignis inszeniert wird. Ob sie dies im Schoße einer Sekte oder im privaten Rahmen erleben, sei dahingestellt. Sie werden meist auf die erstbeste Sekte reinfallen, die verspricht, psychische Erfahrungen in glaubwürdigem, begrenztem Rahmen zu erklären.

Jim Jones war nur ein beunruhigendes Beispiel jener Sektenführer, die ihre Anhänger durch absichtlich irreführende Auslegungen der psychischen Mechanismen manipulieren. Tausende anderer Kulte in den Vereinigten Staaten, Europa und Asien ziehen jahrein, jahraus mit dem Zerrbild psychischer Energien, das ihren Stempel aufgeprägt bekommt, Tausende von Anhängern an und Millionen von steuerbegünstigten Dollars für ihre sogenannten religiösen Führer ein.

Zu Beginn des Noviziats wird vielen Sektenanhängern eingetrichtert, alle Außenseiter seien nunmehr Feinde, deren bildliche Ausschmückung von unerleuchteten Sterblichen bis hin zum Satan im irdischen Gewande reicht. Derartige Praktiken schränken selbstverständlicherweise den Umgang der Mitglieder mit jedem ein, der die Ansichten des Sektenführers in Frage stellt. Die Führer etlicher Sekten haben öffentlich gedroht, daß sie jegliche Opposition zu ihren Ansichten rigoros bekämpfen und ersticken würden. Wir wollen deswegen die Sekten lieber nicht beim Namen nennen.

Die meisten Sektenführer werden kaum den extremen Anwandlungen eines Jim Jones nacheifern, um ihre von den Psi-Kräften geblendeten Anhänger anzuziehen und zu halten. Den meisten gelingt es allein mit der Behauptung, sie hielten den Schlüssel zur Wirklichkeit und zum menschlichen Geist in der Hand. Es gibt mitunter Sektenführer, die schreiben sich sogar die psychischen Erfahrungen eines Mitglieds zu, selbst wenn diese vor dem Eintritt in die Sekte stattfanden. »Du hattest dieses psychische Erlebnis, weil du auf dem Wege zu mir warst«, werden sie die Erfahrung in ihrem Sinne auslegen.

Die Sektenmitglieder sind nicht völlig unbeteiligt an der Täuschung. Sie locken oft potentielle Rekruten mit Wundergeschichten über die angeblichen psychischen Fähigkeiten ihres Führers an. Die Jünger glauben wohl selbst an diese Geschichten, die von Mund zu Mund wundersamere Töne annehmen. Vielleicht benötigen sie gar derartige Mären, um sich selbst und andere davon zu überzeugen, daß sich die Mitgliedschaft in dieser Sekte lohnt. Ein früheres Sektenmitglied, das an einer Universität in Midwest studiert, erzählte folgenden Vorfall:

> Ich wurde ohne mein Dazutun Mitglied. Die Mitglieder waren nette Leute, die sich angeblich nur

trafen, um Kundalini-Yoga zu üben und sich über die Philosophie eines indischen Mannes namens Baba zu unterhalten. Zu Beginn passierte nichts Aufsehenerregendes. Wir lernten Yogapositionen, hörten Geschichten über Baba und übten indische Tänze. Die Gruppe glaubte, Baba besitze außerordentliche psychische Kräfte und könne über Tausende von Kilometern Entfernung hinweg ihre Gedanken lesen und ihr Leben direkt beeinflussen.

Nach einigen Monaten sagte man mir, ich müsse mich einem Initiationsritual unterziehen, um ordentliches Mitglied zu werden. Ich erklärte mich dazu bereit, zumal ich mich unter Freunden glaubte, denen es anscheinend wichtig war, daß ich mich dem Ritual unterzog. Später begegnete ich älteren Mitgliedern, die mir erklärten, ich müsse mir von ihnen meine Lebensweise und mein Denken vorschreiben lassen oder ansonsten die Gruppe verlassen. Ich war verunsichert. Einerseits wollte ich nicht meine neugewonnenen Freunde verlieren, andererseits sträubte ich mich gegen diese totale Selbstaufgabe.

Ich grübelte noch immer darüber nach, als mir eines Tages zwei Sektenmitglieder in einem Supermarkt begegneten. Sie versuchten mich davon zu überzeugen, daß der Baba unser Zusammentreffen telepathisch gewollt habe, damit sie meine Zweifel verscheuchen und ich mich danach der Organisation verschreiben könne. Ich erwog diese Möglichkeit eine Zeitlang. Die beiden schienen wirklich selbst zu glauben, was sie sagten, und es fehlte nicht viel, und sie hätten mich auch noch davon überzeugt.

Doch dann beschloß ich, daß es mich nichts anging, ob Baba die Gedanken seiner Anhänger lesen und sie herumkommandieren könne, solange ich nicht wie sie endete. Sie kamen mir wie Automaten vor. Ich verließ die Gruppe und las später mit Entsetzen in der Zeitung, daß es sich um ein »Aushängeschild« handelte und die Gruppe in Wahrheit für eine internationale Terroristenorganisation im Gewand einer religiösen Gemeinschaft Geld sammelte.

Der erwähnte Artikel erschien 1981 und 1982 in etlichen Zeitungen.[4]

Viele Sekten beanspruchen außerordentliche psychische Fähigkeiten für ihre Führer, erwähnen diese Kräfte aber nicht weiter im Zusammenhang mit ihren Mitgliedern. Die besondere Psi-Energie des Führers dient dazu, seine angebliche Überlegenheit zu festigen sowie die Herrschaft über Leben und Tod seiner Anhänger zu rechtfertigen.

Wenige Wochen nachdem Sun Myung Moon, Führer der Vereinigungskirche, 1982 wegen Steuerflucht, Betrug und etlicher weiterer Vergehen gegen das Gesetz verurteilt wurde, stand er schon wieder vor Gericht. Diesmal trat Moon als Zeuge in dem Prozeß gegen einen vermeintlichen »Sektenschänder« auf, dem vorgeworfen wurde, er habe ein Sektenmitglied entführt, um es zum Austritt aus der Moon-Sekte zu bewegen. (Die Anzeige wurde später zurückgezogen.)

Auf dem Zeugenstand behauptete Moon, er kommuniziere psychisch mit Jesus und Buddha sowie mit anderen historischen Religionsführern, die ihm das Recht und die Kraft verliehen, die Vereinigungskirche aufzubauen und das Leben der Mitglieder zu überwachen.[5]

Moon gibt vor, seit frühester Kindheit psychisch veranlagt gewesen zu sein. »Ich konnte schon als Kind hellsehen, erzählte er einst einigen Anhängern«, wußte die *New York Times* zu berichten.[6] Und Moon greift selbstmächtig in das Leben seiner Anhänger ein: Kurz nach den Gerichtsverhandlungen im Jahre 1982 hielt Moon im Madison Square Garden eine Massenhochzeit ab, während der er mehr als tausend »Moony«-Paare zusammenbrachte und vereinte. Die Paare akzeptierten anstandslos den vorher nie gesehenen Partner, den ihnen die geistige und übernatürliche Einsicht Moons bescherte.

All jenen, die noch Zweifel daran haben, ob Moons Gruppe zu den Sekten gehöre, möchten wir zwei erschreckende Berichte vom Leben inmitten der Vereinigungskirche empfehlen: *Hostage to Heaven* (Zum Himmel entführt) von Barbara und Betty Underwood[7] und *Crazy for God* (Gotteswahn) von Chris Evans[8]. Moons Behauptung, er stehe mit berühmten historischen Religionsführern in psychischem Kontakt, ist keine Seltenheit unter Sektenführern. Viele Führer bestehen sogar darauf, daß alle früheren Religionen und Glaubenseinrichtungen nur als Vorstufen ihrer eigenen Lehre, die sie als höchste Leistung menschlicher Spiritualität ansehen, verstanden werden sollten.

ZWEITENS: DER KULT ALS SICHERER HAFEN

Obwohl die Ansprüche vieler Sektenführer und ihrer Anhänger auf außerordentliche psychische Erlebnisse und Kräfte übertrieben sind, erleben wohl viele Mitglieder anscheinend Psychisches im Schoße der Sekte, doch auch nicht mehr als ihre Zeitgenossen in der Außenwelt. Schreibt man einige dieser Erlebnisse den aus Übereifer, Unterernährung und Schlaflosigkeit herrührenden Halluzinationen zu, so bleibt sicherlich noch ein beachtlicher Anteil, der reinen psychischen Fähigkeiten zuzuschreiben ist. Sektierer messen ihre psychischen Erfahrungen meist der Gruppenzugehörigkeit bei, obwohl Außenstehende genauso viele Erlebnisse vorweisen.

Viele Menschen werden in Zeiten persönlicher Krise in den Sog der Sekten gezogen, wenn sie nämlich nach erweitertem Bewußtsein, nach höherem Selbstwertgefühl und nach Sinn und Ziel in ihrem Leben suchen. Einige davon, die nie zuvor auf psychische Erfahrungen geachtet hatten, erleben diese erstmals, nur weil sie auf ihre innersten Prozesse aufmerksam geworden sind. Und dann meinen sie, ihre Sektenangehörigkeit habe diese erhöhte Psi-Bewußtheit herbeigeführt. Tatsächlich mag aber ein geschärftes Bewußtsein für die psychische Dimension dafür verantwortlich gewesen sein, daß sie sich für eine Sekte interessierten.

Leider werden viele, die sich einer Sekte in der Hoffnung anschließen, ein Psi-freundliches Klima zu finden, schwer enttäuscht. Im besten Falle wird die Sekte die psychische Realität in die Zwangsjacke der eigenen Dogmen drängen. Schlimmstenfalls wird die allumfassende Gruppenidentität dem einzelnen kaum freien Raum lassen, um seine persönlichen Interessen, gälten diese nun den psychischen Fähigkeiten oder einem anderen Bereich, zu verfolgen.

Obwohl das publicitygerechte Image der meisten Sekten ihr Interesse für psychische Phänomene in den Vordergrund rückt, scheinen sie sich in Wahrheit weniger der Selbstentdeckung als dem Geldsammeln und der Politik zu widmen – was aber sicherlich für die meisten Anhänger nicht der Anlaß war, der Sekte beizutreten. Der Wunsch des einzelnen nach Selbsterkenntnis und -erfahrung wird von den meisten Sekten als Abweichung von einem Leben im Dienste der Verwirklichung »höherer« Gruppenideale verdammt. Und bittet ein Rekrut auch noch um Beistand auf seiner Reise ins Psychische, wird er eilends erfahren, daß der Sektenführer anderes für ihn vorgesehen hat. Davon wußte ein früheres Sektenmitglied zu berichten, das einige Zeit im Human Freedom Center weilte.

Die Frau stieß auf erhebliche Schwierigkeiten, als sie, im Glauben, einen sicheren Hafen anzulaufen, wo sie ein neues Verständnis für die immer häufiger auftretenden psychischen Erlebnisse entwickeln könne, einer internationalen Sekte beitrat. Nach ihrer Aufnahme löste sie die familiären und freundschaftlichen Bande und nahm sie erst Jahre später wieder auf.

Die Frau arbeitete in einer Fabrik, wo sie zwölf bis achtzehn Stunden am Tag Tee in Beutel stopfte. Ihren gesamten Lohn lieferte sie bei der Sekte und deren Führer ab. Arbeitete sie nicht, ging sie in den Gruppenaktivitäten wie stundenlangem Singen monotoner Litaneien auf. Gemeinsam mit den anderen Sektierern nächtigte sie auf dem blanken Fußboden des Gemeinschaftshauses und teilte mit ihnen die kargen Mahlzeiten. In all den Jahren bot sich ihr keine Gelegenheit, ihre psychischen Erlebnisse, die sie anfangs zu jener Sekte geführt hatten, zu erforschen, geschweige denn mit jemandem darüber zu reden.

Als die Frau einen körperlichen und psychischen Zusammenbruch erlitt, brachten sie die herbeigerufenen psychiatrischen Krankenpfleger in das Human Freedom Center. Dort hörte ihr endlich jemand verständnisvoll zu, als sie von ihren psychischen Erlebnissen berichtete. Sie erfuhr, daß andere Menschen ähnliches erlebten und erkannte, daß dies ganz normal sei. Nach mehrwöchiger Beratung im Zentrum beschloß sie, auf das College zurückzukehren und ihr Interesse für psychische Phänomene mit einem Leben in der Gesellschaft zu koordinieren. Seitdem geht es ihr hervorragend.

Wie wir schon früher erwähnten, bleibt uns unsere Gesellschaft auf Fragen über psychische Erfahrungen meist die Antwort schuldig. Nicht so die Sekten, die auf jede Frage eine Antwort wissen. Nur unterscheiden sich die Erklärungen je nach Sekte.

So legte beispielsweise der »Peoples Temple« psychische Erfahrungen als eindeutige Verbindung ihres Führers mit Gott oder dem Erlöser aus. Andere werden dieselbe Erfahrung als Teufelswerk deuten – was sie je nach Neigung entweder begrüßen oder verdammen. Wieder für andere Sekten sind psychische Erlebnisse ein Zeichen der hohen geistigen Entwicklung oder Erleuchtung ihrer Mitglieder. Östlich orientierte Gruppen sehen darin interessante Phänomene, die ein frühes Stadium geistiger Entwicklung symbolisieren, das von dem sich fortschreitend vergeistigenden Schüler überwunden werden muß.

All diesen Beschreibungen der psychischen Fähigkeiten ist die Absicht gemeinsam, die Treue der Untertanen zu sichern und nicht etwa den Mitgliedern dabei behilflich zu sein, diese Erfahrungen als selbständige Individuen einer freien Gesellschaft in ihr Leben zu integrieren. Die Sekten bieten auch keine befriedigende Erklärung dafür an, wie es möglich sei, daß angepaßte Bürger in der Außenwelt psychische Erlebnisse haben können. Noch helfen sie ihren Anhängern, mehr darüber zu lernen, wie sie diese psychischen Fähigkeiten außerhalb der kultischen Festung entwickeln könnten.

Es gibt kaum eine Sekte, die nicht irgendeine Form psychischer Kraft als Teil der allgemeinen Lehre ansieht, die künftigen Mitgliedern aufoktroyiert wird. Sie erheben diese Forderung, um Neugierige in Gruppentreffen und -aktivitäten zu locken und aus deren Mitte neue Mitglieder zu rekrutieren. Doch wie im früher berichteten Falle der jungen Frau wird das Thema des psychischen Potentials nie wieder vor dem Rekruten erwähnt, der sich in das Sektenleben einfügt.

DRITTENS: PSI WILL KULTIVIERT SEIN

Die meisten Sekten beanspruchen nur für ihre Führer psychische Eigenschaften, doch einige weltanschauliche Gruppen zentrieren ihren Glauben und ihre Aktivitäten um die psychische Schulung ihrer Mitglieder. Die typischen Versprechen dieser Gemeinschaften reichen von der Vermehrung der psychischen Erlebnisse über Gedankenlesen und Fernsteuerung eines anderen Bewußtseins bis zu Übungen, Meditation und anderen psychologischen Methoden, die gewöhnlich als ein einziges psychisches Trainingsprogramm vorgeführt und bezeichnet werden. Eine Gruppe wirbt sogar damit, daß ihre Mitglieder gegen eine Lehrgebühr angeblich das freie Schweben in der Luft erlernen können!

Der Lehrstoff wird meist in Wochenendseminaren vermittelt, die in den Tagungsräumen eines Hotels abgehalten werden. Diese Seminare kosten bis zu einigen hundert Dollar pro Sitzung. Kostspielige regelmäßige Gruppentreffen mit anderen Mitgliedern runden mitunter das Programm ab. Anschließend treffen sich die Mitglieder, um ihre angeblichen psychischen Erfahrungen auszutauschen und die in dem Grundlagenprogramm erlernten Techniken einzuüben.

In solchen Sekten mag sich dieser als »psychisches Entwicklungsprogramm« gepriesene Gruppenprozeß über Jahre hinziehen und Tausende von Dollar verschlingen. Den Teilnehmern wird meist erklärt, man schleuse sie durch verschiedene »Etappen« und »Stufen« einer persönlichen und psychischen Entwicklung.

Den Mitgliedern werden schließlich Bücher und Informationsmaterialien aus der Feder des Führers oder seiner Epigonen angeboten. Dies garantiert, daß sie auch außerhalb der speziellen Trainingssitzungen die Weltanschauung des Sektenführers aufsaugen.

Nicht minder überraschend sind die hochtrabenden Versprechungen gewisser Sekten: Der Initiierte wird nach Absolvierung des gesamten Trainingsprogramms eine Stufe psychischer Entwicklung erreicht haben, behaupten sie, auf der er dank psychischer Willenskraft allein all seine körperlichen und zeitlichen Beziehungen zum gesamten Universum kontrollieren kann. Hier scheint man sich eher für die Macht als die Vergeistigung zu interessieren. Das kultische Trainingsprogramm soll die Initiierten angeblich lehren, ihre Emotionen zu beherrschen, persönliche Probleme mühelos zu lösen, andere Personen wie Marionetten zu manipulieren und den Tod dadurch zu besiegen, daß sie diese Fähigkeiten in eine unsterbliche geistige Existenz mitnehmen. Wir mögen noch solange suchen, Beweise für diese Ansprüche haben wir keine finden können. Sowie sich die

Rekruten den höchsten Stadien nähern, wird der Führer neue Stufen hinzufügen, die ein ungebrochenes persönliches und finanzielles Engagement des Adepten sichern.

Anstatt ihren Schülern zu erlauben, daß sie als selbständige und aktive Mitglieder der Gesellschaft ein ausgewogenes Verständnis für die psychische Dimension erlernen, trachten die Sekten danach, sie durch vermehrte Gruppen- und Kultaktivitäten in ein Abhängigkeitsverhältnis zu bringen. Man ermuntert sie, sich als Teil einer exklusiven Gruppe psychisch hochentwickelter Wesen zu verstehen und hauptsächlich mit »Insidern« zu verkehren. Mag die Suche nach Wahrheit auch Anlaß für die Kontaktaufnahme mit der Sekte gewesen sein, so wird sich das neue Mitglied bald in dem vorausbestimmten Lebensplan der Sekte verfangen.

Aufgrund der neuen Schulung entfremden sich jene, die bestimmten Sekten beitreten, von Familie und Freunden. Ihre Beziehung zu der Sekte rückt allgegenwärtig in das Zentrum ihrer Aufmerksamkeit. Sie verstehen sich und die Welt nur noch im Lichte ihrer Beziehung zur Sekte.

Die neuen Mitglieder werden sich redlich bemühen, andere zum Beitritt zu überreden. Ist ihnen dabei Erfolg beschieden, sehen sie darin einen Beweis für den Gruppen- und ihren Selbstwert. Der Sekte selbst mag diese Proselytenmacherei willkommen sein, braucht sie doch Nachwuchs, den die Mitglieder finden müssen.

Die Beziehung der Sektenmitglieder ist meist starren Verhaltensregeln unterworfen, die sich in ein verwobenes Netz sozialer Beziehungen und Hierarchien einfügen. Sie sprechen sich demnach weniger als Individuen denn Mitglieder einer Gruppe an, die an verschiedenen kultischen Aktivitäten teilnehmen und von einem gemeinsamen Glauben sowie einer gemeinsamen Gruppensprache getragen werden.

Jene, die einer Sekte beitreten, die ihren Mitgliedern eine Erweiterung ihrer psychischen Fähigkeiten verspricht, sehen sich mitunter einem Prozeß ausgesetzt, der einer Gehirnwäsche in nichts nachsteht. Die Prozedur dieser Gruppen sieht häufige Verabreichungen von kleineren Dosen ungeläuterter, im Gewand objektiver Informationen verpackter Dogmen vor. Die Mitglieder unterwerfen sich diesen Dogmen mitunter so willfährig, weil die Sekten ganz entschieden die wichtigsten Bereiche des Privatlebens ihrer Mitglieder einschränken – so etwa Schlaf, Ernährung, Sexualität, Privatsphäre und vor allem die Gelegenheit, *Informationen einzuholen, aufzunehmen und sich kritisch damit auseinanderzusetzen.* Die Initiierten werden dazu angeregt, selbst das winzigste unübliche Erlebnis als Spur psychischer Phänomene anzusehen und diese psychischen Erlebnisse möglichst innerhalb des von der Sekte abgesteckten Interpretationsrahmens auszulegen.

Wir wollen damit nicht leugnen, daß die anfänglich erlebte Möglichkeit, das eigene psychische Potential innerhalb einer Sekte entwickeln zu können, auf manche Neophyten wohltuend wirkt. Der innige Kontakt mit einer anscheinend fürsorglichen und unterstützenden sozialen Gruppe mag dem einzelnen sogar dabei behilflich sein, erstmals in seinem Leben sein Augenmerk auf unerforschte Bereiche seines Bewußtseins zu richten.

Längere Fühlungnahme mit der sektiererischen Behandlung der psychischen Fähigkeiten mag die Ansichten der Initiierten jedoch gehörig einschränken. Und sie kann sogar verhindern, daß sie ihr psychisches Potential voll entfalten. Dessen wurde sich zum Beispiel ein Student bewußt, der eine bekannte Sekte verließ, als er deutlich erkannte, was diese Gruppe zu bieten hatte:

> Es gab Regeln für alles. Sie schrieben mir vor, was ich essen, wann ich schlafen, was ich lesen, wie ich mich anziehen, was ich tun und wie ich es tun solle. Sie kleideten mich in eine orangefarbene Kutte, händigten mir einen Lappen und einen Eimer aus, mit den Worten, wenn ich den Boden in ihrem Ashram putze, sei dies eine fortgeschrittene Form von Meditation. Dies seien Schritte auf dem demütigen Weg zur Erleuchtung.
>
> Nachdem ich zwei Wochen lang wie Sabu der Elefantenjunge herumgelaufen war, Böden geschrubbt und Teller gewaschen hatte, fühlte ich mich der Erleuchtung keinen Deut näher als zuvor. Der pappige weiße Reis und das gelbliche, geschmacklose Mus auf dem täglichen Speiseplan widerten mich an. Nächtens bevölkerten gigantische Cheeseburger, die Berkeley angriffen, meine Alpträume. Ich begann mich ernstlich zu fragen, was diese Gruppe unter Erleuchtung verstehe.
>
> Eines Abends fragte ich den Gruppenführer, wie ich Erleuchtung in mir selbst und in anderen erkennen könne. Er sagte mir, daß der erleuchtete Zustand psychische Erlebnisse und hochentwikkelte intuitive Fähigkeiten mit sich brächte. Woraufhin ich einwarf, daß viele Menschen, die ich keineswegs zu den Erleuchteten zählte – ich eingeschlossen –, derartige Erfahrungen machten und solcherlei Fähigkeiten vorwiesen. Der Führer

wehrte meinen Einwand entrüstet ab. Ich müsse mich täuschen, sagte er, denn seine Gruppe folge einem alten Wege, dem einzigen Pfad zu psychischer Bewußtheit und geistigem Heil.

Ich wurde mir plötzlich dessen bewußt, daß ich in andere, aber nicht in meine eigenen Fähigkeiten großes Vertrauen setzte. Das war dumm von mir gewesen, ich hätte mich ausführlicher über diese Gruppe informieren müssen, bevor ich ihr beitrat. Der Führer gab vor, seine Anhänger zur Erleuchtung zu geleiten, rückte die Selbsterkenntnis jedoch gleichzeitig in den Bereich des Unerreichbaren. Er verband Erlebnisse, die ich heute zu meinen normalen Alltagserfahrungen zähle, mit einer Lebensweise, die ihm große Macht über seine Anhänger verlieh.

Die Mitglieder, mit denen ich mich unterhielt, waren davon überzeugt, daß man nur nach jahrelanger intensiver Meditation psychische Erlebnisse haben könne. Ich verließ die Gruppe und nahm mein Universitätsstudium wieder auf. Seitdem habe ich auch ohne Sekte viel psychisch Interessantes erlebt.

Sekten sind eher daran interessiert, die Abhängigkeit ihrer Anhänger zu verstärken, als ihnen den fürsorglichen Nährboden für individuelle Selbstverwirklichung zu bieten. Diese Gruppen werden das Beherrschen psychischer Kräfte immer als ein entrücktes Ziel darstellen, zu dessen Erreichung es monate- oder jahrelanger Einweihung und Schulung bedarf. Jene, die sich das Privileg, in der sektiererischen Weltanschauung zu schwelgen, gerne einige tausend Dollar kosten lassen, mögen diese Behauptungen über die psychischen Fähigkeiten überzeugen. Dem Wahrheitssuchenden wird aber bald klar, daß die Sektenzugehörigkeit einen unerhört hohen Preis fordert und dafür nur wenige Vorteile bietet, mit Sicherheit jedoch dem Mitglied Unmengen sozialer und seelischer Probleme einbringt.

PSI UND RELIGION

Die Sekten haben sich mit großem Erfolg als einziger Weg zur psychischen Wahrnehmung deklariert. Die Ideen, psychische Fähigkeiten für eigennützige Zwecke zu monopolisieren, hat nicht hier ihren Ursprung, sondern ist uralt. Die modernen Sekten haben einzig und allein einen Trend ausgeschöpft, der teilweise schon in den traditionellen Religionen angelegt war.

Obwohl die Schriften der Weltreligionen häufig auf psychische Ereignisse hinweisen, haben sie jenen, die die psychischen Prozesse in ihrem eigenen Leben verstehen lernen wollten, keine Unterstützung gewährt. Die offiziellen Religionen haben sich sogar davor gehütet, den Eindruck zu erwecken, der einzelne besitze latente und aktive psychische Fähigkeiten.

Statt dessen haben die Staatsreligionen jene, die über psychische Erlebnisse berichteten, als potentielle Konkurrenten der religiösen Führer, Heiligen und Propheten gefürchtet. So kam es, daß die Kirchenhirten wiederholt das Psychische als Bereich erklärten, der das Menschliche übersteigt und entweder zum Göttlichen oder Satanischen gehört.

Tausende von Jahren bevor sich die Religion institutionalisierte, gehörten Schamanen, Medizinmänner und -frauen, Seher und Propheten zu den wichtigen und angesehenen Mitgliedern primitiver Gesellschaften. Kaum hatten sich die Religionen als Staatsinstitution eingebürgert, empfanden sie diese freischaffenden Psi-Heiler nunmehr als unerwünschte Konkurrenz.

Im Laufe der Zeit zog die offizielle Kirche viele psychisch begabte Individuen an, die früher Schamanen geworden wären. Diese Menschen fanden im Schoße der Kirche größte Sicherheit und Geborgenheit, zumal ihre soziale Position nicht von häufigen öffentlichen Vorführungen ihrer psychischen Künste abhing. Fanden diese Menschen nicht den Weg zur Kirche, brandmarkte man sie gelegentlich als Hexen und Scharlatane.

Als der Konkurrenzkampf erlosch, bedienten sich die religiösen Führer zunehmend des strukturierten Rituals und der religiösen Zeremonie zur Ausübung ihres sozialen Einflusses und sahen beinahe völlig von der spontanen Eingebung als Mittel ihrer Machtausübung ab. Die Kirchen selbst verlagerten den Akzent auf das Ritual und verdrängten die spirituellen und psychischen Erfahrungen, auf denen ihre Religion begründet war.

Kürzlich diskutierte ich (K. H.) mit dem Religionsphilosophen Dr. Filippo Liverziani, Direktor des Symposiums für das Studium der Philosophie und der Humanwissenschaften in Rom, die Reaktion der modernen Gläubigen angesichts der psychischen Wirklichkeit. Dr. Liverziani sprach im Namen der römisch-katholischen Kirche, der er angehört, und die er als Mitglied zweier päpstlicher Theologiefakultäten in Rom vertrat:

> Der theologische und philosophische Standpunkt der katholischen Kirche hat sich dahingehend entwickelt, daß die Kirche nunmehr die

modernen Wissenschaften, die Kunst und Technik als selbständige Zweige menschlichen Schaffens anerkennen kann. In der Vergangenheit unterstützte die Kirche keine Individuen und Gruppen, die Bereiche erforschen wollten, die sie ihr eigen nannte.

Innere Erfahrung, vor allem wenn sie frei interpretiert wird, kann viele Menschen täuschen. Psychische Phänomene muten wie kleine Wunder und Vorauswissen wie Prophetie an. Viele katholische Priester, Theologen und Philosophen fürchten vielleicht, daß die Distanz zwischen Natur und Übernatürlichem abnimmt, wenn man die menschlichen Fähigkeiten zu ernst nimmt. Es wäre ihnen deswegen lieber, daß unser Verständnis der Natur weiterhin dem Modell der klassischen und traditionellen Physik und nicht dem erweiterten Begriff des Universums folgt, der uns von der Psi-Forschung und der modernen Physik nahegelegt wird und mit einer spirituellen, religiösen und mystischen Vision der Wirklichkeit kompatibler erscheint.

In Wahrheit entpuppen sich jene, die diesen beschränkten religiösen Zugang zur psychischen und mystischen Dimension vertreten, als die besten Verbündeten der positivistischen und materialistischen Wissenschaftler und Gelehrten. Die Angst, die diese Kirchenleute gegenüber der psychischen Erfahrung an den Tag legen, scheint mir eher die Sorge der Eltern um die Gefahren, denen ihr Kind ausgesetzt sein könnte, als die Befürchtung des Führers zu sein, der seine Macht schwinden sieht: doch vielleicht kann man ersteres leichter eingestehen... Jedenfalls widerspricht diese

»menschlich allzu menschliche« Haltung der inneren Logik der christlichen Kirche.

Glaube ist das Gegenteil von menschlicher Angst und Sorge. Außerdem entspricht die freie Forschung in allen Bereichen einer Suche nach Gott selbst. Zu guter Letzt: Ist die Wirklichkeit spirituell, dann muß der Geist jede Wirklichkeitsebene beeinflussen. *Die Wirklichkeit ist kein Haus mit einem materialistischen Erdgeschoß und einer geistigen Beletage.*

Zur Zeit faßt eine neue Haltung in der katholischen Kirche Fuß, vor allem in Verbindung mit dem Zweiten Vatikanischen Konzil. Doch leider schreitet diese Entwicklung sehr langsam fort.

Aufgrund dieses Paradoxes haben viele Menschen von alters her die psychische Realität mit der Religion in Verbindung gebracht, im Schoße der Kirche jedoch nicht die erhoffte Unterstützung und Toleranz gefunden, die ihren psychischen Erlebnissen förderlich gewesen wäre. Das bereitet den Boden für die Sekten und ihre Führer, die sich als religiöse Hirten hochspielen und vorgeben, eine echte Alternative zur Haltung der offiziellen Kirchen darzustellen.

PSI IST KEIN KULTOBJEKT

Wie wir im Ersten Teil sahen, konnte die ausführliche Psi-Forschung aufdecken, daß die psychischen Fähigkeiten einer großen Anzahl, vielleicht sogar allen, zur Verfügung stehen, die mehr darüber erfahren wollen. Die psychische Wahrnehmung scheint eine weitverbreitete, wenn meistens auch nur latent vorhandene menschliche Fähigkeit zu sein. Und wir sind fest davon überzeugt, daß jede seelisch integre Person dieses psychische Potential unter Wahrung der eigenen Selbständigkeit und Freiheit entwickeln kann. Menschen, die ihr Bewußtsein erweitern wollen und trotzdem ausgewogene soziale Beziehungen aufrechterhalten, sind sicherlich besser daran als jene, die sich der von den Sekten in Form eines Selbstbewußtseinstrainings angebotenen geistigen Versklavung unterjochen.

Damit man sich bei der Aufdeckung des psychischen Potentials wohl fühlen kann, muß man erkennen, daß psychische Erfahrungen ein wichtiger, völlig normaler Teil menschlichen Daseins sind. Die Dimension des Psychischen darf nicht zum ausschließlichen Besitz wirrer Okkultisten oder anderer Individuen und Gruppen werden, die sie zweckdienlich entfremden und verzerren.

Verläßliche, exakte wissenschaftliche Informationen über die psychischen Fähigkeiten müssen jedermann zugänglich und erkennbar gemacht werden. Wir werden in den nächsten beiden Kapiteln sehen, daß eine Verbreitung verläßlicher Informationen nicht zu den leichtesten Aufgaben gehört. Filme, Fernsehprogramme und Zeitungsartikel sind vollgestopft mit entstellten Szenen, Bildern und Nachrichten über Psi.

7

PSI IN FILM UND FERNSEHEN: VERHEXT, VERWIRRT UND IRREGEMACHT

Die Darstellung psychischer Fähigkeiten in Film und Fernsehen wird Sie schnellstens davon überzeugen, daß nur seltsame Menschen damit begabt sind und normale Menschen nur unter absonderlichsten Bedingungen Psi erleben. Daraus haben Sie vielleicht irrtümlicherweise geschlossen, daß Psi nur in den wirren Phantasien von Science-fiction-Schriftstellern und entgleisten Fanatikern existiert. Dieser Schluß wäre wohl verständlich, entspräche aber nicht der täglichen Wirklichkeit psychischer Phänomene im Leben vieler Menschen.

PSYCHISCHE KLISCHEES

In Film und Fernsehen nehmen psychische Erlebnisse und Fähigkeiten meist abnormale und erschreckende Konturen an, lähmen jene, die ihnen begegnen, vor Angst, oder eignen sich ansonsten nur für Sonderlinge und Eigenbrötler, wandelnde Tote, Zombies oder Marsmänner. Selbst in den wenigen Komödien, in denen Psi auftaucht, wird es als ungewöhnliche, nicht unbedingt wünschenswerte Fähigkeit porträtiert. In diesen Darstellungen entwickelt man psychische Kräfte nur auf Kosten der Liebesfähigkeit, des Glücks und der Fähigkeit, normale menschliche Beziehungen einzugehen.

Der Film *Meine Braut ist übersinnlich* (1959) ist ein typisches Beispiel dafür. Die Geschichte dreht sich um die Unternehmungen einer fiktiven New Yorker Hexengesellschaft, um psychisch begabte Menschen, die einer geheimen Subkultur unsterblicher Exzentriker angehören. Im Laufe des Films verliebt sich eine von ihnen, eine wunderschöne »Hexe« (die wir lieber als psychisch begabte Person bezeichnen), in einen »Sterblichen«.

Die weibliche Hauptfigur liebt nicht nur zum ersten Male in ihrem langen Leben, sondern verliert aufgrund dieser menschlichen Gefühle sowohl ihre psychischen »Kräfte« als auch ihre Unsterblichkeit. Zu guter Letzt beschließt sie, den Helden zu heiraten und ein irdischeres – angeblich glücklicheres – Leben mit ihm zu führen.

Ähnlich sind die Voraussetzungen der beliebten Fernsehserie *Verhext*. Die Hauptfigur ist eine psychisch begabte, mit einem »Sterblichen« verheiratete Hexe, die inmitten von psychisch unbefähigten Bewohnern eines Vororts lebt. In *Verhext* behält die Hauptfigur ihre psychischen, hauptsächlich telekinetischen Fähigkeiten trotz Heirat und steuert somit die komischsten Verwirrungen in dem sonst monotonen Kleinstadtleben bei. Genau wie in *Meine Braut ist übersinnlich* sind die Verwandten der Hexe in *Verhext* seltsame, aber psychisch begabte Unsterbliche: sie verachten die normalen Sterblichen und leisten sich durch Zauberei so manches Spielchen mit ihnen.

Meine Braut ist übersinnlich und *Verhext* gehören zu den heiteren Behandlungen der psychischen Dimension in Film und Fernsehen. Trotzdem enthalten auch sie viele der negativen Stereotypen, die für die meisten Darstellungen von Psi in den Massenmedien kennzeichnend sind. Diese Klischees haben unleugbar einen großen Einfluß auf die öffentliche Meinung über die psychischen Fähigkeiten.

Beide Hauptdarstellerinnen können ihre psychischen Fähigkeiten nur auf Kosten eines normalen und ungestörten Gesellschaftslebens beibehalten. Sie sind ihren »sterblichen« Mitmenschen gewissermaßen überlegen, begegnen aber so vielen Schwierigkeiten, daß dies jeden vernünftigen Menschen davon abhalten würde, seine psychischen Fähigkeiten zu erforschen.

Wichtiger noch ist, daß diese fiktiven Behandlungen der Psi-Kräfte kategorisch zwischen »psychischen« und »nichtpsychischen« Menschen unterscheiden. Dieser Unterschied mag unterhaltend sein, irreführend und unrealistisch ist er allemal. Beide Geschichten werden von dem Mythos genährt, daß psychische Fähigkeiten ein seltenes Talent, daß derartige Talente unweigerlich mit abweichendem und neurotischem Verhalten verbunden und daß psychisch Begabte wohl gar nicht menschlich sind.

DER AUSSENSEITER

Ähnliche negative Klischees liegen jenen Produktionen zugrunde, die nicht so sehr unsterbliche als vielmehr sterbliche Wesen mit psychischen Erlebnissen und Fähigkeiten darstellen. Da wird Psi als ein außerordentliches und sehr seltenes menschliches Talent verstanden. Jene, die mit Psi begabt sind, unterscheiden sich meist grundlegend von ihren Mitmenschen.

In einigen Filmen, wie *Carrie – des Satans jüngste*

Tochter (1976) und *Scanners* (1981), sind psychische Fähigkeiten Ursache oder Ergebnis schwerwiegender psychologischer Störungen. Carrie ist ein Teenager mit verspäteter Pubertät. Sie ist die einzige Tochter einer unverheirateten, mißhandelnden Mutter, die als wahnsinnige Religionsfanatikerin auftritt. Um die Lage noch zu verschlimmern, versteht sich das Mädchen weder mit Klassenkameraden noch mit den Lehrern und wird häufig Opfer böser Streiche. Zu einem Zeitpunkt, zu dem sie höchsten Verständnisses und großer Unterstützung bedürfte, wird das Mädchen mißhandelt und erfährt nichts als Lieblosigkeit, mangelndes Verständnis und sich selbst als unerwünschtes Element. Ihre Probleme scheinen sich mit dem Höhepunkt des Films zu lösen: In einem Ausbruch unkontrollierter psychokinetischer Kraft setzt Carrie ihre Schule in Brand und tötet ihre Schergen. Und dann benutzt sie dieselbe Kraft, um ihre Mutter und sich selbst umzubringen.

Die offene Aussprache über ihre psychischen Fähigkeiten handelt den fiktiven Charakteren mehrfach Schwierigkeiten mit Menschen ein, die sich vor ihnen fürchten, sie mißverstehen oder ausnützen wollen. In *Scanners* entwickeln zum Beispiele einige Personen (die »Scanner« oder »Radarantennen«) aufgrund eines Mittels, das ihre Mütter während der Schwangerschaft einnahmen, telepathische und psychokinetische Fähigkeiten. Einige von ihnen werden wegen dieser psychischen Kräfte asozial und psychotisch. Erst untersucht eine staatlich eingerichtete Kommission ihre Fähigkeiten, da man sie anwenden möchte. Doch am Ende der Geschichte werden sie von professionellen Killern verfolgt.

Eine der einfallsreichsten filmischen Behandlungen des Themas des »Außenseiters« mit psychischen Erlebnissen und Fähigkeiten ist *Der Tätowierte* (1969) nach dem gleichnamigen Roman von Ray Bradbury. Der Hauptdarsteller, Karl, ein Landstreicher der Wirtschaftsdepression, wird von einer durch die Zeit reisenden Hexe, die seinen Ort und seine Zeit aus der Zukunft besucht, am ganzen Körper tätowiert. Als Felicia, die zur Kategorie der »wunderschönen Hexen« gehört, in die »Zukunft zurückkehrt«, entdeckt Karl, daß die Hautbilder für jene, die darauf starren, lebendig werden und furchterregende Visionen künftiger Ereignisse produzieren. Wegen seiner präkognitiven Hautzeichnungen allmählich verhaßt, wird Karl in die Rolle des Außenseiters gedrängt, den nur noch der kleine Hund liebt, der ihn im Rucksack sitzend begleitet.

Die Suche nach Felicia wird nunmehr zu Karls einzigem Lebenszweck. Er hofft sie zu töten und sich somit an ihr für diesen Fluch zu rächen. Trotz manischer Fixiertheit überrascht Karl durch interessante Einsichten in die Natur der Zeit und der psychischen Prozesse. In einer der besseren Szenen des Films erklärt Karl einem Bekannten, wie er sich einen psychischen Eindruck eines Ortes verschaffen könne, von dem er räumlich und zeitlich entfernt ist. Er sagt seinen Zuschauern, daß sie sich zuerst auf die unmittelbaren Sinneswahrnehmungen – »Du sollst die Hitze um dich riechen« – einstellen und dann dieselben Empfindungen »an einem anderen Ort« erleben sollen. So einsichtig Karl auch sein mag, erscheint er doch als bizarrer und übermenschlicher Charakter, der in einer Szene einen zirpenden Heuschreckenschwarm zum Schweigen bringt, indem er ihnen zuschreit, sie sollten aufhören. Er dominiert psychisch seine Straßenbekanntschaften mit derselben Leichtigkeit.

Der Tätowierte hat aufgrund seiner psychischen Fähigkeit seinen Platz innerhalb der Gesellschaft verloren. Im wesentlichen wird er als seltsame, wahnsinnige und tragische Figur charakterisiert, als gleichzeitig gefährlicher und verbohrter Mann. Man würde dies schwerlich ein leuchtendes Beispiel nennen für jemanden, der seine psychischen Fähigkeiten entwickeln möchte. Noch erscheint das Verhalten der Hexe Felicia nachahmenswert. Bleibt sie doch eine isolierte Figur, deren Gründe für die entsetzliche Bestrafung Karls – eines Unbekannten – niemals aufgedeckt werden.

Solche Filme wecken bei den Zuschauern den Eindruck, daß psychische Fähigkeiten, sofern sie überhaupt existieren, gefährlich sind; jedenfalls aber die Domäne der Science-fiction-Schriftsteller und ihrer wahnwitzigen Figuren bleiben sollten. Kein normaler Mensch würde sich an die Erforschung seiner psychischen Kräfte machen, wenn er befürchten müßte, wie Carrie, die Scanner oder der Tätowierte zu enden.

Ingmar Bergmans jüngster Film, *Fanny und Alexander* (1983), läßt keinen Zweifel daran, daß die Ansicht, psychisch begabte Menschen seien Außenseiter, auch noch im modernen Film weiterlebt. In einer der Schlüsselszenen des Films stellt Ishmael, einer der Charaktere, seine hervorragenden Fernwahrnehmungsfähigkeiten unter Beweis, indem er Alexanders Gedanken liest und den Tod des verhaßten Stiefvaters beschreibt. Ishmael wird in einen Käfig gesperrt, weil seine Familie befürchtet, er sei wahnsinnig und gemeingefährlich.

DAS VERHÄNGNISVOLLE GEHEIMNIS

In der fiktiven Film- und Fernsehwelt wird Psi oft als zerstörerische Kraft im Leben der Menschen porträtiert oder eben als Kraft, mit der die meisten ethisch und seelisch nicht fertig werden. Deswegen beschließen die fiktiven Charaktere – wie das Mädchen aus der Fernsehserie *Girl With Something Extra* (Das Mädchen mit dem kleinen Etwas), der weibliche Geist aus *I Dream of Jeannie* (Jeannie) oder die unsterblichen Hexen aus *Meine Braut ist übersinnlich* und *Verhext* –, ihre psychischen Talente vor den anderen zu verheimlichen.

Fiktive Charaktere, die ihre psychischen Fähigkeiten offen besprechen, werden zu Außenseitern. Dies ist das Geschick der weiblichen Hauptdarstellerin in *Resurrection* (Auferstehung, 1981). In diesem Film, der das Leben einer Frau erzählt, die nach einem Autounfall, der für sie beinahe tödlich geendet hätte, außerordentliche Heilkräfte entwickelt, werden die psychischen Fähigkeiten positiver als je zuvor dargestellt. Der Film entwirft ein wahrheitsgetreues, wenn auch deprimierendes Bild dessen, was passieren kann, wenn man öffentlich zu seinen psychischen Fähigkeiten steht.

Zu Beginn des Films ist die Darstellerin eine normale, glücklich verheiratete Hausfrau, die keine Anzeichen besonderer psychischer Fähigkeiten zeigt. Sie verwandelt sich vor den Augen des Zuschauers in eine Wunderheilerin, zahlt für diese Gabe aber den hohen Preis eines einsamen Lebensabends, den sie in einer isolierten Tankstelle in der Wüste des amerikanischen Südwestens verbringt.

Zwischen diesen beiden extremen Lebensstationen wird sie wegen ihrer Heilkräfte mit Ehrungen überhäuft. Doch ihr Ruhm wird zur unerträglichen Last, da ihr bigotter Freund alle außerhalb der Kirche stattfindenden psychischen Ereignisse als Werk Satans fürchtet. Erst macht er ihr das Leben zur Hölle, und dann versucht er sie umzubringen. Da sie keiner offiziellen

Kirche beitreten möchte, sucht sie am Rande der Gesellschaft Zuflucht. Und dort, isoliert von den Mitmenschen, kann sie, wie Siddhartha an seiner Fähre, ihre psychischen Kräfte weiter ausüben.

ÜBERNATÜRLICHE VERBINDUNGEN

Der Film *Auferstehung* verbindet, wie so viele Produktionen davor, Psi mit dem Glauben an das Übernatürliche und an das Leben nach dem Tode. Man hat sich zwar redlich bemüht, die psychischen Fähigkeiten der Hauptdarstellerin nicht mit einer spezifischen Weltanschauung gleichzusetzen, doch sie steht während des gesamten Films mit ihrem toten Ehemann und ihren Familienangehörigen in psychischem Kontakt.

Die psychischen Fähigkeiten werden laut Filmdrehbuch gern und oft mit dem Übernatürlichen und dem Leben nach dem Tode in Verbindung gebracht. Ein dramatisches Beispiel dafür liefert der Film *Poltergeist* (1982), in dem eine amerikanische Vorortfamilie von bösen Geistern verfolgt wird. Die Familienangehörigen ahnen nicht, daß die neue Siedlung auf einem ehemaligen Friedhof errichtet wurde. Die kleine Tochter wird alsbald von körperlosen Wesen psychisch angesprochen und dann in ein Limbo entführt, das angeblich die Welt der Lebenden von der Unterwelt trennt.

Die verzweifelte Familie ruft schließlich ein berühmtes Medium. Auch diesmal, wie könnte es anders sein, wird das Medium von einer sonderlichen, übergewichtigen und schrill sprechenden alten Frau dargestellt, die Gedanken lesen kann, wie andere die Zeitung. Sie soll die Verbindung zwischen Diesseits und Jenseits herstellen. Höhepunkt des Films ist die Rettung, die weder auf furchterregende Musik noch spezielle Trickeffekte verzichtet. Mutter und Vater schließen endlich ihr vermißtes Kind wieder in die Arme, doch nicht bevor die Moral der Fabel verkündet worden ist: nämlich, daß Psi normale Menschen in größte Schwierigkeiten bringen kann.

Trotz der genialen besonderen Effekte ist und bleibt *Poltergeist* eine typische Hollywoodproduktion, die Psychisches mit einer Welt voller Gespenster, Dämonen, Tod, Spuk, Hexen, Friedhöfen, Vampiren und Sonderlingen, exotischen Kulten und okkulten Ritualen verbindet. In dieser Beziehung unterscheidet sich der Film kaum von Produktionen wie *Nosferatu* (1923), *Dracula* (1931), *Stadt der Verdammten* (1960), *Die Legende des Höllenhauses* (1973), *Der Exorzist* (1973), *Wenn die Gondeln Trauer tragen* (Italien, 1973), *The Amityville Horror* (Schrecken in Amityville, 1979) und einem Dutzend anderer. Die Qualität der Filme mag oft fraglich sein, doch es gelingt ihnen hervorragend, die Zuschauer von einer näheren Erforschung psychischer Erfahrungen und Fähigkeiten sowie allem, was mit diesem Thema zusammenhängt, abzuschrecken.

Im Falle des *Schreckens von Amityville* ließ man das Publikum glauben, sowohl der Film als auch die Buchvorlage seien auf Tatsachen begründet. In einem wissenschaftlichen Blatt wurde unlängst eine hervorragende Studie der faktischen Ungereimtheiten in der Geschichte und der Widersprüche zwischen den berichteten Ereignissen in Amityville und den amtlichen Aufzeichnungen der Gewitter und anderer überprüfbarer

Daten veröffentlicht.[1] Autor der Studie ist Dr. Robert Morris, Psychologe und Psi-Forscher, der gegenwärtig am Informatikinstitut der Syracuse-Universität arbeitet.

Dr. Morris' Studie bewies, daß viele der angeblich wahren Begebenheiten entweder nicht in Amityville passiert waren oder aber durch andere Behauptungen des Buches und des Films widerlegt wurden. Da ich (K.H.) mit den Ereignissen, die dem Film als Vorlage dienten, vertraut bin, überraschen mich Morris' Schlußfolgerungen keineswegs.

Ich hatte erstmals von dem Amityville-Fall gehört, als ich noch für die Psychical Research Foundation in Durham arbeitete. Eines der betroffenen Familienmitglieder hatte die Gesellschaft gebeten, die Ereignisse in Amityville zu untersuchen. Bevor wir nichts Konkreteres in Händen hielten, scheuten wir vor einer so langen und kostspieligen Anreise zurück. Wir brauchten einen verläßlichen, unparteiischen Zeugen. Zum Glück studierte einer meiner besten Freunde, Georg Kokoris, zu jener Zeit an der State University of New York in Stony Brook nahe bei Amityville.

George ist hochbegabt, sehr humorvoll und besitzt eine gehörige Portion gesunden Menschenverstandes. Er interessierte sich seit langem für die Psi-Forschung und hatte sich mehrmals als verläßlicher Versuchsleiter ausgezeichnet. Unlängst reichte er seine Dissertation über Neurologie an der University of Michigan ein und widmet sich nunmehr der Gehirnforschung am Mt. Sinai Medical Center in New York. Ich schlug der Psychical Research Foundation vor, daß man George damit beauftrage, sich die Ereignisse in Amityville näher anzusehen. Dies erwies sich als rettender Gedanke und George berichtete wenig später:

Ein Anruf von der Psychical Research Foundation verwickelte mich in den »Horror von Amityville«, von dem ich zu diesem Zeitpunkt erstmals hörte. Man bat mich, die betroffenen Personen zu interviewen, um festzustellen, ob sich eine großangelegte Untersuchung lohne. Ich sprach noch am selben Abend mit George Lutz, dem Vater der verängstigten Familie. Panik klang in seiner Stimme mit, und er sah sich genötigt, mich vor dem Risiko zu warnen, das ich durch meine Beteiligung an der Sache einging. Dennoch wünschte er nichts mehr, als seine Geschichte loszuwerden. Wir verabredeten uns für den nächsten Tag.

Ich traf George und Kathleen Lutz in einem Wohnwagen im Garten vor ihrem verlassenen Haus, das sie unter keinen Umständen mehr betreten wollten. Die Angst stand ihnen ins Gesicht geschrieben, doch sie bemühten sich sehr, auf mich einen ruhigen und gelassenen Eindruck zu machen. Es lag ihnen anscheinend sehr daran, weder einfältig noch abergläubisch zu wirken.

Was ich in den nächsten zwei Stunden zu hören bekam, klang nicht sehr beeindruckend, sieht man von einigen Manifestationen der *Poltergeist*-Art ab. Gewiß ähnelte es mitnichten der »Monster- und Schreckensgeschichte«, die Buch und Film daraus woben.

Die Erzählung des Ehepaares war jedoch psychologisch sehr dramatisch aufgemacht. Falls überhaupt etwas bemerkbar war, so auf der Ebene minimaler Persönlichkeitsveränderungen, kleinster Verschiebungen in den Gewohnheiten und Glaubensinhalten. Warum kauften sie das

> Haus, obwohl sie seine Geschichte kannten? Warum erzählten sie ihren Kindern furchterregende Einzelheiten des Mordes, der einige Jahre zuvor an dieser Stelle verübt worden war? Warum bemühten sie sich gerade zu einem Zeitpunkt um Beratung, als sie es taten? Verliefen die Änderungen, die beide bei sich und ihren Freunden feststellten, nach einem bestimmten Muster?

Aufgrund von George Kokoris' Untersuchung und präzisem Bericht beschlossen wir, uns mit dem Amityvillefall nicht weiter zu befassen, zu Recht, wie sich zeigen sollte. Denn das Haus in Amityville wurde – so George – zum Zentrum sorgfältig inszenierter Nebenvorstellungen, komplett mit Fernsehreportern, die die »Sitzungen« filmten, während die Anwesenden in massenhysterische Zuckungen verfielen. Er beschloß, die Finger von dem Fall zu lassen:

> Über das, was nunmehr in Amityville stattfand, war ich traurig und verärgert, und so beschloß ich, die Untersuchung einzustellen. Traurig war ich über den Verlust einer einmaligen Gelegenheit, ein vielleicht aufschlußreiches, *psychologisches* Phänomen zu erforschen; während mich die Schäbigkeit und Dummheit, die die ganze Situation so leicht, umfassend und leider auch voraussehbar umgaben, verärgerten.
>
> Ähnliche Gefühle kamen zwei Jahr später nochmals in mir hoch, als mir George Lutz am Telefon Autorenhonorar und -anteil am Verkauf anbot, falls ich ihm bei der geplanten Fortsetzung des *Horrors von Amityville* helfe. Das Buch sollte die Schicksale all jener beschreiben, die an dem

> Amityville-Falle beteiligt gewesen waren. Während ich zögerte, dachte ich an eine dieser Personen – an einen Journalisten, der mir anvertraut hatte: »Sie wissen doch, daß die Leutchen schon einen Filmvertrag abgeschlossen haben.«

Horror verkauft sich gut. Je schrecklicher, absonderlicher und furchterregender das auch nur entfernt mit einer psychischen Erfahrung verwandte Erlebnis dargestellt werden kann, desto länger die Schlangen an den Kinokassen. Folglich haben sich weder Drehbuchautoren noch Regisseure dazu durchringen können, die psychischen Phänomene als eine nüchterne Fähigkeit der Informationsverarbeitung darzustellen. Fünf Pfennig mehr, aber gruslig muß es sein, lautet die Devise.

Eine allgemein verbreitete, jedem Sterblichen zugängliche Fähigkeit, die mit Psychosen, Mord und dem Übernatürlichen genausowenig zu tun hat wie die fünf Sinne mit dem Gedächtnis, ist weder sensationell noch gewinnbringend. Also her mit der Sensation: das Publikum wird unterhalten, damit man es schröpfen kann.

Doch diese Art Unterhaltung kostet wesentlich mehr als den Eintrittskartenpreis. Der Verlust psychischer Erfahrungen und Fähigkeiten, die unser aller Leben ungemein bereichern könnten, ist der hohe Preis, den wir für jene Verwirrung und Angst bezahlen, die diese verzerrten Darstellungen schüren.

DER AUSSERIRDISCHE

Bei Film- und Fernsehproduzenten sind nicht nur die Kombinationen Psi und Eigenbrötler, Unsterblicher oder Überirdischer, sondern auch Psi und der Außerirdische sehr beliebt. In jüngsten Produktionen, wie etwa dem Fernsehfilm *The Man with the Power* (Der Mann mit der Kraft, 1977) und der letzthin abgedrehten Serie *The Powers of Matthew Star* (Die Kräfte des Matthias Star), haben die Helden ihre psychischen Kräfte von ihren außerirdischen Eltern geerbt. In anderen Filmen entwickeln die Menschen erst im Kontakt mit einigen Außerirdischen oder den Überlebenden einer außerirdischen Zivilisation psychische Fähigkeiten.

Der Klassiker *Alarm im Weltall* (1956), eine Sciencefiction-Version von Shakespeares *Der Sturm*, gehört dazu: Irdische Raumforscher entdecken in einer entfernten Welt die Reste einer außerirdischen Zivilisation und erfahren, daß sich diese Zivilisation – der Krell – in einer einzigen unheilvollen Nacht zerstört hat. Diese Außerirdischen hatten anscheinend starke psychokinetische Fähigkeiten entwickelt und sich eines Nachts durch den psychokinetischen Ausbruch der untereinander unbewußt gehegten Haßgefühle ermordet.

Den irdischen Forschern aus *Alarm im Weltall* wäre beinahe dasselbe Geschick beschieden, als sich einer der Wissenschaftler von einem befremdenden Apparat geistig aufladen läßt. Dies entfesselt seine eigenen psychokinetischen »Es-Monster«, die seine Kameraden verfolgen. Er läßt dennoch seine Freunde fliehen und rettet heldenhaft die Menschheit, indem er sich und den Planeten des Unheils in die All-Luft jagt.

In anderen Filmen und Fernsehproduktionen besitzen nur die Außerirdischen die von den Menschen vielbewunderten »fremden« Psi-Talente. Mr. Spock, der halbaußerirdische Offizier des Raumschiffs *Star Trek* (Kinofilme 1979 und 1982, frühere Fernsehserie), ist telepathisch hoch begabt, jedoch gefühlskalt und unfähig, mit Liebe und anderen menschlichen Emotionen fertig zu werden. Die in *Star Trek* auftretenden außerirdischen Charaktere zeichnen sich alle durch beeindruckende psychische Fähigkeiten aus, wobei nur ganz wenige Menschen einen Bruchteil dieser Fähigkeiten entwickeln können. Dasselbe Muster finden wir in den Fernsehserien *Mork and Mindy* sowie *My Favorite Martian* (Geliebter Marsmensch) und den Filmen *Krieg der Sterne* (1977), *Superman* (1978), *E. T.* (1982) sowie *Unheimliche Begegnung der dritten Art* (1977) vor.

Die *Unheimliche Begegnung der dritten Art* ist ein hervorragendes Beispiel einer fiktiven Verarbeitung der Reaktion von Menschen auf die erste psychische Erfahrung. Die Hauptcharaktere des Films empfangen telepathische Mitteilungen von außerirdischen Wesen, deren Raumschiffe sie beim irdischen Rundflug entdecken. Plötzlich sind sie von dem Wunsch besessen, mit diesen außerirdischen Besuchern an einem geheimen Ort zusammenzutreffen, und verhalten sich in den Augen ihrer Mitmenschen – und des Zuschauers – völlig irrational. So baut der Held des Films nun unablässig an einem Müllberg in seinem Wohnzimmer. Der Film endet ausnahmsweise positiv: die Hauptcharaktere entdecken, daß ihre anscheinend telepathischen Eindrücke über die Beschaffenheit außerirdischer Wesen echt waren.

DER WILDE

Den Film- und Fernsehhelden werden psychische Erfahrungen mitunter durch engen Kontakt mit primitiven Kulturen zuteil, so zum Beispiel in dem Film *The Last Wave* (Die letzte Welle, 1977) und der Fernsehserie *Kung Fu*.

Der Held von Kung Fu ist ein eurasischer Priester, der Ende des letzten Jahrhunderts von Kindheit an die Philosophie und Kampfkunst einer alten buddhistischen Sekte erlernt. Nach Beendigung dieses nützlichen Trainings wandert er in den entwicklungsfreudigen Westen Nordamerikas aus.

Dieser im Zweikampf unschlagbare Priester setzt gern und oft seine intuitiven Fähigkeiten ein. Ihn suchen häufig präkognitive, hellseherische und telepathische Visionen heim. Einen gelegentlich rein psychisch auftretenden Dämon unterjocht er genauso erfolgreich, wie er einen betrunkenen Schläger mit einem eleganten Sprung und Schlag außer Gefecht setzt. Wie so viele psychisch begabte Charaktere in Film und Fernsehen fristet auch der Held von *Kung Fu* am Rande der Gesellschaft, als »einsamer Wanderer«, seine quasi enthaltsame Existenz – ein teurer Preis, den man für die Entwicklung der psychischen Fähigkeiten zahlen muß!

In dem australischen Film *The Last Wave* (Die letzte Welle) wird der Held nach seiner Begegnung mit einem Eingeborenenstamm, der die alte Stammesmagie im modernen Australien wiederbelebt, von seltsamen Zukunftsvisionen, phantastischen Träumen sowie anderen psychischen Ereignissen heimgesucht. Bis zum Ende des Films haben diese Erlebnisse den Helden so zermürbt, daß er an einem Strand stehend das Ende der Welt zu erleben meint.

DIE TODESSPUR

All die Film- und Fernsehcharaktere, die zum erstenmal mit Psi in Berührung kommen, wünschen sich zum Ende, dies sei nur ein schlechter Alptraum gewesen. In

Filmen wie *The Reincarnation of Peter Proud* (Die Reinkarnation des Peter Proud, 1975), *Die Augen der Laura Mars* (1978) und *The Psychic* (Italien, 1978) bringen die psychischen Erfahrungen das seelische Gleichgewicht der Hauptdarsteller ins Wanken. Kein Wunder – in allen drei Fällen sehen sie entweder Mord oder Totschlag voraus.

Die fiktiven Charaktere benutzen oft und gern ihre Psi-Kräfte, um gehaßte Gestalten ins Jenseits zu befördern. In *Svengali* (1931) lenkt der Hauptdarsteller um seiner dunklen Machenschaften willen aus der Ferne die Gehirne seiner Zeitgenossen.

In einem jüngeren Film, *The Colossus of New York* (Der Koloß von New York, 1958), entwickelt der Held, ein erfolgreicher Wissenschaftler, nach einem Lastwagenunfall »außersinnliche« Superkräfte, als man sein Gehirn – um ihn zu retten – in einen riesigen Roboter verpflanzt. Unseligerweise entpuppt sich der ehemals idealistische Forscher nunmehr im Metallgewande als schrecklicher Mörder, der dank seiner unfehlbaren Fernwahrnehmungen jedes Opfer aufspürt. Natürlich wird das Koloß letztlich in klassischem Horrorfilmstil niedergestreckt.

In seltenen Fällen erfreuen sich die fiktiven Charaktere psychischer Eindrücke, die nicht direkt mit Schandtaten oder Ferneinwirkungen auf ihr Denken verbunden sind. Meist werden jedoch selbst diese Eindrücke als sonderbare Ereignisse dargestellt, die im Leben eines Jedermann nie auftreten würden.

Ein Beispiel dafür liefert der Film *An einem klaren Tag kannst du die Ewigkeit sehen* (1970). Nach einer Hypnose, die ihr das Rauchen abgewöhnen sollte, wird die Heldin plötzlich von psychischen Eindrücken und Erinnerungen an frühere Leben überflutet. Diese musikalische Komödie neueren Datums übernimmt genauso unkritisch die Gleichsetzung der psychischen Fähigkeiten und Erfahrungen mit dem Leben nach dem Tode, dem Übernatürlichen und den ungewöhnlichen Bewußtseinszuständen, die zur Verarbeitung psychischer Informationen gar nicht nötig sind.

VERÄNDERTE BEWUSSTSEINSZUSTÄNDE

Wenn psychische Mechanismen kategorisch mit hypnotischen oder anderen absonderlichen Bewußtseinsveränderungen gleichgesetzt werden, dann kommt dies einem Rückfall in mesmerische Zeiten gleich, der selbst sowjetische Forscher beschämen würde. Leider sind dies noch immer die Hauptmerkmale, die die Rolle des Mediums charakterisieren.

Der Held der Fernsehserie *Der sechste Sinn*, ein psychischer Detektiv und Psi-Forscher zugleich, hypnotisiert sich beispielsweise regelmäßig durch den Anblick einer gestreift-metallisierenden Spirale, die seine Bürowand schmückt. In Trance hat er dann jene intuitiven Eindrücke, dank derer er die Verbrechen und Geheimnisse auflöst. Man würde den armen Charakter wohl seiner psychischen Mannbarkeit berauben, wenn jemand sich mit der Spirale unter dem Arm auf und davon machte.

DAS SUPERLABOR

Selbst die in den Serien wie *Der sechste Sinn* oder Filmen wie *Die Reinkarnation des Peter Proud* und *Auferstehung* dargestellten Psi-Labors gehen meilenweit an der Wirklichkeit vorbei. In diesen dramatisch ausstaffierten fiktiven Räumlichkeiten schießen psychische Ereignisse wie Pilze aus dem Boden. Die Wirklichkeit ist viel prosaischer.

Die meisten Psi-Forscher wähnen sich äußerst glücklich, ihre Forschung ein Jahr im voraus planen zu können. Sie führen ihre äußerst sorgfältig und vorsichtig angeordneten Versuche unter strengsten Kontrollbedingungen durch. Es ist nicht ungewöhnlich, daß ein Psi-Forscher monatelang arbeiten muß, um eine einzige Versuchsreihe vom Plan über Durchführung, Analyse und Interpretation der Ergebnisse durchzuziehen.

SPASS BEISEITE!

Einzeln genommen, könnte man die hier angeführten fiktiven Behandlungen der psychischen Funktionen als unterhaltsame Charakterstudien ansehen. Daran wäre nichts auszusetzen, wenn die psychischen Fähigkeiten tatsächlich nur im Kopf der Drehbuchautoren existierten oder sich die psychisch Begabten in Wirklichkeit wie die Film- und Fernsehgestalten verhielten.

Alles in allem konstituieren diese Fernseh- und Filmporträts der psychischen Fähigkeiten und der psychisch begabten Personen eine unübersehbare Masse an Vorurteilen, die sich vor einem Hintergrund unzeitgemäßer Ammenmärchen und Irrtümer über Ursprung und Wirkung psychischer Erfahrungen und Fähigkeiten abhebt. Diese fiktiven Darstellungen entfernen sich genauso weit vom psychischen Alltag wie etwa die Fernsehshow *Amos and Andy* oder die Filme *Die Geburt einer Nation* (1915) oder *Shaft* (1971) von der täglichen Erfahrung eines schwarzen Amerikaners abweichen.

Wir hoffen, daß psychische Erfahrungen künftig realistischer und vorurteilsfreier in Film und Fernsehen dargestellt werden. Daß dies nicht unmöglich ist und sogar sehr unterhaltend sein kann, beweist die Fernsehserie *Trapper John M. D.* (Dr. med. John Trapper). In dieser Episode wird ein erfolgreicher Chirurg plötzlich von Zukunftseindrücken über anstehende Operationen, Autounfälle und dergleichen heimgesucht.

Zuerst fällt es ihm ungemein schwer, die Bedeutung dieser Erfahrungen für sein Selbstverständnis, seine Arbeit und seine Beziehung zu anderen zu ergründen. Er lebt unter dem Eindruck, daß nur Sonderlinge psychische Erfahrungen und Fähigkeiten hätten. Das, was wir früher geistiges Rauschen nannten, verhindert außerdem eine korrekte Interpretation seiner geistigen Eindrücke.

Einige Kollegen versuchen seine Fähigkeiten auszunutzen, indem sie ihn bitten, die Gewinner der Pferdewettrennen oder ihre eigene Zukunft vorauszusagen. Andere wollen nicht glauben, daß es derartige Fähigkeiten gibt. Dennoch stehen ihm seine engsten Freunde und Mitarbeiter, für die seine Psi-Kräfte nichts Absonderliches sind, rührend und verständnisvoll bei. Letztlich gelangt er zu der Überzeugung, daß seine psychischen Eindrücke »nur« eine zusätzliche und möglicherweise sehr nützliche Informationsquelle darstellen. Er erkennt dabei, daß seine psychischen Erfahrungen aus ihm keinen Wurzelmann machen und sein Selbstwertgefühl nicht verletzen.

Leider werden die psychischen Erfahrungen und Fähigkeiten dieser Film- und Fernsehporträts der dramatischen Pointe willen übermäßig übertrieben und zugespitzt. Folglich fällt es den Zuschauern unerhört schwer, zwischen möglichen und unmöglichen psychischen Begebenheiten zu unterscheiden.

VORURTEILE UND IHRE NEGATIVEN FOLGEN

Die psychischen Fähigkeiten werden in Film und Fernsehen meist derart extrapoliert, daß die Zuschauer den Eindruck gewinnen, sie könnten nur in der Phantasie und der Science-fiction-Welt existieren. Das Publikum läßt sich nicht so leicht etwas vormachen. Nur hat dies zur Folge, daß daraufhin die Möglichkeit tatsächlicher psychischer Phänomene überhaupt in Frage gestellt wird – man schüttet sozusagen das Kind mit dem Bade aus.

Diese fiktiven Bilder schüchtern oft selbst jene ein, die wirkliche psychische Erfahrungen machen. Sie gelangen nämlich zu dem Glauben, daß ihre eigenen Fähigkeiten nicht so beeindruckend seien, daß man sie ernst nehmen müßte. Andere werden vielleicht befürchten, daß sich ihre psychischen Eindrücke alsbald verselbständigen und sie überwältigen werden, wie es bei fiktiven Charakteren regelmäßig der Fall ist. Manchen wird schließlich davor angst und bange sein, daß ihre Freunde und Bekannten das Bekenntnis psychischer Erfahrungen wie die Offenbarung praktizierten Vampirismus begrüßen werden. Und sie befürchten wohl zu Recht, daß man sie mit jenen negativen Bildern und Vorurteilen identifizieren wird, die man von Film und Fernsehen her kennt, um daraus zu schließen, daß sie verrückt geworden sind.

Manche Leute werden von der Film- und Fernsehwirklichkeit so stark beeinflußt, daß sie, sollten sie je eine psychische Erfahrung machen, plötzlich von sich selbst in denselben übertriebenen Kategorien dächten, die sie von den vermeintlichen Medien ihrer fiktiven Welt her gewohnt sind. Wer vor die Wahl gestellt wird, sich entweder als *verrückt* oder *außergewöhnlich* zu betrachten, wird wohl letzteres bevorzugen. Im Anschluß daran werden sie vielleicht ein so seltsames Verhalten an den Tag legen, daß sie sich fürwahr ihrer Mitmenschen entfremden und sie in dem falschen Glauben bestärken, psychische Fähigkeiten gingen immer mit abnormalem Verhalten einher. Viele Menschen werden also davon absehen, ihre psychischen Fähigkeiten zu erforschen oder sich selbst und anderen ein Interesse an den Psi-Phänomen einzugestehen, weil sie weder als verrückt noch seltsam erscheinen wollen.

Allen Vorurteilen zum Trotz sind die psychischen Erfahrungen und Fähigkeiten weder abnormal noch außergewöhnlich. Sie gehören zu den menschlichen Alltagserlebnissen wie Schlaf, Essen und Sex und können mindestens genauso erfreulich und angenehm sein.

Psychische Phänomene nehmen anscheinend einen großen Raum in den Gedanken unserer Zeitgenossen ein, geben wir doch jedes Jahr Hunderte von Millionen Dollar dafür aus, Filme wie die eben erwähnten anzusehen. Die Millionenscharen, die sich modernen Sekten anschließen, stellen einen weiteren Beweis – falls es dessen noch bedarf – für das große Interesse an psychischen Erfahrungen und Fähigkeiten, das unsere Gesellschaft nicht aufzufangen und zu befriedigen vermag.

Die meisten von uns haben mindestens eine psychische Erfahrung gehabt, für die wir gerne eine intellektuelle Erklärung fänden. Sollte es Ihnen gelingen, in entspannter Atmosphäre mit Ihren Freunden über Ihre eigenen Erfahrungen zu sprechen, würden Sie sich sicherlich wundern, wie vielen von ihnen ähnliches widerfuhr. Sollten Sie selbst daran zweifeln, wäre es ratsam, daß Sie Ihre besseren Freunde und Bekannten einmal fragen, ob sie psychische Erfahrungen gesammelt haben. Höchstwahrscheinlich werden sie angeregt aus ihrem eigenen Leben plaudern und Sie dann nach Ihren Erfahrungen fragen.

In einer Gesellschaft, die meist nur hirnverbrannte Beiträge zu diesem Thema liefert, sehnen sich die Leute nach exakten Informationen über Psi-Phänomene. Unseligerweise werden sie sich meist auf alles stürzen, was sich einen objektiven Anschein gibt, was schwindlerische Behauptungen gewisser Sektenführer und verzerrte Film- und Fernsehbilder mit einschließt.

Es wäre grundfalsch, dieses Interesse als morbide Beschäftigung mit dem Unbekannten abzustempeln. In Wahrheit interessieren sich die meisten Menschen für die Psi-Erfahrungen, weil ihnen dergleichen tagtäglich widerfährt.

8

PSI IN DEN SCHLAGZEILEN: DAS ZWISCHENREICH

Film und Fernsehen sind nicht die einzigen Massenmedien, in denen es zu einer verzerrten Darstellung des Psychischen kommt. Was allerorten als faktische Berichterstattung über psychische Ereignisse und die Psi-Forschung auftritt, läßt sich von fiktiven Ausschmükkungen meist kaum unterscheiden. Wenn Zeitungsartikel über die Psi-Forschung mit Berichten über Fliegende Untertassen, das Bermudadreieck und die geheime Kraft der Pyramiden aufgebauscht werden, wird es so manchem schwerfallen, psychische Phänomene ernst zu nehmen.

DAS DILEMMA DES BERICHTERSTATTERS

Journalisten, Leitartikler und Fernsehproduzenten sind mit denselben Vorurteilen und Mythen aufgewachsen wie wir. Ihnen liegt nichts ferner, als leichtgläubig und einfältig erscheinen zu wollen; tatsächlich legen sie Wert auf intellektuelle Glaubwürdigkeit. Ihr professioneller Leumund wächst, wenn sie den Eindruck eines einsichtigen, vernünftigen und unparteiischen Berichterstatters machen.

Journalisten, die sich um bedeutende Untersuchungen und wissenschaftliche Aufträge bewerben, sind um Objektivität bemüht. Wenn sie über psychische Ereignisse schreiben, befinden sie sich in einer Zwickmühle. Sie müssen sich bemühen, Dinge zu erklären, die in den Augen anderer unerklärbar sind.

Im Nachrichtengeschäft ist die Behauptung, man habe ein wirkliches psychisches Ereignis beobachtet, genauso verfänglich, als wolle man zum besten geben, der Verwandlung des Großvaters in einen Werwolf zugesehen zu haben. Sie werden lieber auf derartige Feststellungen verzichten, wenn sie nicht harte Fakten dafür in Händen hielten. Mit einem Bericht über Psi läßt sich schwerlich ein Pulitzer-Preis gewinnen.

Der Journalist wird sich demnach auf sichererem Boden wähnen, sobald er seinem Bericht eine Dosis gesunder Skepsis beimengt. In Sicherheit hat er sich vollends gebracht, wenn er seinem Artikel über psychische Phänomene und Prozesse einen kontroversen Anstrich gibt. Kontroversen liefern bessere Schlagzeilen, würzen die Schreibe und bieten dem ehrgeizigen Aufsteiger das beste Rampenlicht für seinen professionellen Skeptizismus. Indem er sich aus der Kontroverse heraushält, liefert der Journalist ein glänzendes Beispiel unparteiischer Berichterstattung, und schließlich verkaufen sich Kontroversen am besten.

Wir können in allen Ehren sagen, daß wir von der Integrität der Journalisten überzeugt sind und daß sie aufreißerische Schlagzeilen genauso verabscheuen wie wir – obwohl mir ein befreundeter berühmter Radioreporter, dem ich (K. H.) dies klarzumachen versuchte, lachend erwiderte: »Blut macht immer Schlagzeilen.« Während ich dies niederschreibe, erklingt Paul Harveys vertraute Stimme im Radio. Er gibt der staunend lauschenden Nation seinen allabendlichen Nachrichtenkommentar zum besten. Die wichtigste Nachricht des Tages liefert die minutiöse Beschreibung des Unglücks einer Frau, die im Mittelwesten von einem wildgewordenen Zirkuselefanten niedergetrampelt wurde: »Und nun in Kürze...«, fährt er fort.

Selbst dem Journalisten, der sich um eine wahrheitsgetreue Reportage über die psychischen Prozesse und Mechanismen sowie die Psi-Forschung bemühte und dem moralische Integrität Ehrensache ist, wird es zuweilen schwerfallen, zwischen seriösen Forschern und schrulligen Käuzen zu unterscheiden.

QUACKSALBER & CO.

Die Psi-Forschung zieht Unmengen verunsicherter Individuen auf Identitätssuche sowie eine gehörige Anzahl Scharlatane an, die den populären Aberglauben in Sachen Psi vorsätzlich ausnutzen. Diese Leute wissen die seriöse Forschung und die Feinheiten psychischer Fähigkeiten genausowenig zu schätzen wie die meisten Punks eine Oper. Doch sie erregen soviel Aufsehen, daß kein Reporter sie mehr ignorieren kann.

Einer objektiven Dokumentation verpflichtete Journalisten werden unter Umständen mit Sonderlingen und Angebern zusammentreffen, die sich als Spezialisten der verschiedensten Psi-Bereiche ausgeben. Sie werden schwer neurotisch, psychotisch und anderswie gestörten Menschen, Sektenführern und ähnlichen Schwindlern begegnen, die die wildesten Behauptungen über ihre angeblich psychischen Fähigkeiten und Erfahrungen in die Welt setzen.

Sektenführer, wie die oben beschriebenen, bedienen sich der Nachrichtenmedien als einem persönlichen Sprachrohr. Jim Jones war ein lebendiges Beispiel dafür. Durch geschickt geplante und inszenierte Veranstaltungen, die Schlagzeilen machen würden, spielte er sich in San Francisco zum Tagesgespräch und zur öffentlichen Figur hoch. Als sich Walter Mondale während seines Wahlkampfes als Vizepräsident-Kandidat den Wählern in San Francisco vorstellte, zogen er und Jim Jones im gecharterten Helikopter weite Schleifen über der Stadt.

Als sich Jones als mieser Sektenführer entlarvte, der unter anderem die Unwissenheit seiner Anhänger über psychische Fähigkeiten ausnutzte, geschah dies unter dem wachsamen Auge der Presse. Obwohl kein Reporter zu dem »Peoples Temple« Zutritt hatte, um Jones' Darbietungen in persona zu genießen, gelang es den Journalisten dank anderer Quellen dennoch, über sein Tun und Lassen zu unterrichten.

Die Gerüchte wurden tragischerweise durch die Geschehnisse in Guyana bestätigt. Wen wundert's, daß es denselben Journalisten – bäte man sie später, einem wirklichen psychischen Ereignis beizuwohnen – schwerfiele, sich nicht an Jim Jones und andere Sektenführer zu erinnern? Man kann ihnen ihre Skepsis nicht verübeln.

Die Welt wimmelt von falschen Wahrsagern, selbsternannten Medien, fingierten Dämonologen und geldgierigen Okkultisten, die sich als Psi-Experten ausgeben und viel Geld dabei kassieren. Diese Schwindler nützen den eingesessenen Aberglauben aus, indem sie ihrem Publikum alles vorführen, wofür es zu zahlen bereit ist.

Diese Scharlatane sind im wahrsten Sinne schlagzeilengeil, weil ihnen dies kostenlose Reklame und einen Anschein der Glaubwürdigkeit einspielt, der wiederum neue ahnungslose Opfer anzieht. In seinem Bericht über den Amityville-Fall (siehe 7. Kapitel) schreibt George Kokoris über zwei derartige Schlagzeilenjäger, die er an Ort und Stelle antraf:

> In gewissen Kreisen waren sie berühmt für ihre angeblichen »Spuk«-Exorzismen, ihre goldenen Ratschläge für den Umgang mit Dämonen sowie ihre ausgetüftelte Public Relations. Ich wunderte mich, wieso sie gerade hier waren, bemerkte aber zugleich, daß ich mich genauso hätte fragen können, warum die Geier schon im Baum hockten, bevor der Löwe von der Gazelle abläßt.

Leute mit schweren seelischen Problemen gebärden sich gerne als Medien mitsamt all jenen Persönlichkeitsticks, die sie dank des guten Beispiels von Film und Fernsehen damit assoziieren. Die selbstgewählte Rolle bewahrt sie vor einer schmerzhaften Konfrontation mit ihren wirklichen Problemen.

Und somit können sie die Schwierigkeiten in ihren zwischenmenschlichen Beziehungen darauf zurückführen, daß sie »besondere« Individuen, von der »unbewußteren« Umwelt verkannte und mißverstandene »Psychics« sind. Da ihnen sehr daran liegt, ihre Wahnvorstellungen zu pflegen, werden sie mitunter zu übertriebenen Behauptungen in der Presse hingerissen, was ihnen die öffentliche Aufmerksamkeit sichert.

Menschen mit authentischen psychischen Erlebnissen, die ihnen keine seelischen oder sozialen Schwierigkeiten bereiten, werden kaum daran interessiert sein, die Aufmerksamkeit der Presse auf sich zu lenken. Viele von ihnen wären unangenehm überrascht, wollte man sie »Psychics« nennen, weil für sie die eigenen intuitiven Fähigkeiten nichts Außergewöhnliches sind. Diese wahren psychischen Phänomene gehen in einer Welt stereotyper Vorstellungen und einer Welt voller Menschen unter, die diesen stereotypen Erwartungen entsprechen wollen, um ihre Unfähigkeit zu kaschieren, mit der wirklichen Welt fertig zu werden.

Daß Individuen, die den Ruf genießen, im Labor psychische Fähigkeiten bewußt einsetzen zu können, mitunter im Umgang als labile, schwierige, unehrliche und unzuverlässige Zeitgenossen gelten, verkompliziert die Sache für Nachrichtenmedien und Psi-Forscher ganz erheblich. Es gab Medien, die keinen Betrug scheuten, sofern sie sich in Sicherheit wiegten. Diesen Leuten ist weniger an genauer Forschung als an Vermarktung ihrer Person gelegen, und sie werden die Psi-Forschung nur dazu benutzen, um ihre brüchigen Fassaden und ihren schlechten Ruf zu retten. Diese Spezies ist für die Presse und die Forscher noch viel gefährlicher als die offensichtlicher Selbsttäuschung hingegebenen Pseudomedien, die einen großen Bogen um jegliches Psi-Labor schlagen. Zuweilen wird eine psychisch begabte Person aus innerem Selbstbestätigungsdrang heraus die Aufmerksamkeit der Presse und der Psi-Forscher auf sich lenken wollen. Sie wird sich als außerordentlich begabtes Medium ausgeben, obwohl ihre Psi-Fähigkeiten oft nicht jene anderer übertreffen, die mit großem Interesse an wissenschaftlichen Versuchen teilnehmen.

Menschen, die sich ausschließlich in ihrer Rolle als Medium gefallen, sind meist äußerst publicitysüchtig. Ihr extremes Bedürfnis nach Einzigartigkeit wird sie mitunter zu der Behauptung hinreißen, es gäbe nur eine

Handvoll erlesener Adepten, die die hohe Kunst psychischer Wahrnehmung beherrschten.

Da derartige Behauptungen den populären Vorurteilen genau entsprechen, sind jene es, die Schlagzeilen machen. Dieses Gebaren erinnert an Rehböcke, die ihren Einstand markieren und durch Drohgebärden und Scheinangriffe verteidigen. Genauso sichern diese verunsicherten Menschen ihren Einstand, obwohl niemand ihnen ihr Scheinreich streitig macht.

Zum Glück sind die meisten Personen, die an fundierten wissenschaftlichen Versuchen teilnehmen, stabile, glückliche Menschen, die ihr psychisches Potential erforschen wollen und sich ernsthaft für diesen Bereich menschlichen Wissens interessieren. Und sie werden kaum an Ihnen mit Anstecker vorbeimarschieren, auf dem es heißt: »Küß mich, ich kann hellsehen!«

Bei seelisch stabileren Menschen kann man im Labor mit verläßlicheren Ergebnissen rechnen. Sie sind es gewohnt, interessante Aufgaben mit viel Erfolg zu lösen. Da sie kaum einen Mißerfolg befürchten, wird man von ihnen nicht erwarten müssen, daß sie sich verspannen und somit psychisch steif werden.

Fähige Menschen suchen kein Rampenlicht, weil sie den Applaus als Selbstbestätigung nicht benötigen. Die »psychische« Wahrnehmung ist ein integrierter Bestandteil ihres bewußten Erlebens und nicht ihre Identität schlechthin. Ihnen sind die stereotypen »Medien« genauso zuwider wie uns, doch über diese Menschen werden Sie in den Zeitungen kaum etwas lesen.

Der Journalist, der über die Psi-Forschung berichten möchte, wird bei seinen Nachforschungen vielleicht auf einen der zahlreichen Pseudo-Wissenschaftler stoßen, die nicht minder lächerliche und sensationsheischende Ansprüche erheben. Als Wissenschaft, welche die Grenzen unseres heutigen Raum- und Zeit-Verständnisses untersucht, hat die Psi-Forschung massenhaft pseudo-wissenschaftliche Möchtegerne angezogen, die diesen Bereich am liebsten mit jedem nur ausdenkbaren Mysterium ausstopfen würden. Sie stellen sich selbst oft als Psi-Gelehrte vor, obwohl ihnen jegliche Kenntnis der psychischen Fähigkeiten und wissenschaftlichen Methoden abgeht.

Diese selbsternannten Experten haben für ausgiebige Presseinterviews natürlich mehr Zeit als der seriöse Forscher, der sich unermüdlich seinen vorsichtig angelegten Experimenten widmet. Die sensationellen Behauptungen dieser Pseudo-Experten sind außerdem unterhaltsamer und somit auch verkäuflicher als die vorsichtigen Formulierungen eines ernsthaften Wissenschaftlers. So gelangen meist Dilettanten und Scharlatane in die Schlagzeilen.

Von jenen, die in den Massenmedien als Psi-Forscher vorgestellt wurden, hat man die wildesten Behauptungen vernommen. Sie alle werden bereits von der psychischen Kommunikation mit Pflanzen und Joghurt oder den psychischen Eigenschaften der Pyramiden, die als wissenschaftlich gesicherte Fakten gelten, gehört haben. Ohne die pflanzliche Kommunikation in Frage stellen zu wollen, muß man erkennen, daß die diesen Behauptungen zugrunde liegende Forschung den Namen nicht verdient.[1]

Im Falle der vermeintlichen psychischen Kommunikation mit Pflanzen und Joghurt besaßen alle beteiligten Forscher weder die nötigen Kenntnisse der Botanik noch der Physiologie, die eine korrekte Auswertung der Versuchsergebnisse erlaubt hätten. Als Fachmann für Physiologie und Student der Botanik überprüfte ich gemeinsam mit Dr. Janis Antonovics vom Institut für Botanik an der Duke University 1975 eingehend alle bis dahin veröffentlichten Studien zu diesem Thema.[2]

Es stellte sich heraus, daß die Forscher entweder die Beschränkungen der benutzten physiologischen Meßapparate nicht verstanden oder aber bestimmte wichtige Umweltfaktoren, die die Versuchsergebnisse widerlegen konnten, nicht beachtet hatten. In ihrer Eile, den Nachrichtenmedien und Lesern völlig unhaltbare Schlüsse zu präsentieren, mißachteten sie einfach die bewährten wissenschaftlichen Verfahren.

Im Falle der berühmten »Pyramidenenergie« konnte ein Psi-Forschungsteam in Toronto durch eine Reihe aufschlußreicher Experimente nachweisen, daß die frühere Annahme – die in Pyramiden akkumulierte Energie verzögere den Verwesungsprozeß und schärfe Rasiermesserklingen – ein Irrtum war.[3] Dagegen konnten sie zeigen, daß die angeblichen psychischen Pyramidenwirkungen allesamt auf bekannte physische und psychologische Einflüsse zurückgingen.

Dennoch glauben viele weiterhin an die »Pyramidenenergie«. Diese Pyramiden-Fans kennen natürlich nur die Artikel der Sensationspresse, haben aber über die schlüssigen Experimente in der Fachliteratur noch nie eine Zeile gelesen. Die kanadischen Ergebnisse waren schon Jahre zuvor veröffentlicht worden, als man im August 1982 bei einer übertragenen Talkshow in San Francisco einen Verkäufer mit Kartonpyramide auf dem Kopf als Gast begrüßte. Er wiederholte den alten Humbug, wohl in der Hoffnung, sein Wochenendseminar über die »Pyramidenenergie« zu füllen. Wir wüßten zu gerne, wie viele sich dieses Mal schröpfen ließen.

Einigen Journalisten gelingt es anscheinend nicht, zwischen diesen übertriebenen Ansprüchen und verläßlichen wissenschaftlichen Daten zu unterscheiden. So schenken sie Leuten Glauben, deren Aussagen eher in ein Comicstrip als in die Abendnachrichten gehören. Undifferenzierte Reportagen und sensationelle Presseberichte schaden darüber hinaus dem Ruf seriöser Psi-Forscher, die sich oft für diese bizarren Ansprüche verantworten müssen.

WER DAS SELTENE SUCHT, FINDET ES

Leider kursiert die Annahme, daß psychische Phänomene paranormal und ungewöhnlich seien, selbst unter verbürgten, fähigen und talentierten Psi-Forschern. Viele von ihnen wählen diesen Bereich, weil sie die mysteriöse Natur des Gegenstandes fasziniert. Es reizt sie der Gedanke, in einem Grenzgebiet der Wissenschaften intellektuelle Pionierarbeit zu leisten und ihren Ruf und ihre Karriere aufs Spiel zu setzen, um etwas Bedeutendes zu entdecken.

Solange die Psi-Phänomene diese Forscher hauptsächlich durch ihre *geheimnisvolle* Natur fesseln, werden sie für diese Forscher eher befremdende Ereignisse bleiben und niemals ganz gewöhnliche, aber mißverstandene Fähigkeiten sein. Ihre Experimente spiegeln diese Parteilichkeit wider, denn die psychischen Funktionen werden als außergewöhnliche und beinahe unbewußte Prozesse behandelt.

Die früher erwähnte Ganzfeld-Methode gehört zu den Experimenten, die öfter Schlagzeilen machen.

Ganzfeld-Teilnehmer tragen, wie gesagt, gehälftete Pingpong-Bälle als Brille, und ihre Augen werden mit rotem Licht bestrahlt. Aufgestülpte Kopfhörer liefern die Rauschkulisse und die gelegentliche Aufforderung, sich zu entspannen und die auftauchenden Bilder zu beschreiben. Die Experimente werden häufig in schallisolierten Kabinen mit doppelt verriegelter Metalltür durchgeführt, die es mit der Gemütlichkeit eines Schlachthofkühlraums aufnehmen können. Bei Ganzfeld-Experimenten benützt ein Labor als Ziele vorzugsweise Collagen aus Zeitungsabbildungen, die nach dem Prinzip der freien Assoziation zusammengeklebt werden. Diese Dias werden im Zielraum, der sich in einiger Entfernung zum Sitzungszimmer befindet, an eine Wand projiziert. Das Zielbild könnte beispielsweise Superman darstellen, der von einem riesigen Penis in eine Schokoladentorte rutscht.

Wen wird's wundern, daß derart verwirrende Zielbilder beim Ganzfeld-Probanden größtes geistiges Rauschen erzeugen, so daß er sich schwertäte, das Ziel genau zu beschreiben. Er würde vielleicht sexuelle Gefühle, plötzliche Gelüste auf Süßigkeiten oder vielleicht eine Affäre mit dem Helden selbst schildern. Einem Richter gelänge es wohl noch, diese Bildtexte mit den richtigen Zielen zu kombinieren, obwohl die Versuchsperson die Ziele niemals genau beschrieben hätte. Doch was könnte der arme Reporter damit anfangen?

Selbst wenn er zu dem Schluß käme, daß eine psychische Wahrnehmung stattgefunden hat, würde er dies wohl kaum mit einer alltäglichen Fähigkeit in Verbindung bringen. Er käme sicherlich nicht auf den Gedanken, daß es wichtig oder gar nützlich sein könnte, derartige Experimente zu wiederholen. Und so hätte er nach Verlassen des Labors aller Wahrscheinlichkeit nach keine Ahnung davon, wie exakt psychische Wahrnehmungen sein können.

Doch Journalisten wissen, wie unterhaltsam ein Verfahren à la Ganzfeld ist. Es stellt ein beinahe unwiderstehliches Gemisch aus wissenschaftlicher Kühle und technischem Hokuspokus dar, das die Massen fasziniert. Davon abgesehen, erzeugt diese Methode gute psychische Wahrnehmungen. Daß man sich nicht als Insekt maskieren muß, um psychische Hochleistungen hervorzubringen, haben die von uns oben beschriebenen Fernwahrnehmungsexperimente zur Genüge bewiesen!

UNTERHALTENDE NACHRICHTEN

Redakteure und Produzenten fordern von ihren Reportern meist Akkordarbeit. Nachrichten und Leitartikel oder Dokumentarprogramme werden meist innerhalb einiger Tage oder Wochen geschrieben und vorgelegt. Journalisten sollen nicht nur Leser und Zuschauer informieren, sondern Arbeiten abliefern, die die Auflagen erhöhen sowie den Beliebtheitsgrad der Fernsehprogramme steigern.

Journalisten sind also letztlich genauso wie Film- und Fernsehproduzenten darum bemüht, ihr Publikum zu fesseln. Nachrichten können getrost tiefsinnig und informativ sein – Hauptsache, sie werden *unterhaltsam* verpackt, sonst bemerkt sie kein Leser, und dies liefe darauf hinaus, daß sie nichts einbringen. Infolgedessen wird das Publikum mit einer Fülle widersprüchlicher Berichte über psychische Fähigkeiten und Erfahrungen bombardiert, weil Journalisten leicht verdauliche, sensationelle und kontroverse Aspekte der Psi-Forschung bevorzugen. Darüber hinaus wird das, was sie berichten, meist vereinfacht.

Für diese Variante des Boulevardjournalismus ist der Mensch nur noch die Karikatur seiner selbst. Wissenschaftler werden zu Fachmännern und Psi-Anhängern; Kritiker zu Opponenten und Psi-Feinden, gewöhnliche Menschen zu Persönlichkeiten des öffentlichen Lebens. Ein Jahrhundert sorgfältiger Forschung, an der Dutzende von Psychologen, Psychiatern, Physikern, Physiologen, Anthropologen, Philosophen und anderen unermüdlichen Denkern teilgenommen haben, wird auf ein Stück fürs Puppentheater reduziert, in dem ein paar Hofnarren sich aus letztlich unerklärlichen Gründen gegen den Rest der Gesellschaft schlagen.

Es gibt Journalisten, die ihr Publikum viel müheloser unterhalten. Sie stöbern dankbare Opfer auf – Möchtegern-Medien, sogenannte Hexen, Okkultisten, Spiritisten und Psychopathen –, die sich selbst der Lächerlichkeit preisgeben. Wenn Psi-Forschung und psychische Phänomene durch solche Figuren verbildlicht werden, muß es nicht wundern, daß sich Leser und Zuschauer darüber lustig machen. Das schlimmste ist, daß manche Journalisten den Anschein erwecken wollen, als schrieben sie über diese Quacksalber ganz seriös. Die Wirkung bleibt sich gleich.

Anstatt ein ausgewogenes Bild zu präsentieren, schwanken viele Reporter zwischen den Extremen hin und her. Zuweilen werden sie wie Filmproduzenten die psychischen Fähigkeiten als Monopol der Teufelsanbeter, Grabschänder oder Bewohner von Spukschlössern behandeln. Dann behaupten sie wieder, der gesunde Menschenverstand strafe all jene Lügen, die behaupteten, psychische Fähigkeiten existierten. Warum so wankelmütig? In seinem Kommentar über Amityville versucht George Kokoris das Phänomen zu klären. Die Geschichte, die ihm der Hausbesitzer, George Lutz, in höchstem Vertrauen erzählte, war ein gefundenes Fressen für die Klatschspalten der Lokalblätter: jeder, der eine selbstgebastelte Theorie mitbrachte, durfte sich in der Gerüchteküche bedienen. Die Reporter schnüffelten einem greifbaren Horror oder einem drohenden Unheil nach, mit dem sie ihre Leser zu verwirren, zu überzeugen oder umzustimmen hofften. War dergleichen unauffindbar, hätte man sich mit einem gigantischen Betrug, einem bösen Streich, der dem unschuldigen, ahnungslosen Leser gespielt wurde, ebenfalls zufriedengegeben. Hätten die »Fans« und die Presse erst eine dieser extremen Positionen bezogen, wären sie nicht mehr gewillt, nein, sie wären geradezu unfähig gewesen, ein subtiles und veränderliches Phänomen zu begreifen. Man muß einräumen, daß die Psi-Forscher dem interviewenden Reporter ihre Arbeit nicht immer klar und deutlich darstellen. Doch viele Journalisten verstehen es auch nicht, richtig zu fragen.

Dies erlebte ich (K. H.) selbst, als man mich vor einigen Jahren in einer Fernseh-Talkshow in New York interviewte. Gesprächsthema war eine Versuchsreihe, die ich gerade mit einigen anderen Forschern zusammen an der Duke University durchgeführt hatte und die die Möglichkeit psychischer Kommunikation einer Person im außerkörperlichen Erfahrungszustand (AKE) und einer entfernten Katze untersuchte. Das Experiment war erfolgreich. Die Ergebnisse zeigten, daß mein Kater sich während der zufällig bestimmten Zeiten meiner außerkörperlichen Erfahrung – dann also, wenn ich mich in seiner Nähe »wähnte« – viel ruhiger verhielt als zu anderen Zeiten.

Wir veröffentlichten die Ergebnisse dieser streng

kontrollierten Versuchsreihe in dem *Journal of the American Society for Psychical Research*; außerdem wurden sie ausführlich in dem Sammelband *Mind Beyond the Body* (Geist jenseits des Körpers)[4] beschrieben. Die Moderatorin der Talkshow hatte Tage vor dem Interview den wissenschaftlichen Bericht erhalten. Ihre ersten irrelevanten Fragen zu Beginn der Live-Übertragung zeigten mir, daß sie entweder den Kern der Forschung nicht verstanden oder den Bericht überhaupt nicht gelesen hatte. Es folgte die Werbepause.

In dieser Zeit bat mich die Moderatorin, gleich nach Wiederaufnahme der Übertragung zu verkünden, die außerkörperlichen Erfahrungen seien ein Beweis für das Leben nach dem Tod. Ich erklärte ihr, daß ich zu derart frevelhaften Schlüssen nicht hatte gelangen können und es außerdem für solcherlei Behauptungen keinen wissenschaftlichen Beweis gäbe.

Kaum hatte ich dies gesagt, ging die Übertragung weiter. Meine Behauptung hatte sie anscheinend so überrascht, daß sie ins andere Gegenteil schwenkend nach einer provozierenden Frage rang: Ob meine Forschung nicht ergeben hätte, daß außerkörperliche Erfahrungen nichts als Wahnvorstellungen seien. Ich erklärte einige der wichtigeren Ergebnisse dieses Projekts, wie etwa die Tatsache, daß erstmals in den Vereinigten Staaten unter strengsten experimentellen Bedingungen regelmäßig Kommunikation zwischen Mensch und Tier stattgefunden hätte. Dann fügte ich noch hinzu, daß uns erst die künftige Forschung die Frage beantworten könnte, was AKE wirklich sei.

Die Gastgeberin schloß das Interview mit der Bitte – diesmal vor Millionen von Zuschauern –, ich solle dem Publikum erklären, warum ich an ein Leben nach dem Tode glaube. Ich wiederholte, daß ich dergleichen niemals angenommen hätte, und wir brachen ab, um den anschließenden Werbespots die Mattscheibe zu überlassen.

Die Moderatorin hatte es nicht böse gemeint, ihr lag nur daran, das Publikum zu unterhalten. Und ich hatte andererseits in meiner Blauäugigkeit versucht, die Ergebnisse komplizierter wissenschaftlicher Untersuchungen während einer Talkshow zu beschreiben. Wir zogen beide an den entgegengesetzten Enden des Stranges – doch ich war wenigstens persönlich zugegen, um mich meiner Haut zu erwehren.

Meist wird der Schaden schwarz auf weiß oder in redaktionell überarbeiteten Nachrichtenprogrammen angestellt, dann nämlich, wenn die Journalisten die psychischen Experimente verzerren, ohne daß sich der Forscher verteidigen kann. Bezöge das Publikum sein Wissen ausschließlich aus derartig verzerrten Darstellungen, müßte es verständlicherweise zu dem Schluß gelangen, daß die meisten Psi-Forscher verrückt oder zumindest furchtbar exzentrisch seien.

Ich gehöre leider auch zu der Schar jener Psi-Forscher, denen mehr falsche Zitate in den Mund gelegt wurden, als ihnen lieb sein kann – und dies nicht nur von Lokalblättern! Ich habe mir schon eine gewisse Vorsicht angeeignet. So bat ich unlängst einen Reporter, er möge vor einem Zeugen meine Erklärung wiederholen, daß ich keinen wissenschaftlichen Beweis dafür kennte, während einer außerkörperlichen Erfahrung tatsächlich meine fleischliche Hülle zu verlassen. Der Reporter tat wie gebeten und versicherte mir, daß er meinen Gesichtspunkt genau in seinem Artikel wiedergeben würde.

Als seine Geschichte dann auf der Titelseite einer der wichtigsten Zeitungen erschien, *zitierte* sie (sic!) meine

Behauptung, daß ich meinen Körper verlasse, durch Wände liefe und mich mit körperlosen Wesen treffe! Das Zitat war erfunden und diente anscheinend dazu, einen knochentrockenen Leitartikel aufzulockern. Ich hätte gegen die Zeitschrift Anzeige erstattet, wenn ich damals nicht gerade mein Vordiplom in Psychologie an der Duke University abgeschlossen und jedes Aufsehen gescheut hätte.

Käme es uns Psi-Forschern in den Sinn, die sensationslüsternen Journalisten jeder verfälschten Darstellung und jedes verfälschten Zitates wegen zu verklagen, könnten wir in einer Großkanzlei für Vollbeschäftigung sorgen. Ich beschloß damals für mich, künftig mit keinem Reporter mehr über meine außerkörperlichen Erfahrungen zu sprechen.

Außenstehende sind wahrscheinlich fest davon überzeugt, daß Psi-Forscher all die seltsamen Dinge glauben, die ihnen von übereifrigen Journalisten in den Mund geschoben werden – wirken diese Behauptungen doch besonders überzeugend, wenn man sie schwarz auf weiß liest oder von einem Nachrichtensprecher hört.

Es ist schier unbeschreiblich, was man empfindet, wenn die Nachtkassiererin eines 24-Stunden-Supermarktes einen beim Betreten des Ladens mit aufgerissenen Augen anstarrt und vor Angst aufschreit. Ich kann ein Lied davon singen, denn dies passierte mir, als mich die Kassiererin auf einem Foto zum verfälschenden und irreführenden Artikel erkannte. Sie las ihn gerade, als ich den Laden betrat. Während ich sie zu beruhigen und den Orangensaft, dessentwegen ich in den Laden gekommen war, zu kaufen versuchte, fragte sie mich allen Ernstes, ob ich von einem anderen Planeten stamme und meinen Körper einfach spazierenführe.

Ich habe mehrmals versucht, den Journalisten klarzumachen, daß Psi eine normale, schlecht verstandene Kommunikation mit der Welt ermögliche. Ich erklärte ihnen ebenfalls, daß außerkörperliche Erfahrungen nichts als *Erfahrungen* seien. Diese Bemerkungen drangen meist nicht in ihr Bewußtsein ein – zumindest gaben sie sie nie korrekt wieder.

Vielleicht suchten sie zu emsig nach einem Leitsatz, der ihre Leser fesseln würde. Die meisten Nachrichtenleute gehen ihre Arbeit gewissenhaft, vorsichtig, rücksichtsvoll, ethisch verantwortlich und ernsthaft an. Doch unter ihnen gibt es, wie in jeder anderen Gruppe, andere, die genauso verläßlich sind wie jene Scharlatane, über die sie schreiben.

Selbst dem rechtschaffensten Journalisten wird es mitunter unangenehm sein, ein Thema aufzugreifen, von dem er nichts versteht. Insgeheim assoziieren sie die psychischen Fähigkeiten vielleicht mit den skurrilen Bildern aus der Erfolgsserie *The Twilight Zone* (Zwielicht). Aus ihren Berichten klingt selbst dann ihr Unbehagen durch, wenn sie über umsichtig konzipierte und streng durchgeführte Experimente berichten.

DER IRRATIONALE RATIONALIST

Wir erwähnten schon, daß Journalisten oft gute Gründe dafür haben, die Psi-Forschung als kontroversen und verwirrenden Wissenschaftszweig darzustellen. Und Kontroversen wird man in einem Feld, das so viele Leute mit unterschiedlichen Motivationen anzieht, leicht finden. Kontroversen machen Schlagzeilen. Unerfahrene Journalisten, die der Kontroverse auf den Grund gehen wollen, werden sich im Labyrinth widerstreitender Meinungen verirren.

Ein selbsternannter Kritiker der Psi-Forschung ist leicht gefunden. Einige von ihnen haben akademische Titel, andere nicht. Viele werden sich bei der kleinsten Andeutung, jemand sei Zeuge wirklicher psychischer Wahrnehmungen geworden oder habe sie gar noch selbst erlebt, in Opposition begeben.

Der negative Standpunkt dieser Kritiker ist genauso unhaltbar wie die ihm entgegengesetzte Position gewisser Okkultisten. Sie liefern dem Journalisten jedoch die Kontroverse, die seinen Artikel interessanter und ausgewogener erscheinen läßt, obwohl ihre Behauptungen das Berichtete meist verwässern und verwischen.

Einige dieser Kritiker sind außerdem daran interessiert, daß die Gelehrtenwelt die Möglichkeit normaler psychischer Funktionen nicht ernst nimmt. Darin ähneln sie all jenen, die sich aus der Irreführung der Leser und Zuschauer Gewinn versprechen. Kritiker wie Okkultisten bestreiten mit der Kontroverse, die sie entfachen, nicht selten ihren Lebensunterhalt. Ein inzwischen berühmt gewordener Kritiker war, bevor er gegen die Psi-Forschung zu Felde zog, ein mittelmäßiger Unterhaltungskünstler.

Andere Kritiker lassen sich von ihrer Angst vor dem Unbekannten lenken. Es handelt sich dabei um Erzmaterialisten, die meinen, daß etwas, was wir nicht verstehen, auch nicht existiert. Beim jährlichen Treffen der Amerikanischen Gesellschaft für die Förderung der Wissenschaft (American Association for the Advancement of Science, AAAS) verlangte Professor John Wheeler von der Universität Texas, daß die Parapsychologische Gesellschaft, die ihr seit langem zugehört, herausgeworfen werde. Wheeler gab seiner Rede den Titel »Schmeißt die Pseudos aus den Wissenschaftsseminaren raus«. Er hatte auch sonst noch viel Nettes zu sagen und beleidigte unter anderem J.B. Rhine, wofür er sich später in der Zeitschrift *Science* entschuldigte.

Der Bericht über die Konferenz ist beispielhaft für das Verhalten der Presse, die sich gierig auf die Kontroverse stürzt und die Tatsachen unter den Tisch fallen läßt. Auf dem erwähnten Symposium der Amerikanischen Gesellschaft für die Förderung der Wissenschaft, die um Referate zum Thema der »Rolle des Bewußtseins in der Natur« gebeten hatte, wurden fünf naturwissenschaftliche Vorträge gehalten. Vier davon beschäftigten sich mit der gegenwärtigen Psi-Forschung oder mit Entdeckungen der modernen Physik, die einen Zusammenhang zur Psi-Forschung anklingen lassen. Referenten waren, außer zwei Psi-Forschern, ein Nobelpreisträger für Physik, Eugene Eigner; der Dekan der Technischen Hochschule an der Princeton University, Robert Jahn, sowie Dr. Wheeler. Doch nur ein einziger Aspekt dieser ansonsten einmaligen Tagung gelangte in die Schlagzeilen: Die Tatsache, daß John Wheeler die Parapsychologie aus dem Reigen der Wissenschaft verbannen wollte!

Diese Erzmaterialisten eifern gegen die bloße Möglichkeit, daß die Wissenschaft rein hypothetisch die Existenz psychischer Kräfte und Funktionen annehmen könnte. Sie sind des festen Glaubens, daß ein Wissenschaftler nur zu untersuchen habe, was er wie einen Stein in der Hand halten könne; flüchtigere Materialien seien Stoffe, aus denen der Aberglaube ist. Wenn wir die Existenz psychischer Kräfte annehmen, müssen wir umdenken und unser gegenwärtiges Verständnis der Psychologie und Physik erweitern. Doch dazu sind *jene* nicht bereit.

Insgesamt ist die Schar der selbsternannten Psi-Kritiker nicht vertrauenswürdiger als die Gruppe jener, die überspitzte Ansprüche auf psychische Erfahrungen und Fähigkeiten erheben. Ihre Beweggründe sind so unterschiedlich wie die Qualität ihrer Kommentare. Und so ist ihnen gegenüber dieselbe Skepsis geboten wie gegenüber all jenen, die sich als Experten dieses Gebietes ausgeben.

Bittet man diese Kritiker, ein Psi-Experiment für die Zeitung zu besprechen, so werden nur einige unter ihnen den Versuch so gut begreifen, daß sie etwas Sinnvolles darüber sagen könnten. Selbst die Informierten unter ihnen werden versuchen, ihre Leser bisweilen irrezuführen, indem sie sorgfältig durchgeführte Experimente verreißen.

Einst bat man einen berühmten Kritiker, der in seiner Kolumne über »Mathematische Spiele« im *Scientific American* regelmäßig mit der Psi-Forschung scharf zu Gerichte zog, seine Angriffe in einer öffentlichen Debatte mit einem Psi-Forscher zu rechtfertigen. Er lehnte brieflich mit der Begründung ab, daß er über die Psi-Experimente nicht genügend informiert sei, den modernsten Stand der Wissenschaft nicht kenne und damit der sichere Verlierer der Debatte würde. Derselbe Kritiker attackierte die im Jahre 1974 am SRI mit Unterstützung der NASA durchgeführte Studie der ESP-Lernmaschine. Er unterstellte, daß die Versuchspersonen die Aufzeichnungen erfolgloser Daten vernichtet hätten, um nur die erfolgreichen vorzulegen. »Es ist keine Mutmaßung«, sagte er in seinem Artikel, »wenn ich behaupte, daß Targ die Aufzeichnungen der ersten Phase in tausend Schnipsel ausgehändigt wurden.« Inzwischen wissen wir, warum er nicht mutmaßte. Weil er, wie er vor einiger Zeit einem Pressekollegen gestand, es erfunden hatte, »da es so geschehen sein mußte«. Der Reporter war ob dieser Enthüllung so entrüstet, daß er, obwohl er unsere Arbeit nicht sonderlich schätzt, sich verpflichtet fühlte, die SRI-Forscher anzurufen und ihnen dieses Geständnis mitzuteilen.

Unlängst flog der Schwindel einer Kritikervereinigung auf, die genau wußte, was sie sagte. Man ertappte sie bei dem Versuch, ihren Lesern wissenschaftliche Ergebnisse, die nicht ihren Erwartungen entsprachen, vorzuenthalten. Die an diesem Schwindel teilnehmenden selbsternannten Mitglieder des Ausschusses für die wissenschaftliche Prüfung des vermeintlichen Auftretens paranormaler Phänomene, das Committee for Scientific Investigation of Claims of the Paranormal, kurz CSICOP (wegen der englischen Abkürzung auch Psi-Bullen – *psi-cops*, genannt), zu denen sich auch der früher erwähnte Entertainer zählte, wurden von einem aus ihrer Mitte mit eindeutigen Belegen für den Betrug an die Presse verraten. Diese Psi-Bullen wollten im Grunde nichts anderes als die Freiheit des Bürgers, sich zu informieren und eine eigene Meinung zu bilden, einschränken, um sozusagen in dessen Geiste auf und ab zu patrouillieren. Darin unterschieden sie sich in nichts von den Sektenführern oder dem Großen Bruder aus George Orwells *1984*.

Die Untersuchung, die diesen Skandal ins Leben rief, wiederholte die statistische Auswertung des Auftretens gewisser astrologischer Zeichen in den Horoskopen von Athleten, die Jahre früher in Frankreich von Michel und Françoise Gaquelin[5] durchgeführt worden war. Die Kritiker hatten gehofft, beweisen zu können, daß die Ergebnisse der früheren Studie, die eine eindeutige Korrelation zwischen athletischer Begabung und gewissen astrologischen Indikatoren zu Tage brachte, statistisch ungültig seien. Diese Wechselbeziehung nennt man heute allgemein »Mars-Effekt«! Damals hatten die Gaquelins 2088 Horoskope von Spitzenathleten ausgewertet. Zum Entsetzen der Kritiker stellte sich aber heraus, daß die frühere Untersuchung statistisch unantastbar war.

Die Kritiker hatten gehofft, daß ihr Verriß der Studie ihnen Anlaß zu einer allgemeinen Verdammung des irrationalen Glaubens an die Astrologie gäbe. Ihre negativen Ergebnisse wollten sie an die Presse verfüttern, um an Glaubwürdigkeit und Einfluß zu gewinnen. Somit hätten sie sich ohne weiteres als Experten anderer mißverstandener Bereiche – sprich der Psi-Forschung – hochspielen können.

Anstatt sich mit den unerwartet positiven Ergebnissen ihrer Untersuchung abzufinden, pfuschten sie an der Statistik herum, nämlich mehr oder weniger so, wie sie es den ursprünglichen Forschern vorgeworfen hatten. Dann setzten sie ihren anfänglichen Plan in Aktion. Nach dem Motto »corriger la fortune« sei erlaubt, informierten sie die Presse, festzustellen, daß es keine Korrelation zwischen athletischen Fähigkeiten und den in der ursprünglichen Auswertung genannten Konstellationen gebe. Zum Glück hatte einer der Komplizen noch einen Funken Ehrgefühl im Leibe und brachte die ganze Affäre ans Licht.

In einem zweiunddreißigseitigen Bericht beschreibt der Astrophysiker Dennis Rawlins das Debakel wie folgt:

> Früher glaubte ich, die allwöchentliche Anschuldigung im *National Enquier*, die Schulwissenschaft verheimliche die Beweise für die Existenz des Okkulten und Paranormalen, sei nur ein Hirngespinst. Doch das war vor der Zeitrechnung – nämlich vor Anbruch des Ausschußzeitalters. Ich

meine den Ausschuß für die wissenschaftliche Prüfung des vermeintlichen Auftretens paranormaler Phänomene, den ich mitbegründete und dem ich jahrelang vorstand.

Ich betrachte die okkulten Lehren, die der Ausschuß ausrotten sollte, noch immer mit Skepsis. Doch ich ziehe nunmehr die Ehrlichkeit vieler in Zweifel, die sich als professionelle Bekämpfer des Okkultismus aufspielen.

Ich bin nunmehr der Überzeugung, daß ein Anti-UFO-Kämpfer der Allgemeinheit (natürlich zu ihrem Wohle!) die sensationelle Meldung vorenthalten würde, ein UFO sei in seinem Hinterhof gelandet, selbst wenn er es selbst gesehen hätte. Er würde sich schnellstens dazu überreden, daß die Landung ein Schwindel, eine Sinnestäuschung oder ein »unglückliches« oder weltliches Phänomen gewesen sei, das künftige Untersuchungen wegwischen könnten.

Die Ironie des Schicksals will es, daß ich sowohl schriftlich als auch vor den Fernsehkameras einer ganzen Nation verkündete, die verschwörerische Mentalität der Okkultisten stelle eine ernste Gefahr für die Demokratie dar. Und dann mußte ich mit ansehen, wie die von mir mitbegründete Gruppe gerade diese gefürchtete Gesinnung an den Tag legte.[6]

Natürlich, Psi-Forschung und Astrologie sind zwei *völlig verschiedene* Gebiete. Ein Psi-Forscher könnte über die Astrologie nicht mehr sagen als ein Physiker. Er könnte vielleicht hervorheben, wie jeder andere Wissenschaftler auch, daß man sich über zahlreichere streng wissenschaftliche Untersuchungen des Gebietes freuen würde. Gute Wissenschaftler ziehen ohne Daten keine endgültigen Schlüsse. Interessant ist jedoch, daß diejenigen, die alle anderen des Betrugs und dunkler Machenschaften bezichtigen, selbst nicht über offensichtlichen Schwindel erhaben sind, nämlich dann, wenn die wissenschaftliche Evidenz ihren engen Gesichtskreis sprengt.

Anfang 1983 enthüllte einer der *Psi-Bullen*, er sei der Urheber einer Täuschung, der man zwei Jahre lang am McDonnell-Forschungslabor an der Washington University in St. Louis aufgesessen war. Er hatte zwei Taschenspieler, die sich als Medien ausgaben, mit der Aufgabe an das Institut entsandt, sich in die Gunst der Forscher einzuschmeicheln und sie bei jeder Gelegenheit zu betrügen. Die wissenschaftliche Welt reagierte mit Entsetzen auf den beispiellosen Frevel, der Betrug und vorsätzliche Täuschung in die strenge Forschung einführte. Die *Psi-Bullen* nutzten die Unkenntnis der Forscher und ließen sie zwei Jahre ihrer wissenschaftlichen Karriere mit dem Vorhaben vergeuden, daß dadurch der gesamte Bereich der Psi-Forschung in Zweifel gezogen würde.

Einige Kritiker vernachlässigen schlicht die statistischen und experimentellen Ergebnisse, die die Behauptungen ihrer Strohmänner widerlegen. Andere wieder beschuldigen die Psi-Forscher, ihre positiven Ergebnisse seien allein unvorsichtigem Experimentieren oder einer simplen Täuschung zu verdanken, ohne dafür je Belege zu liefern.

Journalisten sind nicht die einzigen, die Scharlatanen und Dilettanten zuviel Gehör schenken. Kritiker deuten genausooft auf Pseudowissenschaftler, als seien sie vorbildlich für die Gelehrten, die in diesem Bereich forschen. Indem sie die Psi-Forschung mit Menschen in

Zusammenhang bringen, die sich mit übertriebenen Psi-Fähigkeiten brüsten, versuchen sie ihre Leser davon abzuhalten, die psychischen Erfahrungen und Fähigkeiten ernst zu nehmen oder sich für die wissenschaftlichen Leistungen auf diesem Gebiete zu interessieren.

Die meisten zuverlässigen Kritiker reagieren genauso ablehnend auf die öffentlichen Einstellungen der psychischen Fähigkeiten wie wir. Problematisch ist nur, daß selbst sie unfähig oder unwillens sind, zwischen den Themen wie Bermudadreieck, UFO, Pyramidenenergie und Pflanzenkommunikation einerseits und ernsthafter Forschung andererseits zu unterscheiden – einer Forschung, an der Leute arbeiten, die um ein besseres und wissenschaftlicheres Verständnis der Psi-Phänomene bemüht sind. Anstelle dessen schmeißen diese Kritiker die Psi-Phänomene mit allen je von der Menschheit mißverstandenen Begebenheiten in einen Topf.

Psi ist mit den anderen Themen, die in diesem Topf herumschwimmen, nicht weniger verwandt als zum Beispiel mit der DNA- oder der erbbiologischen Forschung. Wenn gewisse wissenschaftliche Laien die psychischen Erfahrungen und Fähigkeiten mit den abstrusesten Behauptungen über vorzeitliche Astronauten, die Kirlian-Fotografie und die Osterinseln verknüpfen, dann erweisen uns diese Kritiker dadurch keinen Gefallen, daß sie diese Mesalliance publik machen. Abgesehen davon, stellen sie sich dadurch nicht ins beste Licht, sind sie doch unfähig, zwischen ernster Forschung und dem Gesabbere von Narren und Fanatikern zu unterscheiden.

Die Ironie des Lebens will es, daß diese Erzrationalisten im Kritikergewande bei ihren Lesern meist nicht den beabsichtigten, sondern den gegenteiligen Effekt erzielen. Je verworrener, kontroverser und verzerrter die Informationen über psychische Fähigkeiten an den Leser sind, desto leichter werden sich Sektenführer und deren Artgenossen mit den leeren Versprechungen tun, sie könnten psychische Phänomene deuten. Lehnen es die Wissenschaftler weiterhin ab, sich der Psi-Forschung anzunehmen und dadurch unser Verständnis der psychischen Prozesse zu erweitern, so werden Scharlatane und Fanatiker weiterhin im Garten der Ignoranz ihre Zelte aufschlagen und sich in dem Aufsehen sonnen, das sie erregen können.

Wir sind zwar schon eine ganze Reihe von Arten der Quacksalberei durchgegangen, doch es blieben noch unzählige Abarten visionärer Medien aufzuzählen.

Im Gegensatz zu ihren pressesüchtigen Genossen lauern sie im stillen jenen auf, die bereitwillig auf das Versprechen hereinfallen, bei ihnen könne man durch Kristallkugelfenster einen kostspieligen Blick in die Zukunft werfen. Sie suchen nicht, ja, scheuen sogar die Aufmerksamkeit der Öffentlichkeit, da ihnen wenig daran gelegen ist, die Obrigkeit auf sich zu lenken. In der Presse findet man ihresgleichen meist nur auf dem Witzblatt – und das nimmt niemand ernst.

GÖTTERSPEISE

Leider schreiben da andere Bücher und produzieren Filme. Sie rechnen auf das allgemeine Unwissen und die sensationslüsterne Presse als besten Werbemitteln, die die Zahl der verkauften Exemplare oder Eintrittskarten in die Höhe schnellen lassen. Ihre vorsätzliche Verdrehung der psychischen Phänomene und der Psi-Forschung überzeugen alle davon, daß psychische Erfahrungen zwangsläufig mit etwas Unheimlichem, Übernatürlichem verquickt sind.

Im vorhergehenden Kapitel haben wir uns des fiktiven Filminhalts angenommen, wir sollten aber nicht die sogenannten Dokumentarfilme vergessen, die oft nicht mehr Licht in diesen Wissenschaftszweig bringen. Ihre Produzenten sind mitunter genauso unfähig wie die Kritiker, zwischen legitimer Forschung und unreflektierter Dummheit und Spekulation zu unterscheiden.

Stellen Sie sich einen imaginären Dokumentarfilm vor, dem wir den Titel *Götterspeise* geben wollen. Der Moderator würde, wie es sich bei solchen Unternehmen gehört, wie ein Komparse aus der *Night of the Living Dead* (Nacht der wandelnden Toten, 1968) aussehen.

Er würde selbstgefällig in die Kamera starren und dabei etwa folgendes verkünden: »Moderne Astronauten ernähren sich auf ihrem Flug zum Mond von feinem Pulver aus Plastiktüten. Die Ägypter aßen Gemahlenes aus kleinen Brottaschen, die diesen Tüten zum Verwechseln ähnlich sehen. ZUFALL? Besuchten Außerirdische die alten Ägypter? Erbaute man die Große Pyramide als Landmarkierung für die Besucher aus dem All? Was haben Pulvermahlzeiten aus der Tüte mit Klonen, Eiserzeugung und außersinnlichen Wahrnehmungen zu tun? Wer weiß?«

Daraufhin würde der Moderator ganz unzusammenhängend so viele mißverstandene Phänomene wie nur möglich vorstellen, von Gasterscheinungen unzähliger Pseudowissenschaftler, die unbegründete Ansichten über Psi herausposaunten, ganz zu schweigen. Er würde von Zeit zu Zeit wissend in die Linse spähen, als wolle er seine Zuschauer glauben machen, daß sie die Erkenntnis der universellen Wahrheit teilten, zu der nur jene Zutritt hätten, die eine Karte für diese Vorführung in der Hand hielten.

Kurz vor Ende des Films würde der Sprecher, an einen Schreibtisch gelehnt, die Liste seiner Sujets herunterschnurren: »Götterspeise, Klonen, Kirlian-Fotografie, Feuerläufer, Pyramidenenergie, Fliegende Untertassen und schlechte Pizza. Was hat dies alles mit der psychischen Erfahrung und dem heimlichen Schicksal der Menschheit zu tun? Ich weiß es nicht. Nun, da ich Ihnen Ihre Zeit geraubt, diesen Film verkauft und dabei nicht schlecht verdient habe, müssen Sie es für sich selbst *entscheiden.*«

Die Idee einer derartigen Produktion wäre komisch, gäbe es nicht allzu viele Beispiele dieser Art. Tatsächlich ließ eine der größten Filmstationen im Februar 1983 während höchster Einschaltquote ein Potpourri solchen Unsinns über die Mattscheibe flimmern. Wir warteten gebannt auf die Erwähnung der Götterspeise, denn sonst fehlte keines der erwähnten Themen. Wir können nicht glauben, daß diese Dokumentarfilme das Werk seriöser Drehbuchautoren sind, genausowenig wie wir die darin vorgestellte »Forschung« als das Werk seriöser Wissenschaftler betrachten. Und so reihen sich diese sensationellen Dokumentarfilme an all die anderen verwirrenden und irreführenden Produktionen menschlicher Unwissenheit, mit denen sich jene rumschlagen müssen, die gerne in psychischen Dingen klarsehen und herausfinden würden, ob sie überhaupt etwas damit zu tun haben wollen.

WIE MAN SICH IM LABYRINTH IRRIGER MEINUNGEN ZURECHTFINDET

Man muß sich täglich ein Herz fassen und einen klaren Blick bewahren, um hinter all dem Unsinn und all den Kontroversen unvoreingenommen die Forschung wahrzunehmen, die über die Jahre hinweg die alltägliche Erfahrung mit den Psi-Fähigkeiten festgehalten und untersucht hat.

Hinter all der Verwirrung liegt Psi – der Bereich einer differenzierten, feinsinnigen Datenverarbeitungsfähigkeit; ein weiterer Kommunikationskanal mit der Welt, der nichts mit den bizarren Unterstellungen einiger Leute oder mit dem Übernatürlichen zu tun hat. Jenseits der marktschreierischen Aufmachung, der Befürchtungen und des Fanatismus liegt ein für uns alle möglicherweise nützliches Instrument. Es ist an der Zeit, daß wir den selbstsüchtigen Profitmachern die psychischen Fähigkeiten entreißen, damit sie endlich jedem frei zugänglich und für jeden benützbar werden.

Die Presse wird entweder zur größeren Verwirrung über die Psi-Forschung und die psychischen Fähigkeiten beisteuern oder klare und verständliche Berichte über sie erstatten. Journalisten, die sich für letzteres entscheiden, werden alle Hände voll zu tun haben.

Aber jene, die ihr menschliches Potential ausschöpfen wollen, werden kaum so lange warten, bis die Presse Verpaßtes aufholt oder gar ihre Zukunft im nachhinein bestimmt. All das, was die Menschen davon abhalten könnte, ihre eigenen latenten Fähigkeiten zu erforschen oder sie gar zu nutzen, ist nicht der Rede wert. Presseberichte sind dem Wahrheitssuchenden genauso nützlich, wie wenn er einem Sektenführer auf Treu und Glauben in den Tod folgt.

Dem Einfluß der Massenmedien begegnet man am besten dadurch, daß man sein psychisches Potential kennenlernt. Man erfährt nicht nur, daß psychische Phänomene existieren, daß sie nicht allein nützlich und wichtig, sondern vor allem ganz normal sind.

DRITTER TEIL

PSI IM ALLTAG

Nachdem Sie Ihre psychischen Fähigkeiten ein bißchen geschult haben, werden Sie sie besonders bei Entscheidungen begrüßen, die Sie aufgrund inadäquater oder unzureichender Informationen treffen müssen. Die wichtigste Ursache, deretwegen wir unsere Psi-Fähigkeiten entwickeln sollten, liegt jedoch in der reinen Freude an einer Erweiterung unseres Bewußtseins und unserer Wahrnehmungsfähigkeit, dank derer wir alle Aspekte unseres Lebens und unserer Umwelt erfahren können. Wir sollten dieses Potential einzig aus dem Grund entwickeln, uns zur Bereicherung des Lebens fähig zu machen.

Auf den folgenden Seiten geben wir Ihnen detaillierte Anweisungen, die in Hunderten von Versuchen mit ganz gewöhnlichen Menschen zum Erfolg führten. Wir zeigen Ihnen, wie Sie weit entfernt liegende Gebäude oder Orte sowie die Gefühle und Aktivitäten der Freunde wahrnehmen können, die Ihnen am Zielort dabei helfen. Wir zeigen Ihnen, wie Sie sich geistig auf die Fernwahrnehmungssitzungen vorbereiten können, und sagen Ihnen, woran sie innere und äußere Störquellen erkennen und wie Sie damit zu Rande kommen.

Sie können diese praktischen Übungen zur Erlernung der Fernwahrnehmung als »psychische Liegestütze« betrachten. Dank dieser Übungen wird Ihr Geist leistungsfähiger, und Sie werden sich Ihrer erweiterten psychischen Fähigkeiten bewußter. Es könnte sein, daß nach einiger Zeit bei Ihnen früher nie geahnte spontane psychische Erfahrungen einsetzen. Da unsere Gesellschaft keine Verhaltensmuster für einen vernünftigen Umgang mit diesen Erfahrungen bereitstellt, sehen wir es als unsere Pflicht an, Ihnen mit einigen Tips dabei behilflich zu sein, diese Fähigkeiten in Ihren gewohnten Alltag zu integrieren. Auf diese Weise können Sie Ihr psychisches Potential entwickeln, während Sie weiterhin ein normales Leben führen, vor allem aber Ihren Humor nicht verlieren.

9

WOZU ÜBERHAUPT PSI ENTWICKELN? ÜBERLEGEN SIE ES GRÜNDLICH, ES IST DIE MÜHE WERT

WAS KÖNNEN SIE MIT PSI ANFANGEN?

Psychische Fähigkeiten sind vor allem dann recht nützlich, wenn Sie eine Entscheidung treffen müssen, aber nicht über die Informationen verfügen, die für eine vernünftige Wahl nötig wären. Das ist Ihnen wahrscheinlich geläufig. Die meisten von uns ahnen, daß unser Bewußtsein viel weiter reicht, als die Erfahrung und unsere Erkenntnis der materiellen Welt, die uns meist in Anspruch nimmt, vermuten lassen. Jüngst beschäftigte sich ein Artikel im renommiertesten Wirtschaftsmagazin der Welt, dem *Wall Street Journal*, mit diesem Problem:

> »Ich spüre es in der Magengrube.«
>
> Mit diesen Worten wischt der Firmenchef die einstimmigen Ratschläge seiner Untergebenen vom Tisch. Er ignoriert die von ihnen genannten Daten – Marktübersichten, vergangene Verkaufsleistungen, Käuferumfragen – und beschließt, das erfolglose Produkt beizubehalten. Aller Logik zum Trotz gibt ihm die Zukunft recht.
>
> Albert Einstein schrieb seine Relativitätstheorie einem Geistesblitz und nicht der kalten Ver-

> nunft eines mit Daten im Labor hantierenden Forschers zu. Gewiß, sein Geist war durch lange Studien und Überlegungen vorbereitet worden, doch war »der wichtigste Faktor die Intuition«, gestand er später.
>
> Und so erweisen sich auch im Geschäftsleben die intuitiv gefaßten Entscheidungen oft jenen überlegen, zu denen man ganz behutsam auf analytischen Wegen gelangt... Die Kernfrage hat schon die Jungfrau von Orleans bedrängt: Kommen die inneren Stimmen, die lauten und vernehmbaren, vom Himmel oder aus der Hölle?[1]

Psi wird Ihnen nicht mitteilen, woher die Stimmen kommen, doch Sie können es lernen, die Verläßlichkeit Ihrer intuitiven Eindrücke einzuschätzen.

Dank einer neuen Bewußtheit Ihrer Psi-Kräfte können Sie mit weit entfernt lebenden Freunden neue Möglichkeiten auskundschaften. Sie werden lernen, in die Zukunft zu schauen und vielleicht schlimme Autounfälle zu verhindern. Außerdem können Sie Psi dazu gebrauchen, verlorene Gegenstände, vermißte Personen, archäologische Ausgrabungsstellen und versteckte Naturschätze zu finden. Vor allem aber kann Sie Psi der Umwelt näherbringen.

Hier eine kurze Liste sinnvoller Psi-Anwendungen:

- Der psychische Blick unter die Motorhaube oder intuitive Frühdiagnose gewisser Schäden, noch bevor es zur gewöhnlich wahrnehmbaren Panne kommt
- Intuitives Auffinden von Parkplätzen in verkehrsreichen Stadtteilen
- Wetten auf der Pferderennbahn oder im Kasino

– Auffinden vermißter Erwachsener oder Kinder im Kaufhaus oder im Einkaufszentrum
– Einblenden auf die Gefühle und Emotionen von Freunden, Verwandten oder geliebten Personen, die sich an einem weit entfernten Ort aufhalten
– Die Fähigkeit, sich zum richtigen Zeitpunkt am richtigen Ort zu befinden
– Mitnahme eines unmöglichen Gegenstandes, der sich später von unschätzbarem Wert erweist, obwohl man nicht rechfertigen könnte, warum man ihn mitnimmt.
– Verständnis und Gefühl für Psi-Inhalte im Traum und die Fähigkeit, diese auszuwerten.

Die Entwicklung Ihrer Psi-Fähigkeiten wird Ihnen zu einem besseren Selbstverständnis sowie einer größeren Menschenkenntnis verhelfen.

In früheren Kapiteln besprachen wir die Laborversuche im Hinblick auf ihre statistische Signifikanz. Dies ist *eine* mögliche Art und Weise, Psi-Daten auszuwerten. In den folgenden beiden Beispielen geht es jedoch um Leben und Tod. Beide Fälle belegen eine innere Aufgeschlossenheit gegenüber den psychischen Informationen, die selbst dann ernst genommen wurden, als man nicht darum gebeten hatte.

Während meiner (R. T.) zehnjährigen Arbeit als Lasertechniker legte ich die Distanz zwischen Haus und Labor gewöhnlich mit meinem Motorrad zurück. Trotz äußerst schlechter Sehfähigkeit gelang es mir, die Strecke ohne größere Gefahren zu überstehen. Als ich eines Tages eine besonders schöne, breite Rennstrecke entlangbrauste, fragte ich mich, was sich wohl hinter der Kurve befände, die ich bald nehmen müßte.

Natürlich nichts, sagte ich mir. Doch dann wurde ich stutzig. Was würde passieren, wenn ich mit 60 Stundenkilometer um die Kurve raste und ein Brett auf der Straße läge? Ich bremste und rollte sozusagen im Schrittempo in die Kurve, hinter der mir ein ungefähr vier Meter langer und zirka ein Meter breiter und tiefer Balken den Weg versperrte. »Glücklicherweise«, könnte man sagen, fuhr ich langsam genug, so daß ich nach einem leichten Aufprall weiterfahren konnte. Gehört dies zu den gewöhnlichen Erlebnissen eines Motorradfahrers? Ich glaube nicht. Wäre ich mit voller Wucht auf den Balken gefahren, hätte es sicherlich einen schweren Unfall gegeben.

Hatte ich Glück? Meines Erachtens verdanke ich dieses Glück meiner Bereitschaft, die intuitiven Eindrücke so ernst zu nehmen, daß ich zumindest mein Tempo verringerte, bis ich die Eindrücke analysiert hatte.

Unlängst benutzten meine Frau Joan und ich psychische Informationen, ohne uns zuerst dessen bewußt zu sein.

Mein Kollege Hal Puthoff und seine Frau Adrienne hatten uns zum Abendessen eingeladen. Wir waren guter Dinge, zumal auch ein gemeinsamer Freund von auswärts gekommen war und mit uns am Tisch saß. Inmitten des angenehmen Gesprächs stand Joan auf und sagte, wir müßten sofort nach Hause gehen! Wir wollten alle wissen, warum. Doch sie konnte keinen Grund nennen. Endlich sagte sie, daß jemand durch die Fenster blicken und die schlafenden Kinder sehen könnte, weil wir keine Vorhänge hätten. Wir versuchten uns alle vergeblich, auf diese Befürchtung, die für jemand aus Palo Alto/Kalifornien unbegreiflich war, einen Reim zu machen. Dann brachen Joan und ich schnell auf.

Als wir einige Minuten später bei uns die Tür öffneten, hörten wir ersticktes Husten aus der Richtung des Kinderzimmers. Dort entdeckten wir unseren zehnjährigen Sohn Sandy, der schon halb blau angelaufen war. Joan, eine gelernte Krankenschwester, wußte, was sie zu tun hatte. Sie schleppte ihn ins Badezimmer und drehte das heiße Wasser voll auf. Innerhalb von Minuten glich der Raum einem Dampfbad. Sandy fing wieder an zu atmen und schlief selig weiter. Uns war der Schrecken so in die Knochen gefahren, daß wir in jener Nacht auf dem Boden vor seinem Bett schliefen.

Im nachhinein wird mir klar, daß Joans Unfähigkeit, ihr Verhalten vernünftig zu begründen, an ein Medium erinnert, das im posthypnotischen Zustand einen Befehl ausführt. So wird man beispielsweise während der Hypnose der Versuchsperson auftragen, sie solle das Taschentuch des Gastgebers nehmen und damit einer Statue die Nase putzen. Kaum wieder aus dem hypnotischen Schlaf erwacht, tut sie, wie ihr geheißen. Fragt man sie nach der Ursache ihres Verhaltens, wird die Versuchsperson vielleicht antworten, sie glaubte, eine Spinne (die sie sogar erlebt haben mag) auf der Nase der Statue gesehen zu haben. Sie wäre sich jedoch nicht des wahren Grundes, sprich der posthypnotischen Suggestion, bewußt.

Jedermann kann solche Erlebnisse haben. Wir sind sogar davon überzeugt, daß die meisten von uns ähnliche Erfahrungen machen, ihnen aber nicht genügend Aufmerksamkeit schenken. Um diese Eingaben zu nutzen, bedarf es keiner früheren Erfahrungen mit Psi. Sie müssen nichts anderes tun, als auf neue und unerwartete Perzeptionen und Eindrücke zu reagieren. Mit einiger Übung werden Sie zwischen verläßlichen Eindrükken und solchen, die hauptsächlich Ihrer Erinnerung und Ihrer Vorstellungskraft entstammen, unterscheiden können.

Am besten fangen Sie in hoffnungslosen Situationen mit Ihrer Psi-Forschung an, wenn Sie zum Beispiel, verlorene Wertsachen suchen. Haben Sie nämlich schon alles mögliche erfolglos probiert, könnte Psi den rettenden Einfall liefern. So konnten Hella Hammid und ich (K. H.) beispielsweise einer Freundin helfen, die eine geborgte Perlenkette verlegt hatte. Unsere kombinierten Eindrücke des Ortes und der darum herum stehenden Gegenstände waren exakt genug, um uns zu einer Schnurrolle in der Nähe des Fensters zu geleiten, in die ihre Kinder eine Plastiktüte mit den losen Perlen gestopft hatten.

Wenn Sie langsam Zutrauen zu Ihrer Intuition gewinnen, sollten Sie sich in Situationen wie diesen, die keine Verlierer kennt, versuchen. Mit Entscheidungen über Leben und Tod warten Sie lieber noch ein bißchen, denn es wird einiger Übung und Erfahrung bedürfen, bis Sie auf die Korrektheit Ihrer Eindrücke vertrauen dürfen.

JEDER IST SEINES GLÜCKES SCHMIED

Bestimmte Glücksspiele scheinen für den angehenden Psi-Praktiker wie geschaffen. Dazu gehören die Lotterie (R. T. gewann dank einem glücklichen Einfall beim ersten und einzigen Versuch mit der New Yorker Staatslotterie ein nettes Sümmchen, während wir dieses Kapitel verfaßten), professionelle Sportereignisse, der Börsenmarkt und das nach Kasinoregeln gespielte

Siebzehn-und-vier. Sollten Sie mit Ihren psychischen Fähigkeiten herumexperimentieren wollen, um auf den Geschmack zu kommen, dann schlagen wir vor, daß Sie sich für eine freundschaftliche Runde Siebzehn und vier in den eigenen vier Wänden entscheiden.

Siebzehn-und-vier gehört zu jenen Kartenspielen, bei denen es der unerfahrene Spieler im Kasino am längsten aushält, bevor er Haus und Hof verliert. Dies, weil es von allen Glücksspielen das einzige ist, bei dem Kasino und Spieler beinahe gleiche Gewinnchancen haben. Gehören Sie zu den laufenden Kartenzählwerken, und können Sie sich an alle ausgeteilten Figurenkarten erinnern, so haben Sie sogar sehr gute Gewinnchancen – das heißt, bis man Ihre Methode aufdeckt und Sie aus dem Kasino wirft. Doch auch mit Psi können Sie beim Siebzehn-und-vier zuverlässig gewinnen.

Wann immer Siebzehn-und-vier um Geld gespielt wird, hat der Spieler zwei Entscheidungen zu treffen. Vor Austeilung der Karten muß er die Höhe seines Einsatzes bestimmen; dann muß er beschließen, wie viele Karten ihm der Croupier austeilen soll. Nehmen wir an, Sie seien ein erfahrener Kartenspieler, verstünden sich aber nicht aufs Kartenzählen. Dies gibt Ihnen Gelegenheit, Ihr Geld ganz langsam zu verlieren, das heißt, sollte nicht irgend etwas das Glück leicht zu Ihren Gunsten neigen.

Nehmen Sie an einer Spielrunde teil, bei der Sie vor Austeilen der Karten ihren Einsatz überall zwischen 1 und 20 Dollar ansiedeln können, eröffnet sich Ihnen eine hervorragende Chance: Sie können, wenn Sie *fühlen*, daß Sie kein Glück haben, den Mindesteinsatz wetten, dann mit Höchsteinatz spielen, wenn Sie *fühlen*, daß Sie alle Chips einstreichen werden. Sollten Sie Gewinn und Verlust tatsächlich nur zufällig *erraten*, dann werden Sie in einem Spiel – bei gleichem Kartensatz – dennoch 5 von 10 Einsätzen richtig raten. Bei diesem System müssen Sie nur noch *ein* weiteres Ergebnis erraten – somit sechs außer zehn –, um den Vorsprung nicht zu verlieren.

Betrachten Sie folgende Möglichkeiten: Angenommen, Sie besitzen ein minimales Psi-Talent, das Sie noch nicht entwickelt haben, sorgt diese Strategie dafür, daß Sie selbst dann Geld gewinnen, wenn Sie etwas mehr als die Hälfte der Runden verlieren – weil Sie in den erfolglosen Runden weniger einsetzen werden. Geht Ihnen jegliche psychische Fähigkeit ab (eine Möglichkeit, die wir entschieden abstreiten), unterliegen Ihre Wetten dem reinen Zufall und können nichts an Ihrer Gewinn- oder Verlustquote ändern. Der Croupier wird Sie nur als seltsamen Kauz einstufen.

Andererseits käme es nach 50 Runden – falls 60% Ihrer 20-Dollar-Einsätze gewinnen würden – zu folgendem Ergebnis: Im Durchschnitt würden Sie rein zufällig 25 Runden gewinnen; das können wir nicht ändern. Von diesen hätten Sie in 60% (15 Runden) der Fälle 20 Dollar eingesetzt, macht 300 Dollar. Dazu zählen Sie zehn Runden mit einem Gewinn von 1 Dollar, macht 10 Dollar. Ihre erfolgreichen Runden würden Ihnen somit 310 Dollar einspielen. In den verlierenden Runden müßten Sie 15mal 1 Dollar, also 15 Dollar, plus 10mal 20 Dollar, also ingesamt 200 Dollar zurückzahlen. Ihr Gesamtverlust betrüge demnach 215 Dollar. Also: selbst wenn Sie die Hälfte der Runden verlieren würden, stünde das Glück noch immer auf Ihrer Seite: Es blieben Ihnen nämlich 95 Dollar übrig. Kein Grund zum Jubeln, aber besser als die angedeutete Alternative.

Um diesen kleinen Gewinn einzutreiben, müßten Sie in sechs aus zehn Fällen richtig raten, wobei Ihnen der Zufall allein schon fünf aus zehn Treffern zuspielt. Obwohl die korrekte Wahl in 60% von 50 Fällen statistisch nicht signifikant ist, erweist sie sich gepaart mit einer zuträglichen Einsatzstrategie als sichere Einnahmequelle.

Noch ein abschließender Gedanke: Wir möchten Ihnen ganz eindringlich dazu raten, diese Strategie erst zu Hause mit Freunden auszuprobieren, bevor Sie auf das nächste Flugzeug nach Monte Carlo, Las Vegas oder Atlantic City hüpfen.

Wir hatten dies gerade geschrieben, als ich (R. T.) von einer aufgeregten jungen Frau, mit der wir am SRI gearbeitet hatten, angerufen wurde. Sie hatte an einer Versuchsreihe teilgenommen, die bestimmen sollte, welche Informationen ein Seher braucht, um ein Ziel beschreiben zu können.

Sie hatte im Kasino von Lake Tahoe ihre neuerworbenen Fähigkeiten auf die Probe stellen wollen. Da sie keine Karte von der anderen unterscheiden kann, entschloß sie sich für die einarmigen Killer. Sie lief ganz methodisch die Reihe der aufgestellten Spielautomaten auf und ab und blieb dort stehen, wo sie »den glücklichen Adrenalinschuß« empfand, den sie mit dem Jackpot assozierte. Ihr System war eine Stunde lang sehr erfolgreich.

Ihre Laufbahn kam zu einem jähen Ende, als sie vor einer Maschine stehenblieb, die ihr einen doppelten Schuß Adrenalin einjagte. Sie suchte gerade in ihrem Geldschälchen nach einer Münze, als die Frau am nahe stehenden Spielautomaten ihre Aufregung spürte und schnell eine Münze einwarf, um den 25 Dollar reichen Jackpot zu gewinnen, der auf den nächsten Einwurf gewartet hatte.

Dieser Wettstreit der Vorahnungen im Kasino klingt wie der erste Schuß in einem Psi-Krieg der Hasardeure. Ich brauche kaum zu erwähnen, daß meine Freundin sehr aufgeregt war.

KANN PSI ETWAS ÄNDERN?

Im August 1982 feierte die englische Society of Psychical Research (S. P. R. – Gesellschaft für Psychische Forschung) ihr hundertjähriges Bestehen beim Jahrestreffen am Trinitiy College in Cambridge. Es fiel gleichzeitig mit der 25. Sitzung der Parapsychological Association (P. A. – Parapsychologische Gesellschaft) zusammen. Die S. P. R. stellt die älteste Gesellschaft für das Studium paranormaler Phänomene. Seit ihrer Gründung im Jahre 1882 konnte diese Gesellschaft so hervorragende Mitglieder wie den Philosophen und Altphilologen F. W. H. Myers; Eleanor und Henry Sidgwick (sie Parapsychologin, er Philosoph); den amerikanischen Philosophen Henri James; den französischen Nobelpreisträger Henri Bergson; den englischen Physiker Sir Oliver Lodge sowie Lord Rayleigh und Sir William Crookes, der das Thallium entdeckte, anziehen. Mehr als dreihundert Wissenschaftler, Journalisten und Kritiker nahmen an dieser Sitzung in Cambridge teil.

Eine wiederkehrende Frage dieses 100. Symposiums lautete: Was erreichte die 100jährige Forschung? Darauf könnte man antworten – und wir meinen damit die Überzeugung der meisten Wissenschaftler dieses Gebiets auszudrücken –, daß die Ergebnisse von Tausenden von Laborexperimenten, die über eine Million Versuche umfaßten, jedem aufgeschlossenen Menschen beweisen sollten, daß an der Existenz der Psi-Phänomene nicht länger gezweifelt werden kann. Trotzdem wollten viele der Konferenzteilnehmer diese Ansicht nicht teilen. Zu ihnen zählten nicht nur Kritiker, sondern auch Gelehrte.

In ihren Vorträgen ließen einige Kritiker durchblikken, daß es für sie kein Psi-Experiment ohne irgendeinen kleinen Mangel oder Fehler gäbe. Der Psychologe Ray Hyman kritisierte beispielsweise die Ganzfeldmethode (weil sie multiple statistische Analysen verwende, nicht ihre Zufallserzeugungsmethoden klar darlege und weil von den Dias keine Duplikatfilme bei der Beurteilung benutzt würden, eine unmerkliche Kennzeichnung also nicht ausgeschlossen werden könne). Seine Einwände waren ohne Zweifel vernünftig; im Ernstfall müßte man sogar wegen ebendieser Makel einen Versuch für nichtig erklären. Doch viele Untersuchungen konnten, obwohl sie an den beiden ersten »Makeln« litten, deswegen nicht aus der Welt geschaffen werden. Angenommen, seine Vorwürfe seien berechtigt, so hätten diese Experimente dennoch eine bemerkenswerte Übereinstimmung zwischen Zielmaterial und Seher-Beschreibungen gezeigt, von der Hyman zugeben mußte, daß sie unmöglich durch die ersten beiden »Fehler« hätte erzeugt werden können. Fände man beispielsweise heraus, daß die meisten erfolgreichen Sitzungen einen Tag oder kurz vor Vollmond abgehalten wurden, so wäre dies kein experimentelles Vergehen, obwohl die Mondphasen nicht als kontrollierte Variable in den Versuch Eingang gefunden hätten.

Christopher Scott, ein englischer Mathematiker und eingefleischter Psi-Kritiker, stellte diese Haltung folgendermaßen dar: »Ich kann den Parapsychologen nicht verstehen... der das Gebiet der Parapsychologie als allen anderen Wissenschaftsbereichen ebenbürtig ansieht und nicht begreift, warum Betrug und Unfähigkeit in der Diskussion parapsychologischer Evidenz einen breiten Raum einnehmen... Parapsychologen müßten endlich einsehen, daß ihre Wissenschaft ganz objektiv *keine normale Wissenschaft* ist und es gute und ehrliche Gründe dafür gibt, ihre Schlußfolgerungen zu bezweifeln und von den Psi-Forschern noch strengere Beweise zu fordern als von anderen Wissenschaftlern.«

Als wir diesen Kritikern zuhörten, wurde uns klar, daß es kein makelloses Experiment gibt, seien die Bedingungen und Kontrollen auch noch so streng. Es wird immer etwas geben, das man hätte besser machen können. *Dies trifft für alle Wissenschaftszweige zu.* In den letzten Jahren glänzte ja die Medizin eher als die Psi-Forschung mit aufsehenerregenden Beispielen wissenschaftlichen Betruges. Doch dies nur nebenbei.

Während wir die Worte der Kritiker verfolgten, erkannten wir außerdem, daß Psi niemals aufgrund experimenteller Methoden allein in den Reigen der Wissenschaften aufgenommen würde. Die Hypnose ist da ein Präzedenzfall: Die Wissenschaftler streiten sich noch immer darüber, ob es Hypnose überhaupt gebe, ob es tatsächlich ein einzigartiger Bewußtseinszustand sei usw. – und unterdessen wird sie regelmäßig in der allgemeinen und Zahnmedizin benutzt, weil sie hilft.

Vielleicht wird Psi erst dann in das moderne Gedankengut eingehen, wenn bewiesen wird, daß seine Anwendung in hoffnungslosen Fällen zum Erfolg führt. Wir meinen nämlich, daß die Argumente der Psi-Gegner, die äußerlich den Anschein vernünftiger Syllogismen haben, nicht auf rationelle, sondern religiöse

Überzeugungen zurückgehen. Wir möchten sogar behaupten, daß diese Kritiker fest daran *glauben*, Psi könne und dürfe nicht existieren, und daß es deswegen nutzlos sei, sie mit Experimenten befriedigen zu wollen.

Wurzelt ein Glaube oder eine Meinung nicht in der Vernunft, kann kein noch so schlagendes rationales Argument diesen Glauben oder diese Meinung ausmerzen. Sagt eine Frau einem Mann beispielsweise: »Ich liebe dich nicht«, dann lohnt es nicht die Mühe, sie nach dem Warum zu fragen. Sie wird etliche Gründe vorschützen, die man alle vernünftig widerlegen könnte. Doch dies wird, wie wir alle wissen, nichts daran ändern, daß *sie ihn nicht liebt*.

Deswegen kommen wir zu dem Schluß, daß nach 100jährigem Experimentieren im Labor für die Popularität und den positiven Ruhm von Psi mehr getan würde, wenn man seine Nützlichkeit auf dem »Marktplatz« bewiese und es nicht weiter eine leicht vergessene Laborkuriosität bliebe. Aus diesem Grunde haben wir *Delphi Associates*, eine Beratungsgesellschaft für angewandte Psi-Forschung, ins Leben gerufen und suchen nach einer Dotation oder anderweitigen finanziellen Unterstützungen für ein breitgefächertes Forschungsprogramm. Wir wollen unser Verständnis der psychischen Fähigkeiten und ihrer möglichen Anwendungen in kommerziellen Unternehmen – etwa der Suche nach Bodenschätzen – vertiefen.

Als erstes führten wir in bezug auf die Entwicklung des Silberpreises ein kurzzeitiges assoziatives Fernwahrnehmungsexperiment durch. Die Ergebnisse waren so erfolgreich, daß sie stetig, wenn auch geringfügig, unsere Forschung finanziell unterstützten. Im Herbst 1982 konnte Delphi Associates dank angewandter Fernwahrnehmung den Preis des sogenannten Dezember-Silbers voraussagen. Wir machten neun Voraussagen (von denen wir sieben einsetzten) für den drei Tage später notierten Silberkurs – Keith Harary fungierte als Seher. In allen Fällen stimmten sowohl die Größe der Veränderung als auch die neue Kursrichtung. Daß dieser Erfolg dem Zufall allein zuzuschreiben sei, steht 1 : 260 000 (4^9). Diese Anwendung von Psi beschäftigt uns weiterhin.

Bei der Psi-Forschung im Labor geben sich die Wissenschaftler meist mit Ergebnissen zufrieden, die in 20 Versuchen, wäre der reine Zufall am Werke, weniger als einmal aufträten. Diese Ergebnisse haben bekanntlich eine Signifikanz oder Verläßlichkeit von kleiner als 0,05. Obwohl derartige Resultate im Labor große Anerkennung genießen, geben wir uns mit dem »5-Prozent-Niveau« nicht zufrieden. Wir, und mit uns viele unserer wissenschaftlichen Kollegen, erwarten mehr von unseren Ergebnissen – viel mehr. Wir glauben nämlich, daß das Vertrauen der Forscher auf die potentiellen Möglichkeiten der Psi-Fähigkeiten für den Erfolg oder Mißerfolg ihrer Entdeckungsreisen im psychischen Bereich verantwortlich ist. Damit man Psi erfolgreich im eigenen Leben anwenden kann, genügt es nicht, daß man es als statistische Größe bewertet. Dies können wir nicht nachdrücklich genug unterstreichen.

Aufgrund unserer (und anderer) Daten besteht kein Zweifel daran, daß man die Zukunft kennen kann – ja, daß sie uns im gewissen Sinne bekannt ist. Dasselbe gilt von der »versteckten« Gegenwart. Es bleibt nur abzuwarten, was der einzelne, die Geldgeber und Regierungen mit dieser Binsenweisheit anfangen werden. Es wird kein Jahrhundert mehr dauern, bevor wir oder die nach uns es erfahren. Wir sind sogar sicher, daß man sich im nächsten Jahrzehnt davon überzeugen wird, wie nützlich und wichtig die Psi-Fähigkeiten wirklich sind. Um dies festzustellen, wird *kein* Jahrhundert mehr verstreichen müssen. Diese Frage wird sich höchstwahrscheinlich auf dem Marktplatz oder im Alltag von Millionen Menschen und nicht auf den Fluren von Cambridge entscheiden.

10

PSI-TRAINING: LERNEN SIE, IHRE PSI-FÄHIGKEITEN ANZUWENDEN

Bei Ihrem Psi-Lehrgang mag es Ihnen öfter vorkommen, als lernten Sie Neues, indem Sie sich an Wohlbekanntes erinnerten. Wichtig ist nämlich, daß Sie dabei Ihre Reaktionen auf subtile Informationen kultivieren und intensivieren und nicht neue Wissensquellen anzapfen. Es ist, als schlummerten die psychischen Fähigkeiten in der hintersten Windung Ihres Gehirns und warteten nur auf einen kleinen Anstoß, um aufzuwachen und neue Kommunikationskanäle zu eröffnen.

In Ihrem Gehirn gibt es keinen magischen Knopf, der, drückte man ihn, Ihnen plötzlich unfehlbare, vollkommen ausgebildete Psi-Fähigkeiten sicherte. Dagegen wird Ihr Erfolg bei der Anwendung der Psi-Kräfte davon abhängen, wie gut und schnell Sie dank gewisser Übungen die Grundkenntnisse erwerben.

Vergessen Sie bitte nicht, daß viele Wege zum Podest des erfolgreichen Hellsehers führen. Psychisches Wahrnehmen setzt eine komplexe Wechselbeziehung zwischen einer großen Anzahl verschiedener Fähigkeiten und Arten kreativen Ausdrucks voraus. Jeder von uns hat seine eigene Ausdrucksweise. Verschiedene Menschen werden mit verschiedenen Geschicklichkeiten brillieren und dieses Talent möglichst überall einsetzen.

Der Grundprozeß psychischer Aktivitäten scheint bei allen Menschen mehr oder weniger derselbe zu sein; die einzelnen Methoden, die der Seher dabei benutzt, sind jedoch persönlich geprägt.

So fällt es einigen leichter als anderen, visuelle Eindrücke spontan zu sehen. Andere Versuchspersonen teilen ihre Eindrücke lieber mit oder schreiben sie am liebsten auf; andere drücken ihre Gefühle und Gedanken besser bildhaft durch Skizzen aus. Einige Seher tun sich leichter mit sinnlichen Informationen, andere wiederum mit den ästhetischen, psychologischen und emotionalen Qualitäten der entfernten Ziele.

Pat Price begann beispielsweise erst Wochen nach seinen ersten bemerkenswerten Erfolgen, die er mit verbalen Beschreibungen erntete, die Ziele zu skizzieren. Pat schien dies jedoch eher für seine Experimentatoren als für sich selbst zu tun.

Im Gegensatz dazu gebrauchen andere Seher fast ausschließlich spontane Skizzen der Ziele, um ihre psychischen Eindrücke mitzuteilen und zu interpretieren. Sie benutzen diese Skizzen zuweilen, um die psychische Information zu verstehen und nicht nur, um die Eindrücke festzuhalten. Andere Seher hinwiederum legen sich nicht fest und benutzen eine Kombination aus verbalen und nichtverbalen Methoden, um ihren Impressionen Ausdruck zu verleihen. Auch werden sie je nach Aufgabe eine ihnen kongeniale Methode wählen.

Interessanterweise konnten wir feststellen, daß verschiedene Seher von denselben auffälligen Zügen eines Zieles angezogen werden. So werden beispielsweise mehrere Seher einen rauschenden Brunnen inmitten des Zieles bemerken. Wir entdeckten ferner, daß gewisse Ziele genauer beschrieben werden als andere. Dies mag mit der Einzigartigkeit dieser Ziele zusammenhängen – je weniger ein Ziel einem anderen Ort ähnelt, desto genauer wird es beschrieben.

Einige Seher unterscheiden sich jedoch von allen anderen gerade dadurch, daß sie gewisse Aspekte des Zieles hervorheben, die anderen nicht auffallen, dies ist aber nicht ungewöhnlich, bedenkt man, daß verschiedene Menschen, die am selben Ort die gleichen auffälligen Details bemerken, ganz unterschiedlich darauf reagieren. Außerdem werden sie sich auf verschiedene Einzelheiten der Landschaft konzentrieren und den Ort deswegen anders erleben. Perzeption ist eben persönlich, sei sie nun psychisch oder sinnlich.

Die Vergangenheit, der Werdegang und die Persönlichkeit eines Sehers werden entscheiden, worauf er während der Fernwahrnehmung seine Aufmerksamkeit fixiert und wie er diese Eindrücke interpretiert. Da ich (K. H.) als klinischer Psychologe und Maltherapeut ausgebildet bin, werde ich des öfteren die Persönlichkeit und den Gesundheitszustand der vor Ort befindlichen Personen beschreiben. Ich werde außerdem darauf eingehen, wie sich das Milieu auf jene, die sich dort aufhalten, dort arbeiten oder leben, seelisch auswirkt. Hella Hammid wird den Ort eher mit den Augen der Fotografin sehen. Ein technisch orientierter Seher wird das Ziel vom Standpunkt des Ingenieurs her bewerten, usw.

Beim Hellsehen gibt es nicht »die beste Methode«, nach der die Ziele beschrieben werden sollten – das gilt übrigens auch für alle anderen psychischen Tätigkeiten. Ihre Methoden sollten Ihrer Vergangenheit, Vorbildung und Erfahrung entsprechen. Man kann nicht erwarten, daß alle psychisch gleich funktionieren oder daß sie auf dieselben Ziele gleich reagieren.

Wollte man mit Gewalt jedem dieselbe Methode aufzwingen, würde man den einzigartigen Stil und den Beitrag eines jeden persönlichen psychischen Talents verkennen. Mit wachsender Erfahrung werden auch Sie Ihren eigenen Stil finden, der Ihre Fähigkeiten und Ihre Persönlichkeit widerspiegelt. Vielleicht werden Sie sogar einen neuen Stil entdecken.

Wir wollen Ihnen also keine absoluten Methoden vorschreiben.

Was wir Ihnen geben wollen, sind ein paar grundlegende Anweisungen, von denen wir hoffen, daß sie Ihnen helfen, den Prozeß psychischer Wahrnehmungen besser zu verstehen. Um Sie geistig zu führen, werden wir Ihnen die Wege zeigen, auf denen psychisch begabte Menschen erfolgreich zum Ziel gelangen. Ihnen bleibt es jedoch überlassen, diese Informationen nach Gutdünken den eigenen Bedürfnissen, Fähigkeiten und Erfahrungen entsprechend anzuwenden.

PSYCHISCHE LIEGESTÜTZE

Darüber, wie man ESP oder ASW entwickeln soll, sind viele Bücher geschrieben worden. Die meisten basieren auf der Erfahrung einer einzigen Person und erzählen, wie sie einen Zustand erreichte, den sie als »psychisch« bezeichnet. Im Gegensatz dazu begründet sich das folgende auf Verfahrensweisen und Einsichten, die in zehnjähriger Forschungsarbeit in unserem und anderen Labors erprobt und gesammelt wurden. Diese Methoden und Bedingungen haben in Hunderten von Forschungsversuchen mit gewöhnlichen Menschen, die daran teilnahmen, zum Erfolg geführt.

Übungen mit der Fernwahrnehmung sind wie psychische Liegestütze. Wir schlagen diese Übungen vor, damit Sie Ihre psychischen »Muskeln« trainieren und sich an das Gefühl guter psychischer Leistungen gewöhnen. Dann werden Sie diese eskalierende Bewußtheit im Alltag vielleicht verwenden können.

Ihre Reaktion auf psychische Informationen wird dank der Fernwahrnehmungsübungen für Sie verständlicher und auch differenzierter, da Sie unter kontrollierten Bedingungen Ihre Leistungen jeden Tag prüfen können. Dieses Lehr- und Lernsystem verhindert, daß Sie sich über die Fortschritte Ihrer psychischen Leistungen täuschen. Außerdem macht Fernwahrnehmung Spaß: Sie können auf angenehme Weise mit Freunden einen Nachmittag oder Abend verbringen.

GRUNDKENNTNISSE:
DIE QUELLE PSYCHISCHER INFORMATIONEN

Jahrelange Forschung und Erfahrung haben uns gelehrt, daß psychische Informationen jederzeit vorhanden sind – man muß sie nur beobachten lernen[1]. Es bedarf keines veränderten Bewußtseinszustandes, um diese Informationen zu registrieren; man muß lediglich lernen, zwischen wirklichen psychischen Informationen und den Wirkungen verschiedener Variationen »geistigen Rauschens« – wie *erinnerte oder vorgestellte Eindrücke und unmittelbare Umwelteinflüsse* – auf unsere Gedanken und Gefühle zu *unterscheiden.* Deswegen ist es äußerst wichtig, beide Störungsquellen kennenzulernen.

Wenn man lernt, auf psychische Informationen zu

reagieren, ist es von entscheidender Bedeutung, seinen Gefühlen zu vertrauen und selbst die flüchtigsten Bilder und Eindrücke zu registrieren. Erste Eindrücke sind meist korrekt, nur muß man sie richtig wahrnehmen und interpretieren, um von ihnen Gebrauch machen zu können. Vorsicht jedoch vor kristallklaren Eindrücken eines Ortes in der Nähe Ihres Hauses, dies sind meist (aber nicht immer) Beispiele für geistiges Rauschen und nicht für deutliche psychische Wahrnehmungen. Je spontaner und überraschender Ihre Eindrücke eines weit entfernten Zieles sind, desto wahrscheinlicher enthalten sie wertvolle psychische Informationen.

Die Entwicklung sinnlicher und psychologischer Fertigkeiten kann dabei hilfreich sein. Um Psi anwenden zu können, muß man hauptsächlich die Fähigkeit entwickeln, auf zarte Eindrücke, Gefühle und Bilder zu reagieren, ohne den ursprünglichen Eindruck ausschmücken oder redigieren zu wollen. Sie werden außerdem lernen müssen, Ihre inneren Erfahrungen objektiv und faßbar auszudrücken. Die Veränderung innerer Empfindungen ähnelt der Schöpfung eines Gedichts, eines Gemäldes oder eines Liedes. Der Dichter fügt vertraute Worte und Bilder auf originelle Art und Weise aneinander, um seinen persönlichen Gefühlen und Erfahrungen Gestalt zu geben. Im psychischen Bereich geschieht dies ähnlich. Sie lernen, mit rein subjektiven Eindrücken und Bildern objektive Informationen zu formulieren.

Also: *Psychisch funktionsfähig ist, wer gelernt hat, seine Reaktionen auf innere Erfahrungen bewußt zu erleben; diese Reaktionen verständlich auszudrücken und die psychischen Impressionen von geistigem Rauschen zu unterscheiden.*

DIE ERWEITERUNG DES SINNLICHEN BEWUSSTSEINS

Um psychisch funktionsfähig zu werden, müssen Sie Ihre Welt und Ihre Reaktion auf diese Umwelt schärfer beobachten. Je mehr Sie sich Ihrer Reaktionen auf vertraute Reize bewußt werden, desto einfacher wird es Ihnen fallen, bewußt auf psychische Eindrücke zu reagieren.

Wenn Sie Ihre Beobachtungsgabe schärfen, kann dies Ihre psychischen Fähigkeiten mehrfach fördern.

Damit Sie überhaupt zwischen den Quellen geistigen und umweltbedingten Rauschens und den eigentlichen psychischen Eindrücken unterscheiden können, müssen Sie zuerst die Merkmale von Bildern und Eindrükken kennenlernen, die Ihrem Gedächtnis, Ihrer Vorstellung und Ihrer unmittelbaren Umwelt entstammen, also jene Störung erzeugen.

Dank der Entwicklung Ihrer Beobachtungsgabe werden Sie dann subtile Empfindungen bemerken und verarbeiten können, die für Psi charakteristisch sind. Psychische Informationen werden oft als visuelle oder sinnliche Eindrücke eines entfernten Ereignisses erlebt.

Dank des gesteigerten Bewußtseins Ihrer sinnlichen Reaktionen auf die Umweltreize werden Sie alsbald bemerken, daß Sie darüber hinaus auf Informationen ansprechen, die Ihnen durch ungewohnte Kanäle zufließen.

Schließlich müssen Sie wissen, daß sich psychische Information oft als *emotionale* Reaktion auf diese intuitiv erfaßte Mitteilung äußert. Ein trainiertes und gesteigertes Bewußtsein Ihrer emotionalen Antwort auf unmittelbare Ereignisse kann Ihnen also dabei helfen, die beinahe unmerklichen Reaktionen zu erkennen, die psychische Informationen kennzeichnen. Diese neue Vertrautheit mit Ihrem Gemütszustand wird Ihnen die nötige Stabilität geben, die Sie unbedingt brauchen, wenn Sie mit emotional geladenen psychischen Reizen bombardiert werden.

Wir möchten Ihnen deswegen raten, der Vielzahl sinnlicher Reize, auf die Sie tagtäglich reagieren, größere Aufmerksamkeit zu schenken. Wann immer es Ihnen während des Tages möglich ist, sollten Sie sich einige Augenblicke gönnen, um sich die vielen Informationsebenen bewußt zu machen, auf die wir mit unseren fünf Sinnen reagieren.

Während Sie diese Seiten lesen, reagieren Sie auf die Worte visuell. Vielleicht bemerken Sie sogar die Farbe und Beschaffenheit des bedruckten Papiers, die Beleuchtung und die Farben in dem Sie umgebenden Raum sowie viele andere Arten und Schichten visueller Information.

Während Sie diese Worte lesen, hören Sie sie vielleicht in Ihrem inneren Ohr, als ob sie gesprochen würden. Vielleicht bemerken Sie sogar den Klang Ihrer Finger, die über das Papier oder den Umschlag streichen. Welch andere Geräusche hören Sie noch? Hören Sie das Ticken einer Uhr? Musik? Menschen, die sich in Ihrer Nähe unterhalten? Horchen Sie aufmerksam. Hören Sie andere Klänge in der Ferne – Wind, Straßenlärm oder Hundegebell?

Worauf ruhen Sie, während Sie dies lesen? Was empfinden Sie dort, wo Ihr Körper die Außenfläche berührt? Wie fühlt sich die Kleidung auf Ihrer Haut an? Wie fühlt sich das Papier an? Wie kühl ist die Luft um Ihre Stirn?

Wonach riechen die Seiten dieses Buches, wenn Sie es an die Nase führen und beschnuppern? Riechen Sie überhaupt etwas? Etwa den Duft eines Parfüms, den entsetzlichen Gestank von Zigarettenrauch oder appetitanregende Küchengerüche?

Ihre Umwelt überflutet Sie mit sinnlichen Informationen, derer Sie sich zwar nicht jeder Zeit bewußt sind, auf die Sie aber rein körperlich reagieren. Nehmen Sie sich Zeit, um eine Weile ganz bewußt den Informationsfluß zu verfolgen, den Sie mit einem Ihrer fünf Sinne wahrnehmen. Dies wird Sie Ihrer Umwelt näherbringen. Schon vor Beginn ihrer psychischen Aktivierung bemerken die meisten, daß sie sich ihrer Um- und Innenwelt bewußter werden. Psychische Fähigkeiten sind eine ganz bestimmte Art von Feinfühligkeit.

Jean Auel hat in ihrem Buch *The Valley of Horses* diese konzentrierte Wahrnehmung der Umwelt beispielhaft geschildert. Sie erzählt uns, wie ihre Protagonistin eine Höhle hochkriecht:

> Sie war gespannt, horchte auf Atemzüge oder leises Schlurfen; spähte nach frischen Lebenszeichen; versuchte die markanten Gerüche fleischfressender Tiere, frischer Losung oder von Wildbret zu wittern und öffnete dabei leicht den Mund, damit ihr der Gaumen beim Aufnehmen der Spur helfe. Mit ihrer nackten Haut tastete sie, ob Wärme aus der Höhle käme, und folgte lautlos ihrer Intuition, als sie sich dem Höhleneingang näherte. Platt an die Felswand gedrückt, schlich sie zu der Mündung und spähte hinein.[3]

Nun, da Sie eine Ahnung davon haben, was wir von Ihnen erwarten, sollten Sie folgende Übungen machen.

Es ist zwar nicht unbedingt erforderlich, daß Sie es tun, um Ihre psychischen Kräfte zu entwickeln, aber Sie werden dadurch sicher Ihre Umwelt aufmerksamer beobachten lernen.

NOCHMALS MIT GEFÜHL

Sie müssen sich in keinen dramatisch veränderten Bewußtseinszustand versetzen, um mit Ihren fünf Sinnen vertrauter zu werden. Der Zweck dieser beiden Übungen ist, daß Sie des Anteils eines jeden Ihrer fünf Sinne an Ihrer sinnlichen Bewußtheit gewahr werden. Die erste Übung können Sie alleine machen, die zweite müssen Sie mit einem Partner oder Freund gemeinsam durchführen.

Für die erste Übung sollten Sie sich einen angenehmen Platz (möglichst im Freien) suchen, an dem Sie sich entspannt, mit geschlossenen Augen hinsetzen können. Beim Liegen laufen Sie Gefahr einzuschlafen.

Wenn Sie sich wohl fühlen, konzentrieren Sie sich auf die Geräusche und Klänge um Sie herum. Nehmen Sie sich Zeit dazu und lauschen Sie aufmerksam. Horchen Sie auf Ihre Atemzüge, auf Naturgeräusche und Stimmen.

Konzentrieren Sie sich auf jedes einzelne Geräusch und darauf, wie sich dieser Klang mit den anderen vermischt. Einige Geräusche sind minimal, wie das Knistern eines Insekts, das über ein Bonbonpapier krabbelt. Andere sind ohrenbetäubend, wie das Rauschen von Blättern und Ästen. Horchen Sie aufmerksam und gehen Sie in Gedanken ein paar Augenblicke jedem einzelnen Geräusch nach, blenden Sie dann das einzelne Geräusch in den Hintergrund zurück und hören Sie sich es als eine von vielen Stimmen aus der Entfernung an.

Nach zehn oder fünfzehn Minuten dieser interessanten Übung öffnen Sie die Augen und lauschen weiter. Beachten Sie, wie sich Ihr Klangbewußtsein mit Ihren visuellen Perzeptionen und den Reaktionen Ihrer anderen Sinne vermischt. Atmen Sie tief ein und ganz langsam wieder aus, während Sie sich auf einen Spaziergang in die Welt vorbereiten, die Sie mit Ihrem Gehör erforscht haben.

Lassen Sie nun wortlos Ihren Blick über die Fläche schweifen, auf der Sie sitzen. Beachten Sie die Farben in Ihrer Nähe, dann in der Entfernung. Nehmen Sie die verschiedenen Konturen und Oberflächen sowie das Licht- und Schattenspiel um sich herum auf.

Streichen Sie jetzt mit der Hand über Ihre Sitzgelegenheit. Beachten Sie dabei deren Beschaffenheit. Stehen Sie auf und laufen Sie durch die Gegend, die Sie so aufmerksam studiert haben. Beachten Sie, wie die Kleidung über Ihre bloße Haut streicht, wie fest der Grund ist, über den Sie schreiten. Spüren Sie die rauhen, glatten, harten und weichen Oberflächen, mit denen Sie in Berührung kommen?

Beachten Sie die verschiedenen Gerüche, während Sie ruhig umhergehen. Einige sind kaum wahrnehmbar, wie der Duft eines einzigen Gänseblümchens; andere sind stark, wie der Geruch frisch aufgebrühten Kaffees.

Fahren Sie mit der Zunge über die Haut Ihrer Armbeuge und schmecken Sie, wie salzig Ihre Haut ist. Kosten Sie etwas Saures, einen Tropfen Zitronensaft etwa. Dann lassen Sie etwas Süßes auf der Zunge zergehen, einen Minzbonbon vielleicht. Verschlingen Sie ihn nicht, sondern kosten Sie. Schälen Sie nun ganz langsam eine Orange und registrieren Sie dabei alle verschiedenen Sinneseindrücke – was Sie fühlen, riechen, schmecken und hören.

Nachdem Sie eine Weile bei jeder einzelnen Sinneswahrnehmung verharrt haben, werden Sie sicherlich gerne weiterlaufen und dabei beobachten, wie sich Ihr neu gewonnenes Sinnesbewußtsein in Ihrem Umweltverhalten äußert.

Während Sie dies lasen, ist Ihnen vielleicht aufgefallen, daß sich manche unter Ihnen den Spaziergang genausogut vorstellen können, als hätten sie ihn gemacht. Jenen, die sich ohne weiteres Erlebnisse bildhaft vorstellen können, wird es mühelos gelingen, psychisch aktiv zu werden. Deswegen möchten wir vorschlagen, daß Sie diese Sinneswahrnehmungsübung auch in Gedanken vollziehen und dabei verschiedene Orte erforschen, ohne sich dorthin zu begeben.

Seien Sie geduldig mit sich selbst, auch wenn es Ihnen nicht sofort vorzustellen gelingen sollte, was Sie mit Ihren fünf Sinnen an einem gewissen Phantasieort wahrnähmen. Machen Sie die Übung erst an verschiedenen wirklichen Orten. Je bewußter Sie sich Ihrer Sinneswahrnehmungen werden, desto leichter wird es Ihnen fallen, Sie jederzeit in Gedanken heraufzubeschwören.

Sie haben wahrscheinlich längst bemerkt, daß es zwischen Ihrer Vorstellung eines Ortes und einer großangelegten Fernwahrnehmung eines entfernt liegenden Zieles nur einen winzigen Unterschied gibt. Je geschulter Ihr Umgang mit vorgestellten und wirklichen Sinneseindrücken, desto erfolgreicher Ihre Fernwahrnehmung. Und nun zur zweiten Übung.

Psychische Informationen sind nicht immer bildhaft. Oft werden sie als nichtvisuelle Eindrücke und seelische oder emotionale Reaktionen auf entfernte Orte, Gegenstände und Ereignisse erlebt.

Sichtgebundene Menschen werden ihre Aufmerksamkeit beinahe ausschließlich auf optische Perzeptionen und Bilder richten. Darin unterscheiden sich die Menschen beispielsweise vom Hund, der sich fast nur auf seinen Geruch verläßt; oder vom Delphin, der die Welt durch sein Gehör und eine Art Sonar wahrnimmt.

Diese Übung soll Ihnen dabei helfen, auf Ihre nichtvisuellen Eindrücke zu achten. Wählen Sie sich dazu einen Partner, mit dem Sie völlig entspannt und locker umgehen können.

Diese Übung sollten Sie möglichst im Freien machen, an einem sicheren, menschenleeren Ort, der dennoch reichliche Sinneseindrücke zu bieten hat. Ein ruhiger Strand, eine Waldlichtung, ein kleiner Park oder ein Garten würden sich bestens eignen.

Sie und Ihr Partner spielen abwechslungsweise eine halbe Stunde lang »blind«. Der eine dient dem anderen, der seine Augen fest geschlossen hält, als Sinnesführer. Während dieser Übung sollten Sie beide nur in Notfällen sprechen, ansonsten aber stumm bleiben.

So kann der Sehende den »Blinden« langsam herum- und an eine ganze Fülle von Dingen heranführen, die er ertasten, schmecken, riechen oder hören kann. Der Führer wird die Hand des Blinden nehmen und zum Beispiel über feinen Sand gleiten oder über frische Grashalme oder rauhe Baumrinde streichen lassen; er wird ihm Steine, Blätter, Muscheln, Blumen und sonstige kleine Gegenstände in die Hand geben. Denn jeder

Gegenstand schließt in sich eine Welt voller Empfindungen ein.

Der Sinnesführer ist natürlich für seinen »Blinden« verantwortlich und sollte auf mögliche Gefahren achten, die der andere nicht sehen kann – wie Steine, emporragende Wurzeln und Felsen.

Der »Blinde« sollte sich während der Übung auf jede nichtvisuelle Stimulierung konzentrieren, an die ihn sein Führer heranführt. Er kann sich vorstellen, er sei als Astronaut auf einem stockfinsteren Planeten gelandet, den er blind erforschen müsse. Gegen Ende der Übung sollte sich der »Blinde« ganz ruhig an einen schattigen Platz setzen, bevor er seine Augen langsam wieder öffnet. Sieht er wieder, wird ihm die Welt in einem völlig neuen Licht erscheinen.

Daraufhin sollten sich die beiden über die Erfahrungen während der Übung unterhalten. Dem »Blinden« sollten all jene Dinge gezeigt werden, die er mit seinen anderen Sinnen erlebte. Nach einer kurzen Pause sollten die Rollen vertauscht und dieselbe Übung – am besten an einem anderen Ort – wiederholt werden.

Sie und Ihr Partner wollen vielleicht erfahren, wie sie sich während nichtvisueller Erlebnisse in der Gegenwart des anderen fühlen. Diese Erfahrung kann Ihnen später zugute kommen, zum Beispiel wenn Sie beide zusammen die Fernwahrnehmung üben.

PSYCHISCHES WAHRNEHMEN IST EINE KUNST

Viele Personen, die bei Fernwahrnehmungsexperimenten im Labor recht erfolgreich waren, zeigten sich als künstlerisch sehr begabt – unter ihnen gab es verhältnismäßig viele Maler, Fotografen, Musiker, Grafiker,

Dichter und Denker. Sie verstanden es meisterhaft, aus ihren subjektiven Erfahrungen objektive Substanzen zu formen. Aufgrund ihrer Fähigkeit, persönliche Eindrücke schöpferisch umzusetzen, werteten sie die psychischen Informationen effektiver aus. Die meisten von ihnen sind ja scharfe Beobachter ihrer Umwelt und ihrer Mitmenschen.

Neben den Übungen, durch die Sie sich Ihres psychischen Potentials bewußter werden, könnten Sie einen Kunsthandwerks-, Schreib-, Fotografie- oder Zeichenkurs besuchen, damit Sie eine für Sie geeignete schöpferische Ausdrucksweise finden. Diese Kurse schärfen Ihre Beobachtungsgabe und helfen Ihnen, einen einzigartigen Stil des Selbstausdrucks und der Welterfahrung zu finden. Außerdem ergänzen derartige Kurse sinnvoll unsere hauptsächlich geistig zentrierten Übungen. Zudem begegneten Sie natürlich schöpferischen Menschen und hätten viel Freude dabei.

EINE WELT VOLLER BILDER UND GEDANKEN

Ein erweitertes Bewußtsein für die sinnlichen Umweltreize geht meist mit der Beobachtung einher, daß die Sinneswahrnehmung nur eine von vielen Informationsarten ist, auf die Sie täglich ansprechen. Sie kennen wahrscheinlich auch die Bilder und Gedanken, die aus Ihrer Erinnerung und Ihren Vorstellungen auftauchen.

Das Gefühl, das Erinnerungen begleitet, unterscheidet sich deutlich von jenem, das mit sinnlichen Wahrnehmungen äußerer Reize einhergeht. Diese unterscheiden sich hinwiederum von jenen Empfindungen, die Ihren Vorstellungen eigen sind. Gegenseitiges Abgrenzen ermöglicht es Ihnen, Wirklichkeit und Phantasie auseinanderzuhalten.

Jede Wahrnehmung wird durch ein gewisses Gefühl gekennzeichnet, das ihren sinnlichen oder seelischen Ursprung verrät. Diese Empfindungen können aber nicht auf den Inhalt der einzelnen Bilder und Eindrükke reduziert werden. Wenn Sie beispielsweise in einem Raum stehen und sich erinnern, daß Sie hier schon einmal gestanden haben, empfinden Sie dabei grundsätzlich anders, wie wenn Sie träumten oder sich vorstellten, Sie befänden sich in einem Raum, den Sie noch nie gesehen hätten.

Ihr Bewußtsein wird von Ihren Emotionen beeinflußt. Wenn Sie verärgert, ängstlich oder über beide Ohren verliebt sind, reagieren Sie ganz anders auf innere und äußere Reize. Sie werden Dinge bemerken, die Ihnen sonst kaum auffallen. Kein Teil Ihres Bewußtseins ist von Ihren Gefühlen unabhängig. Die von Ihnen erlebte Realität und Ihre Stimmung beeinflussen Ihre Wahrnehmung und Ihre Reaktion auf diese Wahrnehmungen.

Ob Sie jemanden auf einer überlaufenen Party oder an einer ruhigen Straßenecke kennenlernen, wird sich sicherlich in unterschiedlichem Verhalten widerspiegeln. Vielleicht erinnert Sie diese Person an jemanden, oder Sie kommt Ihnen völlig fremd vor. Womöglich schätzen Sie ihr Parfüm. Oder es gibt für Sie keinen schlimmeren Geruch als den nach nassen Hunden und Jauche. Die Person mag Sie anziehen, abstoßen oder völlig gleichgültig lassen. Wie immer Ihre Reaktion ausfällt, sie wird von sinnlichen, emotionalen und anderen Faktoren – wie Seelenleben, vergangene Erfahrungen, Reaktionen auf sinnliche Informationen, Phantasien und eventuell weiteren Gemütsregungen, die wir allgemein Intuitionen nennen können – geprägt.

Neben der Bewußtmachung Ihrer sinnlichen Reizverarbeitung sollten Sie auch Ihre seelischen Reaktionen auf Ereignisse und Menschen beobachten. Nehmen Sie sich etwas Zeit bei der Frage, ob die eben kennengelernte Person Sie an jemanden erinnert. Es ist ganz wichtig, daß Sie lernen, auf Ihre unmittelbaren Erfahrungen und nicht nur auf die Erinnerung an ähnliche Ereignisse der Vergangenheit zu reagieren.

Erinnert die neue Situation Sie an vergangene Erlebnisse, oder erscheint sie Ihnen bekannt, obwohl sie völlig neu ist? Inwieweit beeinflussen vergangene Begegnungen Ihre gegenwärtigen Reaktionen?

Inwieweit gestalten Ihre Phantasien und Vorstellungen Ihre Wahrnehmungen? Sind Ihre Gefühle für Menschen und Ereignisse stärker als die bei alltäglichen sinnlichen und seelischen Eindrücken gewohnten Empfindungen?

Lassen Sie sich von Ihrem Gespür leiten, wenn Sie jemanden kennenlernen? Haben Sie je zwingender und doch unerklärlicher und unfaßbarer Gründe wegen Ihre Entscheidungen gefällt? Beachten Sie Ihr Gespür, selbst wenn es keine plausible Erklärung dafür gibt?

Wir hielten fest, daß sich sinnliche Informationen und Vorstellung von dem sie begleitenden Gefühl her unterscheiden lassen. Sie werden bald bemerken, daß sich auch Ihr Gespür gefühlsmäßig von allen anderen Informationsquellen unterscheidet. Hatten Sie jemals Gedanken und Gefühle, die logisch nicht erklärbar waren, deren Einfluß Sie aber spürten? Dann wissen Sie wahrscheinlich schon, wie eine Intuition aufs Gemüt wirkt.

Wann immer Sie während des Tages Zeit haben, sollten Sie Ihre Reaktionen auf die Umwelt beachten. Denken Sie an die Gefühle, die gewisse Erfahrungen mit verschiedenen Menschen, Aktivitäten und Situationen begleiten. Geben Sie auf Ihre sinnliche, emotionale und intuitive Erfahrung der Umwelt acht. Lernen Sie erst einmal die Gefühle kennen, die Sie in der Nähe gewisser Personen und Dinge empfinden, dann wird es Ihnen leichtfallen, Ihre Gefühle während der Fernwahrnehmungssitzungen zu interpretieren.

WORAN SIE INTUITIVE EINDRÜCKE ERKENNEN

Haben Sie jemals eine halbe Stunde lang verzweifelt einen Parkplatz gesucht? Im Zentrum San Franciscos entpuppt sich die Parkplatzsuche zur Ganztagsbeschäftigung. Ein derartig verkehrsdichter Stadtteil eignet sich hervorragend für eine Übung, die Sie lehren soll, echte psychische Eindrücke gefühlsmäßig von geistigen und umweltbedingten Fehlinformationen zu unterscheiden. Wir entwickelten diese Übung in San Francisco, sie kann aber überall dort angewandt werden, wo das Parken einer Heldentat gleichkommt.

Wir erwarten nicht, daß Sie im Schlafanzug aus dem Haus stürzen und gleich – mit aufgeschlagenem Buch auf dem Lenkrad – diese Übung ausprobieren. Versuchen Sie es doch bei Ihrer nächsten Autofahrt. Vor roten Ampeln können Sie sich damit sinnvoll die Zeit vertreiben. Vielleicht finden Sie dann viel schneller einen Parkplatz, angenommen natürlich, daß es in Ihrer Nähe eine Parklücke gibt.

Das nächstemal, wenn Sie wieder (egal, ob Sie oder ein anderer fährt) wie ein Falke über der Beute Kreise ziehen, fragen Sie sich im stillen, in welcher Richtung der näheste Parkplatz liegt. Sie können auch bald frei werdende Parklücken hinzuzählen. Beziehen Sie bitte Einbahnstraßen in Ihre Vorstellung ein, damit Sie diese Übung ohne Blechschäden oder Strafzettel zu Ende führen können.

Gewöhnlicherweise werden Sie in einem bestimmten Stadtteil parken wollen. Denken Sie an diese Grenzen, wenn Sie Ihre Frage formulieren. Der Eindruck einer kilometerweit entfernten Parklücke wird Ihnen wenig nützen.

Sowie Sie Ihre Frage formuliert haben, sollten Sie nach auftauchenden Eindrücken spähen. Vielleicht spüren Sie den milden Drang, in eine bestimmte Richtung zu fahren. Geben Sie diesem Drang nach. Analysieren Sie ihn nicht; fahren Sie nur drauflos.

Es könnte sein, daß Sie plötzlich vor Ihrem geistigen Auge auf einer bestimmten Straße eine Parklücke sehen. Dann sollten Sie sofort in die Richtung fahren. Folgen Sie Ihren ersten Eindrücken, selbst wenn Sie durch Straßen führen, die Sie schon abgesucht hatten.

Sie werden bald erfahren, ob Ihr Eindruck korrekt war: Entweder Sie finden den Parkplatz, oder Sie müssen erneut suchen. Dies sorgt für unmittelbares Feedback. Haben Sie beim erstenmal geistig eine Niete gezogen, sollten Sie den Vorgang wiederholen – fragen Sie, wo der nächstgelegene Parkplatz liegt, folgen Sie Ihrem ersten Eindruck usw., bis Sie einen Parkplatz gefunden haben oder Ihr Benzintank leer ist.

Mit zunehmender Übung wird Ihnen auffallen, daß gewisse Eindrücke ergiebiger sind als andere. Es wird Ihnen dann nämlich gelingen, einige der Eindrücke auf Ihre geistige Analyse des Bezirks, Erinnerungen an früher belegte Parkplätze usw. zurückzuführen. Derartige Eindrücke können Ihnen aber nicht weiterhelfen und sollten deswegen wie Störfaktoren behandelt werden.

Für andere Eindrücke wird man keine Erklärung finden, aber sie werden zur ersehnten Beute führen. Diese Eindrücke werden überraschend genau, bezwingend und unerklärlich sein: Sie sind es, die wir Intuition nennen.

Mit etwas Übung werden Sie zwischen verschiedenen Arten von Eindrücken und Bildern, zwischen intuitiven Impressionen, die zum Erfolg führen, und geistigem Rauschen, das Sie im Kreise umherfahren läßt, unterscheiden können. Sie werden außerdem Zeit und Benzin sparen, wenn Ihre Parkplatzsuche effektiver wird.

Sollten Sie nicht oft Auto fahren, so gibt es dennoch Hunderte von Alltagssituationen, in denen ein Schuß Intuition das Leben versüßen könnte. In all diesen Situationen können Sie dieselben Grundregeln anwenden.

Suchen Sie beispielsweise einen Freund im überlaufenen Kaufhaus, können Sie sich selbst fragen, wo sich Ihr Freund in dem Augenblick befindet. Denken Sie daran, was Sie empfinden, wenn Sie in seiner Nähe sind, während Sie die Richtung suchen, die Sie einschlagen sollten, um bald wieder in seiner Gegenwart dieses Gefühl zu empfinden.

Die verschiedensten Alltagssituationen werden Ihnen die Möglichkeit bieten, mit gezielten Fragen erste Eindrücke heraufzubeschwören und diese auf ihre intuitiven oder »störenden« Inhalte zu untersuchen. Selbst wenn Ihre psychischen Eindrücke zu Anfang nicht sehr stark sind, werden Sie mit zunehmender Übung psychische Informationen leichter erfahren, interpretieren und verarbeiten.

Wir hoffen, Sie nunmehr davon überzeugt zu haben, daß psychische Wahrnehmungen einer reellen menschlichen Fähigkeit entspringen, und daß viele Menschen gelernt haben, ihre psychischen Informationen meisterhaft zu verarbeiten. Doch vielleicht zweifeln Sie noch immer an Ihrem psychischen Potential. Jahrzehntelange materialistische Konditionierung läßt sich nicht über Nacht löschen.

Während Sie dies lesen, spuken vielleicht noch fanatische Sektenführer und ungeheure Filmhelden durch Ihr Unbewußtes. Vielleicht glauben Sie insgeheim, daß jene Menschen, die im Labor gelernt haben, ihre psychischen Fähigkeiten zu nutzen, tatsächlich ungewöhnlich sind und *nur* unter besonderen Bedingungen psychisch funktionieren können. Berücksichtigt man die gesellschaftliche Atmosphäre, in der wir alle groß wurden, sind diese Gedanken zwar verständlich, korrekt sind sie aber trotzdem nicht.

Seit Jahren suchen die Psi-Forscher nach Antwort auf die Frage, warum verschiedene Menschen im Labor psychisch unterschiedlich reagieren. Sie suchten nach einem Persönlichkeitstypus, der psychisch besonders begabt sei, konnten ihn aber nicht finden. Man wird sogar behaupten können, daß es keinen spezifisch psychischen Persönlichkeitstypus gibt.

Weder die Teilnehmer an Psi-Experimenten noch das SRI, noch irgendein anderes Psi-Labor haben etwas mit dem Übernatürlichen zu tun. Alle von uns erwähnten Forschungsprojekte bewiesen jedoch einen ganz wichtigen Punkt, nämlich, daß *jene, die ihre psychischen Fähigkeiten positiv bewerten, psychisch besser funktionieren können.*

Wir sind davon überzeugt, daß der Erfolg gewisser Psi-Labors davon abhängt, daß sie der unerfahrenen Versuchsperson eine sichere und geborgene Atmosphäre bieten, in der sie ungestört auf ihre intuitiven Eindrücke horchen kann. Wir finden dies sogar so wichtig, daß wir Sie bitten möchten, jetzt innezuhalten und sich ganz bewußt die Erlaubnis zu geben, Ihr psychisches Potential auszuschöpfen.

Sagen Sie sich ruhig und entschlossen, daß Sie in den oben beschriebenen Übungen hervorragende Leistungen erreichen wollen. Unterdessen denken Sie daran, daß viele Menschen gelernt haben, ihre psychischen Fähigkeiten zu benutzen und dabei die besten Ergebnisse erzielten, obwohl sie zu Anfang meist noch weniger wußten als Sie jetzt, wo Sie doch schon bis hierher durchgelesen haben.

Versuchen Sie sich zu erinnern: Haben Sie jemals an einen guten Freund gedacht, den Sie seit langem nicht mehr gesehen hatten, und wenig später einen Brief oder Anruf von ihm erhalten? Oder wissen Sie etwa schon beim ersten Klingelton, wer da anruft, obwohl Sie es nicht hätten vorauswissen können? Ja? Dann benutzen Sie Ihre psychischen Fähigkeiten sicherlich schon mehrmals am Tag und – ohne es zu wissen.

Der Unterschied zwischen Menschen, die ganz bewußt auf ihre psychischen Eindrücke reagieren, und solchen, die es nicht tun, ist rein quantitativ. Die einen werden sich ihrer Fähigkeiten und Talente bewußter sein als die anderen; vielleicht ist ihr Talent sogar größer, doch von der Persönlichkeitsstruktur her unterscheiden sie sich nicht. Menschen, die ihre psychischen Eindrücke in unserer restriktiven Gesellschaft offen bejahen, werden »stärkere« Nerven haben und mutiger sein als jene, die ihnen ängstlich gegenüberstehen. Dieser Mut und diese Aufgeschlossenheit sind aber die einzigen gemeinsamen Persönlichkeitsmerkmale erfolgreicher »Seher«. Gewisse Persönlichkeitstypen werden sich im Labor leichter tun, obwohl ihre psychischen Leistungen im allgemeinen nicht besser sind als die anderer. Es handelt sich dabei meist um erfolgreiche Menschen, die dann auch im Psi-Labor nur beste Leistungen von sich selbst erwarten.

Viele reagieren wohl völlig unbewußt auf psychische Informationen. Diese Menschen meinen, es sei ein reiner »Glücksfall«, daß sie immer im richtigen Moment am rechten Ort auftauchen, und suchen nicht nach vernünftigeren Erklärungen ihres Verhaltens.

Dann gibt es jene, die sich ihren intuitiven Eindrükken nicht verschließen. Gelegentlich werden sie etwas aus »reinem Gefühl« tun, was sich im nachhinein als goldrichtig herausstellt. Sie können ihr Handeln nicht detailliert rechtfertigen, werden aber dennoch von psychischen Eindrücken dazu motiviert.

Andere hinwiederum sind sich ihrer psychischen Fähigkeiten hochgradig bewußt. Sie reagieren auf psychische Informationen und wissen es genau. Man wird sie »Medien« oder »Sensitive« nennen können, weil sie gelernt haben, auf jedes Umweltssignal, selbst psychisches, zu antworten.

Unsere Erfahrung hat uns gelehrt, daß die meisten Menschen »medial« veranlagt sind und dieses Talent auch benutzen können, sofern sie sich die Zeit nehmen, um die nötigen Fertigkeiten zu trainieren. Damit Sie dieses Potential entfalten können, müssen Sie in der Lage sein, diese Fähigkeiten bedingungslos zu bejahen.

Die Entwicklung Ihrer psychischen Fähigkeiten wird Sie weder zum Genie küren noch Ihnen dunkle Kräfte verleihen. Psi wird Sie weder in ein gefühlloses außerirdisches Wesen verwandeln noch Ihnen zu Begegnungen der dritten Art verhelfen. Es wird Sie jedoch Ihrer Gefühlswelt und all den verschiedenen Ebenen Ihrer Interaktion mit Ihren Mitmenschen und der Umwelt näherbringen. Psychische Erfahrungen werden Ihr Leben ungemein bereichern – all Ihre Probleme werden sie nicht lösen. Diese Fähigkeiten gehören genauso zu unserem Menschsein wie alle anderen schöpferischen und intellektuellen Fähigkeiten

Nach einiger Übung und erfolgreichen Anwendungen der psychischen Fähigkeiten im Alltag werden Sie Ihren Intuitionen mit neugewonnenem Vertrauen Gehör schenken. Dies ist eine der angenehmen Zugaben, die eine Steigerung Ihrer psychischen Leistungen begleiten. Erkennen Sie erst, wie einfach das ist, werden Sie sich selbst fragen, warum Sie nicht schon früher von Psi Gebrauch gemacht haben.

Die Erwartungen, die die Menschen auf ihre psychischen Fähigkeiten setzen, erfüllen sich. Wenn Sie Ihre psychischen Fähigkeiten bejahen und vertrauensvoll auf Ihre psychischen Eindrücke reagieren, werden Sie diese Eindrücke selten mißverstehen, falsch auslegen oder sich gar über nützliche psychische Informationen hinwegsetzen. Nehmen Sie Ihre Intuitionen nicht ernst, so geben Sie Ihrer Psyche die Botschaft, daß die Bewußtwerdung der psychischen Informationen nicht lohnt, da Sie sie ja doch nicht beachten werden.

Wenn Sie sich selbst einschärfen, daß Sie nur unter größten Mühen Ihre psychischen Fähigkeiten schulen können, wird Ihnen das Psi-Training tatsächlich schwerfallen.

Es gibt keinen Grund zur Annahme, daß die elementaren Kenntnisse für einwandfreies Funktionieren Ihrer Psi-Kräfte schwer erlernbar seien und es eines jahrelangen Trainings bedürfe, bis Sie die ersten zaghaften Versuche psychischen Wahrnehmens unternehmen könnten.

Wir haben jedoch mehrmals betont, daß psychische Prozesse *fast unmerklich* sind. Deswegen sind Übung, Feedback und Erfahrung Ihre besten Lehrer, wenn Sie Ihre Reaktionen auf psychische Eindrücke schulen wollen. Unmittelbare Erfahrung wird Sie lehren, die subtile Dringlichkeit und die einmaligen Empfindungen, die mit psychischen Informationen einhergehen, zu erkennen. Zum Glück haben sich jene, die zwischen psychischen Informationen und rein vorgestellten oder erinnerten Inhalten unterscheiden lernten, dabei trotz aller individueller Verschiedenheit an gewisse Regeln gehalten.

DIE MERKMALE DES GEISTIGEN RAUSCHENS

Wir sagten bereits, daß sich psychische Eindrücke gefühlsmäßig von den Gedanken und Bildern unterscheiden, die aus Ihrer Erinnerung und Vorstellung stammen und die wir geistiges Rauschen genannt haben. Glücklicherweise müssen Sie nicht nur auf eine subjektive Analyse Ihrer Gefühle vertrauen, um zu bestimmen, welche Eindrücke wohl intuitiver Natur sein mögen. Geistiges Rauschen und psychische Informationen lassen sich dank ganz gewisser charakteristischer Merkmale voneinander unterscheiden.

Während der Fernwahrnehmungssitzungen äußert sich geistiges Rauschen beispielsweise oft als *vergleichende Analyse* der Zielelemente. Vergleiche können hilfreich sein. Es kommt durchaus vor, daß ein Seher die Bedeutung psychischer Eindrücke interpretieren kann, wenn er sie mit früheren Erfahrungen vergleicht. Dieser Vergleich ist ein wichtiger Teil des Fernwahrnehmungsprozesses. Wird die komparative Analyse jedoch zu weit geführt, wird der Seher von den eigentlichen Zielelementen abgelenkt. Er wird dann plötzlich die Erinnerungen oder Phantasien beschreiben, die diese Analyse heraufbeschworen.

Wenn Sie sich im Hellsehen üben, sollten Sie sich unbedingt vor erschöpfenden Vergleichen hüten, die sich in Ihre Zieleindrücke einschleichen. Erinnern Sie sich bei der Beschreibung eines Gegenstandes daran, daß er logischerweise nicht *wie* ein gewisses Ding sein kann, ohne es zu sein. Ein Gegenstand kann nur sein, *was* er ist. Wenn Ihnen das Bild *wie* eine Orange vorkommt, dann können Sie mit ziemlicher Sicherheit davon ausgehen, daß es *keine* Orange ist.

Erinnert Sie ein Ziel an etwas, dann kann Ihnen dies tatsächlich dabei behilflich sein herauszufinden, was es ist. Geistiges Rauschen enthält meist Informationen, die Ihnen helfen können, sich auf Ihre Zieleindrücke zu konzentrieren. Indem Sie das von Ihren intuitiven Eindrücken erzeugte geistige Rauschen entwirren und verstehen, können Sie Ihre ursprünglichen Eindrücke aufklären.

Sie können sich fragen, was Sie an dem Ziel an eine Orange erinnert. Vielleicht sahen Sie einen orangeförmigen Gegenstand, schmeckten etwas Saures oder fühlten Wachsiges und Hubbeliges. Vielleicht erinnerten Sie sich an einen Ort, an dem Sie einst eine Orange aßen.

Um psychische Eindrücke zu entschlüsseln, müssen Sie wie ein Detektiv arbeiten. Sie müssen all Ihre Gedanken, Empfindungen und Bilder sorgfältig untersuchen, damit Sie Ihre Eindrücke des Zieles richtig interpretieren können. Selbst an sich ablenkende Gedanken können oft wertvolle Informationen abgeben, wenn man sie im richtigen Zusammenhang versteht.

Selbstverständlich werden Sie, falls Sie das geistige Rauschen nicht als solches erkennen, alles mögliche, bloß nicht das Ziel beschreiben, das Sie psychisch anpeilen. Geistiges Rauschen pflanzt sich verstärkt fort: ein Vergleich zieht den nächsten nach sich, bis schließlich eine ausgeschmückte Phantasie, die der Vergangenheit oder der Vorstellung angehören sollte, die zarten psychischen Signale verdeckt.

Geistiges Rauschen kann sich auch als vorgefertigtes Bild des gesamten Zieles äußern, das plötzlich während einer Sitzung vor dem geistigen Auge des Sehers auftaucht. Es wäre ratsam, daß Sie einem völlig »ausgemalten«, klaren und scharfen Bild mißtrauen, vor allem dann, wenn es sich ganz zu Anfang der Fernwahrnehmungssitzung mit einer gewissen Vehemenz aufdrängt. Langsam auftauchende Gestalten und Formen kennzeichnen viel eher das wirkliche Ziel. Selbst wenn es nicht ausgeschlossen werden kann, daß Sie das Ziel zuweilen wie in einem »Geistesblitz« erkennen, so wird das Bild dennoch fragmentarisch sein. Viele Seher können das bezeugen. Oft stören noch nicht zu lang zurückliegende Gedanken und Handlungen die Eindrücke des Sehers. Wenn Sie vor der Fernwahrnehmungssitzung den ganzen Nachmittag hindurch ein köstliches Menü vorbereitet haben, das einem Drei-Sterne-Lokal Ehre machen würde, oder über einen Berg gekraxelt sind, dann wird sich dies in Ihren Eindrücken niederschlagen. Am besten, Sie verschieben in diesem Fall die Sitzung.

Wenn Sie andere Gedanken beschäftigen oder Sie etwas bedrückt, sollten Sie sich nicht im Hellsehen versuchen. Es würde Ihnen wahrscheinlich nicht gelingen, sich auf das Ziel zu konzentrieren und Ihre Eindrücke korrekt auszulegen. Dies gilt um so mehr, wenn Sie krank sind, da die Schmerzempfindungen viel stärker sein werden als Ihre Perzeption der subtilen Eindrücke des Zieles. Das mag auf erfahrene Seher nicht zutreffen; Anfänger jedoch sollten das Hellsehen nur dann üben, wenn sie gesund und motiviert sind.

Es kann durchaus vorkommen, daß das geistige Rauschen künftige Erfahrungen des Sehers widerspiegelt. Unlängst drängte sich mir (K. H.), als ich während einer Fernwahrnehmungssitzung das Ziel beschreiben sollte, das deutliche geistige Bild eines Rollgabelschlüssels auf. Das Bild von eindringlicher Schärfe hielt so lange an, daß es nicht zu den früheren, subtileren Eindrücken des Zieles paßte. Aufgrund einer beinahe fotografischen Treue und der dringlichen Qualität des Bildes identifizierte ich es korrekterweise als geistiges Rauschen. Meine Eindrücke des Zieles, die bislang nur dekorative Aspekte hervorgehoben hatten – starker Duft, festliche Farbe (oben rot, unten weiß) und je nach Gesichtspunkt verschiedenförmig –, ließen sich kaum mit dem deutlichen Bild eines Rollgabelschlüssels vereinbaren.

Während ich mir über die Eindrücke Gedanken machte, fiel mir plötzlich ein, daß ich Stunden zuvor meinen Werkzeugkasten durchsucht hatte. Darin hatte kein Rollgabelschlüssel gelegen, der Eindruck kam also nicht aus der Erinnerung. Trotzdem war das Bild des Rollgabelschlüssels zu eindringlich gewesen, um sich als echter psychischer Eindruck zu qualifizieren. Ich sagte meinem Interviewer, Russel Targ, dieser Rollgabelschlüssel müsse als geistiges Rauschen gewertet werden, und bat ihn, dies zu protokollieren, damit die Richter später nicht verwirrt würden.

Nach Beendigung der Sitzung stürmte ich davon, um schnell eine Flasche Leim zu besorgen, die ich für eine am selben Abend geplante Bastelarbeit brauchte. Zu meiner Überraschung mußte ich feststellen, daß die mir vertraute braune Leimflasche durch ein halbes Dutzend neuer Leimarten in Tubenform ersetzt worden war. Während ich die Beschreibungen sorgfältig studierte, um bösen Überraschungen vorzubauen und jenen Kleber zu wählen, der sich für mein Projekt eignete, fiel mein Blick plötzlich auf einen Rollgabelschlüssel. Er hing an einer Pinnwand genau zwischen den Leimtuben, die meine Aufmerksamkeit fesselten. Als ich den Rollgabelschlüssel dort sah, war ich nunmehr sicher, daß dieses Bild nichts mit dem früher in der Sitzung beschriebenen Ziel zu tun hatte. (Man hatte mir das richtige Ziel noch nicht gezeigt.)

Die drei Richter, die meine Eindrücke mit dem Pool dreier möglicher Ziele vergleichen sollten, kannten das richtige Ziel nicht. Aufgrund meiner Eindrücke wählten alle drei das korrekte Ziel. Es handelte sich um eine Schnittblume, nämlich um eine oben rote und unten weiße, stark duftende Petunie, deren Form, drehte man sie vor den Augen in verschiedene Richtungen, sich stark veränderte. Alle drei Richter akzeptierten meine Behauptung, das Bild des Rollgabelschlüssels sei geistiges Rauschen, und vernachlässigten es.

Wenn Sie ein beharrliches, großes Bild sehen, von dem Sie annehmen, es störe nur Ihre psychische Wahrnehmung, dann ist es wichtig, daß Sie dieses Bild laut beschreiben, damit Sie es aus Ihrem Bewußtsein ausblenden können. Schieben Sie eine Pause ein. Diese Pausen dauern meist 30 Sekunden, in denen Sie sich strecken und tief durchatmen sollten. Vergessen Sie bitte nicht zu atmen. Danach können Sie wieder die zarteren Eindrücke auf sich wirken lassen. Sie enthalten sicherlich wertvolle psychische Informationen.

DIE KENNZEICHEN INTUITIVER EINDRÜCKE

Jetzt wissen Sie zwar, wie und woran Sie die Faktoren erkennen, die psychische Sendungen stören; aber noch nicht, wie Sie intuitive Eindrücke identifizieren. Dabei sind einige gemeinsame Eigenschaften behilflich.

Intuitive Eindrücke sind meist *zarter* und *flüchtiger* als erinnerte oder phantasierte Bilder. Sie werden sich kaum als plötzlich vorgefertigte und völlig ausgearbeitete Beschreibungen des Zieles darbieten. Psychische Informationen präsentieren sich eher als eine Reihe allgemeiner Eindrücke, die sich langsam zu einem ganzheitlichen, detaillierten Bild entwickeln. Als ich erstmals am SRI an einem Fernwahrnehmungsversuch teilnahm, war das gewählte Ziel, zu dem einer der Versuchsleiter gegangen war, ein Spielplatz außerhalb Palo Altos. Zu Beginn der Sitzung beschrieb ich die *allgemeine* Bodenbeschaffenheit – flüchtige Bilder eines Hügels, grünen Grases, eines Zaunes, einer Bank und der Gebäude, die den Spielplatz umsäumen. Erst im Laufe der Sitzung, als ich meine Perspektive änderte und das Ziel sozusagen von oben betrachtete, fiel mir auf, daß es sich »um einen Spielplatz handeln könnte« – mit einer Sandmulde inmitten der Grasfläche. Dies entwickelte sich erst ganz langsam zu einer korrekten Beschreibung des Parks und der Umgebung »außerhalb ... nicht in der Stadtmitte«.

Psychische Informationen äußern sich oft als flüchtige Gedanken, Gefühle und Bilder, die den Seher *überraschen*. Da intuitive Eindrücke Informationen über entfernte Ziele liefern, mag die Verwunderung verständlich sein. Meist liefern ja weder die unmittelbaren Gedanken des Sehers noch seine Umwelt eine plausible Erklärung dieser Eindrücke.

Psychische Informationen üben auf jene, die sie wahrnehmen, eine leicht erkennbare Wirkung aus. Die Seher wissen meist, daß sie »am Ziel« angekommen sind, sobald es ihre Gefühle tiefgreifend beeinflußt. Dann nehmen sie beispielsweise Geruch, Geschmack, Klang oder Textur des Zieles sowie ihre eigenen emotionalen Reaktionen darauf wahr. Dieser Einfluß ist fast immer eindringlicher und stärker, als es die Empfindungen eines rein vorgestellten oder erinnerten Bildes sind. Diese nichtvisuellen Wahrnehmungen sind kennzeichnend für Psi-Inhalte.

FERNWAHRNEHMUNGSÜBUNGEN

Sie sollten sich für die folgenden Fernwahrnehmungsübungen viel Ruhe nehmen. Es ist besonders wichtig, daß sie diese Übungen in einer kongenialen und unterstützenden Atmosphäre sorgfältig ausführen. Dies ist wichtiger, als im gedrängten Zeitraum möglichst viele Übungen durchzuführen. Vergessen Sie vor allem nicht die Freude an der Sache. Nehmen Sie die einzelnen

Übungen nicht so tierisch ernst. Wer Spaß daran hat, scheint die Fernwahrnehmung schneller und besser zu erlernen.

ANSCHAUUNGSUNTERRICHT

Wir wollen mit einer ganz formlosen Übung beginnen. Als erstes sollten Sie sich selbst die Erlaubnis geben, psychisch zu funktionieren. Sagen Sie sich schlicht, daß es in Ordnung sei, wenn Sie diese Übung erfolgreich machten.

Bitten Sie einen Freund, ohne Ihr Wissen einen Gegenstand auszuwählen und in einem anderen Raum in einer Papiertüte, einer Schachtel oder einem Korb zu verstecken, während Sie Ihre intuitiven Eindrücke niederschreiben oder auf Band sprechen. Falls es Ihnen lieber ist, können Sie Ihre Eindrücke einer dritten Person, die das Ziel nicht kennt, beschreiben. Diese Person sollte Ihre Beschreibungen protokollieren.

Die dritte Person kann auch als Interviewer fungieren, der Sie während der Fernwahrnehmung durch gezielte Fragen über ihre Erfahrung des Gegenstandes unterstützt und Ihnen die Beschreibung erleichtern soll. Der Interviewer sollte seine Fragen sanft und ohne Nachdruck stellen sowie jegliche Suggestion vermeiden. Unerlaubte Fragen wären: »Ist der Gegenstand rot wie ein Feuerwehrauto?« Oder, noch schlimmer: »Was denkst du, daß es sein könnte?«

Zuerst kann man diese Übung auch zu zweit durchführen, wobei Ihr Freund den Gegenstand auswählen und Sie interviewen würde. Da man dabei nicht ausschließen kann, daß Sie der Interviewer, der die richtige Antwort ja kennt, durch gezielte Fragen zur korrekten

Beschreibung lenkt, werden Sie mit der Zeit einen unbelasteten Interviewer oder gar keinen haben wollen.

Interviewt Sie ein Freund, bleibt der Erfolg bestimmt nicht aus; denn telepathisch können Sie seine »Gedanken lesen«; den Gegenstand in der Tüte hellseherisch direkt wahrnehmen. Oder aber Sie blicken einige Minuten in die Zukunft und beschreiben den Gegenstand, den Sie wenig später in der Hand halten werden.

Der Interviewer sollte nur Dinge ansprechen, die Sie erwähnt, aber zu schnell abgelegt haben. Scheint sich der Seher auf einen Aspekt des Gegenstandes zu versteifen, sollte der Interviewer fragen, ob es daran noch andere interessante Details gibt. Wie Sie wohl schon erkannt haben, erfordert das Ausfragen genausoviel Fingerspitzengefühl, will genauso geübt sein wie das Hellsehen selbst.

Ihr Freund sollte einen Gegenstand auswählen, den Sie gleich nach der Sitzung in Händen halten können, weil sonst die Auswahl keinen Einschränkungen untersteht. Besonders geeignet sind Gegenstände mit verschiedenen markanten Details, auf die man sich psychisch konzentrieren und die man beschreiben kann. Im Idealfall sollte der Gegenstand mehrere Sinne ansprechen.

Sowie der Gegenstand gewählt worden ist, sollten Sie die Augen schließen und sich vorstellen, was Sie empfinden werden, wenn Sie wenig später den Gegenstand in Händen halten. (Mit der Zeit sollten Sie dies mit offenen Augen üben.) Sie können Ihre Eindrücke jederzeit skizzieren, sei es während oder nach der Beschreibung. Ihre Skizzen müssen nicht detailliert sein und sollten Sie keineswegs vom Einsammeln weiterer Eindrücke ablenken.

Schauen Sie – noch immer mit geschlossenen Augen

– auf Ihre Hände, während Sie sich vorstellen, was Sie empfinden werden, sobald Sie den Gegenstand in Händen halten, und beschreiben Sie lediglich Ihre Gefühle und die Bilder. Benutzen Sie dabei all Ihre Sinne.

Wie schwer liegt der Gegenstand in Ihrer Hand? Riechen oder schmecken Sie etwas? Taucht eine ganz bestimmte Form in Ihren Gedanken auf? Welche Gefühle hegen Sie für den Gegenstand, und wie reagieren Sie emotional darauf?

Verharren Sie nur einige Augenblicke bei den einzelnen Bildern und Beschreibungen und versuchen Sie auf keinen Fall, herauszufinden oder zu erraten, welchen Gegenstand Ihr Freund wohl ausgesucht haben möge. Versuchen Sie nicht, die Methode der Zielwahl zu durchblicken, das führt zur sicheren Störung; da das Analyse wäre und nicht Psi! Lassen Sie einfach die verschiedenen Informationsfetzen in Ihr Bewußtsein dringen, und gehen Sie dann sofort zum nächsten Bild über. Die Bilder und Ihre Gefühle sollten mühelos auftauchen.

Wichtig ist, daß Sie all Ihre Gefühle und geistigen Bilder so deutlich wie möglich beschreiben, ohne sich in unnötigen Details zu verlieren, die zur Quelle ablenkender Störungen würden. Indem Sie an keinem einzelnen Eindruck haftenbleiben, können Sie andere wichtige Details des Gegenstandes wahrnehmen.

Überrascht Sie irgend etwas an dem Gegenstand? Sieht er von allen Seiten gleich oder verschieden aus? Wie unterscheidet er sich innen von außen? Hat er überhaupt ein Innen und Außen? Hat er verschiedene Teile? Formulieren Sie in Gedanken behutsam eine Beschreibung. Wenn Sie der Meinung sind, den Gegenstand bestmöglich beschrieben zu haben, sollten sie Ihren Freund rufen und um Feedback bitten.

Vielleicht wollen Sie sogar die Sitzung abbrechen, sowie Sie davon überzeugt sind, ein wichtiges Detail beschrieben zu haben. Machen Sie jedenfalls nur so lange weiter, wie es Ihnen am angenehmsten ist. Mit einiger Übung werden Sie mehr Informationen aufnehmen wollen. Sinnvoll können Sie die Übung dann unterbrechen, wenn Sie einige nichtvisuelle Eindrücke des Gegenstandes erhalten haben – etwa einen sinnlichen oder emotionalen Eindruck. In 10 bis 15 Minuten sollten Sie einen kleinen Gegenstand zur Genüge beschreiben können.

Nachdem Sie Ihre Beschreibung beendigt haben, sollte Ihnen Ihr Freund den Zielgegenstand überreichen. Halten Sie ihn einige Minuten stumm in der Hand und nehmen Sie seine Gegenwart in sich auf. Denken Sie über die Bilder und Gefühle nach, die er während der Sitzung in Ihnen wachrief.

Bei Durchsicht Ihrer Beschreibung sollten sie darauf achten, ob Sie irgendein Detail besonders angezogen hat. Haben Sie Einzelheiten des Gegenstandes beschrieben, oder haben Sie Gedanken und Bilder, an die er Sie erinnerte, abgelenkt? Haben Sie Geräusche, Gegenstände oder Gestalten am Sitzungsort von dem Ziel abgelenkt oder Sie beeinflußt?

Bemerkten Sie, worin sich der zutreffendste vom verfehltesten Eindruck unterscheidet? Antworten Sie auf diese Fragen mit Bedacht, um die Möglichkeiten des Feedback voll auszuschöpfen. Hatten Sie einen auffällig korrekten Eindruck, den Sie aus irgendeinem Grund nicht beschrieben oder skizziert haben? Könnten sie das nächste Mal das Gefühl wiedererkennen, das dieser korrekte Eindruck in Ihnen wachrief?

Falls Sie eine strukturiertere Abwandlung dieser Sachübung ausprobieren wollen, bitten Sie Ihren Freund, den Gegenstand erst dann zu wählen, wenn Sie ihn schon (schriftlich, auf Band oder einem anderen Freund gegenüber) beschrieben haben, er aber Ihre Beschreibung noch nicht kennt.

Ihr Freund könnte auch drei Gegenstände für einen Pool aussuchen und das Ziel mit einem Würfel wählen. (Zu Beginn sollten Sie nur einen Gegenstand benutzen.) Eine unparteiische dritte Person müßte Ihre Beschreibung dann mit den drei Gegenständen vergleichen und jenen auswählen, der zu Ihren Eindrücken am besten paßt.

Die drei Gegenstände sollten möglichst nichts miteinander gemeinsam haben. Dadurch verhindern Sie eine unnötige Verwirrung des Sehers und Richters. Der Grund, weswegen wir Ihnen vorschlugen, zunächst nur drei Gegenstände zu benutzen, liegt auf der Hand: Es ist äußerst schwierig, mehr als drei völlig voneinander verschiedene Gegenstände zu finden. Bei der Wahl sollten Sie vor allem beachten, woraus der Gegenstand besteht. Schenken Sie seiner Form, Farbe, Musterung, Textur, seinem Geschmack, Geruch, seiner Funktion und anderen Merkmalen besondere Aufmerksamkeit. Es ist gar nicht so einfach, einen Pool höchstdifferenzierter Gegenstände zusammenzustellen, aber es ist die Mühe wert, denn Seher und Richter werden ihre Aufgabe später um so leichter erfüllen.

Wenn Sie die möglichen Gegenstände eines Pools begutachten und miteinander vergleichen, lernen Sie, jene Merkmale zu erkennen, die einen Gegenstand charakterisieren. Dies ist deswegen so wichtig, weil diese Merkmale es sind, die den Erfolg der Fernwahrnehmung ausmachen. Wir hoffen, daß es Ihnen nicht wie jenem Versuchsleiter ergeht, der auf die Frage nach dem von ihm gewählten richtigen Objekt antworten mußte: »Das ist schwer zu beschreiben.«

Ihre Schatzsuche nach einzigartigen Zielen kann zuweilen recht lustig sein. Ich (K.H.) werde nie vergessen, wie mich eine verblüffte Verkäuferin fragte, wozu in aller Welt ich denn ein kurzes Stück schwarzen Gummischlauch, ein 15 cm langes rotes Seidenband und eine einzige rohe Erdnuß bräuchte. Ich lächelte bedeutungsvoll und sagte ihr nur, das alles diene der Wissenschaft.

Sollten Sie einen Zielpool benutzen, wäre es gut, während des Feedbacks nur das richtige Objekt vorzuzeigen. Wir machten mehrmals die Erfahrung, daß während der Fernwahrnehmungssitzung mehrere Gegenstände beschrieben werden, weil man nachher mehrere vorzeigen wird. Wir erwähnten schon früher, daß dies geschehen mag, weil Sie alle Gegenstände in unmittelbarer Zukunft in Händen halten werden.

Überanstrengen Sie sich nie, ob Sie nun mit kleinen Gegenständen oder anderen Zielen üben. Kosten Sie Ihren Erfolg nach einer besonders ergiebigen Sitzung aus. Der Zeitraum zwischen den Sitzungen ist beinahe so wichtig wie die Sitzung selbst.

In dieser Zeit integrieren Sie nämlich Ihr neugewonnenes Verständnis für psychische Prozesse sowie Ihre Erfolgserlebnisse in Ihr Bewußtsein. Es ist ganz wichtig, daß Sie sich für diesen Integrationsprozeß genügend Zeit nehmen, bevor Sie zur nächsten Fernwahrnehmung übergehen. Für Anfänger ist dies selbstverständlich von größter Bedeutung.

WIE MAN MIT UMWELTSTÖRUNGEN FERTIG WIRD

Üben Sie an einem ruhigen Ort, wo nichts die Verarbeitung psychischer Informationen stören kann, und Sie werden erfolgreicher sein. Wählen Sie einen vertrauten Raum, in dem Sie sich wohl fühlen und in dem man Sie nicht unterbrechen wird. Dies wird sowohl geistiges (inneres) als auch umweltbedingtes (äußeres) Rauschen verringern.

Ist die Umgebung hinwiederum zu ruhig – wenn Sie sich ins Bett legen und die Decke über beide Ohren ziehen –, laufen Sie Gefahr, frei zu assoziieren und Ihre hellseherischen Eindrücke mit zu vielen vorgestellten oder erinnerten Elementen zu überfrachten. Ideal ist der Sitzungsort, an dem Sie sich auf das entfernte Ziel konzentrieren können und nicht gegen innere Gedanken und Bilder ankämpfen müssen. Zu diesem Zweck sollten Sie in einem halbdunklen Raum sitzen. Vom Liegen in dunklen, schallisolierten Kabinen halten wir nicht viel.

Andererseits sollte Sie die Umwelt nicht mit zu vielen ungewohnten Reizen konfrontieren. In einem Raum voller fremder Gegenstände, in dem Räucherstäbchen brennen, ein Wasserhahn plätschert, ein Radio plärrt und die Wände mit farbigen Landschaftsphotos tapeziert sind, sollten sie das Hellsehen gar nicht erst versuchen. Jeder einzelne Reiz könnte sich nämlich in Ihre Eindrücke einschleichen und Ihre Beschreibung mit Umweltstörungen füllen. Stark beleuchtete Straßenszenen, die durchs Fenster hereinscheinen, sind genauso störend. Selbst das angeblich reizlose »weiße Rauschen« im Kopfhörer, das die Versuchsperson im Ganzfeld-Experiment von der Umwelt abschirmen soll, evoziert meist Vorstellungen vom rauschenden Wasser des Ozeans.

Am besten setzen Sie sich in einen vertrauten Raum. Dort wird es Ihnen sicherlich am leichtesten fallen, zwischen gewohnten Reizen und ungewöhnlichen Erfahrungen, die womöglich Informationen über das entfernte Ziel beinhalten, zu unterscheiden. Wenn Sie jedesmal denselben Raum benutzen, müssen Sie Ihre Wahrnehmung nicht bei jeder Sitzung neu einstellen, weil sie bald die dem vertrauten Raum eigenen Störungen erkennen werden.

Mit einiger Übung werden Sie in lauteren und fremderen Umgebungen hellsehen können. Die Kenntnisse, die Sie sich aneignen, wenn Sie in einer kontrollierten Umgebung zwischen intuitiven Eindrücken und geistigem oder umweltbedingtem Rauschen unterscheiden lernen, werden Ihnen später beim Hellsehen in unvertrauten Umgebungen helfen.

GEOGRAPHISCHE FERNWAHRNEHMUNG

Nachdem Sie eine Weile das Hellsehen kleiner Gegenstände eingeübt haben, werden Sie Ihre psychischen Fähigkeiten sicherlich erweitern wollen. Mit den folgenden Anweisungen weisen wir Sie Schritt für Schritt in die Verfahren ein, die uns und anderen in Fernwahrnehmungsexperimenten mit geographischen Zielen zu größten Erfolgen verholfen haben.

Bei der Vorbereitung und Durchführung dieser Versuche brauchen Sie mindestens einen, besser noch zwei Helfer. Genau wie bei den Fernwahrnehmungsversuchen mit kleinen Gegenständen können Sie wechselweise Seher, Interviewer oder Beobachter am Ziel sein.

DIE AUSWAHL DES GEOGRAPHISCHEN ZIELORTES

Ihr Freund sollte sechs interessante Orte in 20minütiger Entfernung vom zentralen Sitzungsort auffinden. Diese Orte dienen als Zielpool Ihrer Übungssitzung. (Falls Sie sich abwechseln wollen, sollten Sie vor der Sitzung ebenfalls einen Pool zusammensuchen.) Der Zielselektor sollte dann, ohne dem anderen die Liste zu zeigen, die Ziele von 1 bis 6 durchnumerieren.

Die Örtlichkeiten des Pools sollten weder vertraut noch berühmt sein. Entlegene Ansichten, die weder Ihnen noch Ihrem Freund vor der Sitzung bekannt waren, eignen sich bestens.

Die Orte sollten so unterschiedlich wie nur möglich sein: ein Strand, eine Innenstadtszene, ein Park, ein Brunnen, eine Brücke, ein Parkplatz, ein Feld usw. Zum Ziel gehört all das, was der Versuchsleiter vor Ort von einem bestimmten Punkt aus erkennen kann.

Wenn Sie alles vorbereitet haben, sollten sich die Teilnehmer an einem zentralen Standort – beispielsweise Ihrem Wohnzimmer – treffen. Legen Sie nun den genauen Zeitpunkt fest, zu dem der Seher den Ort beschreibt und der Beobachter vor Ort zu sein hat. Stimmen Sie Ihre Uhren ab. Legen Sie noch den Zeitpunkt fest, zu dem Sie sich alle wiedertreffen.

Geben Sie demjenigen, der sich vor Ort begibt, dreißig Minuten Zeit. Fünfzehn Minuten sollten Sie sich für die Zielbeschreibung einräumen, weitere dreißig Minuten für die Rückkehr des Experimentators berechnen. Da sich die Ziele alle in einem Zeitabstand von 20 Minuten befinden sollten, gibt Ihnen dies genügend Spielraum für unerwartete Verspätungen.

DIE BESTIMMUNG DES ZIELES

Sobald alle Einzelheiten geregelt sind, sollte sich derjenige, der vor Ort als Signalgeber fungiert, auf den Weg machen. Erst wenn er außer Sicht- und Hörweite ist, wird er mit dem Würfel eines der sechs Ziele der Liste auswählen. (Würfelt er ein schon früher benutztes Ziel, sollte er nochmals werfen.)

Daraufhin müßte sich der Experimentator sofort zum gewählten Ort begeben. Es ist wichtig, daß er vor Ankunft überprüft, ob dreißig Minuten verstrichen sind, damit er am Ziel eintrifft, wenn der Seher mit der Beschreibung beginnt. Er sollte sich dann an dem vorgesehenen Platz aufstellen und ganz ruhig umsehen. Seine Aufgabe besteht darin, den Zielort zu erfahren und dem Seher als entfernter Bezugspunkt, den er anpeilen kann, zu dienen.

Diese Aufgabe ist eigentlich sehr leicht, kann aber zu unerwarteten Überraschungen führen. Während eines Versuchs am SRI wurde die Frau, die als Signalgeberin fungierte, zum Glass Slipper Motel entsandt, wo sie sich in den fünfzehn Minuten, innerhalb deren sie vor dem Motel auf und ab lief, vor eindeutigen Angeboten kaum retten konnte.

WAHRNEHMUNG UND BESCHREIBUNG DES ENTFERNTEN ZIELES

Während sich der Beobachter zum Ziele begibt, sollte sich der Seher (und der Interviewer, falls Sie einen haben) bis zum vereinbarten Zeitpunkt entspannen. Reden Sie möglichst nicht von vergangenen oder künftigen Zielen. Zu Beginn der Sitzung sollten Sie ein Tonband einstellen. Fehlt eines, muß der Interviewer die Beschreibungen so getreu wie möglich notieren. Legen Sie einen Notizblock und Bleistifte bereit, damit der Seher seine Eindrücke skizzieren kann.

Wenn Sie bereit sind, das Ziel psychisch wahrzunehmen, können Sie sich vorstellen, was Sie empfänden, falls Sie körperlich vor Ort stünden. Versuchen Sie nicht, Informationen über den betreffenden Ort »einzuholen«. Vermeiden Sie es möglichst, den ganzen Ort abzutasten; lassen Sie statt dessen einzelne Informationsbruchteile in Ihr Bewußtsein dringen – genau wie bei den früheren Sinneswahrnehmungs-Übungen.

Bei der Beschreibung konzentrieren Sie sich am besten zuerst auf den Standpunkt des Außenleiters. Verweilen Sie dort ein bißchen; versuchen Sie nicht, gleich das Ziel von mehreren Perspektiven aus zu betrachten, dies könnte Sie nur unnötig verwirren. Schreiten Sie gemessen fort, handhaben Sie Ihre Eindrücke sorgfältig und legen Sie gelegentliche Pausen ein, das wird unnötigen Verwirrungen vorbauen und verhindern, daß Sie Ihre psychischen Impressionen überinterpretieren oder verzerren.

Meist werden sich zuerst allgemeine Bilder des Zieles einstellen, denen eine ganze Zahl anderer, großer und kleiner Eindrücke und Bilder folgen. Der allgemeine Eindruck verhilft Ihnen vielleicht zu einem Grundgespür für den Ort, den sie beschreiben wollen. Doch hüten Sie sich vor voreiligen Ausgestaltungen dieses Eindrucks.

Auch hier ist es ratsam, dem Interviewer zu Beginn der Sitzung auftretende, voll entwickelte, farbige Bilder berühmter Sehenswürdigkeiten im näheren Umkreis zu melden und sie möglichst als Störfaktoren abzutun. Wir kennen keinen besseren Weg, um sich dieser früh auftretenden »rauschenden« Eindrücke zu entledigen.

Prüfen Sie Ihre großangelegten Bilder und Eindrükke auf eine darunterliegende Struktur hin. Dabei werden Sie oft Ihre anfänglichen Interpretationen dieser Eindrücke durchsehen und verbessern können. Wichtig ist, daß Sie die Bilder prüfen, ohne hängenzubleiben, denn das würde das geistige Rauschen nur unnütz verstärken.

Ein Eindruck, der Sie an eine Wand erinnert, muß beispielsweise nicht unbedingt auf eine Wand am Zielort weisen. Womöglich haben Sie etwas Flaches und Glattes wahrgenommen. Diese Gefühle, nicht die Idee der Wand sind Ihr wichtigster erster Eindruck. Falls Sie mit der Interpretation Ihres ersten Eindrucks warten können, bis Sie noch mehr psychische Informationen über das Ziel gesammelt haben, werden Sie es vermeiden, dem langsam entstehenden Bild des Zieles verfrüht eine (womöglich falsche) Struktur aufzudrücken.

Im Falle der »Wand« könnte Ihr Ziel etwa nicht eine Wand, sondern etwas mit einer Wand Verwandtes sein. Vielleicht kommt im Laufe der Sitzung zu der anfänglichen glatten Fläche noch der Eindruck eingravierter Buchstaben hinzu. Vielleicht handelt es sich um eine Gedenktafel oder die Seite eines Standbildes. Oder diese Eindrücke paaren sich später mit dem Bild von Schwärze und gebrochenen gelben Strichen, was nahelegen würde, daß es sich um eine Autobahn handelt.

Oder aber Ihr erster Eindruck rührt tatsächlich von einer Wand her. Doch selbst dann sollten Sie nicht versuchen, die Wand zu früh zu definieren. Fragen Sie sich, welche anderen Empfindungen dazugehören. Nehmen Sie weiche Pflanzen wahr, die aus Mauerritzen wachsen? Ist die Fläche weich oder hart, rauh oder glatt? Ist es eine alte Ziegelsteinmauer mit einigen glatten Flächen oder die riesige Glas- und Metall-Verkleidung eines modernen Wolkenkratzers?

Mit den ersten zaghaften Eindrücken des Zieles ließen sich derartige Fragen noch nicht beantworten. Deswegen sollten Sie mehr Erfahrungen sammeln, bevor Sie Schlüsse ziehen. Die ersten Eindrücke enthalten sicher eine ganze Menge korrekter Informationen; ihre Beziehung zu dem Gesamtbild des Zieles kann sich jedoch erst im Laufe der Fernwahrnehmung entwikkeln. Einem erfahrenen Interviewer wäre lieber, Sie sagten: »Ich sehe ein umgedrehtes V«, als daß er von Ihnen hörte: »Ich sehe das International House of Pancakes« (das zufälligerweise diese Form hat).

Kaum haben Sie im Laufe der Sitzung den visuellen »Kontakt« mit dem Ziel hergestellt, so werden sich andere Sinneseindrücke melden. Dies ist ein ganz wichtiger Teil des Prozesses, der Ihrer psychischen Perzeption eine sinnliche Dichte verleiht, wie sie Sie von rein visuellen Eindrücken kaum erwarten dürfen.

Nichtvisuelle psychische Perzeptionen tauchen meist von allein auf, ohne daß Sie sich oder der Interviewer Sie dazu auffordern müßte. Ein erfahrener Seher wird sich zuweilen diesen zusätzlichen Sinneseindrücken zuwenden, wenn er sie als Informationen gebrauchen kann. Ihnen steht dies während Ihrer Fernwahrnehmungssitzung ebenfalls offen, indem Sie auf Klänge, Tastempfindungen, Gerüche, Geschmackseindrücke oder Emotionen »horchen«. *Nichtvisuelle Eindrücke und Empfindungen sind, wie gesagt, ein gutes Zeichen dafür, daß Sie mit dem Ziel in psychischem Kontakt stehen.*

In den meisten Fällen werden sich bei der Beschreibung optischer Aspekte des entfernten Zieles ganz von selbst andere sinnliche Empfindungen einstellen. Der Eindruck einer unebenen Straße wird beispielsweise durch die Tastempfindungen einer rauhen Oberfläche ergänzt. Vielleicht bemerken Sie dabei, daß die Sonne glüht, und nehmen plötzlich Wärme und den typischen Geruch schmelzenden Asphalts wahr.

Bestimmte Ziele haben charakteristische, nichtvisuelle Merkmale – der Lärm und Geruch einer Sägemühle, die typisch schwüle, feuchte Luft eines Sumpfes oder das Brausen des Ozeans, der salzige Geschmack der Meeresluft. In einigen Fällen wird der eine oder andere Sinn mehr angesprochen, sei es wegen der Beschaffenheit des Zieles oder jener des Perzipierenden.

Ihre nichtvisuellen Eindrücke werden Ihnen oft das Interpretieren der optischen Bilder erleichtern. Visuelle Eindrücke enthalten meist selbst sehr wertvolle psychische Informationen. Das Bild der Dunkelheit im mittäglichen Sonnenschein weist vielleicht darauf hin, daß sich Ihr Signalgeber in einem halbdunklen Raum herumtreibt – in einer Pizzeria etwa oder einer Bar.

Ihre Fernwahrnehmungseindrücke werden meist verschiedene visuelle und nichtvisuelle Bilder derart miteinander kombinieren, daß sie die spezifischen Merkmale des Zieles darstellen. Dies passiert meist dann, wenn sich Ihre einzelnen Eindrücke zu einem Gesamtbild des Zieles zusammenfügen.

Angenommen, Sie erleben zuerst einen Abhang. Im Laufe der psychischen Perzeption bemerken Sie vielleicht Pflanzen, unebene und zerklüftete Flächen, starken Wind und die kalte, weiße Nässe von Bergschnee. Wenn sich die Bilder in Ihrem Geiste konkretisieren und zusammenfügen, wird es Ihnen nicht schwerfallen, das Ziel zu erkennen. Während einer Fernwahrnehmungssitzung, deren Ziel das versteckte Foto eines in einem See mündenden Berggletschers war, empfand ich (K.H.) zuerst Kälte, Nässe und das Auf und Ab der Umgebung. Dies führte schließlich zu dem vollendeten Bild einer eisbedeckten Bergspitze mit See – womit das Ziel korrekt beschrieben war (Abbildung Seite 358).

Sie sollten sich jedoch niemals dazu verpflichtet fühlen, die Details zu einem endgültigen Bild zusammenzufügen oder das Ziel zu identifizieren. Ganz zu Anfang Ihres Trainings ist es viel wichtiger, lediglich ein paar korrekte Eindrücke zu beschreiben, unter die sich keine falschen Informationen mischen, als daß Sie riesige Mengen gemischter Eindrücke skizzieren.

Die Erfahrung, die Sie sammeln, wenn Sie selbst nur das winzigste Detail des Zieles korrekt beschreiben, ist unersetzbar; denn hier liegt sozusagen der Grundstein Ihrer späteren Fähigkeit, auch im größeren Rahmen psychische Informationen sofort auszumachen und korrekt zu interpretieren. Scheuen Sie sich deswegen nicht, eine Sitzung dann zu unterbrechen, wenn Sie meinen, einen erkennbaren Aspekt des Zieles genügend beschrieben zu haben.

Sie werden sich wundern, wie leicht es Ihnen mit der Zeit fällt, selbst ein verworrenes Gemisch aus Eindrücken und Bildern in ein detailliertes Bild des Zieles zu verschmelzen. In diesem Moment werden Sie sich wohl noch fragen, wie es überhaupt möglich ist, daß sich so allgemeine Angaben wie »Gebäude« oder »Nässe« zu ganz spezifischen Zielbestimmungen wie »Flughafentower« und »rauschender Springbrunnen« differenzieren können.

Geographisches Fernwahrnehmungsziel (links) und Keith Hararys Skizze (rechts) mit folgenden Beschreibungen: »Berge; Gletscher; eisfreie Zwischenflächen; felsig, kaltes Land, dünn gesäte Vegetation; See.« Foto von Willie Burkhardt/Leo de Wys, Inc.

Die Dynamik unserer »gewöhnlichen« zwischenmenschlichen Kommunikation mag dies teilweise erklären. Die Worte, mit denen wir subtile Ideen und Nuancen ausdrücken, sind vage. Sie vermögen nicht, die feinen Details unserer inneren Erfahrung darzustellen, und weisen den Zuhörer nur auf die Richtung einer tieferen Bedeutung hin. Die richtige Kombination gewöhnlicher Worte kann dem Zuhörer jedoch einen Einblick in die Gefühle und Ideen des anderen gewähren. Wir hören zwar nur Phrasen, aber diese unscharfen Gebilde stellen dennoch eine Verbindung zu unseren eigenen Erfahrungen und Wahrnehmungen her, so daß wir plötzlich ganz persönliche Gedanken und Emotionen des anderen verstehen können.

Auf ähnliche Weise stecken die allgemeinen Eindrücke eines entfernten Zieles den Weg ab für detailliertere psychische Informationen, die in Ihr Bewußtsein gelangen wollen. Jede frühere Erfahrung hat in Ihrem Geist eine Spur hinterlassen. Diese Informationen helfen Ihnen unter anderem, die Details hinter den allgemeinen intuitiven Perzeptionen zu interpretieren.

Indem Sie Ihre gegenwärtige intuitive Impression mit Wahrnehmungen und Eindrücken aus der Vergangenheit vergleichen, gelingt es Ihnen, ganz spezifische Details von nie gesehenen Gegenständen und Örtlichkeiten zu beschreiben. Zum Glück wird der Großteil dieser Information, genau wie im alltäglichen Gespräch, unbewußt verarbeitet.

Bis Ihnen Ihre psychischen Eindrücke bewußt werden, sind sie meist schon aus dem Rohstadium in verständlichere Gedanken und Bilder übertragen worden. Bei der Beschreibung der Fernwahrnehmung oder jeder anderen bewußt herbeigerufenen psychischen Tätigkeit ist es deswegen Ihre Aufgabe, die aus Ihrem Unterbewußten auftauchenden psychischen Eindrücke korrekt zu interpretieren.

Ein Teil Ihres Selbst scheint die psychischen Informationen bestens zu verstehen. Es kann Ihnen unerhört präzise Eindrücke und Bilder eines entfernten Zieles übermitteln, falls Sie sich die Zeit nehmen, auf Ihre Gedanken und Gefühle zu horchen.

Dies ist mit ein Grund dafür, daß zutreffende und wichtige Informationsbruchteile Sie plötzlich überkommen, überraschen und blitzartig wieder verlassen, so, als ob ein tieferes Wissen Ihren Geist durchdringe, um schnellstens wieder zu versinken. Sie müssen sich auf die Lauer legen, um es nicht zu verpassen. Stellen Sie sich Ihre intuitiven Eindrücke eines Zieles wie Seifenblasen vor, die ein Kind in den Wind pustet. Die Eindrücke sind zerbrechlich, leicht und doch faßbar. Am besten, Sie behandeln Ihre psychischen Eindrücke mit Ruhe und zarten Händen, sonst könnten sie davonfliegen, zerplatzen oder ins Nichts aufgehen, noch bevor Sie sie erkennen konnten.

Während sich das volle Spektrum der psychischen Eindrücke zu einem Ziel entfaltet, entwickelt sich bei den Sehern – wie sie sagen – meist eine ganz persönliche emotionale Verbindung zu dem Ziel, das sie beschreiben. Diese Reaktion setzt spontan ein und tritt meist plötzlich aus einer großen Anzahl sinnlicher Perzeptionen des Zieles hervor. Setzt dies ein, gibt's kaum noch Zweifel, daß Sie mit dem Ziel psychisch in Kontakt stehen.

Einige Seher beschreiben diese emotionale Reaktion, als reiße sie eine Welle persönlicher Gefühle fort, die aus ihren psychischen Perzeptionen hochgehe. Andere schildern diese emotionale Wirkung des entfernten Zieles als Aufwachen – als seien sie wie Dornröschen nach 100jährigem Schlaf erwacht und hätten plötzlich mit voller Wucht ihre (entfernte) Umgebung gefühlt und wahrgenommen.

Für gewöhnlich wird Ihre emotionale Reaktion auf ein Ziel nicht ganz so heftig sein: »Wie hübsch!« – hören Sie sich dann sagen. Zuweilen übermannt es einen: »Der Ort ist gräßlich!« Manche Menschen halten sich gerne bei ihren Gefühlen auf, andere würden sie hinwiederum lieber schnell zur Kenntnis nehmen und genauso schnell ablegen. Die Reaktion hängt manchmal mit dem Ziel selbst zusammen – ein Schlachthaus wird nicht dieselben Emotionen wachrufen wie ein Sonnenblumenfeld –, wird aber auch von der Empfindsamkeit des einzelnen Sehers bestimmt.

Wenn Sie ein Ziel emotional berührt, kommt es oft zu den genauesten und detailliertesten Eindrücken. In einigen Experimenten brachten diese Eindrücke Details über die Atmosphäre der verschiedenen Orte, über ihre künstlerische Bedeutung, ihr Alter, ihre kulturelle Abstammung und Funktion bei.

Im Jahre 1980 führten Russ Targ und ich (K. H.) ein Fernwahrnehmungsexperiment durch, dessen Ziel die alte Hafenstadt Salem, Massachusetts, war. Diese Sitzung war Teil unserer andauernden Versuche, herauszufinden, ob die Anlage von Koordinaten nötig sei. Als »blinder« Interviewer sagte Russ schlicht: »Ich habe ein Ziel, das beschrieben werden soll.« Ich als Seher beschrieb zuerst das Gelände um Salem – hügelige Landschaft an einem großen Gewässer – und war schnell von Salems reizender historischer Wohngegend fasziniert. Meinem positiven Gefühl folgte bald eine komplette Beschreibung des Städtchens – mit laubwechselnden Bäumen, Holz- und Ziegelsteinhäusern mit spitzen Giebeldächern und hübschen Sprossenfenstern, reizenden Gäßchen und Bewohnern, Vögeln, Eichhörnchen sowie entspannten, glücklichen Familien. Dieser Beschreibung legte ich zwei Skizzen bei, von denen eine auf Seite 363 abgebildet ist.

Psychische Informationen werden natürlich nicht für jeden mit derselben Geschwindigkeit und auf dieselbe Art und Weise auftauchen. Unsere Beschreibungen sollen deswegen nur richtungweisend gelten, denn sie wollen Ihnen keine Vorschriften machen. Mit der Zeit werden Sie in Ihrer Aufnahme und dem Ausdruck psychischer Informationen während der Fernwahrnehmungssitzung einen ganz persönlichen Stil entwickeln.

Marylin Schlitz, eine erfahrene Versuchsleiterin und erfolgreiche Hellseherin, die wir Ihnen schon im 3. Ka-

Keith Hararys Fernwahrnehmung der alten Hafenstadt Salem in Massachusetts (links), die er folgendermaßen beschrieb (rechts): »Holz- und Ziegelsteinhäuser in gutem Zustand mit spitzen Giebeldächern und hübschen Fenstern mit Kreuzsprossen; ein Ort mit laub-

pitel vorstellten, beschreibt im folgenden ihre Erfahrungen und Methoden. Marylins Zusammenfassung ist sowohl für kleine Gegenstände in der Papiertüte als auch für entfernt liegende geographische Orte gültig.

Ich habe das Ziel erfaßt. Dann werde ich den Zielgegenstand beschreiben. Nimmt kein Inter-

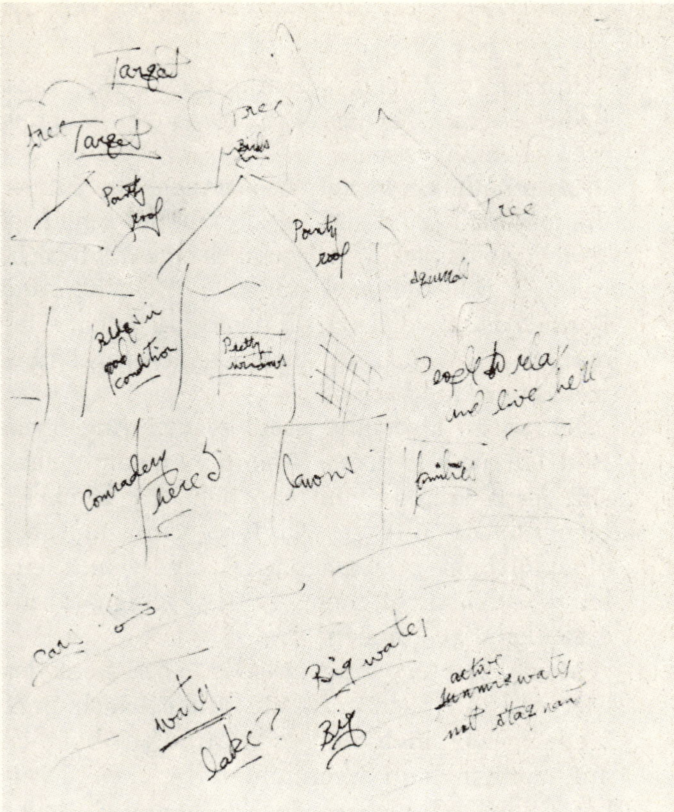

wechselnden Bäumen, Rasen, Vögeln, Eichhörnchen, Autos, Familien und Freundschaften – ein Ort, in dem man sich entspannen und gut leben kann – neben einem großen Gewässer.«
Foto von Nathan Benn, 1979

viewer an dem Versuch teil, spielt mein Alter ego diese Rolle. »Beschreib den Gegenstand«, sagt es mir. »Sag mir, was du siehst.«

Ich tauche den Raum während der Sitzung in sanftes Licht und schließe die Augen. (Ich arbeite lieber im Halbdunkeln.) Ich schaue nach Bildern, die zum Ziel gehören. Der »Interviewer« hält das Gespräch am Leben, indem er unablässig fragt: »Wie sieht das Ziel aus? Welche kennzeichnenden Merkmale hat es?«

Manchmal verwerfe ich auftauchende Bilder, die mir nicht zu dem Ziel zu gehören scheinen. Woher ich das weiß? Ich kann es eigentlich nicht genau sagen. Vielleicht stellen sie Gestalten und Formen dar, an die man oft denkt. Vielleicht erinnern sie aber auch an etwas, das ich gerade betrachtet hatte.

Ich suche also mit geschlossenen Augen ein Bild. Ich rücke es in den Brennpunkt, damit ich es skizzieren kann. Kaum hab' ich es gezeichnet, blende ich das Bild aus. Was folgt, kann, muß aber nicht mit dem vorangehenden Bild verwandt sein. Ich versuche nicht, meine Bilder zwanghaft aufeinander abzustimmen.

Mein Alter ego fragt wieder: »Wie sieht das Ziel aus?« Und ich antworte erneut. Nach einer Weile (gewöhnlich sind es 5 Minuten) hör' ich auf, nämlich dann, wenn ununterbrochen dieselben Bilder auftauchen oder ich mich nicht mehr hundertprozentig auf die Aufgabe konzentrieren kann.

Ich weiß nie, ob ich recht habe oder nicht. Gewöhnlich denke ich nicht daran. Mitunter sind die Eindrücke sehr lebhaft. Zu anderen Zeiten muß ich lange nach ihnen suchen.

Jede Aufgabe ist verschieden, variiert sozusagen mit dem logischen Raum, in den sie gestellt ist. Bei der Fernwahrnehmung entfernter Ziele konzentriere ich mich auf den Beobachter vor Ort

> und versuche seine Umgebung zu beschreiben. Wenn das Ziel ein Gegenstand ist, verfahre ich wie eben beschrieben. Zum Erfolg führen die einzelnen Aufgaben ungeachtet ihrer Unterschiede.

Dadurch, daß Sie Ihre Fähigkeit entwickeln, auf allgemeine, emotionale, ästhetische, visuelle und nichtvisuelle psychische Eindrücke zu reagieren, gewinnen Sie eine breitgefächerte Farbskala, mit der Sie Ihre intuitiven Bilder malen können. Mit der Zeit werden Sie lernen, die für einen Gegenstand charakteristischsten Details und Eindrücke auszuwählen.

Zuweilen werden nichtvisuelle oder emotionale Informationen über das Ziel allen anderen Eindrücken vorangehen; oder es kommt vor, daß bei bestimmten Zielen gewisse Sinneseindrücke überhaupt nicht angesprochen, andere hinwiederum stark hervorgehoben werden.

Hella Hammid beschreibt ihre Erfahrung folgendermaßen:

> Obwohl es gut ist, sich während der Fernwahrnehmung an einem ruhigen Ort aufzuhalten und zu entspannen, fand meine erste »Sitzung« unter kaltem Nieselregen auf dem windigen Dach eines SRI-Gebäudes statt. Ich empfing das »Signal« ganz deutlich: Ein rotes scheunenartiges Gebäude, rot angemalte, waagrecht verlegte Holzlatten mit einem spitzen, steilen Dach. Es folgten andere nichtvisuelle »Signale«.
>
> Mir erschien das Gebäude als funktionslos – wie eine Täuschung, vielleicht eine Kulisse. Niemand lebte darin. Dies Gefühl der Leere verstärkte sich mit der Zeit. Als man mich nach der Sit-

zung zum Ziel führte, blieb ich wie vom Blitz gerührt vor dem »Kleinen roten Schulhaus« auf einem Minigolfplatz stehen. Ich kehrte ziemlich zermürbt nach Hause zurück und ließ die beiden Versuchsleiter, Russ und Hal, wochenlang nichts von mir hören. Ich hatte Angst und mußte erst mit dieser völlig unerwarteten Erfahrung zurechtkommen. So skeptisch ich auch immer gewesen war, ich hatte dies erlebt und würde mehr darüber erfahren.

Inzwischen habe ich gelernt, und ich lerne jedesmal etwas Neues hinzu, daß das »Signal« immer vorhanden ist und meine Fähigkeit, das Signal zu empfangen, von vielen subtilen Bedingungen *in mir* selbst abhängt. Äußere Gegebenheiten sind nebensächlich; ich habe mehrmals unter wenig »idealen« Umständen gearbeitet – wie etwa in einem Fünf-»Mann«-U-Boot eine Meile unter dem Meeresspiegel, oder unter der gleißenden Sonne Ägyptens, als ich stundenlang noch nicht ausgegrabene Kunstwerke beschrieb.

Was passiert? Ich muß vorsichtig in mich hineinhorchen. Ich *denke nicht, sondern bin* und erlaube den Bildern und Empfindungen aus dem linken Blickfeld aufzusteigen und packe sie »lautlos«, weil sie sonst im Bruchteil einer Sekunde verschwunden sind. Ich schaue mir nichts an, sondern registriere nur das Bild. Es wird immer wieder auftauchen, jedesmal mit neuen Informationen, die nicht unbedingt visuell sein müssen, sondern eine große Vielfalt unterschiedlicher Empfindungen umfassen können – Hitze und Kälte, Geräusche, Gerüche, aber auch emotionale Reaktionen wie: »Mir ist hier nicht wohl – ich will schnellstens weg von hier«, oder: »Es ist ein finsterer, feuchter, geschäftiger, lauter, leerer, staubiger Ort«, gehören dazu.

Man kann ziemlich leicht nachprüfen, ob es sich um ein echtes Signal oder um geistiges Rauschen handelt. »Das erinnert mich an...« ist mit ziemlicher Sicherheit nur ein Rauschen, das zu herrlichen verschlungenen Schilderungen erinnerter oder phantasierter Gebilde führt. Wenn mir dies widerfährt, fange ich nochmals an. Verharrt der Eindruck, ist es gewöhnlicherweise *das* Signal und keine Störung. Sowie ich mich fest auf das Ziel eingestellt habe, fällt es mir ziemlich leicht, psychisch an Ort und Stelle »umherzugehen« – sei es zeitlich oder räumlich – und zusätzliche Merkmale zu »sehen«, indem ich mich einfach »umschaue«.

Bevor ich aufwache, »schaue« ich spaßeshalber noch »auf die Uhr«, dann öffne ich die Augen und kann kaum auf das Feedback warten. Bei mir wirkt es Wunder. Versuchen Sie's mal. Oder ich »schaue« in das Haus meiner Freunde, bevor ich anrufe, nur um zu sehen, ob sie da sind. Wenn Sie auf diese Gabe vertrauen und mit unterstützenden Personen zusammenarbeiten, können Sie Ihre psychischen Fähigkeiten zu unerhörten Leistungen trainieren.

Einen Ratschlag wollen wir Ihnen aber doch noch geben: Wenn Sie Ihre Fähigkeit, entfernte Ziele zu beschreiben, trainieren, sollten Sie während jeder einzelnen Sitzung Ihre Erfahrung locker und dennoch aufmerksam am Zügel führen. Sehen Sie Ihre Eindrücke als nicht zu krititsch an, aber begrüßen Sie sie auch nicht zu überschwenglich. Der Rest wird wie von selbst folgen, so wie es für viele Menschen, die vor Ihnen ihre psychischen Fähigkeiten kennenlernten, geschehen ist.

Vergessen Sie vor allem nie, daß die Beschreibung des Zieles eine Lernerfahrung ist. Natürlich wird es Raum für Verbesserungen geben, doch darin unterscheidet sich dies mitnichten von anderen menschlichen Unternehmen.

DER GEBRAUCH VON SKIZZEN BEI DER GEOGRAPHISCHEN FERNWAHRNEHMUNGSÜBUNG

Einige Seher ziehen es vor, ihre Eindrücke soweit wie möglich bildlich festzuhalten, bevor sie eine Interpretation wagen. Andere wiederum empfinden das Skizzieren als störend und werden ihre Eindrücke des Zieles erst verbal beschreiben wollen.

Unter jenen, die Skizzen zur Interpretation ihrer Eindrücke benutzen, befinden sich auch Seher, die ihre Impressionen mit schnell hingeworfenen »Glyphen« festhalten: eine gebogene, abfallende Linie für einen Hügel, quadratisch angeordnete Striche für ein Gebäude, wellenförmige Linien für Wasser usw. Diese Methode erinnert uns an das bewährte *Identi-Kit*, mit dem die Polizei anhand von Zeugenaussagen über einzelne Gesichtszüge und -merkmale eine Fahndungszeichnung des mutmaßlichen Täters herstellt.

Anstatt zu fragen, ob das Ziel dicke Augenbrauen oder ein kantiges Kinn hat, benutzt der Seher seine Glyphen, um die »vor Ort« beobachteten Landschaftszüge festzuhalten. Daraufhin wird er diese Grundzüge mit weiteren Details, nichtvisuellen Empfindungen und mit den Glyphen eigener Bilder anreichern – so, wie wir es von den anderen Methoden der Fernwahrnehmung her kennen. Viele Seher benutzen diese Glyphen gerne bei der Ausarbeitung erster Eindrücke kleiner Gegenstände und entfernter Zielorte. Auf Seite 370 sehen Sie die Ergebnisse einer Sitzung, in der ich (K. H.) meine Fernwahrnehmungseindrücke glyphisch festhielt. Es stellte sich heraus, daß das Ziel das russische Sägemühl-Städtchen Kamenka war. Der Ort – einige Häuser mit Metalldächern – liegt auf grünen Hügeln an einem reißenden Fluß. Telefonmasten mit Freileitungen säumen das sandige Flußufer. Am auffallendsten waren jedoch die gehauenen Baumstämme, die über den ganzen Ort verstreut herumlagen und auf dem Fluß schwammen.

Meine Zeichnung des Ortes ist im Grunde eine symbolische Glyphendarstellung des Zieles. Die erste Strichelzeichnung hält die Umgebung und die Beziehung der einzelnen Umgebungsdetails zueinander fest: »Hügel; Holzhäuser mit kleinen Metallteilen; spärliche Vegetation und Wiese; reißender brauner Fluß...« usw., die zum Ort gehören. Die zweite Zeichnung hält die über das ganze Dorf, die Hügel und das Ufer verstreut liegenden Baumstämme fest, die ich als »gehauene Baumstämme, fühlen sich rauh an, riechen seltsam, Splitter« beschrieb. Die zweite Zeichnung trägt ferner die Bemerkung: »Drahtleitungen am Ufer?« Während die Beziehungen der einzelnen Details des Ortes untereinander umfassend und genau beschrieben wurden, dienten die ziemlich abstrakten Skizzen nur der Verbildlichung eines allgemeinen Eindrucks. Das Ziel selbst peilte ich nach Angabe der Längen- und Breitengrade an, die mir der Interviewer (R. T.), der die Identität des Zielortes nicht kannte, mitteilte.

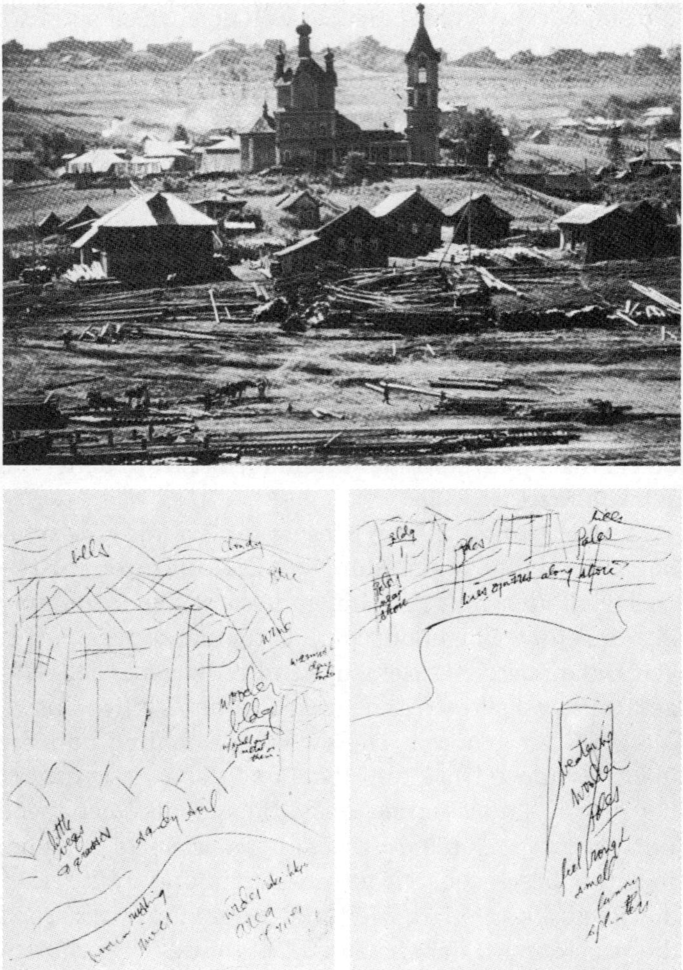

Sowjetisches Sägemühlendorf Kamenka (oben), das Keith Harary auf der Skizze folgendermaßen beschrieb (unten): »Hügel; Holzhäuser mit kleinen Metallteilen; spärliche Vegetation und Wiese; reißender brauner Fluß – an einer Stelle breiter; Drähte am Ufer?; gehauene Baumstämme, fühlen sich rauh an, riechen seltsam, Splitter.« Foto von Howard Sochurek, 1983

Andere Seher bevorzugen es, ihre Eindrücke sofort durch eine ganze Sammlung von Bildern, ganze Szenen treu nachgezeichneter Häuser, Bäume und Flüsse weniger abstrakt darzulegen und festzuhalten. Ein Beispiel dieser Art von Skizze können Sie auf Seite 375 sehen. Ziel jenes Versuchs, der ohne Koordinaten operierte, war Miami Beach in Florida. Meine Zeichnung und Beschreibung des Zieles ist ein Gemisch aus richtigen und falschen Elementen. Die rollenden Wellen auf der einen Seite Miamis interpretierte ich fälschlich als »Erhebungen«. Während der Sitzung war mir nicht klar, ob der psychisch »besuchte« Ort in den Staaten oder in »einem anderen Land« läge. Trotzalledem ist das Bild der modernen Gebäude Miamis genau und die Beschreibung des Geländes korrekt: »Gebäude; Straßen; Sand.« Der Kanal zwischen Strand und Binnenland ist festgehalten. Auch die Wetterbeschreibung war zutreffend: »Heiß, aber angenehm«. Wir konnten nicht prüfen, ob es die »seltsamen mechanischen Einrichtungen« an einem Ende des Kanals gibt. Im Gegensatz zu der Strichelzeichnung des früheren Beispiels ist die Zeichnung von Miami weniger abstrakt, naturgetreuer. Oft beginnt der Seher die Sitzung mit einem abstrakteren Eindruck/Bild des Zieles, das sich im Laufe der Sitzung zu einer realistischeren Beschreibung oder Zeichnung entwickelt.

Kurzum, dem Seher stehen etliche Zeichenmethoden zur Verfügung, damit er seine Fernwahrnehmungseindrücke bewältigen und festhalten kann. Obwohl einige Seher auf die eine oder andere Methode eingeschworen sind, gibt es keinen Grund, der einen oder anderen Methode den Vorzug zu geben. Wenn Sie Ihren eigenen Stil entwickeln, sollten Sie nur bedenken, daß Ihnen die Zeichnungen dabei behilflich sein sollten, Ihre Eindrücke darzustellen und zu interpretieren, sie aber von Ihrer Erfahrung nicht ablenken und diese nicht *um*-schreiben sollten.

Und vergessen Sie auch nicht, daß es Seher gibt, deren Skizzen eher beiläufig entstehen, die das Ziel verbal aber genauso, wenn nicht deutlicher, beschreiben wie andere. Es steht Ihnen frei zu skizzieren oder nicht. Diese Methode kann nützlich und oft auch unterhaltend sein. Entscheiden Sie, ob Sie davon Gebrauch machen wollen.

MACHEN SIE MAL PAUSE WÄHREND DER FERNWAHRNEHMUNGSSITZUNG

Möglicherweise fühlen Sie sich verpflichtet, die Beschreibung des Zieles im Ganzen und ohne Unterbrechung zu liefern. Das entspräche aber nicht dem besten Umgang mit psychischen Informationen. Mitten in den Sitzungen mag es Momente geben, in denen Sie verwirrt sind oder sich festgefahren haben oder einfach merken, daß Sie sich zu sehr anstrengen. Falls dem so ist, möchten wir Ihnen raten, alles Bedrückende zu beseitigen, bevor Sie weitermachen. Legen Sie eine Pause ein.

Unsere Erfahrung lehrt uns, daß eine Pause nicht etwa die psychische Kommunikation unterbricht, sondern Ihnen ganz im Gegenteil dazu verhelfen wird, neue Perspektiven zu gewinnen. Es ist möglich, daß Ihnen die Bilder, die Sie bis zur Verwirrung verfolgten, alles mitgeteilt haben, was mitzuteilen war. Ihnen weiter zu folgen, wäre der sichere Weg ins Reich geistigen Rauschens.

Wenn Sie von den Bildern ablassen, schaffen Sie für

spätere Bilder und Eindrücke Raum. Und diese verhelfen Ihnen vielleicht gerade zum Schlüsselerlebnis, das Sie sonst nicht gehabt haben würden.

Eine Verschnaufpause ist auch dann angezeigt, wenn Sie immer wieder dieselben Bilder sehen, somit die Bilderfolge unterbrochen ist und sich keine Entwicklung Ihres psychischen Eindrucks mehr abzeichnet.

Machen Sie jedesmal dann Pause, wenn Ihnen danach ist. Psychische Erfahrungen können bewußt herbeigerufen werden und sind kein Produkt eines Leistungstaumels, abergläubischen Verhaltens oder sonstigen Hokuspokus'. Die Informationen, die Sie beschreiben wollen, werden auch nach der Unterbrechung noch vorhanden sein. Wenn Sie sich jeglichem Druck oder Zwang entziehen, laufen Sie nicht Gefahr, die zarten psychischen Seifenblasen platzen zu lassen.

Halten Sie Ihre Eindrücke einfach einige Momente (meist weniger als eine Minute) zurück. Denken Sie in der Zeit an etwas anderes, gehen Sie auf die Toilette (obwohl Sie dies vor jeder Sitzung tun sollten) oder schauen Sie die Beschreibungen durch, die Sie schon gesammelt haben.

Dieser Überblick kann sehr ergiebig sein; kann Ihnen helfen, dank neuer Einblicke, die die gesamte Erfahrung aufhellen, die Hürde zu überwinden. Wenn Sie Ihre Beschreibungen durchsehen, sollten Sie jene Punkte wiederholen, die Ihnen gesichert erscheinen. Dadurch könnten Sie einen völlig neuen Eindruck gewinnen.

Kaum hat sich das Gefühl der Verwirrung oder der Anstrengung gelegt, sollten Sie wieder das Ziel »anse-

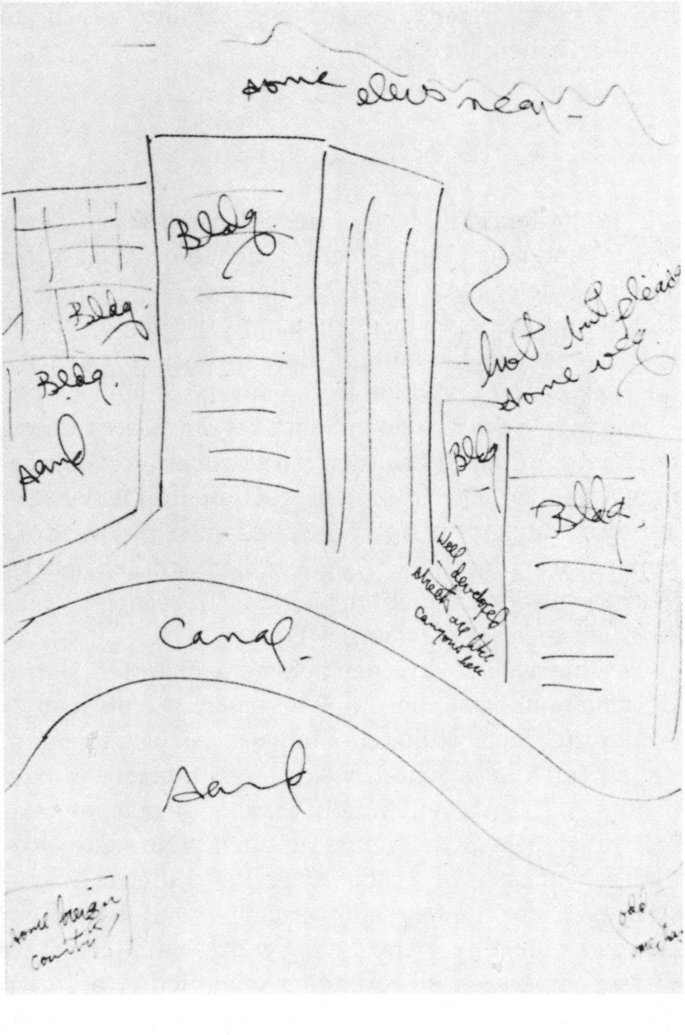

Miami Beach, Florida (links) und Keith Hararys Beschreibung des Ziels (rechts). Er mißdeutete die Wellen als »Erhebungen«, beschrieb aber sonst ganz korrekt »Gebäude; Straßen; Sand; Kanal; heiß, aber angenehm; einige Pflanzen«.

hen«. Es wird Ihnen nunmehr leichterfallen, psychisch auf das Ziel einzugehen.

DIE ROLLE DES INTERVIEWERS

Die Rolle des Interviewers bei geographischen Fernwahrnehmungen unterscheidet sich eigentlich nicht von der, die er beim Hellsehen kleiner Objekte spielt. Nur komplizierter kann es manchmal werden. Typische Fragen an den Seher lauten: »Beschreib, was du siehst«, oder: »Was erfährst du in bezug auf das Ziel?«

Der Interviewer soll den Seher bei der Beschreibung des Zieles unterstützen, den psychischen Prozeß aber nicht hemmen. Der Interviewer soll nicht nur dem Seher durch angemessene Fragen helfen, seine Beschreibungen zu verdeutlichen, sondern auch auf Zeichen der Verwirrung oder Ermüdung achten, um gegebenenfalls eine Pause vorzuschlagen.

Der Interviewer kann den Seher darum bitten, seinen Gesichtspunkt zu ändern – »Wie sieht es von oben aus?« – oder zu einem früheren Eindruck zurückzukehren, der zu flüchtig beachtet wurde. Der Interviewer darf behutsam Fragen stellen und Vorschläge machen, *niemals* aber dem Seher seine Meinung oder seine Ordnungsstruktur aufdrängen. Er sollte tunlichst Suggestivfragen wie die folgende vermeiden: »Siehst du ein Gewässer am Ziel?« Der Seher würde nämlich sofort Wasser empfinden, ob vorhanden oder nicht. Der Interwiewer kann nur neue Ansätze suggerieren: »Erzähl mir mehr darüber. Liegt irgend etwas Interessantes in der Nähe?«

Der Interviewer sollte den Seher niemals unterbrechen und auf dessen Sprechpausen warten, um neue

Fragen zu stellen. Er sollte auch vermeiden, den Seher daran zu hindern, sich völlig auf das Ziel zu konzentrieren.

FEEDBACK AM ZIELORT: WORAUF MAN ACHTEN SOLLTE

Nach Beendigung der Übungssitzung sollten der Seher und der Interviewer ihre Notizen zu den Beschreibungen des Zieles vervollständigen und auf den zurückkehrenden Experimentator warten. Nachdem der vom Zielort zurückkehrende Versuchsleiter eingetroffen ist, sollten die Notizen nicht mehr verändert werden. Seher und Interviewer sollten vielmehr das Ziel des Experimentes erfahren und zusammen mit dem *Signalgeber* des unmittelbaren Feedbacks wegen zum Ziel gehen.

Nehmen Sie alle Notizen, Bänder und Skizzen mit, wenn Sie Ihr Feedback am Ziel einholen. Bei der Ankunft sollten Sie auf Ihre emotionalen Reaktionen auf den Ort selbst sowie auf alle Ähnlichkeiten zwischen Ihren Beschreibungen und Skizzen und den kleinen und großen Details des Zielortes achten.

Sie werden wahrscheinlich sofort spüren, ob Ihre allgemeine Beschreibung stimmte. Ungeachtet des Resultates sollen Sie nicht verpassen, die spezifischen Eindrücke mit dem zu vergleichen, was Sie am Ort auffinden.

Vergessen Sie dabei bitte nicht, daß die Fernwahrnehmungsübung keine Prüfung ist! Das Feedback soll nicht Ihre Sitzungsergebnisse benoten, sondern Ihnen dabei helfen, den Auslöser all Ihrer Gedanken und Bilder während der Sitzung zu verstehen. Es ist deswegen besonders wichtig, daß Sie genau wissen, welche Eindrücke korrekt waren, welche geistigem Rauschen entstammten, und sich dabei vergegenwärtigen, was Sie jeweils dabei spürten.

Bei der Besichtigung des Zieles sollten Sie erst den Standpunkt des Versuchsleiters einnehmen, den er wählte, um es von all den Gesichtspunkten aus anzusehen, die Sie während der Sitzung eingenommen hatten. Versuchen Sie nicht, das Ziel in Ihre Beschreibung zu zwängen, übersehen Sie aber auch nicht das kleinste Detail.

Während einer Fernwahrnehmungssitzung spürte ich (K. H.) zum Beispiel, daß sich an einer bestimmten Stelle des von mir beschriebenen Zieles eine Glasscherbe befand. Dieser Information maß ich zuerst keine Bedeutung bei, das heißt, bis ich meine Skizze des Zieles während des Feedbacks als Landkarte benutzte und sofort den Glasscherben unter einem Grasbüschel fand – genau dort, wo ich ihn vermutet und eingezeichnet hatte. Nichts stimmte mich freudiger, obschon meine Eindrücke zum Großteil korrekt waren.

Bei der Besichtigung des Zielortes werden Sie sich vielleicht an flüchtige Bilder erinnern, denen Sie in der Sitzung wenig Aufmerksamkeit schenkten oder die Sie ganz vernachlässigten, deren Exaktheit Ihnen aber plötzlich vor Augen tritt. Sehen Sie dies als Teil Ihres Lernprozesses an. Ärgern Sie sich nicht darüber, sehen Sie es als Beweis an, daß Sie nicht unter einem psychischen Informationsmangel leiden und durch gezielte Übung von diesen Mitteilungen Ihrer Psyche besser Gebrauch machen werden können.

WIE SIE IHRE INTUITIONEN BEURTEILEN UND AUFBEWAHREN

Die Beurteilung geographischer Fernwahrnehmungen gleicht jener kleiner Gegenstände. Auch in diesem Falle sollte der Richter, eine aufgeschlossene und intelligente Person, nichts über das Ziel wissen. Im Idealfalle sollte er/sie aus eigener Erfahrung wissen, wie sich psychische Informationen manifestieren.

Nach drei Sitzungen (mit drei Ihrer sechs Ziele) sollte der Richter die drei Ziele besichtigen. Es ist äußerst wichtig, daß er nicht – sei es auch noch so unmerklich – auf die Identität von Beschreibung und Ziel hingewiesen wird und nichts als die Zielbeschreibungen und Skizzen des Sehers sowie die Route bis zu den einzelnen Zielen erhält.

Am Ziele sollte der Richter die Beschreibungen des Sehers mit dem vorgefundenen Ort vergleichen und feststellen, inwieweit beide miteinander übereinstimmen. Das Urteil des Richters gibt Ihnen einen objektiven Maßstab in die Hand, kann den Erfahrungswert Ihres Feedbacks aber nicht ersetzen.

Heben Sie alle Ihre Notizen, Beschreibungen und Skizzen auf, so daß Sie auf eine Dokumentation Ihres Fortschritts zurückgreifen können. Von Zeit zu Zeit sollten Sie sich diese Notizen ansehen, um eventuelle Muster in Ihren Reaktionen auf die Ziele der Fernwahrnehmung, auf Ihre Methoden und Verfahren auszumachen. Zu diesem Zwecke sollten Sie die Sitzungsberichte datieren und vermerken, wer als Seher und wer als Interviewer fungierte.

Sie können die oben beschriebene Übung auch abwandeln, indem Sie versuchen, das Ziel anzupeilen, ohne einen »Signalgeber« hinzuschicken. Oder versuchen Sie, das Ziel zu beschreiben, *bevor* Sie es ausgewählt haben; oder aber Sie probieren es mit einer Landschaftsaufnahme, einem Dia etwa oder dem Foto aus einer Zeitschrift.

GEHEN SIE DOCH MAL ABENDS AUS

Wenn Sie das Abenteuer lockt, können Sie eine Übung ausprobieren, die Ihnen zur außerkörperlichen Erfahrung (AKE) verhelfen wird. Während dieses Zustandes haben Sie den Eindruck, daß Ihr Bewußtsein frei von körperlichen Fesseln umhergehen kann. Die Erfahrung ist intensiver als die Fernwahrnehmung, da Sie sich während der AKE wirklich am entfernten Ort glauben und ihn nicht nur psychisch aus der Entfernung wahrnehmen.

Wir betrachten die Fernwahrnehmung und die AKE als zwei Erfahrungswerte eines zusammenhängenden Ganzen. Bei der Fernwahrnehmung sehen Sie eine entfernt stattfindende Szene, wie in einem Film. Mit der Zeit und wachsender Erfahrung werden Sie größere Bereiche Ihres bewußten Erlebens, Ihres Empfindens und Ihrer Sexualität in die Fernwahrnehmung einbringen wollen. Indem Sie zunehmend die Realität loslassen, von der Ihre Fernwahrnehmung ausging, werden Sie das entfernte Ziel so intensiv erleben, als befänden Sie sich tatsächlich dort.

Diese Übung vereint die Intensivierung des sinnlichen und intuitiven Erlebens, die Sie früher lernten, mit einer vollkommenen Entspannung des Körpers. Legen Sie sich dazu auf ein bequemes Sofa, eine Chaiselongue oder eine Matratze auf dem Boden und stellen Sie sich vor, wie ein weicher, warmer Wasserstrom langsam von Ihren Fußsohlen bis in Ihren Kopf hochfließt und dabei jeden Winkel in Ihrem Körper wärmt und entspannt.

Spüren Sie, wie jeder einzelne Muskel warm wird, sich entspannt löst und dann völlig ruht. Lassen Sie den weichen Strom durch Ihren Körper und aus dem Kopf fließen, während Sie völlig ruhig und entspannt liegenbleiben. Nachdem Sie die progressive Entspannung einige Zeit geübt haben und Sie ohne weiteres zur Ruhe kommen können, setzen Sie mit dem zweiten Teil der AKE-Übung ein.

Suchen Sie einen angenehmen Ort aus, den Sie während der AKE gerne »besuchen« würden. Begeben Sie sich erst körperlich dorthin und machen an Ort und Stelle die zu Anfang des Kapitels beschriebenen sinnlichen und intuitiven Übungen zur Bewußtseinserweiterung.

Beachten Sie, was Sie am Ort Ihrer Wahl sehen, hören, riechen, schmecken und fühlen. Schließen Sie Ihre Augen und vergegenwärtigen Sie sich den Ort vor Ihrem geistigen Auge. Öffnen Sie dann wieder die Augen und vergleichen Sie Ihr geistiges Bild mit der Wirklichkeit. Wiederholen Sie dies mehrmals von verschiedenen Standpunkten aus, bis Sie keinen Unterschied zwischen Ihrer Vorstellung und dem Sinneseindruck feststellen können. Bemerken Sie dabei außerdem, wie der Ort emotional und intuitiv auf Sie wirkt. Nachdem Sie alle sinnlichen, emotionalen und intuitiven Merkmale des gewählten Ortes in sich aufgenommen haben, kehren Sie zu dem Raum zurück, in dem Sie die Entspannung geübt haben.

Legen Sie sich nochmals hin und lassen Sie Ihren Körper zur Ruhe kommen. Während Sie sich entspannen, sollten Sie Ihr Bewußtsein von Ihrer unmittelbaren Umgebung frei machen und sich auf den eben aufgesuchten Ort konzentrieren. Stellen Sie sich vor, daß Sie sich *mit geschlossenen Augen* an jenem Ort befinden, und horchen Sie auf die Geräusche, nehmen Sie die Atmosphäre auf usw. Wenden Sie Ihr Bewußtsein von Ihrem nunmehr völlig gelockerten und entkrampften Körper ab, wenden Sie es dem entfernten Ort zu. Lassen Sie Ihr Bewußtsein völlig in dem Ort aufgehen. Dann können Sie an dem entfernten Ort die »Augen« öffnen.

Mit dieser Übung können Sie eine außerkörperliche Erfahrung herbeiführen, die Ihnen das Gefühl vermittelt, »den Ort tatsächlich zu besuchen«. Sie können jederzeit eine »Rückkehr« zu dem Ort einplanen. Nachdem Sie sich einige Zeit darin geübt haben, den AKE-Zustand herbeizuführen, werden Sie eventuell Orte »erkundschaften« wollen, die Sie noch nie gesehen haben. Zu Ihrer Beruhigung können Sie sich vorsagen, daß Ihrem Körper nichts zustoßen kann, während Sie sich entfernen, und daß Sie jederzeit die außerkörperliche Erfahrung abbrechen können.

Obwohl die außerkörperliche Erfahrung von vielen mit dem Schleier des Mysteriösen, Unheimlichen eingehüllt wurde und man die seltsamsten Methoden zur Hervorrufung des Zustandes vorschlug, kann diese Erfahrung ganz leicht – so leicht Sie eben wollen – herbeigeführt werden. Die außerkörperliche Erfahrung bietet Ihnen eine Möglichkeit, entfernte Orte psychisch noch intensiver zu entdecken und zu perzipieren als während der Fernwahrnehmung. Und jetzt wünschen wir Ihnen eine gute Reise!

WIR ZAUBERN NICHT

Um festzustellen, ob etwas wirklich ist, müssen Sie nur nach seinen erkennbaren Eigenschaften und seinen Grenzen Ausschau halten. Wären die psychischen Kräfte ein Hirngespinst, hätten wir Ihnen anstatt der zahlreichen Übungen eine Zauberformel geboten, damit Sie sich von Ihren Fähigkeiten überzeugen. Wir würden behaupten, daß man mit psychischen Kräften alles bewirken könne, solange man nur daran glaube, und uns nicht die Mühe machen, all die einzelnen Fertigkeiten zu beschreiben, die Sie erwerben müssen, um Ihre psychischen Kräfte nutzen zu können.

Daß psychische Aktivitäten das Produkt einer komplexen Kombination vielfältiger Fertigkeiten und Methoden des Selbstausdruckes sind, sollte nahelegen, daß man dies erlernen kann, selbst wenn man keine größere Begeisterung für die psychischen Kräfte mitbringt. Diese Annahme wird dadurch bestätigt, daß unzählige Menschen – dank der hier beschriebenen Übungen und Methoden – gelernt haben, ihre psychischen Fähigkeiten nach Belieben einzusetzen.

Psychisch wird man aufgrund harter Arbeit und höherer Inspiration. Die psychische Wahrnehmung kann gewisse Informationen verläßlicher betreiben als die Sinne, liefert aber nicht immer hundertprozentig akkurate Informationen. Unter ziemlich gewöhnlichen Bedingungen kann sie jedoch überraschend genaue Beschreibungen entfernter Gegenstände, Menschen und

Örtlichkeiten vermitteln, mit denen der Seher in keinem uns bekannten körperlichen Kontakt steht. Außer der Umgebung, die der signalisierende Versuchsleiter sieht, kann der Seher meist noch das Wohlbefinden und die Gefühlsregungen einer entfernten Person beschreiben.

Trotzalledem steckt unser Verständnis der Psi-Kräfte noch in den Kinderschuhen. Je größer die Zahl derer wird, die ihr psychisches Potential erforschen und entwickeln, desto reicher wird unser Wissen über die psychischen Fähigkeiten und unsere Selbstkenntnis sein.

11

WIE MAN MIT DEM ERFOLG FERTIG WIRD: MIT PSI LÄSST SICH GUT LEBEN

> Wenn nicht mehr Zahlen und Figuren
> Sind Schlüssel aller Kreaturen,
> ...
> Wenn sich die Welt ins freie Leben
> Und in die Welt wird zurückbegeben,
> ...
> Dann fliegt vor einem geheimen Wort
> Das ganze verkehrte Wesen fort.
>
> NOVALIS

AM ANFANG...

Die erste Begegnung mit den eigenen Psi-Kräften ähnelt meist der ersten Liebesnacht: aufregend, beglükkend und dennoch sehr anstrengend. Wenn Sie sich erstmals im Hellsehen versuchen, wird es Ihnen wie eine Prüfung vorkommen, und Sie werden sich übermäßig anstrengen, um aufsehenerregende Ergebnisse zu erzielen.

Der lockere Umgang mit psychischen Informationen

ist den meisten Menschen fremd. Zugegeben, es ist sicherlich nicht gewöhnlich und leicht, wenn man etwas beschreiben soll, das man im geläufigen Sinne weder sehen noch anfassen kann, und das einem erst später gezeigt wird. Obschon Sie die Aufgabe meistern wollen, werden Sie wahrscheinlich befangen sein und sich fragen, ob Sie auch korrekte Informationen liefern, falls Sie nicht gleich der Kraft Ihrer Vorstellung erliegen und das Ziel phantasievoll ausschmücken.

Es ist nicht ungewöhnlich, daß einem in der ersten Sitzung leicht mulmig zumute ist. Es ist wirklich nicht schwer, psychisch aktiv zu werden, für die meisten wird es aber erst nach einiger Erfahrung zum vertrauten Erlebnis. Entspannen Sie sich und lassen Sie der Natur freien Lauf, sie wird es Ihnen mit überraschenden Leistungen lohnen.

Der erfahrene englische Forscher K. J. Batchelor hat zwei der schlimmsten Befürchtungen, die den Einsatz der psychischen Fähigkeiten verhindern können, deutlich beschrieben. Er nennt sie »Besitzablehnung« und »Zeugenhemmung«[1].

Batchelor führt seine Gruppenexperimente mit der Tischlevitation nur im Dunkeln durch. Sofern paranormale Phänomene auftreten, ist niemand *individuell* dafür verantwortlich und muß sich deswegen auch nicht damit auseinandersetzen. Batchelor ist davon überzeugt, daß er damit das Auftreten von Psi in seinen Versuchen erleichtert.

Dieser Ansatz führt letztlich nicht zu einem selbstverständlichen Umgang mit den psychischen Fähigkeiten im Alltag, wofür eher Bewältigung statt Verdrängung dieser Ängste erforderlich wäre.

Bedenken Sie jedesmal, daß die *Ergebnisse* einer bestimmten Übungssitzung – seien sie nun spektakulär oder mittelmäßig – von verschwindender Bedeutung sind neben dem, was Sie während dieser Sitzung über die psychische *Erfahrung* gelernt haben. Stehen Sie Ihren guten und schlechten Leistungen gelassen gegenüber, damit Sie sich auch in künftigen Sitzungen entspannen können.

Ein hervorragendes Ergebnis könnte Sie dem Leistungsstreß unterziehen, dem Image des »Super-Psychics« gerecht zu werden. Leistungen unter dem Strich der Perfektion hätten automatisch den gegenteiligen Effekt. In Wirklichkeit verpatzen selbst die besten Medien gelegentlich einen Versuch, obwohl sie sonst mit höchster Präzision aufwarten. Bewahren Sie also Ruhe und nehmen Sie die Ergebnisse der einzelnen Sitzungen nicht so ernst.

DIE ENTDECKUNG NEUER MÖGLICHKEITEN

Die meisten von uns haben gelernt, mit der »wirklichen Welt« umzugehen, als existiere sie in einem von unseren Gedanken und Gefühlen abgetrennten Bereich. Mit der Zeit haben wir uns daran gewöhnt, unsere subjektiven Eindrücke zugunsten »handfesterer« Informationen zu vernachlässigen.

Verständlich also, warum wir mit Überraschung feststellen, daß uns unsere *subjektiven* Impressionen *objektive*, wenn auch intuitive Informationen über Ereignisse in unserer Umwelt liefern können. Die Menschen leben ja nicht außerhalb der Natur. Daß zwischen dem Geschehen in der Außenwelt und unseren Gedanken und Gefühlen eine mehr als nur zufällige Beziehung existiert, sollte eigentlich nicht verwundern.

Wenn Sie regelmäßig üben und sich ein wenig an die psychischen Informationen gewöhnt haben, kann es durchaus passieren, daß Sie plötzlich ein entferntes Ziel höchst akkurat beschreiben. Sollte es Ihnen zu Anfang nicht gelingen, ein Ziel zur Gänze genau zu beschreiben, so werden Sie dennoch das eine oder andere Detail richtig schildern. Vielen Menschen gelingt dies schon ab der ersten Sitzung.

Selbst wenn Sie dem Gedanken psychischer Prozesse gleichgültig gegenüberstehen, wird es Sie dennoch überwältigen, wenn Sie erstmals Ihre psychischen Fähigkeiten auf die Probe stellen. Die unmittelbare Entdeckung, daß Sie tatsächlich über ein bisher brachliegendes psychisches Potential verfügen, wird Sie schlicht in Begeisterung versetzen.

Sollten Sie sich nach Pythien und Kassandren umschauen und sich fragen, ob Sie schon in der Schattenwelt wandeln, dann seien Sie versichert, daß nichts dergleichen passiert. Sie haben nur gelernt, die Welt auf einer neuen Bewußtseinsebene zu betrachten und im Verlauf gleich noch etwas über sich selbst zu erfahren.

Gleichen Sie Ihre Beschäftigung mit psychischen Fähigkeiten durch Aktivitäten in anderen Bereichen aus. Gelingt es Ihnen, Ihre wachsenden psychischen Kräfte sinnvoll in Ihren Alltag zu integrieren, werden Sie jenen Problemen ausweichen, die viele in Sektierer oder Phantasten verwandelt.

Nehmen wir zum Beispiel den Fall des Mannes, den ich (K. H.) in Brooklyn kennenlernte. Als ich noch am Maimonides-Psi-Labor arbeitete, kam eines Tages ein Mann ins Labor, der von spontanen Erfahrungen berichtete, die er psychischen Kräften zuschrieb. Er war davon so beeindruckt, daß er sich nunmehr ausschließlich dem Versuch widmete, das zu erkennen und zu benutzen, was er »psychisch« nannte. Er erwartete sich davon angeblich höchste Erleuchtung.

In Erwartung des göttlichen Funkens verließ der Mann Frau und Kinder. Um den veränderten Bewußtseinszustand herbeizuführen – der ihm vermutlich für gute psychische Leistungen unentbehrlich schien –, rauchte er unaufhörlich Marihuana und vergaß darüber Schlafen und Essen.

Nach kürzester Zeit saß mir ein Hagerer mit glasigem und wissendem Blick gegenüber, der mir von seinen geheimen psychischen Beziehungen mit außerirdischen Wesen einer entfernten Galaxie berichtete. Ich erwog, ihm eine Fahrkarte für die nächste Fliegende Untertasse zu geben, riet ihm statt dessen aber, die Drogen zu vergessen, eine gesunde Mahlzeit zu verzehren, sich schlafen zu legen, zu duschen und zu seiner Familie zurückzukehren.

Nach einigen turbulenten Wochen für alle Beteiligten bekam sich der Mann wieder in den Griff. Einige Monate später kehrte er zu einem normalen Leben zurück und lernte, mit seinen ungewöhnlichen Erfahrungen schlicht umzugehen. Die Geschichte dieses Mannes ist leider kein Einzelfall.

Wir haben Ihnen wiederholt beteuert, daß mit wachsender Kenntnis der psychischen Kräfte auch Ihr Verständnis für das, was *menschlich* sei, zunehme. Ich mußte zu meiner Bestürzung jedoch häufig hören, daß sich jene, die ein frappierendes psychisches Erlebnis ihr eigen nennen, in direktem Kontakt mit fremden Wesen von anderen Planeten glaubten, falls sie sich nicht gar mit ihnen verwandt fühlten.

In einer Gesellschaft, die psychische Kräfte so behandelt, als seien sie fiktiven Fremdlingen zugänglicher als den Menschen aus Fleisch und Blut, mag es nicht verwundern, daß sich Menschen mit psychischer Erfahrung fragen, ob sie überhaupt menschlich sind. Falls Sie jemals in Erwägung ziehen sollten, daß ein verkappter Außerirdischer in Ihnen schlummert, werden Sie bald entdecken, daß Sie sich in guter Gesellschaft befinden – die Schar der Außerirdischen auf dieser Erde ist zahlreicher, als Sie meinen.

Wir möchten Ihnen deswegen vorschlagen, daß Sie in aller Ruhe üben, Ihren gewohnten Tätigkeiten nachgehen und vor allem Ihren *Humor nicht verlieren.* Wenn man durchdreht, fällt es äußerst schwer, zwischen echten intuitiven Informationen und wildem geistigem Rauschen zu unterscheiden!

Sie müssen sich nicht von seltsamen Köstlichkeiten ernähren, einem Glauben beitreten, Ihren Namen wechseln, ihm ein »Sri« voran- oder ein »ananda« hintansetzen, Drogen nehmen, zum Guruwesen aspirieren oder gar einem folgen. Es ist auch nicht nötig, daß Sie barfuß einhergehen und sich in wallende Gewänder hüllen, nur noch rot sehen und den Menschen in die Augen starren, als sei der neueste Wechselkurs auf ihre Lider graviert, um die Welt davon zu überzeugen, daß Sie medial veranlagt sind.

Sie sollten doch Spaß und Freude daran haben, wenn Sie Ihre psychischen Fähigkeiten abtasten. Sollte es etwas anderes werden, dann ziehen Sie sich eine Weile zurück und treffen Sie ein paar nette Freunde, mit denen Sie im heiteren Gespräch wieder die Füße auf den Boden der Wirklichkeit setzen können.

Der mit psychischen Aktivitäten verbundene Streß rührt nicht allein von der seelischen Anpassung an die erweiterten Fähigkeiten her. Viele Menschen sind nach dem Training ihrer psychischen Fähigkeiten geistig und körperlich erschöpft – besonders der Anfänger.

Nina Kulagina soll nach jeder erfolgreichen Psychokinese-Sitzung einige Pfund abgenommen haben. Wir konnten bisher bei unseren Sehern keine derart dramatischen Veränderungen feststellen, erlebten aber oft, daß die experimentellen oder Übungssitzungen für die Beteiligten sehr anstrengend waren.

Das Hellsehen erfordert meist höchste Konzentration, zumal der Seher auf sehr subtile und flüchtige Eindrücke reagieren, diese erkennen und richtig interpretieren muß. Es ist unerläßlich, daß er diese Eindrükke richtig auslegt, als sei er ein außenstehender Beobachter, um nicht in das Jenseits wilder Phantasien und farbenfroher Erinnerungen abzugleiten.

Versuchen Sie sich vorzustellen, was ein Seiltänzer empfindet, wenn er den Wind pfeifen und die Menschenmenge klatschen hört, und dabei die Bewegung des Seils, die Schwingungen seines Körpers abschätzt und sich an jenen Seiltänzer erinnert, der letzthin stürzte – und dabei auf dem Seil die Niagarafälle überquert. *Wenn Sie hellsehen, geht es Ihnen im Geiste wie dem Seiltänzer*.

Darüber hinaus muß der Seher lernen, Informationen zu verarbeiten, die mit denen des bewußten Erlebens nichts gemeinsam haben. Dies könnte eine neurophysiologische Erschöpfung zur Folge haben, von der wir leider allzuwenig wissen. Den seelischen Streß haben wir schon weiter oben besprochen.

Wir haben keinen Grund zur Annahme, daß Ihnen Hellsehen schaden könnte, finden es aber trotzdem ratsam, daß Sie nichts überstürzen und sich genau wie beim körperlichen Fitnessprogramm erst aufwärmen und Ihr Pensum langsam steigern. Schlafen Sie viel, ernähren Sie sich gesund und halten Sie sich von bewußtseinsverändernden Stoffen wie Alkohol und Marihuana fern. Sie täuschen Ihnen vielleicht psychische Hochleistungen vor, hindern aber in Wirklichkeit eine normale psychische Aktivität, weil Sie Ihre Sinne abstumpfen und es beinahe unmöglich für Sie machen, zwischen psychischen Informationen, eigenen Gedanken und Gefühlen sowie den Wirkungen des Alkohols oder der Droge zu unterscheiden.

Es ist äußerst wichtig, daß Sie während der psychischen Erfahrung der Situation beikommen. Es gibt keinen Grund, weswegen Sie bei jedem intuitiven Eindruck in Verzückungen geraten oder sich in eine für Sie unangenehme Situation verbohren sollten. Wenn Sie von Anfang an lernen, Ihre Reaktionen auf psychische Erlebnisse unter Kontrolle zu halten, werden Sie zu einem ungelegenen Zeitpunkt nicht erleben müssen, wie Sie diese Informationen förmlich überwältigen.

Erweckt ein Ziel ein unangenehmes Gefühl in Ihnen, das Sie lieber meiden würden, legen Sie eine Pause ein. Lassen Sie von Empfindungen ab, die Sie aufwühlen. Bis dahin haben Sie bestimmt genügend über das Ziel erfahren, so daß es sinnlos wäre, weiterhin bei den emotionalen Qualitäten zu verharren. Jegliche emotionale Reaktion auf ein Ziel kann ermüdend sein, selbst wenn der entfernte Ort angenehme Gefühle erweckt. Es bedarf besonderer Anstrengungen, um emotional auf etwas zu reagieren, das nicht der direkten Sinneswahrnehmung zugänglich ist.

Mit etwas Training sollte es Ihnen gelingen, mit Ihren emotionalen Reaktionen auf ein Ziel zu Rande zu kommen, ohne daß Sie dies seelisch überfordern oder überanstrengen würde. Wenn es Ihnen gelingt, Ihre Gefühlsregungen zu beobachten, ohne in ihnen aufzugehen, werden Sie mühelos Ihre Gefühle als Brennpunkt einsetzen, in dem sich detaillierte Intuitionen treffen.

Schließlich möchten wir noch bemerken, daß eine erweiterte Bewußtwerdung Ihrer *sinnlichen* Informationen (wie wir sie zu Anfang des 10. Kapitels beschrieben) auch mit eigenen Anstrengungen und Freuden verbunden ist. Auf der einen Seite werden Sie plötzlich Dinge von einer Schönheit bemerken, die Ihnen früher verborgen blieb; andererseits werden Sie sich zuweilen nicht des Gefühls erwehren können, Sie befänden sich in einem wildgewordenen Spielautomaten oder in einem Abfalleimer, weil Ihnen der Lärm und Schmutz in Ihrer Umgebung ebenfalls deutlicher auffällt.

Ein guter Sinn für Humor sowie die Fähigkeit, selbst im Straßenschmutz noch eine Vollendung zu entdekken, wird Ihnen über so manche Klippe hinweghelfen. Hella Hammid schuf beispielsweise eine wunderschöne Fotoserie mit der »gefundenen Kunst«, zu der unter anderem einige am Straßenrand gesichtete rostige Blechdosen gehörten. Sie landeten schließlich zusammen mit den Farbfotos in den Schaufenstern von Tiffany auf New Yorks Fifth Avenue!

Meinen Sie hin und wieder, daß Sie der Strom sinnlicher und psychischer Informationen bald mitreiße, so daß Sie am liebsten mit dem Country-Sänger trällern würden, »Soll ich mich erschießen oder kegeln gehen?«, dann möchten wir Ihnen dringend zu einer netten Kegelrunde raten. Treiben Sie Sport und halten Sie sich fit, denn das wirkt besonders dann erfrischend, wenn Sie sich wie in den Psi-Übungen stark konzentrieren und auf kleinste Details achten müssen. Sie könnten natürlich auch im Garten arbeiten, einen Film ansehen, ins Museum gehen oder durch den Wald laufen.

WIE MAN DIE TÄGLICHE INFORMATIONSFLUT MEISTERT

Mit fortschreitendem Training und zunehmender Gewöhnung an den Umgang mit den psychischen Fähigkeiten werden Sie des öfteren spontan intuitive Eindrücke haben. Manche werden auf Samtpfoten kommen, wie die präkognitiven Träume, die Ihnen das Geschehen des folgenden Tages voraussagen, oder aber sie stürzen auf Sie ein, wenn Sie sie plötzlich psychisch an einen anderen Ort versetzen und Sie später erfahren, daß das, was Sie sahen, tatsächlich vorgefallen ist.

All das, was wir bisher apropos der kontrollierten psychischen Erlebnisse sagten, trifft auch hier zu. Um nicht denselben Schwierigkeiten zu begegnen wie der »Außerirdische« aus Brooklyn, der den Kontakt mit entfernten Galaxien pflegte, sollten Sie diesen Erfahrungen ganz *gelassen* gegenüberstehen.

Ihre Haltung ist ausschlaggebend dafür, ob Sie Ihre spontanen Psi-Erlebnisse genießen und davon profitieren können oder nicht. Menschen, die sich über diese spontanen Erlebnisse aufregen, verbindet meist die Eigenschaft, daß sie sich für ihre Erfahrungen nicht verantwortlich fühlen. Sie sehen die psychischen Erfahrungen als Geschick an und nicht als ein bewußt herbeigeführtes Erlebnis. Infolgedessen meinen sie, sie hätten keinen Einfluß mehr auf das, was »mit« ihnen geschähe, und zittern jetzt schon in Erwartung dessen, was ihnen demnächst »zustoßen« wird.

Da die spontanen psychischen Erlebnisse im gewissen Sinne die Gemütsverfassung desjenigen widerspiegeln, der sie hat, können Sie sich ausmalen, welche Alpträume und Horrorszenen diese verschreckten und umherirrenden Kreaturen heimsuchen. Unter diesen Umständen können außerkörperliche Erfahrungen besonders beunruhigend sein, gleichen sie doch der Wirklichkeit wie ein Gemälde von Magritte.

Die Gedanken und Gefühle kurz vor und während der außerkörperlichen Erfahrung verschmelzen meist mit diesem Erlebnis selbst. Mit der Zeit werden Sie lernen, daß Sie die Erfahrung *mitten im Geschehen* verwandeln können, dadurch nämlich, daß Sie nach Belieben Ihre emotionale Reaktion darauf verändern. Dasselbe gilt von den Ihnen inzwischen vertrauteren psychischen Aktivitäten.

Spontane psychische Erfahrungen sind meist nur ein Zeichen dafür, daß Sie sich allmählich im Alltag auf die psychischen Informationen einstellen. Sie können Ihnen bei Ihren täglichen Entscheidungen und Beschäftigungen zur Hand gehen. Abgesehen davon sind sie an und für sich sehr interessant. Sie lehren Sie einiges über psychische Prozesse außerhalb der kontrollierten Atmosphäre des Labors und machen Sie auf die Vorgänge in Ihrem Geiste aufmerksam.

Ihre korrekte Auslegung ist nicht leichter als die der intuitiven Reaktionen auf die Fernwahrnehmungsziele im Labor. Sie können ein Gemisch aus richtigen und falschen Informationen enthalten; denn sie sind nicht Visionen der höchsten Wahrheit, die uns der Himmel eingibt. Nichts zwingt Sie, diesen spontanen psychischen Eindrücken zu begegnen, falls Sie sich nicht selbst dazu entschließen.

Häufig auftretende spontane psychische Erfahrungen besagen nicht, daß Sie kurz vor dem Irrenhaus stünden oder Ihnen Ihre psychischen Fähigkeiten die Zügel aus der Hand rissen. Sollten Ihnen diese Erfahrungen zu irgendeinem Zeitpunkt lästig werden, dann können Sie ihnen meist dadurch Einhalt gebieten, daß Sie sich bewußt sagen, Sie wünschten derartige Erfahrungen nicht mehr. Wir haben mehrmals erlebt, daß sich die meisten bei der Entdeckung ihrer Macht über die spontanen psychischen Erfahrungen sich ihrer nicht länger erwehren müssen.

PROGNOSTISCHE TRÄUME

Wenn Sie Ihren psychischen Horizont erweitern, werden Sie entdecken, daß Ihre Träume oftmals psychische Informationen enthalten. Falls Sie Glück haben und auch ein bißchen aufpassen, kann es durchaus sein, daß Sie in einigen dieser Träume Botschaften über die Zukunft entdecken. Doch wie können Sie das wissen?

Prognostische Träume sind meist sehr beeindrukkend. Nachrichten über die Zukunft haben meist wenig mit dem alltäglichen Leben, den Erlebnissen des Vortags oder gar mit den (sic!) gegenwärtigen Wunschvorstellungen gemeinsam. Meist können sie leicht von Wunschträumen oder solchen, die jüngste Gedanken, Erinnerungen oder Ängste verarbeiten, unterschieden werden. Das seltsam anmutende Traummaterial stellt sich meist bemerkenswert deutlich dar. Dank Montague Ullmans brillanter Pionierarbeit am Maimonides-Traumlabor[2] wissen wir inzwischen, daß die Beachtung der eigenen Träume und eventueller psychischer Inhalte die Selbsterkenntnis fördert. Selbst wenn Ihre Träume psychische Mitteilungen enthalten, sollten Sie sich fragen, warum Sie sich dafür entschieden, diese Information im Schlafe auszusuchen und auszudrücken. Dieses neue Verständnis kann Ihnen unerhoffte Einblicke in Ihre geheimsten psychischen und seelischen Prozesse gewähren.

FAIR PLAY

Sie müssen sich selbst vertrauen, aufgeschlossen und verantwortlich sein sowie über eine gute Portion gesunden Menschenverstands verfügen, wenn Sie Ihre psychischen Fähigkeiten gut einsetzen wollen. Wir haben schon erklärt, warum es so wichtig ist, daß Sie Ihren intuitiven Eindrücken vertrauen und ihnen aufgeschlossen gegenüberstehen müssen. Wie Sie sich vorstellen können, ist es genauso wichtig, daß Sie sich während der Fernwahrnehmungssitzungen oder beim alltäglichen Einsatz Ihrer psychischen Fähigkeiten ehrenhaft verhalten.

Fair Play bedeutet, daß sich alle Teilnehmer der Fernwahrnehmungssitzungen gegenseitig respektieren und aufeinander Rücksicht nehmen. Komplikationen sind unerwünscht; denn es ist ohnehin schon schwer genug, sich auf die psychische Wellenlänge einzustellen. Eine Übungssitzung ist nicht der geeignete Ort noch der richtige Zeitpunkt für dumme Streiche, wie das Austauschen der Ziele oder jegliches Handeln, dem nicht alle zugestimmt haben.

Wie unangenehm die Mißachtung dieser Spielregel sein kann, erlebte ich (K. H.), als mich ein Student um die Teilnahme an einem Experiment bat. Ich sollte mich zur vorgegebenen Zeit in San Francisco aufhalten und mich auf einige Personen konzentrieren, die in einem 60 Kilometer entfernt gelegenen Psi-Labor an einem Versuch teilnahmen. Es galt herauszufinden, sagte man mir, ob die Versuchsteilnehmer ihre psychischen Aufgaben erfolgreicher lösten, wenn sie auf die psychische »Unterstützung« einer abwesenden Person rechnen konnten. Da mir das Experiment damals halbwegs vernünftig erschien, sagte ich zu.

Zur Zeit des ersten Versuchs stand ich mit einer Freundin in ihrer Wohnung mit Blick über die Golden-Gate-Brücke und schaute über die Bucht von San Francisco in Richtung des Labors. Als ich versuchte, mit der ersten Versuchsperson (die angeblich über den Vorgang aufgeklärt worden war) »Kontakt« aufzunehmen, spürte ich dort, wo ein Mensch hätte sitzen sollen, größte Leere.

Davon überzeugt, daß es mir nicht geglückt war, den Kontakt herzustellen, rief ich den Studenten-Experimentator nach der Sitzung an und teilte ihm mit, daß ich wohl nicht für diesen Versuch geeignet sei. Er flehte mich an, es nochmals zu versuchen, da seine Examensarbeit davon abhinge.

Ich tat ihm den Gefallen, doch mit demselben Resultat. Ich war nicht fähig, mit der Person im entfernt gelegenen Labor Kontakt aufzunehmen. Dies beunruhigte mich sehr, zumal ich es nicht gewohnt war, gar nichts zu spüren, wenn ich mit einer Person oder einem Ziel über große Entfernungen hinweg psychischen Kontakt suchte. Ich rief den Studenten erneut an und sagte ihm, er solle die nächsten Sitzungen ausfallen lassen oder einen Ersatz für mich finden. In dem Moment beichtete er mir, er habe mir seine wirklichen

Absichten verheimlicht. Zu den vereinbarten Zeiten hätte niemand im Labor gesessen!

Dieser Student schickte sich an, die Natur der psychischen Kräfte zu erforschen, obwohl er ihre Existenz leugnete. Derartige Haltungen zerstören leider das Vertrauen, das für die konstruktive Psi-Forschung unerläßlich ist.

Die psychischen Aktivitäten sind für viele Menschen äußerst anstrengend. Es ist also unter jedermanns Würde, jemanden für nichts anzustrengen. Auch wenn Sie in der Sitzung als Seher fungieren, sollten Sie die anderen Teilnehmer mit Rücksicht behandeln; denn es ist genauso schwer, ein Richter, Interviewer oder selbst ein Signalgeber zu sein. Eine Fernwahrnehmungssitzung erfordert gute Zusammenarbeit und kann nicht der Ort für Glanztaten eines einzelnen sein, der die anderen ausstechen will.

Dasselbe gilt auch für den Alltag. Bevor Sie jemanden mit Ihrem jüngsten psychischen Eindruck überrumpeln, achten Sie bitte darauf, ob er Sie überhaupt darum gebeten hat. Wenn Ihnen andererseits ein Freund unbedingt von einem psychischen Erlebnis erzählen möchte, wird ihm sicherlich eine seriöse und verständnisvolle Haltung Ihrerseits zugute kommen.

PSYCHISCHE SELBSTVERTEIDIGUNG

Muß ein Buch über die wissenschaftlichen Ergebnisse der Psi-Forschung das Thema des »Todeszaubers« und der »psychischen Selbstverteidigung« anschneiden? Obwohl die letale Wirkung des Todeszaubers bisher nicht bewiesen werden konnte, füllen die Nachweise seiner Existenz ganze Bücherregale. Unseres Erachtens geschieht mit diesen Phänomenen dasselbe wie mit dem Feuerlaufen (obschon dies nicht unbedingt psychisch ist): Jene, die sie untersucht haben, sind auf ihre Existenz eingeschworen, während alle anderen daran zweifeln. Da wir nicht ausschließen können, daß es mitunter zu unmoralischen Anwendungen der Psi-Kräfte kommen könnte, etwa um die Gedanken und somit das Verhalten und die geistige Gesundheit anderer Menschen zu beeinträchtigen, halten wir es für ratsam, einige Worte über die verschiedenen Abarten des Psi-Einsatzes zu verlieren.

Hat man erst einmal die Existenz telepathischer Phänomene akzeptiert, wird man sich logischerweise über die Möglichkeit Gedanken machen wollen, daß man auf Entfernung mit unerwünschten Informationen bombardiert werden könnte. Wenn Person A die Augen schließen und beschreiben kann, was Person B denkt und erlebt, dann folgt daraus, daß die Gedanken von B auf A gewirkt haben.

In früheren Kapiteln beschrieben wir etliche belegte Beispiele der Ferneinwirkung auf Mensch und Tier, und Larissa Wilenskaija fügte noch einige hinzu. Es ist demnach wahrscheinlich, daß sich ein Psi-Täter derart in die Gedanken seines potentiellen Opfers schliche, daß er es desorientieren, verwirren oder deprimieren könnte.

Ein östlicher Volksglaube will, daß der Zauberer oder Hexer seinem Opfer mitteilen müsse, das es verhext werde, damit sein Zauberspruch wirke. Obwohl sich dies bei etlichen primitiven Völkern, die im strengen Glauben an das Unnatürliche leben, bewahrheitet haben mag, muß es nicht immer der Fall sein. Als wir dies mit einigen Anthropologen besprachen, die die Kulturen Brasiliens erforscht hatten, erschien ihnen die Annahme lächerlich, daß ein Schwarzmagier sein Opfer über den Zauberbann aufklären könnte. Das Opfer würde sonst zum nächsten Magier rennen, um sich vom Zauber erlösen und den Übeltäter seinerseits verhexen zu lassen. Gewarnt ist halb gerettet: Das ist auch der Grund, warum wir das Thema überhaupt anschneiden.

Die bekannte Psychiaterin und Ethnologin Dr. Joan Halifax beschreibt in ihrem wichtigen Buch *Shamanic Voices* das Leben der Medizinmänner und -frauen verschiedener Völker[3]. In einem Vortrag aus dem Jahre 1973 mit dem Titel »Todeszauber« erörterte sie einige der von uns aufgeworfenen Fragen.

> Es gibt zahlreiche Berichte über Individuen, die die typischen Symptome eines Zauberbannes zeigten, aber nicht ahnten, daß ein Zauberer sie verhext hatte. Harner bemerkt zum Beispiel, daß sich die Zauberpraktiken der Jivaro dadurch unterscheiden, daß das Opfer, um hexerischen Repressalien vorzubauen, nicht gewarnt wird. Harners Zuträger behaupteten, daß dem Angriff mit dem magischen Pfeil meist Krankheit, mitunter aber auch der Tod folge.
>
> Unter gewissen Bedingungen entwickelt das Opfer des sogenannten »Analogiezaubers« anscheinend spezifische Symptome genau dann, wenn der Zauberer ein symbolisches Bild des Op-

fers, sei dies eine Puppe, ein Kleidungsstück des bezeichneten Opfers, abgeschnittene Nägel oder Haare, Staub aus der Spur des Opfers, ein Foto oder selbst eine Röntgenaufnahme, manipuliert. Es wurde sogar berichtet, daß gewisse Zauberer ihre Opfer mit dem »geistigen Auge« in einem speziellen Spiegel verfolgen und somit die Folgen ihres Fluches dosieren könnten. Alfred Métraux erwähnt einen haitischen Hexer, der sein Opfer mit einer besonderen Zauberformel in einen Kübel voll Wasser locke. Kaum erscheint das Bild des Opfers auf dem Wasserspiegel, sticht er darauf ein... Rötet sich das Wasser, so war der Zauber erfolgreich.

Die durchweg berichtete Hilflosigkeit der westlichen Medizin gegenüber diesen Phänomenen ist von einigen Zeugen des Zauberfluches und -todes als sicheres Indiz dafür gewertet worden, daß sich diese Praktiken paranormaler Kräfte bedienen... Schaut man sich die von den Parapsychologen postulierten Phänomene näher an, dann kann man sich heraussuchen, welche von ihnen, falls ihre Existenz mit hundertprozentiger Sicherheit erwiesen sei, an den Zauberflüchen beteiligt sein könnten. Am augenscheinlichsten wären da die »Telepathie« oder »Fernkontrolle« und die »Psychokinese«. Dank telepathischer Einwirkung würde der Zauberer das Gemüt und die Gedanken des Individuums nachhaltig beeinflussen und in ihm einen Gemütszustand etwa wie »tödliche Angst« oder Engles »Aufgeben-Aufgegeben-Komplex« erzeugen, der für ihn katastrophale biologische Konsequenzen hätte.[4]

Cannons Bericht über »Wodu-Tod« *(Voodoo Death)* und der Lesters über »Wodu-Tod – Neue Gedanken zu einem alten Phänomen« *(Voodoo Death – Some New Thoughts on an Old Phenomenon)* liefern aufschlußreiches Material zum Thema.[5] Dasselbe gilt von der klassischen Wodu-Studie von Maya Deren, Göttliche Reiter: Die Wodu-Götter Haitis *(Divine Horsemen: The Voodoo Gods of Haiti)*[6].

WIE MAN PSYCHISCHE ANGRIFFE ABWEHRT

Es sei sofort gesagt: Wissen macht stark. Der Zauberer kann nur innerhalb eines magisch denkenden Volkes die Zustimmung der Gemeinde erhalten, damit er das verfluchte Individuum geistig und gesellschaftlich exkommunizieren und somit ins Jenseits befördern kann. Nur unter diesen Umständen wird das Individuum an seinem eigenen Tode mitwirken. Bei diesen Völkern fügt sich das gezeichnete Individuum willig dem Geschick, daß der Tod der einzige Ausweg sei. In unserer westlichen Zivilisation könnte man sich keine unwahrscheinlichere Szene vorstellen.

Zum zweiten muß man bedenken, daß der Psi-Täter für die psychische Verletzung eines anderen einen hohen Preis bezahlen muß. Bis die psychischen Fähigkeiten so entwickelt sind, daß man sie zum psychischen Angriff einsetzen könnte, ist man selbst aufnahmebereit und psychisch den ätzenden Umwelteinflüssen ausgesetzt. Die Schriften zur antiken Magie ermahnen den Zauberlehrling unaufhörlich, daß er stärker als seine Zaubersprüche sein müsse. Es wäre äußerst unklug, die Quelle zu vergiften, aus der man selber trinken muß. In der westlichen Kultur gilt ein langes und gesundes Leben als höchstes Gut. Medial veranlagte Menschen wären wohl wegen der möglichen körperlichen und geistigen Risiken, die dies für sie mitbrächte, kaum bereit, sich auf soviel psychischen Negativismus einzulassen.

In bezug auf die unmoralischen Anwendungen der Psi-Kräfte können wir uns durchaus vorstellen, daß es so manch einen gibt, der Aktivitäten erwägen würde, die den meisten von uns als »psychischer Hausfriedensbruch« vorkämen. Sollten Individuen oder Regierungen jemals zur Überzeugung gelangen, daß sie dank ihrer hochentwickelten psychischen Fähigkeiten Raum und Zeit überwinden könnten, dann wäre kaum absehbar, welche Informationen sie einzuholen versuchen würden. Man könnte sich auf einiges gefaßt machen. Zum einen, daß die Menschheit weniger lügen würde, weil es eh sinnlos wäre. Zum anderen, daß die Staaten nicht mehr versuchen würden, ihre Geheimnisse bis auf den letzten Mann zu verteidigen oder sie das Verheimlichen von Tatsachen nicht mehr als gute politische Strategie verföchten.

Doch kehren wir zur Selbstverteidigung zurück. Wir können Ihnen einige allgemein verständliche Regeln und Ideen bieten, die wir dem Werk von Dion Fortune, *Psychic Self-Defense* (Psychische Selbstverteidigung) entnehmen. Dion Fortune war eine englische Okkultistin und Schriftstellerin des ausgehenden 19. und angehenden 20. Jahrhunderts, die unter ihrem wirklichen Namen, Violet Firth, einige viel gerühmte Werke zur Schulpsychologie verfaßte, unter dem Pseudonym aber heimlich zahlreiche Romane und Abhandlungen über okkulte Themen schrieb.[7]

Wer käme als Opfer eines psychischen Angriffs in

Frage? Jeder, der eine unehrenhafte Person bedrohte, die ihre psychischen Fähigkeiten geschult hat. Sollten Sie dennoch fest davon überzeugt sein, daß CIA oder FBI oder die Außerirdischen Ihre Entscheidungen trüben, dann legen wir Ihnen dringend nahe, zwecks Beratung einen erfahrenen klinischen Psychologen aufzusuchen. Es besteht nicht der geringste Anlaß zur Annahme, daß irgendein Amt der Vereinigten Staaten oder der Galaktischen Föderation in der Lage wäre oder Interesse daran hätte, das Bewußtsein eines einzelnen Bürgers zu trüben. Falls Sie ein charakterloses und dummes Medium in Ihrem Bekanntenkreis haben, dann könnte es sein, daß es Sie mit dem »bösen Blick« anzuschauen versucht. Wissen Sie, ob das möglich ist? Wir nicht; wären aber kein bißchen überrascht, wenn man uns den Beweis dafür erbrächte.

Haben Sie Ihr Gefühlsleben, Ihren Lebensstil und Ihre Arbeitssituation geprüft und kommen daraufhin zum Ergebnis, daß Ihr jetziger Angstzustand nicht von Ihrem Alltag herrührt, dann *könnten* Sie sich eventuell fragen, ob Ihnen vielleicht jemand Schlechtes wünscht. Falls Sie tatsächlich jemanden ausmachen können, trennen Sie sich möglichst schnell und in jeder Hinsicht von dieser Person.

Haben Sie festgestellt, daß Sie psychisch angegriffen werden (falls dies möglich ist) und haben Sie den Feind ausgemacht, dann – so Fortune – haben Sie schon 90% Ihres Problems gelöst. Nunmehr müssen Sie sich nur noch davon überzeugen, daß Sie dieser Person eine derartige Machtausübung nicht zu gestatten brauchen. Sowie Sie sich dazu überredet haben, sind Sie Ihren Antagonisten los. Schlafen Sie genügend und essen Sie gesunde Kost. Denn bei geistiger und körperlicher Erschöpfung läßt sich schlecht parieren.

Es ist außerdem ratsam, daß Sie Ihre psychischen Übungen durch ein körperliches Training ersetzen. Falls Sie sich heftigen psychischen Angriffen ausgesetzt wissen, sollten Sie Ihre täglichen Meditationsübungen gegen einen Rundlauf im Stadtpark eintauschen. Indem Sie sich anderen Dingen zuwenden, können Sie sich psychisch erholen und Ihre Kräfte erneuern.

Fortunes *Psychic Self-Defense*, das bisher achtzehn Auflagen erlebte, erschien erstmals 1930. Obwohl wir ihren sonstigen Hokuspokus nicht vertreten können, möchten wir Ihnen die folgende Passage über das Problem eines psychischen Angriffs nicht vorenthalten.

> Zur Abwehr eines okkulten Angriffs sollten Sie (nach Abbruch des Kontaktes) sofort die Atmosphäre klären und sich eine Verschnaufpause sichern, damit Ihre Abwehrkräfte wieder in die Reihe kommen können. Dies tun Sie leichter mit einem Ritual als mit der alleinigen Willenskraft. Jeder *absichtlich vollzogene Akt wird zum Ritual.* Sie können baden, nur um Ihren Körper zu waschen. Aber Sie können auch mit dem Gedanken einer rituellen Läuterung ins Bad steigen; dann reinigt sich nicht allein Ihr Körper, sondern auch Ihre Psyche.

Noch ein letzter Gedanke zum Thema der psychologischen Beratung. Wenn Sie heute einem Psychiater erklärten, Sie würden psychisch angegriffen, könnten jemandes Gedanken lesen oder eine andere Person könne Ihre lesen, dann wäre dies für ihn – wie für die meisten seiner Kollegen – eine deutliche Indikation für eine Geistesstörung, da einige seiner Patienten – jene, die an

Verfolgungswahn leiden – dasselbe behaupten. Solch offenherzige Erklärungen könnten Sie – falls Sie nicht das richtige Gegenüber haben – in ernste Schwierigkeiten bringen. »Ernst« daran wäre, daß man Ihnen eine längere psychiatrische Behandlung verordnen würde. Hielten Sie trotz Behandlung an derart irrigen Überzeugungen beharrlich fest, wäre eventuell mit einer Einweisung ins Irrenhaus und dort mit der Einnahme höherer Dosen psychotroper Mittel zu rechnen. Dies käme unserer kulturspezifischen, technischen Form des Zaubertodes gleich. Wie Montague Ullman, früherer Direktor der Psychiatrischen Abteilung am Maimonides Medical Center, jüngst sagte:

> Jene, die wegen einiger verwirrender oder beunruhigender psychischer Erlebnisse kompetente Beratung suchten, waren oft schlecht beraten. Was sie offen und ehrlich vortrugen, wurde ihnen meist nicht geglaubt; entweder wurde es außer acht gelassen oder – schlimmer noch – als psychotisches Krankheitsbild ausgelegt. Der Therapeut erkennt in diesen Situationen nicht, daß das Gesetz der Ökonomie (wonach man zur Klärung eines Ereignisses nicht mehr Gründe als nötig heranziehen sollte) nicht anwendbar ist. Eine Person hat vielleicht zeit ihres Lebens an starken seelischen Störungen gelitten und trotzdem hier und da ein echtes psychisches Erlebnis gehabt. Es gibt sogar Fälle, in denen beides Hand in Hand geht. Patienten lehnen oft eine Behandlung wegen der skeptischen und selbst abweisenden Haltung des Therapeuten ab. Andererseits gerät manch einer in die Tretmühle der Psychiatrie, weil der Therapeut von der Psi-Wirklichkeit keine Ahnung hat.[8]

Wir sind fest davon überzeugt, daß Sie Ihre psychischen Fähigkeiten entwickeln können, ohne abartig zu werden oder auf dem Jahrmarkt auftreten zu müssen. Sie werden aber gelegentlich erleben, daß man genau das Gegenteil von Ihnen erwartet. Es gibt Menschen, die noch immer nicht begriffen haben, daß medial veranlagte Menschen keine Flaschengeister sind. In unserer Kultur betrachtet man die psychischen Fähigkeiten leider noch immer nicht mit gebührender Gelassenheit.

Auf einer Fete traf ich einst eine junge Frau, die auf mich wütend war. »Sie sind doch der Harary, oder?« fauchte sie mich an. »Ich dachte, Sie würden wenigstens einen Turban tragen!« Ich bot mich an, mein Haupt in ein Handtuch zu hüllen, doch da zischte sie schon in Richtung Brandy ab. Ihre Reaktion auf meine psychischen Fähigkeiten war milde im Vergleich zu dem, was mir ein Forscher bot, mit dem ich in Durham zusammenarbeitete.

Der Mann vertraute einem meiner Kollegen an, er wisse nicht, wie man mit Medien sprechen solle, denn »sie seien ja nicht wie andere Menschen«. Ich habe nie erfahren, was er damit meinte, kann es mir aber lebhaft vorstellen. Da die meisten Seher, mit denen wir zusammenarbeiteten, gut angepaßte und sehr glückliche Menschen waren, hatte er im gewissen Sinne recht. Vielleicht fürchtete dieser Wissenschaftler, jemand könne seine Gedanken lesen, oder er fühlte sich in Gegenwart von Menschen unwohl, die Fähigkeiten entwickelt hatten, von denen er wohl irrigerweise meinte, sie lägen außerhalb seiner Reichweite.

Es versteht sich von selbst, daß die Zusammenarbeit mit jemandem, der einerseits von den psychischen Fähigkeiten fasziniert ist, sich andererseits aber vor den Konsequenzen fürchtet, das Forschen oder Experimentieren unmöglich macht. Menschen mit ambivalenten Gefühlen vereiteln die Forschungsergebnisse, invalidieren oder verwandeln sie in endlose Kolonnen steriler Zahlen. Wenn Sie Ihr Psi-Training beginnen, ist es deswegen von größter Bedeutung, daß Sie nur mit Menschen zusammenarbeiten, die Ihnen den Erfolg gönnen und Sie nach Kräften unterstützen.

Aus demselben Grunde ist es ratsam, jenen ihren Freiraum zu lassen, die sich noch nicht davon überzeugen konnten, daß jeder normale Bürger an psychischen Aktivitäten teilnehmen kann. Falls Sie sich zum Kreuzritter berufen fühlen, der für bessere Zustände zugunsten psychischer Erlebnisse und Fähigkeiten kämpfen möchte, dann bitten wir Sie, es sich nochmals zu überlegen. Die Kräfte, die die geläufigen Mißdeutungen der Psi-Kräfte ins Leben gerufen und verbreitet haben, sind noch immer am Werke – obwohl sich ein Wandel am Horizont abzeichnet.

Man kann nicht erwarten, daß sich die für unsere Kultur spezifische Ansicht über Nacht grundlegend verwandelt. Wir möchten aber bezweifeln, daß sich am jetzigen Zustand nichts ändern wird. Jene Menschen, die ihre psychischen Erlebnisse und Fähigkeiten als integralen Teil ihrer erfüllten und aktiven Lebensart verwerten, können unsere Gesellschaft am nachhaltigsten verändern; denn sie werden ihren Mitmenschen ein gutes Beispiel geben und unserer ständig sich weiterentwickelnden Weltanschauung positive Ziele setzen.

12

RÜSTEN SIE SICH MIT PSI

Die psychischen Fähigkeiten sind so wichtig, weil sie uns zu größerer Selbsterkenntnis und zu einem besseren Verständnis unserer Beziehung zu unseren Mitmenschen und zur Natur verhelfen können. Die eigentliche Bedeutung der Psi-Kräfte ist weder in ihrem Unterhaltungswert noch in ihrer potentiellen Anwendung bei kniffligen Entscheidungen begründet, so aufregend und ergiebig diese Aspekte auch sein mögen.

Der Gebrauch unserer psychischen Fähigkeiten erschließt uns die Vergangenheit, die Gegenwart und die Zukunft; hilft uns, das lineare Verständnis von Raum und Zeit sowie die begrenzte Erfahrung durch unsere fünf Sinne zu überwinden. Wir gewinnen dadurch einen Kontext, in dem wir unserem Dasein einen Sinn abgewinnen und mit unserem zeitlosen Selbst Kontakt aufnehmen können. Er vermittelt uns die Gewißheit, daß der Mensch nicht nur ist, was er ißt, und sich nicht auf ein paar Knöpfe reduzieren läßt, die wir alltäglich drücken, damit die Maschine läuft.

Jene, die ihre psychischen Fähigkeiten entwickeln, entdecken meist eine neue Naturverbundenheit. Die von ihnen erlebte Harmonie mit der Umwelt ist kein irrationaler Begriff und keine philosophische Anschauung, sondern gelebte Wirklichkeit.

Wir Menschen leben nicht abgekapselt vom Rest der Welt. Wir sprechen oft mit einem gewissen zivilisatorischen Stolz vom »Menschen und der Natur« oder »Kultur versus Natur«, müßten aber endlich begreifen, daß wir Menschen ein Teil der Natur sind.

Durch die Entwicklung Ihrer sinnlichen und intuitiven Bewußtheit werden sich die Grenzen zwischen Ihnen, den anderen und Ihrer Umwelt auflockern. Es ist ja gerade unsere Teilnahme an der Natur, nicht als beeinflußte Außenseiter, sondern als sich selbst beeinflussende und auf sich selbst reagierende Natur im Kleinen, die uns psychisch funktionsfähig macht. Wir durchdringen die Natur so, wie sie uns.[1] Verlören wir den Kontakt mit unseren Intuitionen, so würden wir von der Lebensader abgeschnitten, die uns mit unseren Mitmenschen und unserem Selbst verbindet; wir würden vielmehr gefühllos im mundanen Treiben einer oberflächlichen Existenz vereinsamen, die nur einen winzigen Teil unseres Daseins bestimmt.

Jeder Mensch hat das Recht auf ein sinnvolles und erfülltes Leben. Die Kräfte, die uns den Anspruch auf diese menschlichen Grundrechte erschweren, sind zahlreich. Die Menschen fühlen sich zunehmend entfremdet in einer Welt, die von Tag zu Tag industrieller, mechanischer und unmenschlicher wird. Es gibt eine Alternative.

Viele sensible Menschen streben nach einer besseren Welt. Sie tun dies nicht eines irrationalen Fluchtbedürfnisses wegen, sondern weil sie intuitiv wissen, daß es für uns alle eine bessere Welt gibt. Wir streben nicht nach einer jenseitigen Welt, auch nicht nach einer übernatürlichen, sondern nach einer diesseitigen. Sie ist nicht höher, sondern tiefer. Sie ist nicht in den leichten Antworten zu finden, die wir uns zuweilen über den

Sinn unseres Lebens geben, sondern in den tiefen Fragen, die wir an uns selbst stellen, wenn wir wissen wollen, wer wir sind. Sie ist der Teil unseres Selbst, der unsere Teilnahme an der Menschheit und der Natur nicht vergessen hat – es ist der psychische Teil in uns.

In einer Welt voller flimmernder Fernseher, piepender Computer, winziger Mikrochips, rollender Petrodollar, knarrender Roboter und sagenumwobener Militär- und Industriekomplexe vergißt man allzu leicht, daß wir Menschen mehr sind, als die von uns geschaffene Technik oder das von uns erfundene Wettbewerbssystem. Die Maschinen verselbständigen sich allzu schnell, und wir vergessen dabei, daß wir Menschen sind und mit allen Lebewesen zusammen auf diesem Erdball in diesem Universum existieren.

Wenn wir uns mit der fortschreitenden Technologisierung und Entfremdung konfrontiert sehen, bieten uns unsere psychischen Kräfte die Möglichkeit, zwischen Mensch und Maschine bewußt zu differenzieren. Der bekannte Informatiker und Computerfachmann A. M. Turing sprach schon einmal aus, der Computer unterscheide sich nur dadurch merklich vom Menschen, daß er nicht fähig sei, Psi zu erfahren.[2]

Auf dieselbe Frage antwortete Dr. Jacques Vallee, Pionier der Computerwissenschaft und Autor des scharfsinnigen Buchs *The Network Revolution*:

> Ich behaupte, daß Maschinen jeden genau definierbaren menschlichen Denkprozeß nachahmen, daß sie also »denken« können. Doch wenn die Maschinen »gescheiter« werden, wird sich die Definition des Menschseins verändern. Ich freue mich darauf. Dann werden wir nämlich entdecken, daß die Menschheit hinter all den

> vernünftigen Normen viele psychische Talente besitzt, vor denen wir uns bisher fürchteten, die aber das eigentlich Wesentliche unseres Menschseins ausmachen. Sie sind unser wertvollster Teil. Obwohl die meisten vor diesem Gedanken zurückschrecken, sollte er uns nur insoweit beunruhigen, als unsere alltäglichen Tätigkeiten fast automatisch, hirnlos und eines hochentwickelten menschlichen Wesens unwürdig sind.[3]

Die Informationen, die wir Ihnen gegeben haben, werden nur insoweit Ihr Leben verändern, als Sie es selbst zulassen. Selbst wenn Sie Ihre psychischen Fähigkeiten nicht auf der Börse oder im Kasino erproben wollen, können sie Ihnen dennoch zu einer erfüllenden psychischen Teilnahme an Ihrer Umwelt verhelfen.

Ob Sie auf den Stufen vor Ihrem Haus oder auf einem Hügel über dem Ozean sitzen – Sie können jederzeit Ihre Augen schließen und psychisch die Sterne, den ganzen Planeten und Ihre Beziehung zum Ganzen erleben. Dank der Psi-Dimension werden Sie erkennen, daß Sie weder im Leben noch im Universum alleine sind. Kein Freund kann sich so weit von Ihnen entfernen, daß Sie ihm psychisch nicht nahestehen könnten. Für wirklich gute Freunde ist der Tiefe des gemeinsamen Erlebens und der erfahrenen Nähe keine Grenze gesetzt. Sie werden entdecken, daß wir nur insoweit menschlich sind, als wir am Erleben der anderen Anteil nehmen können.

Für jene, die von ihren psychischen Fähigkeiten keinen Gebrauch machen wollen, wird es unwichtig sein, ob es die organisierte Religion oder ob es die Sekten, materialistische Kritiker oder die Massenmedien sind, die sie in diese Verdrängung ihres menschlichen Potentials hineinmanövrieren. Das Ergebnis ist dasselbe.

Natürlich gibt es immer Menschen, die die Existenz der Psi-Dimension abstreiten und die psychischen Fähigkeiten als Illusionen abtun. Doch diese Kritiker werden Sie nur dann Ihres menschlichen Erbes berauben können, wenn Sie es zulassen. Es liegt an Ihnen, ob Sie entdecken wollen, daß Sie nicht nur psychische Fähigkeiten besitzen, sondern daß Sie Ihr Leben sogar ungemein bereichern können.

Wir rufen Sie auf, sich mit Psi zu rüsten, damit Sie die Zukunft Ihres Bewußtseins bestimmen können, bevor irgendwelche Mächte dies für Sie tun. Wir müssen uns in Mitleid und Anteilnahme für unsere Mitmenschen üben, bevor wir den Kontakt mit unserer Menschlichkeit verlieren und uns wegen einer kleinen ideologischen Meinungsverschiedenheit oder einer ähnlichen Lappalie gegenseitig auslöschen. Dies ist kein Wettrüsten der Supermächte. Obwohl die Regierungen der Vereinigten Staaten und der Sowjetunion Millionen in die geheime Psi-Forschung steckten, befinden wir uns in einem lebenswichtigeren Wettrennen, dessen Ausgang bestimmen wird, ob wir unser tieferes Potential erkennen und entfalten, bevor unsere begrenzte Zeit abgelaufen ist.

Wir müssen heute über den künftigen Fortschritt der Menschheit entscheiden. Falls wir nicht selbst aktiv unsere Zukunft aussuchen wollen, werden andere für uns die Lebensqualität von morgen festlegen. Wir können uns nicht vorstellen, daß ein psychisch sensibler Mensch eine Zukunft wählen könnte, die von Robotern dominiert wird – vor allem dann, wenn wir selbst die Roboter sein müßten. Unsere Zukunft muß den Psi-Kräften einen gebührenden Platz einräumen, wenn wir unser menschliches Potential verwirklichen wollen – deswegen rufen wir Sie auf, sich mit Psi zu rüsten.

Wir haben Ihnen gezeigt, wie Sie Ihre psychischen Fähigkeiten trainieren und entwickeln, wie Sie mit dem Erfolg leben und sich gezielt in ein psychisch funktionsfähiges Individuum verwandeln können. Kein Experte wird sich Ihrer psychischen Fähigkeiten annehmen. Jeder von uns ist dafür verantwortlich, daß er seine psychischen Fähigkeiten erforscht und entwikkelt, damit wir dieses Potential im eigenen Leben und in unserer Gesellschaft verwirklicht sehen.

Die psychischen Kräfte haben die Menschheit durch die Jahrhunderte begleitet und werden es auch in Zukunft tun. Es ist höchste Zeit, daß sie ans Tageslicht gebracht werden, damit alle von einer realistischen Einschätzung ihrer Fähigkeiten profitieren können. Es ist an der Zeit, daß wir unser Recht fordern, psychisch funktionieren zu dürfen. Ihre Gedanken gehören Ihnen, wenn Sie das Potential Ihrer Psyche erkennen und ausschöpfen.

ANMERKUNGEN

1. Kapitel

1. Committee on Science and Technology, U. S. House of Representatives, *Survey of Science and Technology Issues Present and Future,* Juni 1981.
2. *Science,* 30. Juli 1982.

2. Kapitel

1. Upton Sinclair, *Mental Radio,* New York: Collier, 1971; deutsch: *Radar der Psyche,* Bern/München/Wien 1973
2. René Warcollier, *Mind to Mind,* New York: Collier, 1963; engl. Übersetzung der französischen Originalausgabe von 1938
3. Russell Targ und Harold Puthoff, *Mind-Reach,* Delacorte, New York 1977
4. E. Karnes und E. Sussman, Remote Viewing: A Response Bias Interpretation, in: *Psycholog. Rep.* 44, 1979, S. 471 ff.
5. J. G. Pratt, J. B. Rhina, C. E. Stuart und B. M. Smith, *Extrasensory Perception After Sixty Years,* Holt, New York 1940 (1966²)
6. Charles Tart, Card Guessing Tests: Learning Paradigm or Extinction Paradigm?, in: *Journal of the American Society for Psychical Research,* Band 60, Januar 1960
7. H. E. Puthoff, R. Targ, E. C. May und B. Humphrey, SRI Protocols for Local Remote Viewing, Neubearb. Januar 1981; Harold Puthoff und Russell Targ, A Perceptual Channel for Information Transfer over Kilometer Distances: Historical Perspective and Recent Experiments, in: *Proceedings of the IEEE,* Band 64, Nr. 3, März 1976
8. Charles Honorton, Psi and Internal Attention States, in: *Handbook of Parapsychology,* hrsg. von B. Wolman, New York: Nostrand, 1977
9. G. Feinberg, Precognition – A Memory of Things Future?, in: *Proceedings on Quantum Physics and Parapsychology* (Genf), Parapsychology Foundation, New York 1975
10. J. Bisaha und B. J. Dunne, Precognitive Remote Viewing in the Chicago Area: A Replication of the Stanford Experiment, in: *Research in Parapsychology 1976,* Scarecrow, Metuchen, New Jersey 1977, S. 84 ff.; Multiple Subject Precognitive Remote Viewing, in: *Research in Parapsychology 1977,* Metuchen, ebd. 1978
11. B. J. Dunne und J. Bisaha, Long Distance Precognitive Remote Viewing, in: *Mind at Large,* hrsg. von Charles Tart, Praeger, New York 1979

12. Marilyn Schlitz und Elmar Gruber, Transcontinental Remote Viewing, in: *Journal of Parapsychology,* Nr. 4, 1980, S. 305 ff.
13. Jule Eisenbud, *Paranormal Foreknowledge,* Human Science Press, New York 1982
14. I. M. Kogan, Is Telepathy possible?, in: *Radio Eng.*, Band 21, Januar 1976, S. 75; Telepathy, Hypotheses and Observation, in: *Radio Eng.*, Band 23, März 1968, S. 122; The Information Theory Aspect of Telepathy, in: *RAND Publications,* Santa Monica, Kalifornien, Juli 1969, S. 41 ff.
15. H. E. Puthoff, R. Targ und E. C. May, Experimental Psi Research, Implications for Physics, in: *The Role of Consciousness in the Physical World,* hrsg. von R. Jahn, American Association for the Advancement of Science Selected Publication 57, Westview, Boulder, Colorado 1981; auch in: *Mind at Large*
16. Schlitz und Gruber, Transcontinental Remote Viewing, a. a. O.
17. L. L. Wassiliew, *Experimentelle Untersuchungen zur Mentalsuggestion,* Bern/München 1965
18. G. Messadie, Du Nautilus, in: *Science et Vie,* Nr. 509, Februar 1960. Siehe auch, Louis Pauwels und Jacques Bergier, Le Matin des Magiciens, Paris 1960; deutsch: Aufbruch ins Dritte Jahrtausend, Heyne, München 1976
19. Puthoff, Targ und May, Experimental Psi Research. Implications for Physics, a. a. O.
20. M. A. Persinger, The Paranormal, P. II: Mechanisms and Models, M. S. S. Information Corporation, New York 1974; für Kogan siehe Fußnote 14 oben.

3. Kapitel

1. W. E. Cox, Precognition: An Analysis II, in: *Journal of the American Society of Psychical Research,* Band 50, 1956, S. 99 ff.
2. S. Krippner, M. Ullman und C. Honorton, A Precognitive Dream Study, with a Single Subject, Journal of the American Society of Psychical Research, Band 65, 1971, S. 192 ff. und: A Second Precognitive Dream Study with Malcolm Bessent, ebd., Band 66, 1972, S. 269 ff.
3. J. W. Dunne, *An Experiment with Time,* Faber and Faber, London 1969
4. Harold Puthoff and Russell Targ, A Perceptual Channel for Information Transfer over Kilometre Distances: Historical Perspective and Recent Experiments, *Proceedings of the IEEE,* Band 64, März 1976, Nr. 3
5. ebd.
6. M. Ullman und S. Krippner, Dream Telepathy, Penguin, Baltimore 1974
8. J. Bisaha und B. J. Dunne, Precognitive Remote Viewing in the Chicago Area: A Replication of the Stanford Experiment, in: *Research in Parapsychology 1976,* Scarecro Metuchen, N. J. 1977, S. 84 ff.
9. J. Bisaha und B. J.Dunne, Multiple Subject Precognitive Remote Viewing, in: *Research in Parapsychology* 1977, Scarecrow, Metuchen, N. J. 1978
10. B. J. Dunne and J. Bisaha, Long Distance Precognitive Remote Viewing, in: *Mind at Large,* hrsg. von C. Tart, Praeger, New York 1979
11. O. Costa de Beauregard, Quantum Paradoxes and Aristotle's Twofold Information Concept, in: *Mind at Large;* O. Costa de Beauregard, CPT Invariance and

Interpretation in Quantum Mechanics, in: *Foundation of Physics,* Band 10, August 1980, S. 513 ff.

12. I. Prigogine, *From Being to Becoming,* W. H. Freeman, San Francisco 1980

13. A. Whitehead and B. Russell, Principa Mathematica, Cambridge University Press, Cambridge 1910

14. Bob Brier, Precognition and The Paradoxes of Causality, Vortrag auf der Konferenz für philosophische Fragen der Parapsychologischen Forschung an der Universität Denver, 27.–29. Oktober 1978

15. J. Barker, Premonitions of the Aberfan Disaster, in: *Journal of the Society of Psychical Research,* Band 44, 1967, S. 169 ff.

16. Stephen Braude, *ESP and Psychokinesis,* Temple University Press, Philadelphia 1979

17. H. Schmidt, A PK Test with Electronic Equipment, in: *Journal of Parapsychology,* Band 24, 1970, S. 175 ff.; H. Schmidt und L. Pantos, Psi Tests with Internally Different Machines, in: ebd., Band 36, 1972, S. 222 ff.

4. Kapitel

1. Harold Puthoff und Russell Targ, A Perceptual Channel for Information Transfer over Kilometre Distances: Historical Perspektive and Recent Experiments, in: *Proceedings of the IEEE,* Band 64, März 1976, Nr. 3

2. Mary Daly, *Gynecology,* Beacon, London 1978, S. 178 ff.

3. Brian Inglis, *Natural and Supernatural,* Hodder and Stroughton, London 1977, S. 302

4. ebd., S. 141 ff.

5. Eric Dingwall, Abnormal Hypnotic Phenomena, III, J. & A. Churchill, London 1968, S. 10 ff.

6. ebd., S. 15 f.

7. ebd., S. 99

8. L. L. Wassiliew, *Experimentelle Untersuchungen zur Mentalsuggestion,* Bern/München, 1965

9. Dean Kraft, *Portrait of a Psychic Healer,* Putnam, New York 1981, S. 117 ff.

10. Leonid L. Wassiliew, *Experimentelle Untersuchungen zur Mentalsuggestion,* Bern/München 1965

11. ebd.

12. D. D. Fedotow, Hrsg., *Problemy obnaruzheniya slabykh reaksiy nervnoy sistemy* (Probleme der Erfassung schwacher Reaktionen des Nervensystems), *Proceedings of the Research Institute of Psychiatry,* Band 55, Moskau 1968

13. D. G. Mirza, W. W. Petrusinsky und W. A. Dorotschenko, Electrophysiological Correlates of Rapport in Hypnosis, ebd., S. 88 ff., engl. Übersetzung in: *Parapsychology in the U. S. S. R.,* hrsg. von L. Wilenskaija, 4. Teil, Washington Research Center, San Francisco 1981, S. 2 ff..

14. W. P. Leutin, The Study of the Conditioned-Reflex Changes in the EEG of the Human Being to a Nonspecific Stimulus, ebd., S. 93 ff. (engl. Übersetzung S. 6 ff.)

15. Sheila Ostrander, Lynn Schroeder, Psychic Discoveries Behind the Iron Curtain, Prentice-Hall, Englewood Cliffs, N. J. 1970; deutsch: Psi, Bern/München/Wien 1970

16. L. Wilenskaija, Psycho-Physical Effects by N. Kulagina: Remote Influence on Surrounding Objects, in: *Parapsychology in the U. S. S. R.,* S. 12 ff.; H. H. J. Keil, M. Ullman, J. G. Pratt und B. Herbert, Directly Observable Voluntary PK Effects: A Survey and Tentative Interpretation of Available Findings from Nina Kulagina and Other Known Related Cases of Recent Date, *Proceedings of the Society*

for Psychical Research, Band 56, Januar 1976, S. 197 ff.

17. *I. Molokanow, The Riddle of Human Potential (noch ein Bericht über Nina Kulagina),* Psi Research, *Band 1, Nr. 3, Sept. 1982, S. 9*

18. *Radiations and Interactions of Living Systems,* Psi Research, *Band 1, Nr. 3, Sept. 1982, S. 6; Benson Herbert, Spring in Leningrad: Kulagina Revisited,* Parapsychology Review, *Band 4, Nr. 4. 1973, S. 5 ff.; Barbara Iwanowa, Kuleshova and Kulagina,* International Journal of Paraphysics, *Band 11, Nr. 1/2, 1977, S. 6 ff.*

19. I. Molokanow, The Riddle of Human Potential, *Psi Research,* Bd. 1, Nr. 3, Sept. 1982, S. 6; Benson Herbert, Spring in Leningrad: Kulagina Revisited, *Parapsychology Review,* Bd. 4, Nr. 4, 1973, S. 5 ff.; Barbara Iwanowa, Kuletschowa und Kulagina, *International Journal of Paraphysics,* Bd. 11, Nr. 1/2, 1977, S. 6 ff.

20. I. Molokanow, The Riddle of Human Potential, *Psi Research,* Band 1, Nr. 3, Sept. 1982, S. 7

21. Sergej Speranskij, Extraordinary Transmission of Information About Starvation, in: *Parapsychology in the U. S. S. R., S. 4 ff.*

22. Bioelectronics in Leningrad and Alma-Ata, *Psi Research,* Band 1, Nr. 4, Dez. 1982, S. 29

23. W. P-Kasnatschejew, S. P-Schurin und L. P. Michailowa, Discovery Nr. 122, Distant Intercellular Interactions in a System of Two Tissue Cultures, *Official Bulletin of the Committee on Inventions and Discoveries of the Council of Ministers of the U. S. S. R.,* Nr. 19, 1973, S. 3

24. W. P. Kasnatschejew, Electromagnetic Information on Intercellular Interactions, *Psi Research,* Band 1, Nr. 1, März 1982, S. 47

25. W. P. Kasnatschejew, persönliche Mitteilung, Nov. 1981

26. N. F. Sanjew und M. A. Zorina, in: *Aktualnye voprosy meditsinskoy magnitobiologii* (Gegenwärtige Fragen der medizinischen Magnetobiologie), Saransk, 1977, S. 80 (Russisch)

27. W. P. Kasnatschejew, S. P. Schurin, L. P. Michailowa und N. W. Ignatowitsch, Distant Intercellular Interactions in a System of Two Cultures Connected by Optical Contact, in: *Ultraweak Luminescence in Biology,* Moskau, 1972, S. 224 ff.; W. P. Kasnatschejew, L. P. Michailowa, D. G. Kadajewa und M. P. Dranowa, Conditions Necessary for Appearance of Distant Intercellular Interactions After UV-radiation, *Bulleten Experimentalnoy Biologii i Meditsiny,* Nr. 5, 1979, S. 468 ff.; W. P. Kasnatschejew und L. P. Michailowa, *Sverkhslabye izlucheniya v mezhklezochnykh vzaomodeystviyakh* (Ultraschwache Strahlungen in der Intrazellulären Interaktion), Nowosibirsk, 1981

28. NBC Magazine with David Brinkley, Transcript of Broadcast of March 13, 1981, National Broadcasting Corporation, New York 1981, S. 13

29. A. S. Romen und W. M. Injuschin, Some Data on Voluntary Influence on Electro-bioluminescence, in *Voprosy bioenergetiki* (Probleme der Bioenergetik), Alma-Ata, Staatliche Universität, Kasachstan 1969, S. 80 ff. (englische Übersetzung in: *Bioenergetics Questions,* Southern California Society for Psychical Research, Beverly Hills, California, 1972)

30. Bericht des Mitglieds der Akademie Juri Kobsarew an den Vorstand der Wissenschaftlichen und Technischen A. C. Popow Gesellschaft für Radioelektronik – Kommunikation, Moskau, 14. April 1978, Archiv der Autorin

31. Bioelectronics in Leningrad

and Alma-Ata, *Psi Research,* Band 1, Nr. 4, Dez. 1982, S. 27

32. John D. LaMothe, Controlled Offensive Behavior – U. S. S. R., U. S. Defense Intelligence Agency (DIA) (freigegeben): U. S. Army, Office of the Surgeon General, Medical Intelligence Office, Washington, Juli 1972, (Nr. CT-CS-01-169-72); Louis f. Maire und J. D. LaMothe, *Soviet and Czechoslovakian Parapsychology Research* U. S. Defense Intelligence Agency (DIA) (freigegeben), US Army, Medical Intelligence and Information Agency, Office of the Surgeon General, Washington, September 1975 (Nr. DST-1810S-387-75); DIA-Bericht (Autorenname noch unter Verschluß), *Paraphysics R & D – Warsaw Pact (U),* Washington, DIA, 30. März 1978 (Nr. DST-1810S-202-78); John B. Alexander, *The New Mental Battlefield: Beam Me Up, Spock, Military Review,* Band IX, Nr. 12, Dez. 1980, S. 48–54; *Roger A. Beaumont, C^{nth}?: On the Strategic Potential of ESP,* Signal, *Band 36, Nr. 5, Januar 1982, S. 39ff.;* War of the Psychics, Boston Globe, 14. Sept. 1982

33. Never Wish Evil on Anybody (Interview mit Wladimir Safonow), *Stroitelnaya gazeta,* Moskau, 16. Mai 1980; Barbara Iwanowa, *Integral Harmonizing, Healing and Other Kinds of Influence by Means of Psychoregulation, Autoregulation, and Bioenergy Stimulation,* Vortrag, der (in Abwesenheit) beim Ersten Israelischen Seminar für Parapsychologie in Tel Aviv am 12. März 1981 vorgelesen wurde

5. Kapitel

1. R. Targ, H. E. Puthoff, B. S. Humphrey und C. T. Tart, Investigations of Target Acquisition, in: *Research in Parapsychology* 1979, Scarecrow, Metuchen, N. J. 1980; H. E. Puthoff, R. Targ und C. T. Tart, Resolution in Remote Viewing Studies, in: ebd.

2. Resolution in Remote Viewing Studies, ebd.

3. R. Targ, P. Cole und H. Puthoff, Techniques of Enhance Man/Machine Communication, SRI-Endbericht, Juni 1974. Vertrag NAS 7-100

6. Kapitel

1. F. Conway und J. Seigelman, *Snapping,* Lippincott, New York 1978

2. Keith Harary, Practical Approaches to Coping with Unusual Experiences, *Research in Parapsychology 1979,* Scarecrow, Metuchen, N. J., und London 1980; Robert Morris, The Detection and Prevention of Psychic Exploitation of Retired Persons, *Research in Parapsychology 1979,* Scarecrow, Metuchen, N. J., und London 1980

3. Jeannie Mills, *Six Years with God,* A. & W. Publishers, New York 1979

4. Bernard Bauer, Ananda Marga, A Deadly Mix of Yoga, Violence, *San Jose Mercury News,* 15. August 1982; John Adams, Violent Past of Ananda Marga Arm, *Berkeley Gazette,* 28. Juni 1981

5. Reverend Moon Takes Fifth, *San Francisco Chronicle,* 27. Mai 1982

6. Joseph B. Treaster, Controversial Leader Sun Myung Moon, *New York Times,* 19. Mai 1982

7. B. und B. Underwood, *Hostage to Heaven,* Clarkson Potter, New York 1979

8. C. Edwards, *Crazy for God,* Prentice Hall, Englewood Cliffs, N. J. 1979

7. Kapitel

1. Robert Morris, Review of J. Anson, *The Amityville Horror,* Prentice-Hall, Englewood Cliffs, N.J. 1979; *Skeptical Enquirer,* Band 2, Nr. 2, 1978, S. 95 ff.

8. Kapitel

1. Peter Tomkins und Christopher Bird, *The Secret Life of Plants,* Harper & Row, New York 1973

2. Keith Harary, A Critical Approach to Psi Research with Plants, Duke University (unveröffentlichter Artikel)

3. Allen Alter, The Pyramid and Food Dehydration, *New Horizons,* Bd. 1, Sommer 1973; Dale Simmons, Experiments on the Alleged Sharpening of Razor Blades and the Preservation of Flowers by Pyramids, ebd.

4. R. L. Morris, Keith Harary u. a., Studies of Communication During Out of Body Experiences, *Journal of the American Society for Psychical Research,* Bd. 72, Nr. 1, 1978; beschrieben in: D. Scott Rogo, Mind Beyond the Body, Penguin Books, New York 1978

5. Françoise Gaquelin, *The Cosmic Clocks,* Avon, New York 1969; Michel Gaquelin, Possible Planetary Effects at the Time of Birth of ›successful‹ Professionals: An Experimental Control, *Journal of Interdisciplinary Cycle Research,* 1972, S. 381 ff. Michel Gaquelin, Cosmic Influences on Human Behavior, Stein and Day, Briarcliff Manor 1973

6. Dennis Rawlins, *Starbaby,* Fate, Bd. 34, Oktober 1981, S. 67 ff.

9. Kapitel

1. Mortimer Feinberg und Aaron Levinstein, How Do You Know When to Rely on Your Intuition?, *Wall Street Journal,* 21. Juni 1982

10. Kapitel

1. Keith Harary, Psi As Nature, *European Journal of Parapsychology,* Bd. 4, Nr. 3, November 1982

2. René Warcollier, Mind to Mind, Collier, New York 1963; franz. Originalausgabe: La Télépathie, Paris 1921; siehe auch: 50 Jahre Telepathie in: H. Bender, Hrsg., *Parapsychologie,* Darmstadt, 1974[3]

3. Jean M. Auel, The Valley of Horses, Crown, New York 1982

11. Kapitel

1. Batchelor, K. J., Makro-PK in Group Sittings: Theoretical and Practical Aspects, unveröffentlichte Monographie, 1968 (überarb. 1982); Recommendations for PK Table Tipping and Levitation, in: *The Problem of Psychokinetic Phenomena,* C. Brooks-Smith, VII. Teil, 1979 (Privatvertrieb); PK in Sitter Groups, *Psychoenergetic Systems,* Bd. 3, 1979, S. 77 ff.

2. M. Ullman und S. Krippner, Dream Telepathy, Macmillan, New York 1973

3. Joan Halifax, Shamanic Voices, Dutton, New York 1979

4. Joan Halifax, Hex Death, in: *Parapsychology and Anthropology (1972)* hrsg. von Allan Angoff, New York: Parapsychology Foundation, 1974. Die von ihr erwähnten Berichte sind: M. Harner, The Sound of Rushing Water, in: *Hallucinogens and Shamanism,* hrsg. von M. Harner, Oxford University Press, London 1973; A. Metraux,

Voodoo in Haiti, Schocken, New York 1959, S. 272; G. L. Engel, A Life Setting Conducive to Illness, Bulletin of the Menninger Clinic, 1968, Nr. 32, S. 355

5. W. B. Cannon, Voodoo Death, in: *A Reader in Comparative Religion: An Anthropological Approach*, W. Lessa, Harper & Row, New York, 1958

6. Maya Deren, *Divine Horsemen: The Voodoo Gods of Haiti*, Chelsea House Publishers, New York 1970

7. Dion Fortune, Psychic Self-Defense, Aquarian, Wellingborough (Northamptonshire) 1979

8. Montague Ullman, Life History and Psi Events: Significance for Counseling, *Research in Parapsychology 1979*, Scarecrow, Metuchen, N.J., und London

12. Kapitel

1. Keith Harary, Psi as Nature, *European Journal of Parapsychology*, Bd. 4, Nr. 3, November 1982

2. A. M. Turing, Computing Machinery and Intelligence, in: *The Mind's I*, Douglas Hofstadter and Daniel Dennett, Basic Books, New York 1981

3. Jacques Vallee, The Network Revolution, And/Or Books, Berkeley, California 1982

STICHWORTVERZEICHNIS

Über die Autoren

RUSSELL TARG war 25 Jahre lang als Physiker tätig. Er wurde durch zahlreiche Beiträge zur Laser-, Optik- und Mikrowellenforschung berühmt. Im letzten Jahrzehnt führte er am SRI International wegbereitende Psi-Forschung durch. Er ist Koautor zweier weiterer Bücher zum Thema: **Mind-Reach** und **Mind At Large** und hat unzählige wissenschaftliche Artikel veröffentlicht. Russell Targ ist Vizepräsident der International Association for Psychotronic Research – der Internationalen Gesellschaft für Psychotronik-Forschung. Er lebt in Nordkalifornien.

KEITH HARARY wurde durch seine Anfang der 70er Jahre an der Duke University durchgeführte Untersuchung über außerkörperliche Erfahrungen international bekannt. Er ist als klinischer Berater und Experimentalpsychologe tätig und forschte in den letzten vierzehn Jahren an der Duke University, dem Maimonides Medical Center, der Amerikanischen Gesellschaft für Psychische Forschung (American Society for Psychical Research) und letzthin als Berater des Fernwahrnehmungsprogramms des SRI International. Er hat mehr als zwanzig wissenschaftliche Artikel veröffentlicht. Im Jahre 1982 gründete er mit Russell Delphi Associates, um im Privatbereich die Psi-Fähigkeiten und ihre möglichen Anwendungen zu erforschen. Keith Harary lebt auch in Nordkalifornien.

LARISSA WILENSKAIJA, die über die sowjetischen Experimente schrieb, hat persönlich gut zehn Jahre an der russischen Psi-Forschung teilgenommen. Wilenskaija wurde in der Sowjetunion zur Ingenieurin ausgebildet und hat als Medium an vielen Experimenten erfolgreich teilgenommen. Ihr sind nicht nur die Methoden und Zielsetzungen dieser Forschung vertraut, sondern sie kennt auch den Kontext des politischen Systems, in dem diese Forschung betrieben wird. Sie kennt viele sowjetische Psi-Forscher und Versuchspersonen persönlich und hat Dutzende von russischen Forschungsberichten ins

Englische übertragen. Es handelt sich dabei um Beiträge, von denen im Westen meist nichts bekannt war. Zur Zeit arbeitet sie als Redakteurin für *Psi Research – An East-West Journal on Parapsychology, Psychotronics, and Psychobiophysics,* das von dem Washington Research Center in San Francisco, Kalifornien, herausgegeben wird.

Arno Karlen

Nicht Wellington besiegte Napoleon bei Waterloo

Die revolutionierenden Entdeckungen der Bio- Geschichtsforschung

384 Seiten, Ln., DM 36,–

Nicht die großen Persönlichkeiten haben den Verlauf der Geschichte bestimmt, sondern ihre Krankheiten.

Hat Napoleon die Schlacht bei Waterloo nur deshalb verloren, weil ihm heftige Schmerzen die Konzentration raubten? War die Pest die eigentliche Ursache für das Ende der Feudalherrschaft in Europa? Ist der dramatische Wandel in Goyas Malerei auf eine Bleivergiftung zurückzuführen? War Edgar Allen Poe's vermeintlicher Alkoholismus in Wirklichkeit ein Mangel an Enzymen, der ihn von nur einem Glas Wein betrunken werden ließ? Eine neue Wissenschaft gibt Antwort auf bisher unlösbare Fragen: die Biogeschichtsforschung!

Neff